厚德博學
經濟匡時

数字经济系列

本书由上海对外经贸大学资助

大数据与金融

陈晓静 编著

上海财经大学出版社

图书在版编目(CIP)数据

大数据与金融 / 陈晓静编著. —上海:上海财经大学出版社,2023.9
(匡时·数字经济系列)
ISBN 978-7-5642-4223-7/F·4223

Ⅰ.①大… Ⅱ.①陈… Ⅲ.①金融-数据处理-研究 Ⅳ.①F83-39

中国国家版本馆 CIP 数据核字(2023)第 143663 号

责任编辑:胡　芸
封面设计:张克瑶

大数据与金融

著　作　者:陈晓静　编著
出版发行:上海财经大学出版社有限公司
地　　　址:上海市中山北一路 369 号(邮编 200083)
网　　　址:http://www.sufep.com
经　　　销:全国新华书店
印刷装订:上海叶大印务发展有限公司
开　　　本:787mm×1092mm　1/16
印　　　张:23.25(插页:2)
字　　　数:454 千字
版　　　次:2023 年 9 月第 1 版
印　　　次:2023 年 9 月第 1 次印刷
定　　　价:65.00 元

前　言

党的二十大报告强调:"加快发展数字经济,促进数字经济和实体经济深度融合。"数字经济是促进公平与效率更加统一的新经济形态,其健康发展有利于推动建设现代化经济体系。数字经济是继农业经济、工业经济之后的主要经济形态,是以数据资源为关键要素,以现代信息网络为主要载体,以信息通信技术融合应用、全要素数字化转型为重要推动力,促进公平与效率更加统一的新经济形态。数字经济发展速度之快、辐射范围之广、影响程度之深前所未有,正推动生产方式、生活方式和治理方式深刻变革,成为重组全球要素资源、重塑全球经济结构、改变全球竞争格局的关键力量。"十四五"时期,是我国数字经济转向深化应用、规范发展、普惠共享的新阶段。

随着数字经济的发展,新一轮大国竞争在很大程度上是通过数据增强对世界局势的影响力和主导权。数据要素是数字经济深化发展的核心引擎。数据对提高生产效率的乘数作用不断凸显,成为最具时代特征的生产要素。数据的爆发式增长、海量集聚蕴藏了巨大的价值,为智能化发展带来了新的机遇。协同推进技术、模式、业态和制度创新,切实用好数据要素,将为经济社会数字化发展带来强劲动力。2022年12月19日,中共中央、国务院印发的《关于构建数据基础制度更好发挥数据要素作用的意见》(以下简称《意见》)对外公布,从数据产权、流通交易、收益分配、安全治理四个方面初步搭建我国数据基础制度体系,提出20条政策举措。《意见》指出,数据基础制度建设事关国家发展和安全大局。构建数据基础制度是新时代我国改革开放事业持续向纵深推进的标志性、全局性、战略性举措,有利于充分发挥数据要素作用,赋能实体经济,推动高质量发展;有利于做强做优做大数字经济,应对科技革命和产业变革,构筑国际竞争新优势;有利于统筹分配效率和公平,推动全民共享数字经济发展红利,促进实现共同富裕;有利于提高数据要素治理效能,助力国家治理体系和治理能力现代化。

随着金融与大数据、云计算、区块链等数字技术的深度融合,诸多金融创新模式不断涌现,催生了数字金融的新业态,推动了中国多层次资本市场的构建。在信息化时代,大数据能跟踪调查企业征信水平,在数字化、分散化的信息中掌握企业需求,精准营销,进行融资授信决策。随着金融与数字技术的深度融合,数字金融依靠大数据优势在网络共享平台上进行融资的金融模式,为缓解中小企业融资难问题提供了一条快捷高效的数字化道路。数字普惠金融利用大数据记录企业在网络平台中展开的经营记录和交易行为,对中小企业的借贷信用进行评估,这种数字技术的风险评估模式大大降低了资金的交易成本。数字金融的发展借助于大数据、区块链等前端技术,能有效识别该类企业的经营状况和项目风险,减少贷前的信息不对称和逆向选择问题,扩充其短期借款的能力,同时强化信用机制,进而能够在边际上改善企业创新活动所面临的融资约束。技术的运用,同样能够实现对监控企业项目进展的实时跟踪,减少因外部因素而造成的抽贷风险,即促使融资企业相信——只要资金被应用于事先协定的创新项目,并为之全力施以创新,就不会因为其他未知因素而面临贷款的过大波动,在稳定的预期下,企业的创新持续性更强。数字技术与金融服务在产业上的紧密结合,也是金融科技的下一片蓝海,是金融服务实体经济的重要创新应用。

在这样的背景下,本教材的出版尤显必要。本教材通过理论分析与案例分析相结合,通过课堂上对案例和相关问题的讨论,培养学生对大数据与金融的深入认识,尤其是对大数据在金融领域应用的深入了解,有助于培养复合型金融人才,满足用人单位的需求。

我的研究生张闫文参与了1~8章部分内容的编写,乔继凡参与了9~12章部分内容的编写,李瑞琦参与了13~16章部分内容的编写。

本教材的特色主要体现在三个方面:

(1)内容新颖。本教材涵盖了国内外大数据与金融领域的最新理论与实践,比如大数据与小微企业融资、大数与反洗钱、大数据与量化投资者。

(2)案例翔实。每章基本上都配备了1~2个高度相关的案例,启发学生对相关热点问题的思考,做到理论与实践相结合。

(3)分析透彻。本教材的16章内容基本上涵盖了大数据在金融领域应用的方方面面,对相关问题分析透彻。

本教材既可供高等院校数字经济专业使用,也可供从事大数据与金融行业的人员学习。

陈晓静

2023年8月于上海

目 录

第一章　大数据与金融概论　/ 1
　第一节　大数据概述　/ 1
　第二节　大数据金融的理论依据及常见商业模式　/ 7
　第三节　大数据金融发展趋向　/ 13
　本章小结　/ 20
　思考题　/ 20

第二章　大数据与银行　/ 21
　第一节　大数据在银行业的应用场景　/ 21
　第二节　大数据金融与商业银行的比较分析　/ 26
　第三节　大数据金融模式对商业银行业务的影响　/ 27
　第四节　案例分析　/ 33
　本章小结　/ 41
　思考题　/ 41

第三章　大数据与保险　/ 42
　第一节　大数据与保险概述　/ 42
　第二节　大数据在保险业的应用场景　/ 45
　第三节　大数据在保险业的创新性应用及挑战　/ 51
　第四节　案例分析　/ 55
　本章小结　/ 64
　思考题　/ 64

第四章　大数据与证券　/ 65
　第一节　大数据与证券概述　/ 65
　第二节　大数据在证券业的应用　/ 69

第三节　大数据在证券行业应用中存在的制约因素及发展策略　/ 75
第四节　案例分析　/ 78
本章小结　/ 86
思考题　/ 86

第五章　大数据与第三方支付　/ 87

第一节　第三方支付概述　/ 87
第二节　中国国内的第三方支付产品　/ 91
第三节　大数据技术在第三方支付行业的应用　/ 94
第四节　第三方支付带来的影响及发展策略　/ 97
第五节　案例分析　/ 101
本章小结　/ 103
思考题　/ 103

第六章　大数据与小微企业融资　/ 104

第一节　小微企业融资现状　/ 104
第二节　大数据助推小微企业融资模式创新　/ 107
第三节　大数据在小微企业融资中的作用及影响　/ 110
第四节　大数据解决小微企业融资困境面临的问题及策略　/ 114
第五节　案例分析　/ 116
本章小结　/ 120
思考题　/ 120

第七章　大数据与税收　/ 121

第一节　税收信息化概述　/ 121
第二节　大数据在纳税方面的应用　/ 124
第三节　大数据在税收征管中的应用　/ 128
第四节　大数据运用于税收征管的挑战及建议　/ 133
第五节　案例分析　/ 136
本章小结　/ 140
思考题　/ 140

第八章　大数据与量化投资　/ 141

第一节　量化投资概述　/ 141

第二节　量化投资的模型研究　/ 151

第三节　我国量化投资的现状及发展前景　/ 164

第四节　大数据时代的量化投资　/ 168

第五节　案例分析　/ 172

本章小结　/ 174

思考题　/ 175

第九章　大数据与反洗钱　/ 176

第一节　反洗钱概述　/ 176

第二节　国际反洗钱经验借鉴和理论分析　/ 179

第三节　反洗钱监管工作的发展方向　/ 182

第四节　大数据背景下的反洗钱工作　/ 188

第五节　案例分析　/ 192

本章小结　/ 195

思考题　/ 195

第十章　大数据与供应链金融　/ 196

第一节　供应链金融概述　/ 196

第二节　供应链金融模式及风险　/ 199

第三节　大数据在供应链中的应用　/ 201

第四节　大数据背景下供应链金融的发展趋势　/ 205

第五节　案例分析　/ 209

本章小结　/ 213

思考题　/ 214

第十一章　大数据与区块链技术　/ 215

第一节　区块链技术概述　/ 215

第二节　区块链技术的应用场景及制约因素　/ 221

第三节　大数据背景下的区块链技术　/ 224

第四节　大数据与区块链技术的融合发展　/ 227

第五节　案例分析　/ 230

本章小结 / 234
思考题 / 234

第十二章　大数据与跨境支付 / 235

第一节　跨境支付概述 / 235
第二节　我国跨境支付面临的风险及策略 / 239
第三节　大数据赋能跨境支付 / 243
第四节　跨境支付的未来展望 / 246
第五节　案例分析 / 250
本章小结 / 254
思考题 / 255

第十三章　大数据与大宗商品交易 / 256

第一节　大宗商品概述 / 256
第二节　大宗商品交易平台运行模式分析 / 261
第三节　大宗商品交易市场发展存在的问题及发展策略 / 264
第四节　大数据赋能大宗商品交易 / 268
第五节　案例分析 / 273
本章小结 / 276
思考题 / 276

第十四章　大数据与征信 / 277

第一节　大数据征信概述 / 277
第二节　大数据在征信业中的应用及影响 / 279
第三节　个人信用评估体系建设和评估模型构建 / 282
第四节　大数据时代征信业发展分析 / 288
第五节　案例分析 / 294
本章小结 / 298
思考题 / 299

第十五章　大数据与金融监管 / 300

第一节　金融监管概述 / 300
第二节　利用大数据加强对金融市场的监管策略 / 303

第三节　大数据监管模型 / 312
第四节　大数据在金融监管中的问题及策略 / 321
第五节　案例分析 / 329
本章小结 / 335
思考题 / 335

第十六章　大数据与金融安全 / 336

第一节　金融安全概述 / 336
第二节　国外对大数据与金融安全问题的处置经验 / 340
第三节　大数据对中国金融安全的新挑战 / 342
第四节　我国应对大数据与金融安全问题的措施 / 346
第五节　案例分析 / 350
本章小结 / 353
思考题 / 353

参考文献　/ 354

第一章　大数据与金融概论

第一节　大数据概述

随着计算机技术全面融入社会生活,信息爆炸已经积累到了一个开始引发变革的程度。信息爆炸的学科如天文学和基因学,创造出了"大数据"这个概念。如今,"大数据"这个概念几乎应用到了所有人类智力与发展的领域中。21世纪是数据信息大发展的时代,移动互联、社交网络、电子商务等极大地拓展了互联网的边界和应用范围,各种数据正在迅速膨胀并变大。互联网(社交、搜索、电商)、移动互联网(微博)、物联网(传感器、智慧地球)、车联网、GPS、医学影像、安全监控、金融(银行、股市、保险)、电信(通话、短信)都在疯狂地产生着数据。

一、大数据的定义

(一)麦肯锡对大数据的定义

2011年5月,麦肯锡发表了著名的研究报告,题为《大数据:创新、竞争和生产力的下一个前沿》(Big Data: The Next Frontier for Innovation, Competition, and Productivity),标志着大数据时代的到来。麦肯锡称:"数据,已经渗透当今每一个行业和业务职能领域,成为重要的生产因素。人们对于海量数据的挖掘和运用,预示着新一波生产率增长和消费者盈余浪潮的到来。"

在麦肯锡看来,所谓大数据(big data),就是一种规模大到在获取、存储、管理、分析方面大大超出了传统数据库软件工具能力范围的数据集合。该定义有两方面含义:一是符合大数据标准的数据集大小是变化的,会随着时间推移、技术进步而增长;二是不同部门符合大数据标准的数据集大小会存在差别。例如,个人的位置信息是典型的大数据(集合),信息密度很低,但是,这些信息被微软 Win10 采集之后,通过个人助理的方式,帮助用户解决"何处购物""何处用餐"等问题,可以给用户节省时间以及减少支出,根据麦肯锡的研究,这项节省每年高达数千亿美元。

(二)维克托·迈尔-舍恩伯格及肯尼斯·库克耶对大数据的定义

维克托·迈尔-舍恩伯格及肯尼斯·库克耶在《大数据时代》(*Big Data:A Revolution That Will Transform How We Live,Work and Think*)中对大数据的定义:不用随机分析法(抽样调查)这种捷径,而是采用所有数据进行分析处理。《大数据时代》认为大数据的核心就是预测。大数据将为人类的生活创造前所未有的可量化的维度。大数据已经成为新发明和新服务的源泉,而更多的改变正蓄势待发。

(三)科普中国对大数据的定义

大数据是指无法在一定时间范围内用常规软件工具进行捕捉、管理和处理的数据集合,是需要新处理模式才能具有更强的决策力、洞察发现力和流程优化能力的海量、高增长率和多样化的信息资产。大数据的意义是由人类日益普及的网络行为所伴生的,受到相关部门、企业采集的,蕴含数据生产者真实意图、喜好的,非传统结构和意义的数据。简言之,个人、企业和相关部门可以通过思考数据来应对面临的挑战,抓住最有利的机会。

二、大数据的基本特征

大数据是数量巨大、结构复杂、类型各异的数据集合,也是可以通过数据分享、交叉复用的知识与智力资源,更是现代社会的一种核心资产。大数据的基本特征可以用4V来概括:Volume(量级巨大)、Velocity(获取及处理速度极快)、Variety(数据多样性)、Veracity(真实性)。

(一)Volume(量级巨大)

2011年,马丁·希尔伯特和普里西利亚·洛佩兹在《科学》(*Science*)上发表了一篇文章,对1986—2007年人类所创造、存储和传播的一切信息数量进行了追踪计算。其研究范围大约涵盖了60种模拟和数字技术,包括书籍、图画、信件、电子邮件、照片、音乐、视频(模拟和数字)、电子游戏、电话、汽车导航等。据他们估算:2007年,人类存储了超过300EB的数据;1986—2007年,全球数据存储能力每年提高23%,双向通信能力每年提高28%,通用计算能力每年提高58%。据估算,如果把这些数据全部记在书中,这些书可以覆盖整个美国52次;如果存储在只读光盘上,这些光盘可以堆成5堆,每堆都可以延伸到月球。

大数据的标准是其数量级要超过100TB,也就是100 000GB。一本普通电子书刊的大小只有几MB,即使高清的电子图书也只有几十MB,大数据的最低要求是其数量相当于上亿本图书,相当于3个中国国家图书馆的藏书量。

(二)Velocity(获取及处理速度极快)

英特尔中国研究院首席工程师吴甘沙认为,快速度是大数据处理技术和传统的数据挖掘技术最大的区别。IBM 有一则广告,讲的是"1 秒,能做什么?"1 秒,能检测出中国台湾地区的铁道故障并发布预警;也能发现得克萨斯州的电力中断,避免电网瘫痪;还能帮助一家全球性金融公司锁定行业欺诈,保障客户利益。大数据是一种以实时数据处理、实时结果导向为特征的解决方案,它的"快"体现在两个层面:

一是数据产生得快。有的数据是爆发式产生,例如,欧洲核子研究中心的大型强子对撞机在工作状态下每秒产生 PB 级的数据;有的数据是涓涓细流式产生的,但是由于用户众多,短时间内产生的数据量依然非常庞大,例如,点击流、日志、射频识别数据、GPS(全球定位系统)位置信息。

二是数据处理得快。大数据有批处理("静止数据"转变为"正使用数据")和流处理("动态数据"转变为"正使用数据")两种范式,以实现快速的数据处理。如果不能在秒级时间范围内给出分析结果,数据将失去价值。

(三)Variety(数据多样性)

在大数据时代,数据格式变得越来越多样,涵盖了文本、音频、图片、视频、模拟信号等不同的类型。数据可分为结构化数据和非结构化数据:结构化数据是指存储在数据库中,可以通过二维表结构实现逻辑表达的数据;而非结构化数据则很难用二维表来表达。早期的非结构化数据主要指的是文本信息,比如邮件、医疗档案、写作文档等;随着互联网和物联网的发展,网页搜索记录、社交媒体状态、图片、视频等也纳入其中。

数据的多样性也同样体现在数据来源及数据应用过程中,不仅产生于组织内部运作的各个环节,也来自组织外部。例如,苹果公司在 iPhone 手机上应用的语音控制功能 Siri 就是多样化数据处理的代表。用户可以通过语音、文字输入等方式与 Siri 对话交流,并调用手机自带的各项应用,读短信、询问天气、安排日程、搜寻餐厅、电影院等生活信息,甚至直接订位、订票等。为了让 Siri 更加智能化,苹果公司引入了谷歌、维基百科等外部数据源,在语音识别和语音合成方面,未来的 Siri 或将让我们听到中国各地的方言。

(四)Veracity(真实性)

大数据的真实性也被称为价值密度低,数据价值密度低是非结构化大数据中的重要属性。在抽样时代,数据量小,每个数据都显得很重要;而在大数据时代,"样本=总体",数据的价值密度变低了,但每一个数据都是对真实世界的无偏刻画。

数据的重要性就在于对决策的支持,数据的规模并不能决定其能否为决策提供帮助,数据的真实性和质量才是获得真知和思路最重要的因素,也是制定成功决策最坚实的基础。

三、大数据的发展历程

"大数据"一词的正式出现距今已经将近 40 年,在大数据整个发展过程中,我们按照进程将它分为 4 个阶段:出现阶段、热门阶段、时代特征阶段和爆发期阶段。

(一)出现阶段(1980—2008 年)

"大数据"一词最早出现在 1980 年著名未来学家阿尔文·托夫勒所著的《第三次浪潮》(*The Third Wave*)中,书中将"大数据"称为"第三次浪潮的华彩乐章"。2002年,"9·11"事件发生后,美国政府为阻止恐怖主义已经涉足大规模数据挖掘。2004年,"9·11"委员会呼吁反恐机构应统一组建"一个基于网络的信息共享系统",以便能快速处理应接不暇的数据。2007—2008 年,随着社交网络的激增,技术博客和专业人士为大数据概念注入了新的生机。2008 年 9 月,《自然》(*Nature*)推出了名为"大数据"的封面专栏。

这一阶段是大数据概念的萌芽和传播阶段,从概念的提出到专业人士和媒体的认同及传播,意味着大数据正式诞生,但在长时间里并没有实质性的发展,整体发展速度缓慢。

(二)热门阶段(2009—2011 年)

2009—2010 年,"大数据"成为互联网行业中的热门词汇。2009 年,印度建立了用于身份识别管理的生物识别数据库;同年,美国政府通过启动政府数据网站的方式进一步开放了数据的大门;同年,联合国全球脉冲项目已研究了对如何利用手机和社交网站的数据源来分析预测从螺旋价格到疾病暴发之类的问题。2010 年,肯尼斯·库克耶发表大数据专题报告《数据,无所不在的数据》。2011 年 6 月,麦肯锡发布的关于大数据的报告正式定义了大数据的概念,并逐渐受到各行各业的关注;同年 12 月,我国工信部发布的物联网"十二五"规划中,把信息处理技术作为四项关键技术创新工程之一,其中大数据的重要组成部分包括海量数据存储、数据挖掘、图像视频智能分析。

这一阶段是大数据发展的热门期,伴随着互联网的成熟,大数据技术逐渐被大众熟悉,各国政府也开始意识到数据的价值,纷纷开始尝试拥抱大数据。

(三)时代特征阶段(2012—2016 年)

2012 年,维克托·迈尔-舍恩伯格以及最早洞见大数据时代发展趋势的数据科学家之一的肯尼斯·库克耶的《大数据时代》一书出版。随着该书的出版,"大数据"这一概念在各行各业中都扮演了举足轻重的角色。2012 年 1 月,在瑞士达沃斯召开的世界经济论坛上,大数据是主题之一,并发布报告《大数据,大影响》;同年,美国颁布了《大数据的研究和发展计划》,之后其他国家也制定了相应的战略和规划;同年 7 月,联合国在纽约发布了一份关于大数据政务的白皮书《大数据促发展,挑战与机遇》,总结了各国政府如何利用大数据更好地服务和保护人民。2013年被称为中国的"大数据元年"。2014年,"大数据"首次写入我国《政府工作报告》。2015年,国务院正式印发《促进大数据发展行动纲要》,该纲要明确指出要全力推动大数据的发展和应用;同年5月,首届数博会在贵阳召开,旨在打造国际性的数据产业博览会。2016年,大数据产业"十三五"发展规划已征求了专家意见,并进行了集中讨论和修改;同年2月,国家发展改革委、工业和信息化部、中央网信办同意贵州省建设国家大数据(贵州)综合试验区,这也是首个国家级大数据综合试验区;同年10月,同意在京津冀、珠江三角洲、上海、重庆、河南等7个区域推进国家大数据综合试验区建设;同年12月18日,工业和信息化部《大数据产业发展规划(2016—2020年)》正式印发。

在这个阶段,大数据终于迎来了第一次发展的小高潮,各个国家纷纷布局大数据战略规划,将大数据作为国家发展的重要资产之一。这也意味着大数据时代正在悄然开启。

(四)爆发期阶段(2017—2021年)

从2017年开始,大数据已经渗透人们生活的方方面面,在政策、法规、技术、应用等多重因素的推动下,大数据行业迎来了发展的爆发期。各地方政府相继出台了大数据研究与发展行动计划,整合数据资源,实现区域数据中心资源汇集与集中建设。我国至少已有13个省成立了21家大数据管理机构,同时大数据也成为高校的热门专业。2017年2月8日,贵阳市向首批16个具有引领性和标志性的大数据产业集聚区和示范基地进行授牌,作为国家大数据综合试验区核心区;4月8日,《大数据安全标准化白皮书》正式发布;5月18日,全国首个《政府数据共享开放(贵阳)总体解决方案》通过评审,全国首部政府数据共享开放地方性法规诞生;5月27日,在数博会现场发布了《2017中国地方政府数据开放平台报告》;11月,《中国大数据人才培养体系标准》正式发布;11月22日,贵阳市委市政府出台《关于加快建成"中国数谷"的实施意见》,推出100个以上大数据应用领域(场景)、形成1 000亿元以上主营业务收入、聚集10 000家以上大数据市场主体。与此同时,2018年达沃斯世界经济论坛等全球性重要会议也都把"大数据"作为重要议题进行讨论和展望。

根据国际权威机构Statista的统计和预测,全球数据量在2019年有望达到41ZB。预计到2020年,全球的数据总量将达到50.5ZB,见图1—1。

国际权威机构Statista在2019年8月发布的报告显示,预计到2020年,全球大数据市场的收入规模将达到560亿美元,较2018年的预期水平增长约33.33%,较2016年的市场收入规模翻1倍。随着市场整体的日渐成熟和新兴技术的不断融合发展,未来大数据市场将呈现稳步发展的态势,增速维持在14%左右。在2018—2020年的预测期内,大数据市场整体的收入规模将保持每年约70亿美元的增长,复合年均增长率约为15.33%,见图1—2。

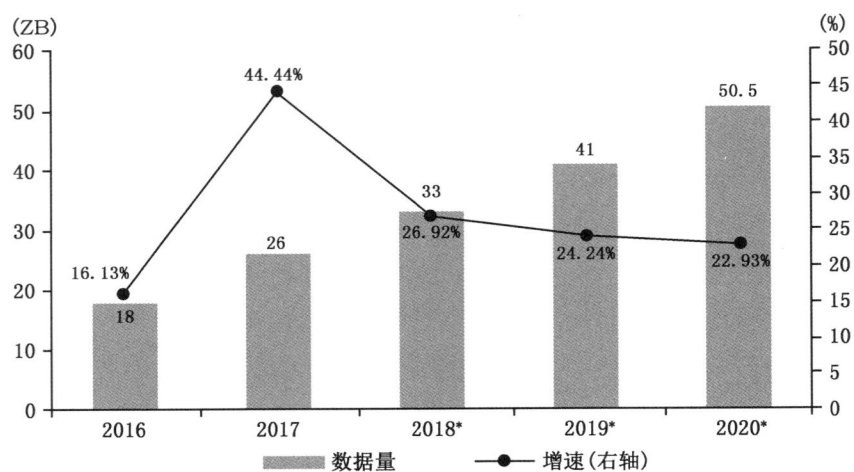

注: * 为预测值。

数据来源:IDC、Seagate、Statista estimates。

图1—1 全球每年产生数据量估算图

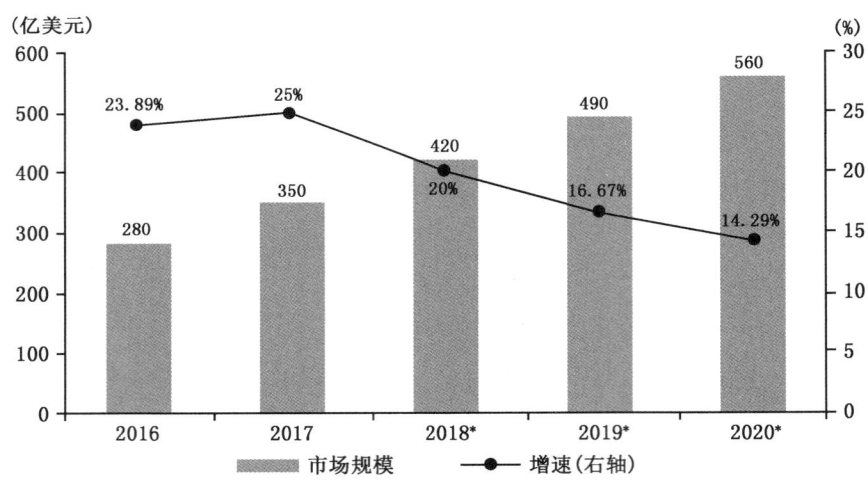

注: * 为预测值。

数据来源:Wikibon、SiliconANGLE。

图1—2 2016—2020年全球大数据市场收入规模预测

第二节 大数据金融的理论依据及常见商业模式

大数据金融指的是运用大数据、云计算等高科技,对金融商业中涉及的海量数据进行深度挖掘,从而推断出客户的消费倾向,并为客户量身定制金融服务。随着大数据时代的到来,金融机构之间的竞争将在网络信息平台上全面展开,掌握更全面准确的数据将会极大地提升风险定价能力,有机会获得更高的风险收益,从而占据优势地位。

一、大数据金融的理论依据

大数据金融的经济学基础主要有三个方面:信息经济学、金融中介理论和金融功能理论。

（一）信息经济学

信息经济学主要研究信息不对称对于经济活动的影响,这里所讨论的信息是指影响双方利益的信息,而不是讲各种可能的信息。在金融市场上,交易一方对另一方缺乏充分的了解,以至于无法做出正确的决策,这种不对等的状态被称为信息不对称。

按内容的不同,可将信息不对称分为两大类:第一类是双方知识的不对称,指一方不知道另一方诸如能力、身体健康状况等信息,这是外生的、先定的,不是由双方当事人行为造成的。对于这类信息不对称,信息经济学称之为隐藏知识、隐藏信息。第二类是指在签订合同时双方拥有的信息是对称的,但签订合同后,一方对另一方的行为无法管理、约束,这是内生的,取决于另一方的行为。例如,在签订合同后,雇员是努力工作还是偷懒,雇主不能自由控制。对于这类信息不对称,信息经济学称之为隐藏行动。

按发生时间的不同,可将信息不对称在实际应用中诱发的问题分为事前的逆向选择和事后的道德风险。逆向选择问题由在事前发生的信息不对称引起,即拥有信息优势的一方,在交易中总是趋向于做出尽可能有利于自己而不利于别人的选择。逆向选择的存在使得市场价格不能真实地反映市场供求关系,导致市场资源配置的低效率。而道德风险问题由事后发生的信息不对称引起,即人们享有自己行为的收益,而将成本转嫁给别人,从而造成他人损失的可能性,道德风险的存在不仅使得处于信息劣势的一方受到损失,而且会破坏原有的市场均衡,导致资源配置的低效率。逆向选择和道德风险是信息经济学两大基本研究课题。

信息不对称在金融市场上广泛存在,比如银行的借贷双方对借款者信用状况掌握不同、股票发行方和认购方对企业信息掌握不同、保险市场上投保人关于自身情况掌握不同等。金融业的风险主要来自客户信息的不完全和不对称，大数据金融为解决金融市场的信息不对称问题提供了很好的路径，通过对大量的、跨领域、跨时期数据的分析，可以寻找其中的某些规律以做出更好的决策。

（二）金融中介理论

金融中介理论的核心问题是解释金融中介为什么会存在，主要围绕金融中介为什么产生、如何发展以及在经济发展中发挥什么功能等问题开展研究。金融中介是指在金融市场上资金融通过程中，在资金供求者之间起到媒介或桥梁作用的人或机构，一般由银行金融中介及非银行金融中介构成，在金融中介学中具体包括融资性机构、投资类机构、保障类机构、信息咨询服务类机构。金融中介的主要作用是生产、传递和处理信息。大数据基于互联网，借助互联网自由和开放的优势使得信息的获取、传输、处理变得更加容易。

在信息收集方面，过去主要依靠存款机构、契约性储蓄机构和投资中介机构等传统金融中介机构收集信息。但在大数据时代，信息的来源渠道得到了极大拓展，通过互联网工具，每一位互联网用户都能成为信息源，尤其是网上购物、网上支付、网上金融产品交易等，更是为金融活动提供了源源不断的数据流。掌握了用户大数据的企业，也就具备了成为新的金融中介的基础条件。

在信息传递方面，传统的金融中介沉淀了很多信息，但是并未有效地传递到社会中。例如，个人的借贷记录、信用情况，只存在于个体银行或者央行的征信系统中，这个征信系统并没有对社会上其他部门开放。大数据企业与传统金融中介形式存在显著差别。

在数据处理方面，传统金融中介沉淀的信息不仅没有将信息有效地传递到社会中，更没有进行有效的数据挖掘。例如，用户借贷情况都是碎片状的，很少与其他数据库（如交通违法、消费记录等）关联，也很少与借贷者的其他个人信息相关联。与此同时，金融机构也缺少数据挖掘的意识和手段。数据分析和运用是基于大数据的新金融中介的优势所在，这类新金融中介显然与传统中介不同，它们所掌握的数据量庞大、丰富，通过对大数据的有效分析，能够有效地评估个体和企业信用、预测市场波动、分散非系统风险、匹配借贷资金期限。比较典型的大数据应用实例有：阿里巴巴小企业信用评价系统"诚信通"与"余额宝"基金运作等。

基于大数据的新金融中介，可能取代以银行为主的传统金融中介而形成金融再脱媒的现象。大数据金融拓展了我们对金融中介的认识边界，丰富了金融中介的内涵。

（三）金融功能理论

在分析不同经济体、不同时期的金融机构时，应集中于功能视角，而非机构视角。

首先，金融功能比金融机构更稳定，即金融功能随时间和经济体的变动较少；其次，金融机构的形式以功能为指导，即机构之间的创新和竞争将导致金融体系功能效率的提升。

博迪和莫顿等把金融机构基本核心的功能概括为以下六项：

1. 在时间和空间上转移资源

跨期配置：金融体系为时间上经济资源的跨期转移提供了方便。一方面，经济资源拥有者为了取得未来收益而放弃当前消费；另一方面，需求者现在资源短缺，渴望得到经济资源，以便扩大生产。金融体系满足了双方对于经济资源跨期配置的需求，提升了社会总体效率。

跨区域配置：金融体系为空间上经济资源的跨国和跨行业转移提供了便利。经济资源有可能远离其利用效率最大化的国家、地区和行业，金融体系通过股票、债券和贷款的形式，实现经济资源的空间转移，最大化经济资源的使用效率。

跨期和区域资源配置的影响：金融体系为资源的时空同时转移提供了条件。经济状况越复杂，金融体系在跨期转移资源过程中的地位就越重要。金融体系转移资源的功能，推动了经济资源从低收益率的生产单位流向高收益率的生产单位，提高了生产效率和收益。

2. 提供分散、转移和管理风险的途径

金融体系不仅具有重新配置资源的功能，而且可以重新配置风险。风险是由于未来存在不确定性而导致损失的可能性。管理风险的途径有两个：一是保险公司，即专门从事风险转移的金融中介。从希望降低风险的客户那里收取保费，同时将风险转移给为了换取某种回报而愿意偿付索赔、承担风险的投资者。二是金融体系拥有多元化投资工具，为投资者分散投资风险提供了便利。

3. 提供清算和结算的途径，以实现商品、服务和各种资产的交易

金融体系具有清算、结算的功能，这为商品、服务和资产交换提供了便利。原始的物物交易和易货交易，方式直接，但是效率很低。在不同国家或地区以及同一地区人们的交换过程中，金融体系提供了双方都可以接受的有效支付途径。纸币对黄金的替代提高了支付便捷性；支票、信用卡、电子汇款进一步提高了支付效率；数字货币的出现能够大幅提升支付效率、安全性和便携性，以及消除了实物货币通货膨胀的问题，目前我国法定数字货币 DCEP 正在多地试点。

4. 提供集中资本和股份分割的机制

金融体系具有归集和细分的功能。在资源归集方面，个人投资者的资金一般难以满足企业运作的资本需求，金融体系能够发挥归集资源的作用，聚集众多投资者的资金，集中投向企业以满足企业生产所需。在细分股份方面，股票市场为企业股份提供

了细分和流通的场所。此外,股份细分降低了投资门槛,为投资者提供了新的投资机会和途径。

5. 提供价格信息

经济社会充满不确定性。信息不完全、不对称将在很大程度上影响经济体对投资项目收益的判断,以及储蓄投资转化的规模和效率。在信息不完全的情况下,很难搜寻信息以及保证信息的准确性;而在信息不对称的情况下,激励问题普遍存在,这些因素都会影响储蓄投资的转化。在金融体系中,投资者广泛参与金融交易、促进价格发现。此外,市场中的公允价格为不同经济部门决策提供信息,有助于决策者把握市场方向。每一种新金融工具的出现都会从一个新的侧面提供信息,供决策者使用。金融市场的有效性越强,金融资产价格包含的信息就越充分。

6. 提供解决激励问题的方法

在生产经营中,激励问题广泛存在。金融体系为解决激励问题提供了有效的途径,促进了社会生产效率的提高。

由于信息不对称,合同当事人不易彼此了解,因而需要进行监督和控制,所以产生了激励问题,其中包括逆向选择、道德风险和委托代理问题。交易前的信息不对称会引发逆向选择问题。例如,高风险公司会努力地包装自己,达到蒙蔽银行、取得贷款的目的。交易后信息不对称会引发道德风险问题。例如,在保险市场中,保单持有者愿意冒更大的风险追求高收益,而所冒风险并不为保险公司所知,这样对于保险公司而言就存在风险;在合同领域中,提前支付薪酬后,对员工的工作激励减小,员工可能付出更少的劳动;在风险投资领域中,当企业的部分福利已经被转移至它并不在意其福利的主体时,其努力工作的动机就会降低。所有权和决策权相分离会造成委托代理问题。拥有所有权、承受与决策相关风险的人被称为委托人,获得决策权的是代理人,由于代理人对于自身权利、地位的追求,他们可能做出损害所有者利益的决策。例如,购买豪华办公设备、兼并收购毫无价值的公司等。

大数据金融与此六大功能完全耦合。第一,大数据金融凭借对大数据信息流的分析和挖掘,完善了信用评价机制和资金监控机制,充分发挥资源配置作用。第二,大数据技术也替代并改进了金融支付清算的功能,诸如第三方支付,能够更加便捷、快速地提供支付清算,实现即时支付、即时结算。第三,通过对大数据模型的分析,能够即时发现市场异常波动的存在,并立刻给出警报,这为风险管理提供了更加精确和科学的方法。第四,大数据的存在,为价格发现提供了天然的土壤。因为有了大数据和计算机技术的支持,套利活动得以随时进行,套利活动消除了市场非理性的存在,进而成为资产价格发现的基础。第五,大数据金融与传统金融一样,通过股份化实现了资源储备和所有权的分割,通过期权等提供了激励机制;在这两个功能中,依托于互联网的信息传播和大数据的深度挖掘,显然能够比传统金融模式做得更好。

二、大数据金融的常见商业模式

呈现快速上升势头的大数据技术与金融商业模式的快速融合,使金融商业模式发生了翻天覆地的变化,给金融业的发展带来机遇和挑战。按照大数据金融服务所处的环节,可以把大数据金融划分为平台金融模式和供应链金融模式。

(一)平台金融模式

平台金融模式是指平台企业利用自身掌握的大数据,通过互联网、云计算等信息处理方式对数据进行专业挖掘,再与传统金融服务相结合,为平台企业提供资金融通、结算等服务。这类金融机构本身也从事着其他项目的经营,因而可以利用其自身所拥有的交易平台,收集客户交易和支付的各种数据信息,然后借助云计算和数据模型分析等大数据技术,对相关数据进行分析,进而形成网络信贷、基金等金融服务模式。平台金融模式依赖于自身交易平台上众多商户经营活动中的大数据,平台方可以利用这些大数据进行数据挖掘,从而为平台上的商户提供快速信用评价和授信服务。

平台金融模式的优势体现在平台方掌握了商户大量的交易信息,对商户的客观了解甚至超过商户自身。金融的核心在于信用评估和管理风险,这种基于大数据的精确信用评估,能够有效地解决风险控制问题、降低还账率。依托稳定持续的大数据和先进的云计算技术,系统能够自动进行信用评价和授信,借贷流程完全可以实现流水化,这在提升效率的同时也降低了运营成本。

例如,阿里小贷就是非常标准的平台金融模式,它的数据是商户在淘宝、天猫、阿里巴巴等平台上所呈现的交易数据,通过对这些数据进行分析,可以推测出商户与客户的交易信息、购物习惯等信息情报,并形成商户在电子商务平台中的累积信用数据。阿里小贷在这个基础上判断商户的还贷能力,从而向还贷能力高的商户发放无需抵押的低门槛贷款,有效解决中小企业的融资难问题;对于信用数据不佳、存在还款风险的企业,则需要进一步的风险评估。

(二)供应链金融模式

供应链金融模式是指供应链条中的核心企业依托自己的产业优势地位,通过对上下游企业的现金流、订单、购销流水等大数据的掌控,利用自有资金或者与金融机构合作,为上下游合作企业提供金融服务。该模式注重对融资企业上下游供应链的信息数据收集和风险评估,通过对企业的供应链上下游企业进行信用捆绑,从而降低企业的融资风险,使融资的效率和质量得到有效的提升。

供应链金融于19世纪在荷兰出现,到20世纪末逐渐成熟。供应链金融模式的发展大致分为四个阶段:

1. 传统金融阶段

在传统供应链金融的操作过程中,业务合作靠的是过硬的企业资质、丰富的业务合作经验和良好的口碑。传统供应链金融存在着门槛高、审批烦琐、操作难的问题,所以在国内市场上一直不温不火,甚至距离中小微企业越来越远。随着互联网时代的到来,传统供应链金融面临着重大变革。

2. 产业渗透阶段

这一阶段的典型特征是银行、金融机构等开始朝着传统产业渗透。在这一时期,市场行业监管较为宽松,而传统产业链中的企业进行融资都比较依赖商业银行,因此这一阶段供应链金融发展快速。但是,从本质上来看,这一阶段并不是完整的供应链金融模式,银行并没有真正建立起对于供应链上下游企业的管理优势。

3. 核心企业阶段

由于行业监管政策逐渐下发,对传统产业的渗透被逐步限制,因此供应链金融急需一个真正意义上的改革才能够继续发展,而这个时候核心企业的价值终被确立,并逐渐成为供应链金融的核心。在这种模式下,核心企业作为整个供应链金融模式中的灵魂,具备信用和资金优势,可以帮助下游中小企业解决融资问题。

4. 互联网+大数据阶段

互联网和大数据打破了信息不对称及物理区域壁垒,使得中小微企业与大型金融机构站在同一层次竞争。大数据时代的到来,降低了银行在供应链中信息不对称的问题,帮助物流企业精准管理存货,促进银行与物流企业深入合作。数据是金融行业赖以存在的重要资源,传统的供应链金融虽然发展强劲,但在"大数据革命"的冲击下,其生态模式已经发生了变革。

在一个完整的供应链条中,各个节点的资金状况良莠不齐,某一节点的资金匮乏便会导致"木桶效应",从而降低整个供应链条的效率。在这种情况下,供应链金融发挥了极大的功效。依托于某一家实力雄厚的核心企业,以自有资金或者联合金融机构对整个供应链条的参与者提供金融支持和服务,满足了产业链的协调发展。在这个过程中,核心企业依托自身数据能够对产业链中的企业进行较好的风险评估。

传统的供应链金融只针对某个特定的产业链条,其运作相对简单和"感性";大数据视角下的供应链金融的涵盖面非常广泛,而且依赖于精确的数据"理性"。供应链金融模式在于扩大信用评估的范围,不只是针对拟融资贷款的中小企业本身进行信用评级,而是将信用评级的范围扩展至该企业所处的供应链中,对该企业的上下游供应链信用情况进行一并评估,以免出现因供应链异常导致资金链断裂、造成融资贷款无法收回的不利局面。

京东是大数据供应链金融的典型代表,发挥了对上游企业信息收集、信息挖掘、信用评估的作用。京东依赖自己掌握的各个类型、各个行业、各个地域的关联企业的海量交易数据,通过数据挖掘评价企业信用、资金运用状况,进而联合银行等金融机构为这些企业提供金融支持和服务。京东的供应链金融是京东与银行、供应商的双向深度绑定。对于供应商,要获得京东的金融服务,必须与京东有长久的支付、物流业务往来,从而形成信息流;对于银行,借助京东的大数据,能够实现对企业快速、精准的信用评价,从而提高资金流的效率。这是一种多赢的结果,通过物流、信息流、资金流的整合,每一方都能从中获得巨大的收益,"1+1+1>3"。这也是许多电商平台急于涉足金融而金融机构要涉足电商的原因。

第三节 大数据金融发展趋向

随着大数据技术的应用,越来越多的金融企业也开始投身到大数据应用实践中。麦肯锡的一份研究显示,金融业在大数据价值潜力指数中排名第一。本节将通过对大数据在金融行业的应用现状进行分析,提出金融行业大数据未来发展思路及政策建议。

一、外国大数据金融行业发展情况

目前,金融行业数据量巨大,是继互联网和运营商之后大数据产生最为庞大的热点行业之一,其中非结构化数据迅速增长,加上金融行业雄厚的资本背景,金融行业已经成为大数据应用的一片沃土。而放眼全球,金融行业也是大数据应用的重点行业,无论是从大数据应用综合价值潜力维度,还是从平均数据量而言,金融行业大数据的应用综合价值潜力都非常高。

(一)美国大数据金融行业发展情况

美国作为大数据技术的发源地,大数据发展一直引领全球。2000 年以来,美国针对数据的收集、管理、使用和发布等进行了一系列规定;2009 年,推出政府数据开放平台"data.gov";2012 年 3 月,发布《大数据研究与开发计划》;2014 年 5 月,发布全球大数据白皮书:《大数据:抓住机遇、守护价值》。英国紧随美国大数据战略,于 2013 年投资 1.89 亿英镑发展大数据;2015 年,投资 7 300 万英镑创建"data.gov.uk",开放共享政府数据。

美国是在金融领域较早应用大数据的几个国家之一,不仅得益于美国金融业发展时间久、金融体系比较完善,更与美国在大数据研究方面取得的成果较多有关。据相关统计,2015 年,全球大数据方面的投融资案例主要集中在美国和中国,其中,中国在金融行业的大数据投融资比例占整个大数据IT投资的15.7%,增幅较2014年有所提升;而美国整个2015年在金融领域的大数据投资并未发生增长,虽然如此,美国在大数据金融方面的应用规模仍然较大。

据不完全统计,2010年,美国大数据金融行业市场规模仅为3亿美元左右,随着时间的推移,大数据逐渐与金融业结合,从信贷领域向各个消费领域蔓延,市场规模也发生成倍的增长。根据初步估算,截至2017年底,美国大数据金融行业的市场规模已经达到约69亿美元,2010—2017年的年均复合增长率高达56.51%。2019年6月5日,美国发布《联邦数据战略第一年度行动计划》草案,这份草案包含了每个机构开展工作的具体可交付成果,以及由多个机构共同协作推动的政府行动,旨在编纂联邦机构如何利用计划、统计和任务支持数据作为战略资产来发展经济、提高联邦政府的效率、促进监督和提高透明度。

相对于2016年颁布的《联邦大数据研发战略计划》,美国对于数据的重视程度继续提升,并出现了聚焦点从"技术"到"资产"的转变,其中更是着重提到了金融数据和地理信息数据的标准统一问题。此外,配套文件中"共享行动:政府范围内的数据服务"成为亮点,针对数据跨机构协同与共享,从执行机构到时间节点都进行了战略部署。

(二)欧洲大数据金融行业发展情况

欧洲对于大数据的应用也走在世界前列。据不完全统计,2010年,欧洲大数据金融市场规模仅为1亿美元左右;根据初步估算,2017年,欧洲大数据金融市场规模已增长至35亿美元。可见,欧洲大数据金融行业市场规模呈现几何式增长。欧盟在大数据方面的活动主要涉及四方面内容:一是研究数据价值链战略因素,二是资助大数据和开放数据领域的研究和创新活动,三是实施开放数据政策,四是促进公共资助科研实验成果和数据的使用及再利用。

2014年,欧盟推动形成《数据价值链战略计划》草案,发布了《数据驱动经济战略》,旨在通过一个以数据为核心的连贯性欧盟生态体系,让数据价值链的不同阶段产生价值,以驱动欧洲经济繁荣。2018年,欧盟委员会发布政策文件《建立一个共同的欧盟数据空间》,聚焦公共部门数据开放共享、科研数据保存和获取、私营部门数据分享等事项。2020年2月,欧盟发布《欧洲数字战略》,旨在通过增强欧盟企业及公民数字能力建设、善用技术巨头市场力量及挖掘信息通信技术可持续发展潜力,使欧盟成为世界上最具竞争力的数据敏捷型经济体。

目前,欧洲的大数据金融仍主要以数据的存储和分析为主,区域内企业多为比较纯粹的大数据公司,在大数据的建设上具有丰富的经验。大多数企业较少涉及数据的交易领域,也就是欧洲的大数据金融在交易领域的市场规模依然较低,占大数据金融行业市场规模的比重亟待提高。

（三）日本大数据金融行业发展情况

日本在大数据方面发展较早,但在将大数据与金融行业结合的路程上仍是任重而道远。据统计,2010 年,日本大数据金融市场规模在 1 200 万美元左右,规模较小;2017 年,这一规模已扩展至 3.09 亿美元。

（四）印度大数据金融行业发展情况

班加罗尔汇集了印度大部分大数据企业,占据印度 40% 的大数据就业市场份额。其他大数据专业人员需求旺盛的城市包括浦那、海德拉巴、德里、孟买和金奈等。随着印度 IT 服务公司对大数据分析需求的快速增长,以及云计算领域新时代数字项目的发展,IT 行业对大数据专业人士的需求将持续上涨。

二、中国大数据金融的应用现状

自 2014 年我国首次将大数据写入《政府工作报告》和 2015 年国务院印发《促进大数据发展行动纲要》后,大数据已成为国家发展的重要着力点。2017 年,工信部正式对外发布《2016—2020 年大数据产业发展规划》,提出到 2020 年,基本形成技术先进、应用繁荣、保障有力的大数据产业体系。麦肯锡的一份研究显示,无论是应用潜力还是投资规模,金融业都是大数据应用的重点行业。在全球金融监管趋严、同业竞争激烈、数据规模爆发式增长的形势下,金融机构纷纷借助大数据提升业务处理水平。

（一）大数据金融的发展特点

1. 金融云快速落地奠定基础

金融云具备快速交付、高扩展、低运维成本等特性,能够在充分考虑金融机构对信息安全、监管合规、数据隔离和中立性等要求的情况下,为机构处理突发业务需求、部署业务快速上线、实现业务创新改革提供有力支持。因此,金融业一直较为积极地推动云计算的落地。

目前,大型金融机构纷纷开启了基于云计算的信息系统架构转型之路,逐步将业务向云迁移。大型金融机构普遍青睐混合云架构,将非核心应用迁移到公有云平台,再将部分核心应用迁移到私有云平台,关键业务继续使用传统架构。新兴金融机构如蚂蚁集团、微众银行等,在诞生之初就把所有 IT 系统架构在云上。

2. 实时计算分析能力是首要关注点

金融机构的业务要求大数据平台具有实时计算的能力。目前,精准营销、实时风控、交易预警和反欺诈是金融机构最常使用的大数据应用场景,这些业务都需要实时计算的支撑。以精准营销和交易预警为例,精准营销要求在客户短暂的访问与咨询时间内发现客户的投资倾向,推荐适合的产品。交易预警场景要求大数据平台在秒级完成从事件发生到感知变化、再到输出计算结果的整个过程,识别出客户行为的异常,并做出交易预警。因此,流式计算框架的实时计算大数据平台目前逐渐在金融机构得到应用,以满足低延时的复杂应用场景需求。

3. 金融业务创新越来越依赖于大数据的应用分析能力

客户对服务体验的要求越来越高,需要金融机构随时随地都能提供服务,产品设计更易用、更直观,响应速度更快速。金融机构提供产品和服务的重点也从简单的标准化转变为个性化。

大数据能够在产品设计和客户服务两方面提高创新能力。在产品设计上,大数据能够更好地利用现有数据,为客户进行全面的客户画像,识别客户的需求。基于精准的客户认知,金融机构可以细分客户的需求,从而针对性地设计出符合客户个性化需求的、场景化的产品。在客户服务上,大数据可以提高产品的自动化程度,从而扩大产品和服务的范围、拓宽客户基础,使得金融机构得以覆盖以前服务不到的长尾客户。此外,产品自动化还能够对客户需求做出快速反应,提高客户黏性。

4. 金融数据正在向金融科技行业巨头聚集

互联网和科技行业存在的"赢家通吃"模式,在金融行业继续上演。随着行业的快速整合,原来分散在各家金融机构的数据正快速向金融科技行业巨头集中,从而形成数据寡头。

以支付行业为例,原来分散在各家银行手中的支付数据正快速向"支付宝"和"财付通"集中。目前,"支付宝"和"财付通"已经覆盖了绝大多数消费场景,包括电商购物、餐饮、出行、航旅、公共事业缴费、线下购物等。过去银行可以通过借记卡和信用卡的消费记录来分析客户的消费行为,为金融企业的服务和产品设计提供支持。现在这些小额消费行为很多是通过第三方支付发生的,银行无法获取具体的消费数据,客户消费数据的缺乏正影响着银行对个人客户的了解和分析。

(二)大数据金融的发展趋势

1. 大数据应用水平正在成为金融企业竞争力的核心要素

金融的核心就是风险控制,而风控又以数据为导向。金融机构的风险控制水平直接影响坏账率、营收和利润。经过长期的数字化改造,金融机构积累了大量的信息系统,通过这些系统积累了海量的数据,但是这些数据分散在各个系统中,并不能实现集中分析。

金融机构已经意识到需要有效地管理其日益重要的数据资产,正在主动思考和实践数据资产治理的方法。目前,金融机构正在加大在数据治理项目中的投入,结合大数据平台建设项目,构建企业内统一的数据池,实现数据的"穿透式"管理。大数据时代,数据治理是金融机构需要深入思考的命题,有效的数据资产管控,可以使数据资产成为金融机构的核心竞争力。

在国内,金融机构对大数据的认知已经从探索阶段进入认同阶段。普华永道研究显示,83%的中国金融机构表示希望在大数据上进行投资。金融行业对大数据的需求属于业务驱动型,其迫切希望应用大数据技术使营销更精准、风险识别更准确、经营决策更具针对性、产品更具吸引力,从而降低企业成本、提高企业利润。随着更多金融机构基于大数据获得丰厚的回报,将进一步打消它们的顾虑,加速大数据的普及。

2. 金融行业数据整合、共享和开放成为趋势

数据越关联越有价值、越开放越有价值。随着各国政府和企业逐渐认识到数据共享带来的社会效益和商业价值,全球已经掀起一股数据开放的热潮。大数据的发展需要所有组织和个人的共同协作,将个人私有、企业自有、政府自有的数据进行整合,把私有大数据变为公共大数据。

中国政府着力推动数据开放。一方面,国家带头着力推动政府数据公开。国务院《促进大数据发展行动纲要》提出:2018年,中央政府层面将实现金税、金关、金财、金审、金盾、金宏、金保、金土、金农、金水、金质等信息系统通过统一平台进行数据共享和交换。另一方面,国家还通过推动建设各类大数据服务交易平台,为数据使用者提供更丰富的数据来源。在国家发展改革委发布的《国家发展改革委办公厅关于请组织申报大数据领域创新能力建设专项的通知》中明确提到,要建设大数据流通与交易平台,用以支撑数据共享。

3. 金融数据与其他跨领域数据的融合应用不断强化

2015年之前,金融机构主要基于金融业自有信息进行分析。金融机构主要基于自身静态数据通过人工对内进行经营分析、产品设计、营销设计等,对外进行客户分析和行情分析。2015年之后,大数据技术逐渐成熟,数据采集技术快速发展,通过图像识别、语音识别、语义理解等技术实现外部海量高价值数据收集,包括政府公开数据、企业官网数据和社交数据。金融机构得以通过客户动态数据的获取,更深入地了解客户。

未来,数据流通的市场会更加健全。金融机构可以方便地获取电信、电商、医疗、出行、教育等其他行业的数据。一方面,将有力促进金融数据与其他行业数据融合,使得金融机构的营销和风控模型更为精准;另一方面,跨行业数据融合会催生出跨行业的应用,使金融行业得以设计出更多基于场景的金融产品,与其他行业进行更深入地融合。

4. 人工智能正在成为大数据金融应用的新方向

新兴技术高速发展,大数据和人工智能技术正在快速融合。大数据技术强调数据的采集、存储、处理和展现,人工智能可以在各个阶段助力大数据发挥更大的作用。

在采集上,图像识别、语音识别、语义理解等人工智能认知技术实现海量非结构化数据采集。在数据的储存和管理上,人工智能技术可以实现自动为数据打标签、自动将数据归类。在数据处理上,人工智能深度学习、机器学习、知识图谱技术可以提高算法模型的数据处理的效率和准确度。在数据展现上,智能可视化大屏技术可以实现数据实时监控和可视化呈现。大数据与人工智能正在进行多维度的深度融合,拓展了大数据金融的应用价值和应用场景。

5. 大数据金融安全问题越来越受到重视

大数据的应用为数据安全带来新的风险。数据具有高价值、无限复制、可流动等特性,这些特性为数据安全管理带来了新的挑战。

对金融机构来说,网络恶意攻击成倍增长,组织数据被窃事件层出不穷。这对金融机构的数据安全管理能力提出了更高的要求。大数据使得金融机构海量的高价值数据得到集中,并使数据实现高速存取。但是,一旦出现信息泄漏,将波及几乎全部的数据资产,并且数据泄漏后极易迅速扩散,甚至出现数据篡改和智能欺诈的情况。对个人来说,金融信息的泄漏会暴露出大量的个人基本信息和消费信息等。大数据技术可以便捷地大批量收集这些信息并进行画像,这使得公民更容易受到欺诈,造成经济损失。

2019年7月5日,北京市朝阳区人民法院审理了一起"智联招聘"员工参与倒卖个人信息案件,该案涉及公民个人信息达16万余份。无业人员郑某为了获得公民简历信息,伪造假的企业营业执照并提供给北京网聘咨询有限公司上海分公司(简称"智联招聘")工作人员卢某和王某,获得企业会员账号,获取大量公民简历,然后在淘宝上进行销售。该案涉及公民个人信息达16万余份,内容包括姓名、身份证号、住址、电话、受教育程度、工作单位、薪资收入等个人信息。

与全球不断收紧的数据合规政策相类似,我国在数据法律监管方面也日趋严格规范。相对于法律法规和针对数据安全技术的标准,在大数据安全保护中,标准和规范也发挥着不可替代的作用。

(三)大数据金融应用的优势

基于大数据的互联网金融,凭借其独特的互联网技术和大数据技术优势,正从金融交易形式和金融体系结构两个层面改造金融业、刺激着传统金融业,为原本严谨、保守的传统金融领域注入了新鲜活力。此外,互联网金融的一系列先天优势,吸引着阿里、百度、腾讯等互联网巨头也先后参与到这场潮流中,开始为小微企业、个人创业者提供各类消费贷款和小微经营贷款等业务。具体而言,大数据金融的优势主要体现在以下几个方面:

1. 数据量大,质量高

金融业是数据密集型行业,对数据强依赖。与其他行业相比,金融数据逻辑性强,要求具有更高的实时性、安全性和稳定性；而且，无论对于个人还是企业，金融数据都是核心敏感数据。金融行业核心实时交易系统数据要求强一致性，正常状态下数据错误率为零，金融业开展大数据应用时，数据清洗环节将较为简单。以银行业为例，100万元的创收平均会产生130GB的数据。在不断增长的海量数据背景下，采用更有弹性的计算、存储扩展能力的分布式计算技术将成为必然选择。

2. 应用场景广泛，潜力大

大数据在金融行业有着众多的应用场景，包括精准营销、风险控制、客户关系管理、反欺诈检测、反洗钱检测、决策支持、股票预测、宏观经济分析与预测等方面。金融机构通过应用大数据来开展精准营销，以提升风控准确性、降低风控成本、增加用户黏性、改善客户体验、增强服务敏捷性。

3. 借贷成本低廉，放贷速度快

在传统技术手段下，金融机构内部管理数据庞杂，无法做到精确使用。大数据技术手段能够帮助金融机构准确定位内部管理盲区，制定有针对性的改进措施，进而降低运营管理成本。此外，大数据还拓展了与客户的沟通渠道，可以更好地把握客户的消费行为习惯，及时预测市场变化，制定与之相适应的营销手段。通过网上支付的方式进行放贷，这不仅降低了放贷成本、提升了放贷速度，而且使放贷不受时空的限制。由于这种便捷性，大数据金融可以整合碎片化的需求和供给，能够服务大批量的中小型客户，拓展了大数据金融的边际。

4. 科学决策，降低金融风险

过去金融机构获取信息的途径大多来自客户提供的财务报表，运营效率低，可靠性差。依托大数据技术，如今的金融机构可以轻松监控客户的资产价格、账务流水等流动性数据变化，并进行相应的分析，从而有效提升信息的利用率。建立在大数据金融基础上的决策更科学，能有效降低不良贷款率。大数据金融能够解决信用分配、风险评估、实施授权甚至是识别欺诈问题。大数据金融利用分布式计算做出风险定价和风险评估模型，这些模型不仅可以替代风险管理、风险定价，甚至可以自动生成保险精算，并且大数据金融可以基于借贷行为对违约率、信用评分进行实时监测。

例如，银行可以通过九次方大数据系统终端对企业的所有关联公司、子公司、同业公司进行对比分析，通过产业链企业大数据来判断企业贷款风险。另外，由于贷款是发生在大数据金融库中所累积的、持久闭环的产业上下游系统内部，这有利于预警和防范风险。目前，花旗、富国等银行已全面纳入大数据应用，将客户资产负债、流动性状况、交易支付、纳税和信用记录等进行动态分析，对客户行为进行多角度、多方法的评估，及时统计客户的动态违约概率和业务损失率，提高贷款决策的准确度。

5. 推动金融机构开拓新业务

随着我国对外开放的不断深入,金融业对外开放度不断提高,我国宏观经济结构加快调整,银行传统的存贷款利率差盈利模式正在发生改变,银行也在进行着自我变革。业务转型的关键在于创新,业务创新需要金融机构能够挖掘客户内在需求,提供更有价值的服务。大数据技术正是金融机构深入挖掘既有数据、找准市场定位、明确资源配置方向、推动业务创新的重要工具。通过大数据处理技术、大数据科学、大数据工程结合业务场景,改造传统金融服务体系。大数据时代,企业获得内外部数据、结构化与半结构化数据的成本在下降,数据维度也在不断扩充。金融将大数据、区块链等技术运用于产品设计、用户体验、风险管理等领域。

面对大数据金融所具备的优势,传统的金融行业也应积极进行改革。正如中国银行副行长王永利所言,要充分利用互联网这个平台,通过互联网金融来提供传统银行根本没有办法提供的业务,这是必然的要求。目前,中国银行也正在借助互联网金融的海量数据分析、信息对称透明、操作便捷高效等多方面优势进行改革,打造互联网时代的智慧银行,这将帮助银行克服中小企业信息不对称的难题、摆脱对物理渠道的依赖、提高授信决策的效率、增强把控实质性风险的能力。

 本章小结

本章首先讲述了大数据的一般性基础知识,包括对大数据定义的不同观点、大数据的基本特征以及大数据的发展历程。在此基础上,引申出大数据金融的概念,系统介绍了大数据金融的两种商业模式,即平台金融模式和供应链金融模式以及不同模式的典型代表。其次,简单描述了美国、欧洲、日本和印度这四个国家的大数据金融行业发展情况。最后,详细讲述了我国大数据金融的应用现状,主要从大数据金融的发展特点、发展趋势以及应用优势三个方面展开阐述。

 思考题

1. 简述大数据对我们现实生活的影响。
2. 简述大数据对金融业态的影响。
3. 简述金融大数据的发展特点和发展趋势。
4. 简述大数据在金融领域的应用场景。

第二章 大数据与银行

第一节 大数据在银行业的应用场景

大数据在银行业得到了广泛的应用。大数据技术的应用提升了金融行业的资源配置效率,强化了风险管控能力,有效促进了金融业务的创新发展。

一、信贷风险评估

近年来,我国国民经济持续高速增长,而银行作为经济活动的主要媒介,如何抓住机遇、在加快发展的过程中规避和防范金融风险,已经成为国内银行业不可回避的问题。建立一套实用性较强又能与国际接轨的信贷预警模型和预警管理机制,对我国商业银行持续快速健康发展具有重要的现实意义。

(一)信贷风险的概念及产生原因

商业银行信贷风险是指由于不确定性因素使借款人不能按合同规定偿还银行贷款本息,导致信贷资产预期收入遭受损失的可能性。商业银行的信贷风险产生的原因有许多方面,归纳起来主要表现为:

1. 商业银行自身经营性原因

一方面,由于银行信贷内部控制制度不完善、缺乏科学的信贷管理和防范体系、信贷资产质量监管制度和偿债的约束机制的执行不严格以及经营管理人员和经办人员缺乏职业道德等造成了信贷风险;另一方面,商业银行的信贷风险识别机制不健全,没有对信贷风险准确全面的评估,导致风险防控滞后。

2. 信贷营销理念偏差

盲目相信企业集团,增大了信贷风险忧患。例如,许多商业银行为争抢大集团客户,对企业集团盲目跟进,对其多头授信、过度授信,放宽了信贷条件和监控。个别商业银行信贷资金未能遵从产业政策的有效引导,盲目跟风,造成信贷资金的过度集中投入,加剧了这些行业的产能过剩和产业结构进一步失衡。

此外，信贷风险的产生还会受到国家行政干预、企业经营管理不完善以及自然灾害、意外事故等不可抗拒的外界因素影响。

（二）大数据使信贷风险评估趋于事实

在传统方法中，银行对企业客户的违约风险评估大多基于过往的信贷数据和交易数据等静态数据，这种方式最大的弊端是缺少前瞻性。因为影响企业违约的重要因素不是只有企业的历史信用情况，还包括行业的整体发展状况和实时的经营情况。

大数据手段的介入使信贷风险评估更趋近于事实。内外部数据资源整合是大数据信贷风险评估的前提，商业银行在识别客户需求、估算客户价值、判断客户优劣、预测客户违约可能的过程中，既需要借助银行内部已掌握的客户相关信息，也需要借助外部机构掌握的人行征信信息、客户公共评价信息、商务经营信息、收支消费信息和社会关联信息等。该部分策略为数据分析提供了更广阔的数据维度和数据鲜活度，共同形成商业银行贷款风险评估资源。

（三）信贷风险评估的数据来源

信贷风险评估的数据来源主要归纳为四个方面：银行自由系统数据、产业链上下游数据、电商网站的交易数据和客户社交媒体上的行为信息。其中，银行自由系统数据主要包括用户存取款记录、借贷记录、信用卡使用情况。企业所在的产业链上下游数据可以帮助银行更好地掌握企业的外部环境发展情况，进而预测企业未来的状况。电商网站的交易数据也可以与信贷业务结合起来，例如，建设银行将自己的电子商务平台和信贷业务结合起来，阿里金融为阿里巴巴用户提供无抵押贷款，用户只需要凭借过去的信用即可。有关客户社交媒体上的行为信息，主要包括微信、微博等社交平台信息以及博客、知乎等知识分享平台。

（四）信贷风险评估的步骤

信贷风险评估通常分为三个步骤：建立客户画像、建立风险名单库和建立数据动态更新。首先，建立客户画像是指以客户级大数据为基础，为存量客户建立画像，使银行能够向各管辖机构、各业务条线、各产品条线进行内容全面、形式友好、反应敏捷的客户级大数据集中供给。其次，建立风险名单库是指建立专项集中的企业及个人风险名单库，统一"风险客户"等级标准，集中支持各专业条线、各金融产品对高风险客户的过滤工作。最后，建立数据动态更新，统筹各专业条线、各业务环节对大数据增量信息的需求优先序列，对新客户、高等级客户、高时效业务、高风险业务实现大数据实时采集式更新；对存量、一般、普通时效业务、低风险业务实现大数据集中、批量、排序、滚动更新。

二、风险管控

(一)建设客户风险预警系统

客户风险预警系统旨在提升客户信用风险的管理水平,减少风险客户给银行带来的损失。例如,江苏省农信社、宿迁民丰银行通过引入外部数据,包括人民银行重要信息提示、银监风险预警信息、省信息中心数据、法院诉讼数据、失信被执行人数据等,结合商业银行内部数据,构建了客户在财务风险、关联风险、缓释风险、授信风险、账户风险、行业风险、区域风险等方面的风险预警模型;同时,结合担保圈和担保链相关信息,对客户风险情况进行综合评价,从而建立了客户风险预警系统。利用客户风险信号、黑灰名单(包括法院涉诉、失信名单、反洗钱制裁名单等),推送至客户经理和相关管理人员,使其能够及时全面地掌握客户的风险信息。

(二)建设冠字号码查询信息系统

冠字号码查询信息系统通过大数据技术实现冠字号的高效存储和查询,解决对外误付假币和涉假纠纷的举证和责任认定问题。

(三)建设反欺诈系统

反欺诈系统以欺诈特征模型、行为习惯模型、名单库、案件库为主要依据,利用机器学习技术识别出隐藏在海量真实交易中的欺诈交易,并进行实时预警和追加确认,防止欺诈风险的发生。例如,江苏银行通过关联分析、智能定位、流数据处理等相关的机器学习算法和数据分析技术,建立了识别和防范包括钓鱼网站、会话监听、假冒贷款、信用卡欺诈、虚假开户等欺诈行为的反欺诈系统。

(四)建设审计系统

审计系统通过大数据架构,实现了海量数据的高效载入和查询,通过建立审计模型来分析现有的和潜在的风险分布情况,加以有效控制,确保风险水平与经营战略相匹配。以江苏省农信社为例,实现的业务场景包括现场审计、员工行为监测等,就员工行为监测而言,重点关注员工的贷款、担保、与授信客户的资金往来、与授信关联人的资金往来等信息。

三、精准营销

(一)精准营销的分类

精准营销大致可以分为四类:实时营销、交叉营销、个性化推荐和客户生命周期管理。实时营销是指根据客户的实时状态来进行营销。例如,针对客户当时的所在地、客户最近一次消费等信息来进行营销,或者将改变生活状态的事件(如换工作、改变婚姻状况、置业等)视为营销机会。交叉营销即不同业务或产品的交叉推荐。例如,招商银行可以根据客户交易记录分析，有效地识别小微企业客户，然后利用远程银行来实施交叉销售。个性化推荐是指银行可以根据客户的喜好进行服务或者银行产品的个性化推荐。例如，根据客户的年龄、资产规模、理财偏好等，对客户群进行精准定位，分析出其潜在金融服务需求，进而有针对性地营销推广。客户生命周期管理包括新客户获取、客户防流失和客户赢回等。例如，招商银行通过构建客户流失预警模型，对流失率等级前20%的客户发售高收益理财产品予以挽留，使得金卡和金葵花卡客户流失率分别降低了15个和7个百分点。

（二）精准营销的主要应用目标

在移动互联网时代，客户的消费需求和消费行为发生快速转变。首先，在消费需求方面，客户的需求更加细化，对个性化金融产品的需求度显著增加。其次，在消费行为方面，互联网金融企业很难接触到消费者、了解客户需求并推销产品。营销资源和营销机会极其宝贵，因此，为了降低对用户的打扰和营销成本，提高营销转化率以面对日趋激烈的行业内部竞争，互联网金融企业亟须一种更为精准的营销解决方案。

银行业精准营销的主要应用目标主要有三个方面：

(1)精准营销的首要目的是寻找目标客户，精准定位营销对象；

(2)在获得客户挖掘结果后，精准营销应用的下一步功能应当是针对具体客户，提供一整套智能决策方案；

(3)配备完整的业务操作平台，实现整个精准营销从客户挖掘直至业务完成的各个工作环节，最大限度地缩短业务操作流程，实现精准营销的"一站式"操作。

（三）精准营销的技术流程

银行业精准营销的技术流程包括以下五点：

(1)客户信息整合及验证。该步骤的核心为数据整合处理，即利用大数据平台打通内外部数据、不同业务数据、不同结构数据之间的壁垒，对数据格式进行规范化处理，形成以客户为中心的"一户一条"数据记录。

(2)客户及场景标签设定。根据精准营销的不同角度设定不同类别的场景标签，该类标签通常较用户标签具有更高的灵活性，以便随着业务发展和精准营销场景的变换随时增减或改变。

(3)客户类型初分。对于不同类型的目标客户，精准营销模型应当给出具有针对性的营销方案，因此需要对大数据平台中所有的客户进行类型的区分。该部分可以通过用户画像技术提供的分类标准，进行用户的标签化分类工作。建立合理的客户类型初分体系是精准营销的基础。

(4)客户筛选。客户筛选是指对客户质量进行筛选把控，普遍基于大数据平台的黑白灰名单技术，对客户进行判定。原则上，白名单客户属于精准营销判定的推荐客户；黑名单客户则是不能服务的客户；灰名单客户为风险提示类客户。

（5）业务统一工作平台部署。作为精准营销的前台，通过 API 接口打通数据存储层、数据处理层、算法层以及高级业务层，通过门户网站、App、App 接口等方式提供银行产品推荐、客户准入、客户跟踪管理等高级营销策略。

四、运营优化

(一)运营优化的三个方面

银行业是最早受益于大数据的行业之一。大数据分析不是侧重于发现因果关系，而是侧重于快速处理庞杂的数据探寻相关关系。通过有效的信息挖掘，大数据技术能够为商业银行经营管理提供决策依据，进而提升其经营管理水平。银行业在利用大数据技术方面与其他行业相比，具有更为明显的优势。运营优化主要体现在三个方面：

（1）市场和渠道分析优化。通过大数据，银行可以监控不同的市场推广渠道，尤其是网络渠道推广的质量，从而进行合作渠道的调整和优化。同时，也可以找到匹配度最高的银行产品和渠道，进而优化渠道推广策略。

（2）产品和服务优化。银行可以将客户行为转化为信息流，并从中分析客户的个性特征和风险偏好，更深层次地理解客户的习惯，智能化分析和预测客户需求，进而优化产品和服务。例如，兴业银行目前对大数据进行初步分析，通过比较还款数据区分优质客户，根据客户还款数额的差别，提供差异化的金融产品和服务。

（3）舆情分析优化。银行可以通过爬虫技术，抓取社区、论坛和微博上关于银行以及银行产品和服务的相关信息，并通过自然语言处理技术进行正负面判断。及时根据用户的反馈分析总结银行存在的问题和优势所在，优化现存的问题，保持现有的优势。

(二)运营管理水平的提高

目前，大数据技术在商业银行运营管理中已经得到了广泛应用。一方面，催生了数据高度集中的运营架构。大量标准化、批量化的业务被集中到总行或者一级分行层面进行处理，形成了区域性的数据集中、业务作业中心，极大地提高了运营效率。另一方面，大数据为商业银行运营风险防控带来了技术创新，使银行可以从海量数据背后找出风险点，提高了商业银行的风险防控水平。但是，大数据的飞速发展也给商业银行运营管理带来了很大的挑战，尤其是在海量数据的存储、"云计算"等大型数据库管理系统的建设以及数据资源的运用、共享、挖掘等方面亟须不断提高。

抓住大数据发展的契机，真正提高商业银行的运营管理水平以及强化风险防控能力成为目前各家商业银行都在探索的问题。首先，要将大数据应用纳入运营管理发展战略。契合发展战略要求，建立全方位数据体系，利用大数据决策系统对海量数据进行分析，得出事物发展的规律。其次，要打造数据化能力，为挖掘数据价值提供基础。

着眼于大数据挖掘和分析,对海量数据的持续实时处理,建立数据模型分析,为操作风险防控、经营效率提升、服务质量改善提供支撑。再次,要培养大数据人才,为数据化技术发展提供动力。大数据分析是多渠道、多方位、随机的,没有固定的分析视角,这种全新的分析方式是开创性的,要求数据工作人员必须拥有较高的综合素质。此外,要大力开展大数据试点项目,尽快推进大数据应用。通过开展一系列大数据试点项目,配以奖励机制,充分调动整个系统挖掘数据、分析数据的积极性和主动性。最后,要深化大数据的应用,提高银行全面风险防控水平。整合商业银行内外部、客户线上线下的结构化和非结构化数据,对客户进行全方位的评估,搭建更为深化、标准的信用风险管理体系,全面提升综合经营管理水平。

第二节 大数据金融与商业银行的比较分析

大数据金融与商业银行在业务来源、经营风格、成本、门槛和大数据的使用这几个方面具有各自的特征。

在业务来源方面,目前的大数据金融业务主要由龙头互联网企业推出,依托现有的技术资源和用户资源,在此基础上开展业务。大数据金融的载体是各互联网平台,如支付宝、微信等,从营销到服务完全在互联网上开展。而商业银行的历史悠久,其现有的业务模式是随着商业的发展逐渐演变而来的。商业银行在我国的金融体系中占据主体地位,商业银行的客户基本上来自线下工作人员的营销活动。

在经营风格方面,快速创新是互联网行业的一个重要特征,大数据金融继承了这一特征,可以快速结合互联网的发展,推出新业务。大数据金融正处于发展阶段,此时来自监管部门的压力较小,这在客观上促进了大数据金融的创新。商业银行由于业务的特殊性,具有公共特性,其经营策略偏保守,稳健经营是其重要特征。

在成本方面,互联网企业在获客成本上具有一定的优势。互联网企业可以迅速将已有的注册用户较为方便地转换成其金融产品用户。支付宝平台对余额宝的爆发式增长起到了非常大的促进作用,微信在余额宝之后推出的理财通同样获得了快速增长。互联网产品的成本主要在于研发成本,计算机代码的可复制性较强,研发完成后传播运行成本较低,产品推出后主要支出为服务器运营成本。商业银行的获客成本较高,线下广泛分布的营业网点是银行的主要营业场所,银行虽然具有较好的公众形象和信用,但实体经营中需要大量的租金和人力成本支出。

在门槛方面,大数据金融产品的资金规模门槛较低,无论金额高低均可以获得服务,大多数金融产品可以1元起购。传统商业银行在客户选择上"嫌贫爱富",往往信用记录良好的个人和企业可以优先获得银行的优质服务,而信用记录较差的个人和小微企业则很难从银行获得服务或贷出资金。

在大数据的使用方面,互联网企业可以通过收集、分析大量用户在线行为记录对用户进行评估。借助大数据技术,互联网企业可以更全面、准确地掌握资金、用户的整体情况并更好地对个人进行分析。商业银行分析客户的方式较为传统,且分析的信息并不全面,商业银行目前可以接入人民银行个人征信系统,根据有限的信用记录对客户进行评测。传统商业银行持有的用户信用记录主要来自用户在支付过程中留下的支付记录,以及接入人民银行征信系统的传统数据库。

第三节 大数据金融模式对商业银行业务的影响

一、支付宝对银行的影响

（一）支付宝的优势

目前,支付宝正深刻地影响着我们的生活。支付宝是一种新的支付模式,第三方的加入使交易具有可行性和稳定性,并为后续可能出现的问题提供其他相应的服务。

支付宝具有以下几个优势:

(1)产品性能优越。支付宝在手机电脑上都可以轻松下载,操作起来简单方便。用户只需完成支付宝实名认证即可使用,在买卖双方资金交易上也有保障,支付宝提供担保交易并支持货到付款,提供全面在线支付功能,转账两个小时内即可到账,加快了资金的流动性。

(2)普及性高。支付宝自 2014 年第二季度开始成为全球最大的移动支付厂商。在全球移动互联网流量红利收窄的大背景下,支付宝用户数呈现逆势增长,体现了蚂蚁集团经济体的协同效应,以及支付宝在技术、场景和服务方面投入布局的拉动效应。目前,支付宝国内活跃用户约 9 亿,全球用户数已经超过 12 亿。

(3)多方合作。支付宝采用了与众多银行合作的方式,极大地方便了网上交易的进行。目前,工商银行、农业银行、建设银行、招商银行、浦发银行等各大商业银行以及中国邮政、Visa、MasterCard 国际组织等各大机构,均与支付宝建立了深入的战略合作,不断根据客户需求推出创新产品,成为金融机构在电子支付领域的合作伙伴。

(4)服务多样。支付宝除了提供以上的担保、货到付款、在线支付以及转账功能之外,还提供增值服务,帮助商家网站解决实时交易查询和交易系统分析,提供方便及时的退款和支付服务。

(5)记录详细可查。支付宝可以对交易双方的交易进行详细的记录,从而防止交易双方对交易行为予以抵赖,并且为后续交易中可能出现的纠纷问题提供相应的证据。

(6)全额赔付。如果是因为使用了支付宝而被欺骗,导致遭受损失的用户,支付宝将全额赔偿损失。这种"全额赔付"制度在一定程度上也取得了大多数用户的信任。

(7)商户门槛低。支付宝是一个巨大的盈利平台,它会给商户带来很多机遇。它提供给许多新商户的入门级产品,按照实际成交情况收费,为商户提供了相当低的门槛。

此外,支付宝还有一些更普遍的意义。一方面,移动支付可以完全避免现金支付中的假币问题,并且在付款时也不用找零,省时省力。移动支付的普及还大大减少了纸币使用的频率,使得纸币上细菌传播的风险随之降低。另一方面,移动支付能融合到各个行业中,只要涉及支付的场合都能够使用移动支付。移动支付可以更具体地运用大数据来对客户的信息进行追踪,并根据这些信息对自身产品进行合理改进;还可以通过对这些大数据的分析,制定相应的营销策略,比如会员卡福利、卡券活动等,吸引顾客再次消费。

(二)支付宝对商业银行的影响

支付宝的飞速发展虽然便利了我们的生活,但是对商业银行也造成了一定的冲击。

1. 对商业银行市场地位的影响

受到传统体制的影响,我国商业银行一直处于金融服务的核心地位,但随着互联网技术的快速发展,一批以阿里巴巴为代表的互联网企业正逐步利用金融业的政策空间进行相关支付方式的创新,以顺应网络商业的发展需要,对传统的商业银行经营方式提出了挑战。

2. 对商业银行活期存款的影响

我国商业银行的存款利率较低,目前一年期活期存款利率为 0.2%,而余额宝 7 日平均年化收益率达到 1.92% 左右,是商业银行普通活期存款利率的数倍。这种巨大的存款利差水平吸引了大量的社会闲散资金,很多人将手头闲散资金转入支付宝,既能满足适时购物的支付需要,又能提高闲置资金的收益率。

3. 对商业银行客户维护的影响

支付宝在发展初期只能提供一些简单的支付功能,并不能够获得用户的相关信息,用户黏性较低。随着支付宝的进一步发展和技术创新,目前支付宝已拥有海量用户;相应地,商业银行就会流失一些客户,给商业银行带来巨大压力。

4. 对银行代销理财产品业务的影响

商业银行在进行代销理财产品的过程中,设置的门槛一般较高、变现时间较长,并且银行对理财产品的发展重视程度不高,而支付宝则恰好弥补了银行发行同类型理财产品的不足。支付宝上线以来,余额宝的日年化收益率大幅度超过多数商业银行的1天周期理财产品。因此,商业银行超短期理财产品的部分客户会转投支付宝,这给商业银行超短期理财产品也造成了冲击。

(三)商业银行应对支付宝业务冲击的主要措施

商业银行为了缓解支付宝同类业务带来的冲击,可以采取以下措施:

(1)提升客户活期存款价值。商业银行要转变原有的禁锢思想,通过市场层面的规划提升客户活期存款价值,同时不断完善、优化个性化服务。例如,可以定期或不定期地推出活期余额的理财服务。商业银行可以与流动性管理稳定、业绩好的基金公司开展合作,为客户推出活期理财等服务。通过活期余额理财服务,不仅可以增加客户黏性、提高客户的忠诚度、保持"长尾"市场份额,而且可以增加中间业务收入。同时,商业银行还应该充分借鉴互联网金融和支付宝的成功经验,不断进行金融产品创新。

(2)以互联网渠道为依托,提高基金代销和理财产品的服务效益。商业银行应当尽快结合传统优势和互联网金融优势,提高基金代销和理财产品的服务效益。在销售模式方面,商业银行可以借鉴互联网金融的P2P模式,允许客户对未到期的理财产品份额进行有条件的转让。在基金的代销方面,商业银行可以构建一个社区化基金代销平台,定期发布基金购买有关的指导意见,引导、激励客户要在平台上进行共享,同时交流各自的体会、经验等,通过价值共享的营销方式开展基金的代销工作。

(3)拟定大数据经营战略,构建联盟的电商平台。通过抓住大数据时代市场的发展变化获取市场先机,是支付宝成功的源泉。商业银行间可以借鉴小型商业银行的"柜面通"模式,将所获取的客户资源作为自身发展的优势,通过电子商务平台的建设,不断地累积客户,并在金融业发展过程中获取市场竞争的主动性。同时,商业银行还需要通过科学的市场分析为商业银行发展提供一定的决策依据,进而保障商业银行互联网金融战略的实现。

(4)线上直销银行,线下社区银行。传统银行业面临渠道问题,而互联网金融面临缺少银行牌照问题,通过有效市场的操作可实现市场共赢的格局。社区银行是以市场需求为重点,结合当地金融服务需求而开设的集业务办理、咨询于一体的微型银行。社区银行是传统银行后台的一个延展,也是市场开拓的一项重要内容,其定位在于方便、安全、高效。与线上相比,传统商业银行主要是进行自身相对熟悉领域的运作,这也是进行市场差异细化的关键。社区银行既可以降低银行运营成本,也可以填补金融服务的空缺地带,获得客户认可,进而获取商业银行的市场地位。

二、P2P 借贷

(一)P2P 借贷的概念

P2P(Peer to Peer)是一个互联网概念,代表了互联网端对端信息交互方式和关系发生特征。该交互是在对等网络中实现的,不通过中间工作站平台。相类似地,P2P网络借贷的模式主要表现为个人对个人的信息获取和资金流向,在债权债务属性关系中脱离了传统的资金媒介。P2P 网络借贷指的是基于互联网平台,个体与个体之间实现的直接借贷。P2P 网络借贷形式并非一种技术,而是理念与方式的革新,展现了金融脱媒与互联网的结合在个人端产生的巨大能量。P2P 网络借贷背后的实质是公众化点对点信息交互和资金流动,不仅仅表现在互联网技术端。

在传统技术下,受制于气候地理、专业能力和物质成本等因素,大范围的个人对个人的信息流动和关系发生是很难实现的。20 世纪 80 年代以来,互联网技术的持续发展以较低的成本解决了信息分散和不对称问题;而历史数据的积累和数据挖掘技术的深化,又使得信息(数据)的真实性和转化价值得到提升。当这种互联网 P2P 多重价值转化在借贷领域时,便出现了 P2P 网络借贷模式。在该模式中,存在一个中间服务方——P2P 网络借贷平台。P2P 网络借贷平台主要为网络借贷双方提供信息流通交互、信息价值认定和其他促成交易完成的服务,但不作为借贷资金的债权债务方。具体服务形式包括:借贷信息公布、信用审核、法律手续、投资咨询、逾期贷款追偿以及其他增值服务等。

(二)P2P 借贷的特点

P2P 网络借贷形式和民间借贷在本质上是相同的,其特点基本上与民间借贷类似,目前也参照民间借贷的法律进行管理。相比于传统的银行贷款形式,P2P 网络借贷呈现以下特点:

1. 借贷双方的广泛性

P2P 网络借贷的借贷双方呈现散点网格状的多对多形式,且针对非特定主体,使其参与者极其广泛和分散。目前的借贷者主要是个体工商和工薪阶层,短期周转需求占据很大比例。参与者的广泛性主要得益于其准入门槛低、参与方式灵活,并且每一笔贷款中可以有多个投资者;每个投资者可以投资多笔贷款。这使得具体业务在形式上更加分散,参与群体也更加广泛。

2. 交易方式的灵活性和高效性

P2P 网络借贷主要包括借贷金额、利息、期限、还款方式、担保抵押方式和业务发生效率。在 P2P 网络借贷平台上,借款者和投资者的需求都是多样化的,需要相互磨合和匹配。在磨合的过程中,形成了多样化的产品特征(尤其是市场化的利率)和交易方式。此外，P2P网络借贷业务打破了烦琐的层层审批模式，只要信用达标，贷款手续便简单直接，能够高效满足借款者的资金需求。

3. 风险性与收益率双高

一方面，P2P网络借贷平台和投资者面临线下尽职调查的缺失或者不够细致的问题，仅靠网络信息的汇总分析对客户进行信息真实性和还款能力的审核仍然是一个巨大的挑战和风险来源。另一方面，P2P网络借贷平台上的借款者大多因缺乏有效担保和抵押而不被传统金融机构所接纳，对贷款产品的需求特征个性化，甚至可能是传统金融机构筛选后的"次级客户"，因此愿意承受更高的利率来获得贷款。

4. 互联网技术的运用

在P2P网络借贷中，其参与者极其广泛，借贷关系密集复杂。这种多对多的信息整合与审核，极大地依赖互联网技术。与此同时，P2P网络借贷形式的产生也得益于信息技术尤其是信息整合技术和数据挖掘技术的发展。

(三) P2P借贷的两种延伸模式

国内的网络借贷平台形式多种多样，并不能笼统地称为P2P。对其性质的判定取决于以下两个关键点：一是真正的资金需求者与投资者是否直接签订借贷合同，即是否直接发生债权债务关系？二是网络借贷平台是否为投资者提供本金及利息的保障服务？

除了相对标准的"P2P网络贷款模式"之外，国内还出现了"基于P2P的小贷担保"和"专业放贷人与债权转让结合"两种延伸模式。前者是为了满足投资者的安全性要求而加入了"担保性"条款；后者则是为了能更好地连接借款者的资金需求和投资者的理财需求，能主动批量化开展业务，而不是被动等待各自匹配。

如果双方直接签订借贷合同，但P2P网贷平台承诺以自有资金为投资人提供本金（及利息）保障（以平台先行垫付或者购买坏账合同等形式），可认为是小贷担保模式。这样的小贷担保模式虽然没有脱离P2P网贷的点对点的债权债务发生关系的核心理念，但从严格意义上来看，已不再是金融脱媒。双方交易中产生了收取费用的担保作为增信手段，小贷担保机构（网贷平台）成为实质介入资金利益关系的金融媒介。

对其性质的判定要基于保障（赔付）资金的来源。P2P网贷平台以普遍划拨部分收入到风险储备池的方式，用于投资者保障计划（普遍是按照银行体系，以贷款总额的2%作为风险储备进入资金池）。若其赔付金额完全限定于风险储备池的范围内，则可认为是投资者保护计划，而不是担保。这种投资者保护机制对风险的控制是有限的，责任承担主体也不涉及P2P网贷平台本身。只要P2P网贷平台承诺提供本金保障，不明确风险储备池中的资金作为全部偿付来源（非有限），并且以自身平台为风险承担主体时，平台已经实质性参与到借贷经济利益链条之中，不独立在交易之外，具有融资性担保公司的实质。

如果借贷双方不直接签订债权债务合同，而是采用第三方个人先行放款给资金需求者，再由第三方个人将债权转让给投资者（P2P 平台为该交易过程提供服务）的形式，可认为是专业放贷人与债权转让结合的模式。在这个过程中，网贷平台仍然是传统的 P2P 模式，只是这个平台必然与该第三方个人产生紧密关系，专业放贷人与债权转让的模式主要涉及变相吸收公众存款的问题。此外，在这个模式中，因为投资者和借贷者的金额与期限需求不能一一匹配，还不可避免地涉及金额错配和期限错配的问题，隐含了法律合规方面的潜在风险。

（四）延伸模式的风险分析

1. 商业风险

关于商业模式的持续性，核心是风险与坏账率。目前，极少有 P2P 网贷平台公布其经过审计的财务报告作为风险判定依据。其商业风险主要体现在信贷风险和关联风险两个方面，两者分别代表了源头风险和过程风险。

信贷风险（源头风险），P2P 网贷业务主要是针对小微客户的小额贷款服务，较大比例贷款业务是无抵押、无担保和纯信用性的。小贷业务可以获得更高的收益，但是在不同的贷款产品中，其相对风险也是较高的；其必须依靠合适的信贷技术，诸如交叉校检和社会化指标体系，来弥补财务数据和担保抵押的缺失。

事实上，即便是几个国外运营较为成熟的 P2P 网贷平台，其逾期率和坏账率仍达到 3% 以上甚至更高。国内社会信用环境和客户金融行为习惯更加不成熟，单纯依靠网络来实现信息对称性和信用认定的模式的难度和风险较大。尽管在实践中 P2P 网贷平台建议客户普遍采用小额分散投资多个客户的风险控制方法，但在客户源头评估上仍然出现了两大难题：一是否拥有合适的信贷技术；二能否承受高成本的线下尽职调查。

关联风险（过程风险），不仅包括机构关联，而且包括相同机构多项业务关联的风险。这种关联在合理区间内，有时候是一种打包综合服务；但有时应该基于风险考虑进行必要切割。

对于小贷担保模式来讲，其 P2P 平台三方服务的业务与其担保业务关联。有些是两项业务合一在 P2P 平台公司，有些是采取关联公司为 P2P 平台的投资者担保的形式。在这种关联中，风险仍然在机构内部，并没有实现分散和转移，尤其是担保实质和杠杆率不匹配可能引发杠杆风险。例如，在《融资性担保公司暂行管理办法》中，担保公司的杠杆不得超过 10 倍。但在这样的担保实质的 P2P 平台中，其净资产往往只有百万元甚至数十万元，但平台上的贷款余额却可能达到上千万元，超过 10 倍杠杆的要求。以 10 倍杠杆为例，其平台借贷只要出现 10% 的坏账风险，平台就已经面临破产了。其本金保障的可行度存疑，承担的风险过大。

对于专业放贷人与债权转让相结合的模式来说,其内部业务和机构的关联性复杂,形成了内部循环。目前,普遍的情况是:P2P 网贷平台、专业放贷人账户、信用审核及评级机构、投资者(理财)服务机构、借款人服务机构都为同一控制人,具有极高的关联性。即债权的评级方和出售方是关联的,投资人服务机构和借款人服务机构在同一控制下,资金交易和信息交易的服务提供方也是关联的,应如何保持其公正性和对客户利益负责?简单来说,若是客户挑选、信用审核、资金结算、债权转让、逾期追偿等行为都是由关联性很强的机构完成,从逻辑上说,在债权信息是真实的情况下,其没有引入第三方机构而实现内循环,由这种关联性所引发的譬如虚假增信的道德风险仍然是存在的。

2. 披露风险

即使 P2P 网贷平台公布财务报告,也无法说明平台借贷相关的财务问题。对于 P2P 网贷模式来讲,平台本身并不是债权债务方,坏账率不会反映在其财务报告的任何指标中。

对于小贷担保模式,虽然其坏账率可以通过赔付金额来初步确定,但即使抛去风险储备池的赔付情况来说,其往往设置了赔付标准和赔付时间上的严格限制,使得财务报表上的赔付金额处于不完整统计和存在时间差的情况。若其并不按照担保公司的会计规则填报,赔付金额的具体数值也有可能淹没在财务费用和其他科目之中。

对于专业放贷人与债权转让结合的模式,P2P 网贷平台公司与债权债务也毫无关系,坏账指标并不出现在其财报中。虽然风险储备金(不是坏账计提)科目可部分反映相关指标,但范围是非常有限的。即便是去查询该专业放贷人的银行流水或者进行有限的债权信息抽样调查,由于期限错配和金额错配,也使得获得具体指标难度极大,何况这还涉及公民权利和法律的问题。

第四节 案例分析

案例一:中信银行玩转大数据,以客户为上帝

(一)案例介绍

信用卡业务竞争本质上就是对客户的竞争,而且是优质客户的竞争。针对客户发现、客户提升、客户保持、市场细分、忠诚度、贡献度、个性化服务乃至个人信用风险等一系列围绕客户关系的新问题,支持日常运作的信用卡生产系统是面向柜员和交易的日常营运和客户服务基础设施,无法提供众多分析、决策型用户对大量历史数据同时进行突发的、复杂的决策分析,而建立一套以客户为中心的信用卡业务分析系统则是

实现上述命题的必要可行手段。

中信银行信用卡中心是国内银行业为数不多的几家分行级信用卡专营机构之一，也是国内最具竞争力的股份制商业银行信用卡中心之一。近年来，中信银行信用卡中心的发卡量迅速增长。2008年银行向消费者发卡约500万张，而这个数字在2010年增加了1倍。随着业务的迅猛增长，业务数据规模也线性膨胀。中信银行信用卡中心无论是在数据存储、系统维护等方面，还是在有效利用客户数据方面，都面临着越来越大的压力。

同时，为了应对激烈的市场竞争，中信银行信用卡中心迫切需要一个可扩展、高性能的数据仓库解决方案，支持其数据分析战略，提升业务的敏捷性。通过建立以数据仓库为核心的分析平台，实现业务数据集中和整合，以支持多样化和复杂化的数据分析，比如卡、账户、客户、交易等主题的业务统计和联机分析处理多维分析等，提升卡中心的业务效率；通过从数据仓库提取数据，改进和推动有针对性的营销活动。

此外，中信银行信用卡中心需要一个解决方案来满足由中国人民银行、中国银行业监督管理委员会（现已改为国家金融监督管理总局）和全球监管标准《巴塞尔协议Ⅱ》提出的风险管理要求。例如，一个要求是银行保留5年的交易历史数据，以及报送最近几个月的状态信息。这些信息需要在规定日期前提交。此前，中信银行信用卡中心使用磁带存储来解决。然而，从磁带中提取数据过于缓慢，无法满足监管机构所规定的时间限制。

从2010年4月到2011年5月，中信银行信用卡中心实施了EMC Greenplum数据仓库解决方案。实施该解决方案之后，中信银行信用卡中心实现了近似实时的商业智能（Business Intelligence，BI）和秒级营销，运营效率得到全面提升。

以中信银行信用卡中心与汉拿山烤肉的联合促销活动为例，在传统营销模式下，银行会向城市中所有客户进行一次批量宣传，然后商户等待客户自行前来。但在实时BI的支持下，中信银行信用卡中心选取汉拿山附近商户消费的客户，在第一时间通知客户此项优惠。例如，客户在来福士购物中心消费一笔后，会立即接收到一条短信：您刚消费了108元，如您再消费一笔超过91元，即可在来福士购物中心5楼"汉拿山烤肉"享5折优惠1次。看完短信，客户刚刚还在犹豫是否要买一双新鞋，于是便下决心刷卡付款，然后去5楼犒赏自己。整个过程一气呵成，在客户最需要、最接近买单的时刻奉上最给力的优惠，不容迟疑。整个活动客户踊跃参与，大幅提升了客户对中信银行信用卡的业务、技术领先性的认可，取得了较好的市场反应和客户口碑。

（二）案例分析

1. 数据来源分析

EMC Greenplum数据仓库解决方案为中信银行信用卡中心提供了统一的客户视

图,借助客户统一视图,中信银行信用卡中心可以更清楚地了解其客户价值体系,能够为客户提供更有针对性的营销活动。基于数据仓库,中信银行信用卡中心现在可以从交易、服务、风险、权益等多个层面分析数据。通过提供全面的客户数据,营销团队可以对客户按照低、中、高价值来进行分类,根据银行整体经营策略积极提供相应的个性化服务。

因此,相应建立一套以客户为中心的信用卡业务分析系统需要以多项数据作为支撑,其对底层架构的大数据处理能力有着较高的要求,其数据源主要包括个人特征数据、资产数据、其他数据等。其中,个人特征数据主要包括年龄、性别、职业、收入、工作区域、社会关系等;资产数据主要包括个人定期存款、活期存款、信用贷款、抵押贷款等;其他数据的种类相对较多,例如个人互联网行为数据、个人位置数据、商户数据、商户客户对象、商户商品种类等。

2. 传导途径分析

其具体的传导途径如图 2—1 所示。

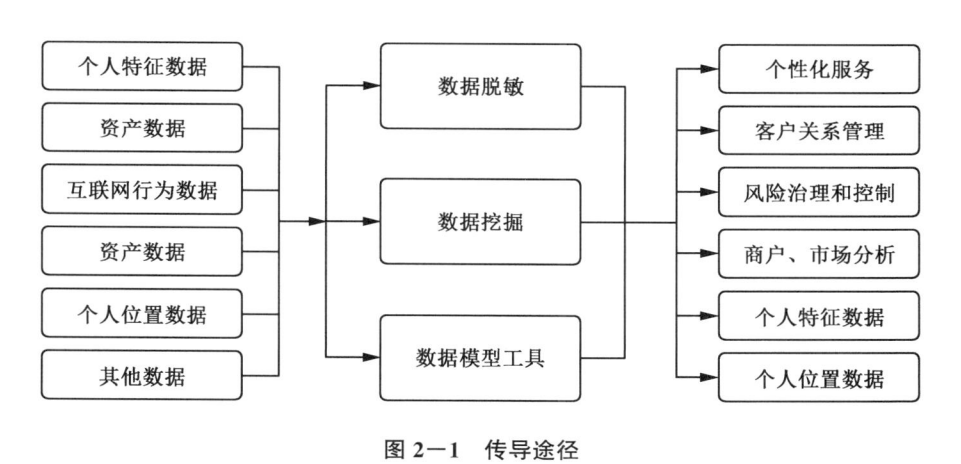

图 2—1 传导途径

3. 实现路径分析

中信银行使用大数据实现客户竞争具体的路径是:通过整合银行内部信用卡相关的所有重要数据,对数据进行快速准确的分析和挖掘,以及提供的全方位、多层次的辅助决策支持手段,银行短时间内对市场变化及趋势做出更好的战略性商业决策、多层次的辅助决策支持手段,以挖掘重点客户、提高服务质量、减少运营成本,为银行带来有利的市场竞争优势。

4. 应用效果分析

2011 年,中信银行信用卡中心通过其数据库营销平台进行了 1 286 场宣传活动,每场营销活动配置平均时间从 2 周缩短到 2～3 天。并且市场活动中答应客户在刷满一定金额或次数后送给他们的礼品，可以在客户刚好满足条件的那次刷卡后马上获得，实现了秒级营销，而不必像之前那样等待多个工作日。2011年前三季度，中信银行信用卡中心交易量增加65%，比股份制商业银行的平均值高14%，比中国所有银行的平均值高4%。

传统的BI系统性能得到大幅提高。现在中信银行信用卡中心已经可以结合实时、历史数据进行全局分析，足以影响整个业务。例如，风险管理部门可以按账单日调整持卡人的信用额度。以前的信用额度调整只能在每月或每季度的基础上进行，而通过使用Greenplum数据库解决方案中提供的数据，风险管理部门现在可以每天评估客户的行为，并决定对客户的信用额度在同一天进行调整。使用从Greenplum数据库解决方案提取的数据，中信银行信用卡中心迄今已为客户进行了4 000万次的信用额度调整；信用卡中心催收管理团队使用基于数据仓库的FICO TRIAD系统后，信用卡不良贷款比率同比减少了0.76%。

客户识别方面，通过客户信息的分析，识别出给银行带来更好利润并且信用好的客户，并为这些客户提供更多的服务。

中信银行信用卡中心电话销售中心将所有外呼营销历史整合到数据仓库，通过对大量历史数据分析后调整客户提取和营销策略，在上线后的第一个月便实现了单位工时创收提升33%、笔均贷款额提升18%。目前银行正在开发针对每个产品的营销响应模型，以进一步提升产能。

所有客户信息现在均可以通过分中心CRM（客户关系管理）系统的专用PAD移动设备实时获取和使用。分中心的营销人员除了单纯的发卡工作外，还参与到客户服务、风险管理、增值产品/消费金融产品营销等工作，分中心团队正在由单纯的发卡团队变为一支强有力的客户经理团队。这在中信银行内部被称为"客户经理制"转型。

中信银行信用卡中心内部80%以上业务分析依赖的Cognos系统与数据仓库系统集成后，整体性能显著提高。Cognos系统模型刷新效率提升了50%。同时，Cognos系统还可以分析更大范围的业务数据，银行业务人员2011年内日访问量增加了40%。高级数据挖掘分析师的工作效率得到了极大的提高，之前自己分析工具清洗、转换数据然后建立模型，至少需要3个多月的时间，现在一个中等规模的模型通常只需要1个月即可完成，并且可以通过便捷的工具来生成、管理模型，可以让更多的用户参与到该工作中来。

案例思考题

中信银行如何玩转大数据？

案例二：IBM 助力民生银行应对金融业的大数据挑战

（一）案例介绍

在利率市场化和人民币国际化进程中，银行存贷利差收窄趋势将是必然之路，特别是随着互联网金融等新业态的出现，银行过去受国家政策保护的垄断利润正在进一步缩减。这个时候，可以通过大数据来驱动业务运营及产品创新，搭建低成本、高性能、高可靠且水平扩张的数据平台，帮助银行通过大数据分析应对金融业的大数据挑战，完善及大力发展银行业中间业务，避免产品出现雷同、老旧等情况，做到具有针对性的个性化精准营销。

在过去几年间，国内银行的资产规模随着经济的快速发展，已经达到并超出了国际同行业的水平。而未来发展仍将面临更多复杂的挑战：来自中国经济增长模式的根本性转变、新客户群体的兴起、激烈的行业竞争以及来自银行自身价值创造的业绩压力。金融业需要借助对业务的分析与优化，推动自身的转型与创新。

作为全球 500 强企业，民生银行业务快速增长带来的激增数据对业务洞察能力不断提出新的要求。传统粗放式的客户营销策略已经不足以帮助银行实现更快速业务的增长。民生银行亟须充分整合客户数据，通过精准的营销设计降低客户流失率、提高忠诚度；借助大数据技术对不同渠道来源的提供商、客户的交易行为进行全面分析，实现链式反应；搭建有效的数据模型，为客户提供全方位管家式的非金融服务。

IBM BigInsights 大数据平台解决方案的实施，将完善民生银行大数据平台，帮助民生银行积极应对金融业发展的新要求。

（二）案例分析

在此次合作中，IBM BigInsights 基于开源 Apache Hadoop 的强大的安全易用性，帮助民生银行完善交易流水查询分析系统、产业链金融管理系统以及私人银行产品货架管理系统。在应对金融业巨大信息量带来的 4V 挑战中，BigInsights 体现了卓越的优势。

1. 特点及优势分析

BigInsights 的主要优势体现在数量、种类、速度和准确性四个方面。

（1）BigInsights 具有数量较大的特点。随着业务的细化和企业规模的增加，民生银行面对的计算量呈数量级增加。IBM BigInsights 能够应对大规模的静态原始数据分析，提供多节点的分布式计算，提升数据处理能力。同时，BigInsights 大规模并行线性伸缩能力，能够应对海量文本的处理。

（2）BigInsights 具有多样性特征。民生银行自 2012 年部署 Hadoop 计算平台以来，数据分析能力得以提升，但在处理多样性数据时仍受到开发周期限制。IBM BigInsights

集成了具备强大扩展性的结构化和半结构化处理描述性语言 JAQL,可以处理各种类型的数据分析,在不同的应用场景中,实现全面的数据分析。特别是内置的集群内文本语义分析功能,为多种来源的文本提供了高性能的处理、标注及分析功能。

(3)BigInsights 具有高速度的特点。在金融行业,1 秒的响应时间差别往往意味着客户的去留。IBM BigInsights 自带的 Symphony 能够即时地应对应用程序要求的变化,实现更佳的应用程序性能、利用率以及对业务关键性工作负载要求的更快速响应。Symphony 的多承租架构使得企业传统的业务与多个大数据应用各行其道、互不干扰。同时,BigInsights 提供的 Big SQL,使开发人员可以简单快速地查询 Hadoop 中的数据,提升查询效率。

(4)BigInsights 具有高准确性。金融市场的实时性和自动化对数据的准确性不断提出新的要求。IBM 大数据平台提供完善的信息整合、数据治理和元数据管理功能,通过信息整合可以将任何类型的数据集成到 IBM 大数据平台中,通过数据治理可以实现信息的生命周期管理(数据生命周期的保留策略、测试数据管理和数据增长管理)、隐私保护和安全性管理(自动寻找、分类和保护敏感信息,漏洞、配置和行为评估,隐私信息修订,数据库活动监控和 Hadoop 活动监测)、数据质量控制(数据源分析,元数据世系分析,数据转换、清洗和标准化)以及主数据管理等。通过统一的元数据管理,企业不仅可以了解关系型数据,而且可以掌握半结构化数据和非结构化数据所代表的含义,为大数据的进一步分析和洞察提供基础支撑。

2. 数据来源分析

IBM BigInsights 大数据平台解决方案所具有的数量、种类、速度和准确性四个方面优势是基于其数据分析得来的。具体来说,其个人特征数据的收集主要涵盖年龄、性别、职业、收入、工作区域、社会关系等方面,通过数据化分析去解决面临的挑战和问题;在资产数据方面,主要通过考量个人定期存款、活期存款、信用贷款、抵押贷款等方面,评估个人经济状况,从而选择对不同个人精准推进业务发展;对于其他数据来说,主要分析个人互联网行为数据、个人位置信息数据、商户数据等方面,通过进行合理性分析可以得出可应用数据,以应对挑战。

不仅如此,民生银行还建立了阿拉丁大数据云平台。阿拉丁大数据云平台是民生大数据应用的基础设施,为全行数据用户提供了立体化、全方位的"内外部数据源、关键数据指标、大数据分析工具"。目前,阿拉丁平台注册用户已覆盖民生银行所有经营机构,用户发布数据分析成果近 4 000 个。其中有很多精彩的案例,如北京管理部的基于数据的小微客户评级,重庆分行的通过大数据挖掘潜在高价值客户,广州分行的民生 e 贷,西安分行的手机银行数字化管理、ATM 机渠道布局优化及 ATM 机存放现金量预测等。这些应用都实实在在地推动了经营机构营销和管理的大幅提升。

3. 传导途径分析

传导途径参见图 2—2。

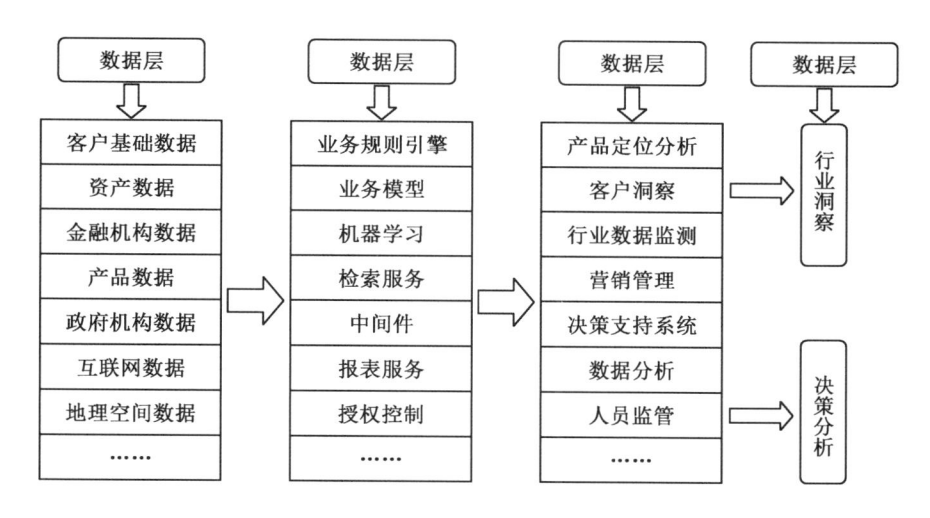

图 2—2 传导途径示意图

4. 战略目标

民生银行通过 IBM BigInsights 大数据平台解决方案主要想实现的目标有三个方面：

(1)实现数据产品群贡献全行利润的 10% 以上。民生银行实现数据价值最大化，数据分析力量要渗透营销和管理的各个环节，用 3~5 年时间实现通过数据分析研发的数据产品、支持的数字化营销、创造的利润占全行利润的 10% 以上，大幅提升营销活动投入产出效率。

(2)打造数据分析挖掘千人团队。民生银行实施全行大数据分析挖掘团队建设的"千人计划"，打造数据分析挖掘专职团队。通过引进数据科学家、组建和培养数据工程师及金融分析师团队，按照"流程化作业、开放式科研、准商业化运作"的原则，打造一支与民生银行大数据战略发展相适应的专职数据团队。

(3)建设智慧银行，提升核心竞争力。民生银行主要通过智能决策、智能营销、智能风控和智能运营来实现。具体来说，智能决策体现在通过智能大数据分析与挖掘提升业务决策支持能力，通过及时、高效的数据分析挖掘成果，帮助决策管理层有效应对客户和市场环境的各种细微变化；智能营销是通过感知客户行为模式变化，建立基于大数据的客户画像和标签体系，精准预测客户需求，随时随地通过便捷的渠道提供个性化金融产品与服务；智能风控是基于定量风险管理手段，实时、准确地预测及规避各类金融风险，识别金融欺诈，预防金融犯罪；智能运营是通过打通信息流，通过前台服务创新、业务流程整合、渠道整合等方式，实现以客户为中心的高效运营和扁平化组织体系。

5. 实现路径

实现数据中心的完备化,其关键在于具备"可见、可管、可计"的能力,这是数据中心精细化管理的必要条件。

(1)可见,即希望整个数据中心乃至科技部的工作对全行业务部门而言是可见的。过去大家认为 IT 很专业、很神秘,现在通过建设各类监控平台发挥数据中心的预警作用,形象地展现了业务应用的实施过程,提升用户、客户及银行领导的体验性。

(2)可管,对银行数据中心来讲,内部的管理、流程、制度、规范非常重要,通过建立基于 ITIL 的 IT 服务管理平台,可实现运维工作的流程管控。同时,通过 IT 安全审计工具加强权限管控,实现操作审计,确保数据中心的操作规范性,便于出现问题后进行追溯。

(3)可计,随着银行对外营业环境的变化,利率市场化、人民币国际化以及银行的异业发展、混业经营等新格局的产生,银行利润水平将从一个顶峰慢慢下行。在此情况下,内部成本压力必然上升,IT 投入需要通过内部计价机制实现成本的可计量。

具体来说,通过可见、可管、可计等方面能力的提升:一是可以整合客户数据,通过精准的营销设计降低客户流失率、提高忠诚度;二是借助大数据技术,可以对不同渠道来源的提供商、客户的交易行为进行全面分析,实现链式反应;三是可以通过大数据作为底层架构搭建有效的数据模型,为客户提供全方位管家式的非金融服务,借助对业务的分析和优化,推动自身的转型与创新。

6. 应用效果

(1)分析洞察。通过大数据相关技术,可以及时了解本行业及关联行业的变化,快速调整自身企业的运营方向及策略,缩小企业整体的运营风险敞口。

(2)精准营销。整合金融业内部和外部数据,建立起多维度多层次的分析洞察报表,可提供市场、销售、用户、舆情等多角度的宏观洞察,辅助战略决策,同时也为企业的运营、产品、市场、销售、服务等一线业务人员提供数据洞察,支持其进行日常高效的业务行动。

(3)风险管理。通过利用大数据等相关技术,降低了单个金融企业获得信息、甄别信息所需耗费的成本,提高了信息整体的利用效率,使得信息的生产和传播可以充分而顺畅地进行,从而极大地降低了信息的不完备和不对称程度,降低企业的风控成本,提高风控效率,降低不良贷款率。

(4)客户全息视图管理。通过技术发现并且挖掘金融行业大数据的客户历史记录、相对潜在价值等,根据现状提出相应的策略,为提升金融业的客户管理、老客户流失预警及挽留提供了合理依据,形成更有价值的细分客户。

案例思考题

IBM 助力民生银行应对金融业大数据挑战的主要经验有哪些？

本章小结

本章首先讲述了大数据在银行业的应用场景，包括信贷风险评估、风险管控、精准营销和运营优化四个部分。其次，从五个方面对大数据金融与商业银行的特征进行比对，这五个方面分别为业务来源、经营风格、成本、门槛和大数据的使用。在此基础上，详细介绍了支付宝和 P2P 借贷这两种大数据金融模式对商业银行业务的影响。最后，列举两个真实的案例来进一步说明大数据对银行业的影响。

思考题

1. 简述现阶段银行开展供应链金融面临的挑战。
2. 简述支付宝给商业银行带来的机遇与挑战。
3. 大数据背景下商业银行应如何应对支付宝的冲击？
4. 我国未来的银行制度可能有哪些改革和变化？为什么？

第三章 大数据与保险

第一节 大数据与保险概述

一、大数据与保险的关系

数据的准确性和充分性以及分析技术的发展水平是保险业发展的重要基石。例如,风险单位越多,预期损失就越接近实际损失,这也是估计风险和确定保险费率的重要依据。在保险业向精细化发展的过程中,应该以当前大数据的快速发展为契机,寻求保险业的发展方向。

伴随着互联网金融时代的到来,大数据和信息技术的改革为保险业的发展带来了机遇。大多数互联网公司通过多年布局,掌握了大量的数据资源,他们通过与保险企业合作,进入保险行业,并逐步掌握主动权。而保险公司也需要利用互联网公司的数据资源来支持自身开拓更大的保险市场,保证在当前激烈的市场争夺战中占据有利位置。例如,阿里巴巴、腾讯两家互联网公司与中国平安保险公司联合组建了众安互联网保险公司,目的是在互联网金融浪潮到来时掌握主导权。

二、保险的本质

保险的本质是要求保险产品确定尚未发生的风险。在风险预测过程中,往往需要将数据信息与相应的分析技术相结合,这就需要通过大数据分析来提高风险预测的准确性。所有保险产品都有一定的风险,因此利润风险评估是开发新型保险产品的重要依据。在确定利润风险时,有必要进行初步调查以获取相关数据。在海量数据面前,大数据可以进行最科学、最有效的风险分析。

保险业本身就是一个数据产业。在险种开发、销售承保、理赔服务等方面会产生大量数据。这些数据将对今后的优质客户群的确定和保险产品的开发产生重要影响。众所周知,金融业的本质就是信息数据的分析测算,而保险业的核心也是预测和把握数据走向。在大数据的支持下,之前难以衡量和预测的风险将会变得可以衡量和预测,从而更科学地进行销售与服务。

由此可知,如果能够利用好大数据分析技术,更加精准地预测风险隐患,并有望将"有差异的个性化费率定价"发展成保险行业的普遍现象。随着保险公司对消费者的行为记录逐渐增多,风险的可分析性和可预测性逐渐增强。在大数据技术的支持下,加之海量的信息,就能够对客户的习惯与喜好进行多维度的数据分析,再通过线上线下相互配合的方式,对潜在客户进行实时跟踪,精确锁定目标群体,聚焦客户关注点,在恰当的时机通过恰当的渠道销售对应的产品,就可以真正做到为客户制定个性化的保险方案和有差别的费率与保障内容,真正实现主动、高效和具有前瞻性的运营状态。这将改变当前保险市场一味的低价竞争格局,通过针对不同客户的差异化竞争,能够推动保险行业良性循环的完善与发展。

三、保险业大数据应用的发展阶段

保险业的发展史,本身就是一部数据应用沿革的历史。基于"数据能力—技术水平"二维模型,我们可以将保险业的数据应用发展史分为四个时代:数据匮乏的1.0时代、基于统计数据的2.0时代、基于信息技术的3.0时代和大数据引领的4.0时代。

1.0时代大致可以上溯至14世纪的海上保险雏形和17世纪末由爱德华·劳埃德开设的劳埃德咖啡馆。当时数据基础匮乏,获取信息的渠道非常有限,甚至是口口相传,风险定价主要依靠承保人的经验判断。18世纪伦敦公平保险社拉开了2.0时代的序幕。寿险生命表和均衡保费理论的出现,使得数学方法和统计手段开始应用在保险定价中,极大地促进了寿险业的发展。3.0时代则是一场静悄悄的革命。从20世纪50年代中期开始,伴随着信息技术的快速发展和广泛应用,保险业经营所依赖的数据基础日益扩充,行业数据应用水平日益提高。进入21世纪,大数据、云计算、移动互联网、社交网络等新技术日新月异,保险业数据应用也进入4.0时代。在大数据时代,保险业拥有的数据类型从结构化扩展到非结构化、从交易数据扩展到行为数据、从内部数据扩展到外部数据、从定量数据扩展到定性数据,保险业的数据基础更加夯实。

结合大数据技术发展趋势,可以将保险业大数据的应用分为三个阶段:内部循环阶段、外延拓展阶段和全面应用阶段。

在内部循环阶段,企业利用自身产品和业务活动产生的大量数据,深入挖掘分析,以数据指导决策,优化业务流程,吸引更多客户,进而产生新的数据,形成一个正向激励的闭环。在外延拓展阶段,企业需要利用自有数据去解决主营业务以外的问题,拓展自有数据的应用领域;或是引入与主营业务直接或间接关联的外部数据,更好地解决自身发展遇到的问题。在全面应用阶段,强调大数据应用的普及性和专业性,经过规模化和规范化发展,在产业链上分化出数据提供商、数据加工商和数据消费者等专业化组织,数据贯穿于企业的价值链。伴随着大数据应用阶段的提升,数据来源、数据结构日趋丰富多样,软硬件技术水平和分析能力也日渐提高,大数据技术的数据创造能力得以不断提升。

四、大数据对保险业发展的契机

(一)大数据可以实现产品创新

一方面,大数据可以提升保险公司在传统领域的风险控制能力、优化传统产品;另一方面,可以将之前无法管理或者无法有效管理的风险纳入保险公司风险保障范畴,推动产品创新。例如,华泰推出的退货运费险、众安推出的众乐宝和网络保证金保险等都是基于淘宝大数据而研发定制的。保险公司可以利用大数据进行准确的筛选、归类、计算和分析,从需求和供给两个角度来判断投保人的需求、风险和可能产生的损失,进而为投保人提供适合的保险产品,甚至可以依据过去的统计分析开展精确的防灾防损工作,在降低自身潜在风险的同时为客户提供增值服务。

(二)大数据可以提升精算质量

保险行业是最早建立科学完善的数据统计体系,并且以数据统计运算为立业根本的行业。大数据时代,尤其是物联网的发展,赋予保险公司更强大的数据收集、分析和处理能力,通过分析更多的样本数据,甚至是全样本数据,对海量数据进行提炼、总结和判断,从而实现准确预测和精准定价。例如,人身险承保最重要的是需要对投保人的身体状况做出判断,传统做法是对投保人进行某些特定项目的体检,一方面给投保人增加诸多不便,另一方面保险公司成本高昂且很可能存在遗漏。而基于个体的日常生活习惯和身体数据特征,则可以通过互联网以低成本的方式收集到投保人足够多的身体信息,并据此精确定价。未来,保险精算必定是大数据精算,大数据必将改变统计分析和保险精算的理论基础。

(三)大数据可以实现精准营销

大数据可以帮助保险公司从两个层面实现精准营销:一是对现有和潜在保险消费者的行为和需求进行深入研究、精确分析,预测出消费者的真实需求和潜在需求,精准推送保险产品与服务信息,提高交易成功率和客户留存率;二是以互联网为平台,基于大数据实现面对面的"直销",在一定程度上边缘化现时普遍采用的各类中介营销机构,成为主渠道的一个补充。这样就可以大幅降低保单获取成本,弱化中介营销机构对保险公司的渠道垄断、屏蔽消费者、服务不到位等行为,减少供需之间的环节,显著增强供需双方的信息对称性,为提升服务质量、切实保护好消费者利益创造条件。

(四)大数据可以加强保险反欺诈

保险欺诈是保险公司普遍面临的难题。目前,保险欺诈案件呈现团伙化、专业化、流程化等特点，整个保险欺诈案件的所有手续造假都非常缜密，受人力物力、业务模式和IT系统架构所限，保险公司通常是在理赔流程即将结束时才发现欺诈的可能性，甚至一些保险公司是在赔款支付后，通过对已赔案件的稽查才能发现保险欺诈。大数据时代的信息技术和创新应用可以为保险反欺诈开创新局面。保险公司通过建立信息共享机制，开发反保险欺诈分析模型，对大量理赔数据进行整理和分析，从而发现异常数据、锁定关键证据，提高保险反欺诈的质量和工作效率。

第二节　大数据在保险业的应用场景

一、保险业大数据的获取模式

当今时代，互联网技术高速发展的同时，也为人们获取大数据提供了重要平台，获取信息是大数据运用的前提条件，保险业也是如此。但这些数据是无序的、碎片化的，距离有效地被利用还有一定的差距。

(一)保险公司自身建立数据库

保险公司的数据库是自身经营的历史和现实的记录，主要针对自有客户、准客户和已流失客户的承保及理赔信息，以及公司产品设计信息、保险标的风险查勘信息、出险记录、防灾防损记录和客户服务等。这些信息除了监管部门要求上报的以外，都是保险公司内部使用的，属于商业秘密，具有较强的封闭性、专业性和秘密性。保险公司可以通过数据挖掘和分析等方式，充分利用自身数据库信息。正是因为保险公司自身数据库具有封闭性和秘密性的特性，一方面可以只被保险公司自身充分运用，但另一方面也有很大的局限性，受到保险公司自身数据质量、信息组合应用和处理能力的限制，对于成立时间较长、规模较大的保险公司来说，通过自身数据库挖掘的大数据质量会较为可靠，但对那些中小公司来说，效果就会大打折扣。

(二)保险行业自主建立数据库

为加强保险行业信息共享，经国务院批准，由中国保监会依法实施管理，于2014年正式成立了中国保险信息技术管理有限责任公司(以下简称"中国保信")，主要业务是统一建设、运营和管理保险信息共享平台，通过信息技术手段，采集保险经营管理数据，建立标准化、系统性的数据体系，为保险业的发展和监管提供基础性网络支持和信息服务。目前，中国保信已经建成并且正在规划建设车险、农险、健康险、保险中介和保单登记等平台，其中已基本实现了全国范围内车险数据信息的汇集和交互共享。保险公司可以利用信息平台获取相关数据，可以在产品定价、反保险欺诈、加强客户服务、保护消费者权益等方面发挥重要作用。

从本质上来看，中国保信的数据平台与大数据概念还有一定的差距：(1)信息平台不够开放，还是基于业内的信息共享，而不是全社会有关保险的信息集合；(2)信息来源是经过一定固有逻辑筛选后的信息，并不是原生态的信息或第一手信息；(3)平台采集到各类信息后，中国保信只能向使用方提供加工后的信息，并采取有效的隔离和屏蔽技术，严格保护公司商业秘密和客户个人信息。

(三)与第三方合作利用大数据

随着移动互联网的发展以及线上线下的不断融合，出现了一大批掌握巨量信息的平台机构，如阿里、腾讯、百度等。同时，也催生了需要信息的公司与这些平台合作的机会。在保险业，一个现实的案例就是众安保险公司。据报道，众安公司的数据获取主要发生在两个方面：一是产品设计时，众安设计出包括模型、定价等元素的保险产品雏形，交给阿里、腾讯，放在两家互联网公司的用户数据池中去测试，再把测试结果反馈给众安，进而继续调整产品。在这个过程中，众安接触的是最终的数据结果，而不是直接接触到互联网用户数据。二是产品上线后，产生的投保、交易和理赔信息，这些信息归众安公司所有。

(四)与政府机构合作获取大数据

2015年7月1日，国务院办公厅发布《关于运用大数据加强对市场主体服务和监管的若干意见》，鼓励政府部门利用网站和微博、微信等新兴媒体，紧密结合企业需求，整合相关信息为企业提供服务，组织开展企业与金融机构融资对接、上下游企业合作对接等活动。发挥政府组织协调作用，在依法有序开放政府信息资源的基础上，制定切实有效的政策措施，支持银行、证券、信托、融资租赁、担保、保险等专业服务机构和行业协会、商会运用大数据更加便捷高效地为企业提供服务，支持企业发展，支持和推动金融信息服务企业积极运用大数据技术开发新产品。这就为保险公司与政府机构合作获取相关信息提供了政策依据。

二、国内外保险业大数据应用的特点

在大数据时代，保险业拥有的数据类型从结构化扩展到非结构化、从交易数据扩展到行为数据、从内部数据扩展到外部数据、从定量数据扩展到定性数据，每一步发展都使得保险业的数据基础更加夯实。不过，与金融同业相比，保险业应用大数据水平落后于银行业和证券业，后者的行业数据信息共享平台建设较早，为大数据的应用奠定了基础，而保险业的行业共享平台刚起步；从保险业自身发展阶段来看，目前还处于大数据应用的初级"内部循环"阶段，下一步将借助行业数据信息共享平台拓展应用领域。从全球保险业来看，我国保险机构较国外保险机构稍显落后。

当前，国外保险业大数据应用具有以下特点：

（1）意识到大数据的价值创造潜力。对大数据的价值创造潜力已有广泛共识,保险业对大数据应用重视程度日益加深。

（2）数据来源日趋多元化。除传统的业务数据、财务数据外,国外保险业正积极拓展数据来源,客服、语音、官方网站、社交媒体、地理信息、可穿戴设备以及部分行业外数据都将成为大数据背景下保险业新的数据来源。

（3）应用领域不断扩展。国际保险业普遍认为,大数据与保险业的结合是全方位、全流程的,要充分挖掘应用节点,更好地利用大数据技术创造价值。

（4）商业效果开始显现。国际保险业普遍认为大数据理念、技术和资源的有效运用,将为行业创造前所未有的商业价值。

反观我国保险业大数据应用情况,与国外相比确实存在一定差距。目前,国内保险业大数据应用呈现以下几个特点：

（1）高度重视大数据的研究应用。我国保险业高度重视大数据研究应用,大部分保险机构认为大数据将给传统金融保险业带来深刻变革,必将成为未来企业的核心竞争力。

（2）数据资源积累仍有差距。我国保险业在数据资源积累上则未显现出变革的力量。调查显示,我国保险业数据资源总量仍偏小,以结构化数据为主,非结构化数据利用率较低,数据规模、应用效率与互联网等大数据应用水平先进的行业相比还有很大差距。

（3）应用程度有限且不均衡。由于数据资源匮乏,导致我国保险业尚未出现对大数据大规模的商业应用,大部分保险机构还处于学习理解阶段,仅有少数公司开始进行小规模的试验。调研结果显示,25%的保险企业已经实际使用大数据,计划一年内使用的企业占23%,计划一年后使用的企业占22%,目前还没有计划使用的企业占30%。

（4）现有应用主要集中在营销领域,主要是通过对客户数据的全面收集,多维度刻画客户特征,实现精准营销。调研结果显示,172家企业中有62家在精准营销领域使用到了大数据。

（5）大数据团队建设遇到现实困难。仅有20%左右的保险机构建立了专门的大数据研发团队,其中2/3的研发团队人数在10人以下,且绝大部分成员来自公司信息技术部门,跨学科、跨领域的复合型大数据人才严重不足。

三、大数据在保险业的应用场景

在传统保险行业中,新业务的开展依托于个人代理渠道,代理人的素质和人际关系网是业务开拓最为关键的因素。但随着互联网、移动互联网以及大数据的发展,网络营销、移动营销和个性化的电话销售的作用将会日渐凸显。越来越多的保险公司注意到大数据在保险行业中的作用,大数据技术的应用可以帮助保险公司完成寻找目标客户、挖掘客户潜在保险需求等任务。

保险行业的大数据应用可分为以下三个方面:

(一)客户细分及精细化营销

1. 客户细分和差异化服务

风险偏好是确定保险需求的关键。风险喜好者、风险中立者和风险厌恶者对保险有不同的需求。一般来说,风险厌恶者有更强的保险需求。在客户细分的时候,除了风险偏好数据外,还要结合客户职业、爱好、习惯、家庭结构、消费方式偏好数据,利用机器学习算法来对客户进行分类,并针对分类后的客户提供不同的产品和服务策略。

2. 客户关联销售

保险公司可以关联规则找出最佳险种销售组合、利用时序规则找出顾客生命周期中购买保险的时间顺序,从而把握保户提高保额的时机,建立既有保户再销售清单与规则,从而促进保单的销售。

3. 潜在客户挖掘及流失用户预测

利用大数据整合客户线上线下的相关行为,通过数据挖掘手段对潜在客户进行分类,细化销售重点。综合考虑客户的信息、险种信息、既往出险情况、销售人员信息等,筛选出影响客户退保或续期的关键因素,并通过这些因素和建立的模型,对客户的退保概率或续期概率进行估计,找出高风险流失客户,及时预警,制定挽留策略,提高保单续保率。

4. 客户精准营销

精准营销是通过分析客户行为,制定相应的销售与服务策略,把合适的产品或服务、在合适的时间、通过合适的渠道、以合适的价格提供给合适的客户。一方面,大数据使保险公司的营销策略更为精确直接,避免了以往逐户、陌生拜访、陪同拜访的现象;另一方面,大数据技术的发展使保险公司可以结合内外部更广阔的数据,制定更合理的营销策略。

在网络营销领域,保险公司可以通过收集互联网用户的各类数据,如地域分布等属性数据,搜索关键词等即时数据,购物行为、浏览行为等行为数据,以及兴趣爱好、人脉关系等社交数据。在广告推送中采取地域定向、需求定向、偏好定向、关系定向等定向方式,实现精准营销。

(二)欺诈行为分析

保险欺诈影响行业经营效益、破坏市场秩序,同时具有隐蔽性、专业性等特点,反欺诈工作需要同业密切合作交流,是一项系统性工作。保险市场竞争日趋激烈,利润空间大为压缩,如何有效地控制保险欺诈已成为全球保险的共识。

保险欺诈是指投保人方面的欺诈,主要表现在利用保险谋取不正当利益。具体是指投保人、被保险人和受益人以骗取保险金为目的,以虚构保险标的、编造保险事故或保险事故发生原因、夸大损失程度、故意制造保险事故为手段,致使保险人陷入错误认识而向其支付保险金的行为。保险欺诈通常表现在：制造假象、将损失"转化"为保险损失；超额保险,投保人投保的风险金额高于保险标的实际价值；重复保险,投保人对同一保险标的、同一保险利益、同一保险事故分别向两个或两个以上保险人订立保险合同的保险；伪造或夸大损失,投保人在保险期限内编造保险事故发生的假象以获取保险金。

保险欺诈行为一方面直接损害了消费者权益,造成了保险服务资源的浪费；另一方面也增加了保险公司运营管控成本,降低了保险理赔服务效率,甚至危及保险行业的健康发展。从医疗保险欺诈与滥用和车险欺诈两个方面具体分析保险欺诈对我们生活的影响。

1. 医疗保险欺诈与滥用

医疗保险是以人的身体为保险对象,对被保险人患病或遭受意外事故时所花费的医疗费用或造成的收入损失给予赔偿的一种人身保险。医疗保险欺诈与滥用通常可分为两种：一种是非法骗取保险金,即保险欺诈；另一种则是在保额限度内重复就医、虚报理赔金额等,即医疗保险滥用。保险公司能够利用过去的数据,寻找影响保险欺诈最为显著的因素以及这些因素的取值区间,建立预测模型,并通过自动化计分功能,快速将理赔案件按照滥用欺诈可能性进行分类处理。

2. 车险欺诈

2013年5月,中国保监会下发《关于进一步做好车险反欺诈工作的通知》,指出当前车险业务占财产险公司业务的70%,但车险领域的欺诈活动也日益频繁,且呈现团伙化、专业化和职业化等特征,已成为保险犯罪的高发区。财产保险公司应充分运用信息技术手段提升反欺诈工作效能。各地行业协会应利用车险信息平台建立并完善车险欺诈信息数据库,强化平台反欺诈功能,探索推动行业内欺诈信息共享。通过数据信息的集中共享和挖掘利用,建立一套科学的行业定价基准和风险数据指标,已经成为保险经营管理水平提升和监管能力改善的基础性工程。保险公司能够利用过去的欺诈事件建立预测模型,将理赔申请分级处理,可以在很大程度上解决车险欺诈问题,包括车险理赔申请欺诈侦测、业务员及修车厂勾结欺诈侦测等。行业车险信息平台是集交强险、商业性承保、理赔功能为一体的综合性平台,在车险欺诈侦测方面发挥了重要作用。

(三) 精细化运营

1. 产品优化,保单个性化

过去在没有精细化的数据分析和挖掘的情况下,保险公司把很多人都放在同一风险水平之上，客户的保单并没有完全解决客户的各种风险问题。但是，保险公司可以通过自有数据以及客户在社交网络的数据，解决现有的风险控制问题，为客户制定个性化的保单，获得更准确和更高利润率的保单模型，给每一位顾客提供个性化的解决方案。

2. 运营分析

一方面，基于企业内外部运营、管理和交互数据分析，借助大数据平台，全方位统计和预测企业经营和管理绩效；另一方面，基于保险保单和客户交互数据进行建模，借助大数据平台快速分析和预测会再次发生的或者新的市场风险、操作风险等。

3. 代理人（保险销售人员）甄选

根据代理人员（保险销售人员）的业绩数据、性别、年龄、入司前工作年限、其他保险公司经验和代理人员思维性测试等，归纳出提升销售业绩所需的销售人员特征，进而甄选出高潜力销售人员。

四、保险业大数据应用的潜在突破口

展望未来，保险业大数据应用最有可能在以下几个领域取得突破：

(1) 扩大承保范围。受保险理论和承保技术的局限，过去不可保的风险在大数据时代将成为可保风险。大数据理念和技术的深度应用将有效激发潜在的、全新的保险需求，例如已经开展的运费退货险、正在酝酿的网络空间保险、云保险等。

(2) 实现个性化定价。大数据的出现使个性化费率制定和最优产品定价有了可能。数据量越大、数据维度越广，定价的精确度就越高，保险公司面临的逆向选择风险越低，费率的科学性、充足性和公平性也就越理想。

(3) 优化核保理赔。通过运用大数据分析建模，可以有效实现自动化核保核赔。典型应用有美国丘博保险集团的客户体验理赔视图处理系统、北京保监局和交管局推出的"事故 e 理赔"App 等。

(4) 提升反欺诈绩效。根据大数据技术本身的特点和保险公司欺诈事件的特性，可以在核保及理赔环节应用大数据技术开展反欺诈检测。例如欧洲保险及再保险联盟建立的"承保与理赔交换网"、中国保信正在研发的全国保险反欺诈系统。

(5) 提高运营效率。大数据在财务管理、行政管理、人力资源管理等领域的深入应用，对于改善保险机构运营及管理水平也有积极作用。

(6) 助力风险管控。保险业可以在声誉风险、信用风险、操作风险等领域有效运用大数据，不断提高企业风险管理能力和水平。众安保险主要产品"众乐宝"的风险控制体系是大数据技术在风险控制上的典型应用。对于保险监管而言，大数据应用能够揭示传统技术难以展现的关联关系，为有效处理复杂风险提供新手段，为保险监管的现代化转型带来新机遇。

第三节 大数据在保险业的创新性应用及挑战

一、大数据在保险业的创新性应用

大数据时代的到来颠覆了很多特别是传统行业的管理和运营思维，同样也触动着保险行业管理者的神经，搅动着保险行业管理者的思维；大数据在保险行业释放出的巨大价值吸引着诸多保险行业人士的兴趣和关注。探讨和学习如何借助大数据为保险行业经营管理服务也是当今该行业管理者所面临的挑战。

大数据应用真正的核心在于挖掘数据中蕴藏的情报价值，而不是简单的数据计算。那么，对于保险行业，管理者应该如何借助大数据为保险行业的运营管理服务，同时大数据应用又将如何突出其在保险行业的情报价值？对此，本节将从以下四个方面总结大数据在保险行业的创新性应用。

(一)大数据有助于精确保险行业市场定位

成功的品牌离不开精准的市场定位，基于大数据的市场数据分析和调研是企业进行品牌定位的第一步。保险企业需要架构大数据战略，拓宽保险行业调研数据的广度和深度，从大数据中了解保险行业市场构成、细分市场特征、消费者需求和竞争者状况等众多因素，在科学系统的信息数据收集、管理、分析的基础上，提出更好的解决问题的方案和建议，保证企业品牌市场定位独具个性化，提高企业品牌市场定位的行业接受度。

企业开拓新市场需要动用巨大的人力、物力和精力，如果市场定位不精准或者出现偏差，其给投资商和企业自身带来的后期损失是巨大的，甚至是毁灭性的。只有定位准确乃至精确，企业才能构建出满足市场需求的产品，使自己在竞争中立于不败之地。但是，要想做到这一点，就必须有足够量的信息数据来供保险行业研究人员分析和判断。在传统情况下，分析数据的收集主要来自统计年鉴、行业管理部门数据、相关行业报告、行业专家意见以及属地市场调查等，这些数据大多存在样本量不足、时间滞后和准确度低等缺陷，研究人员能够获得的信息量非常有限，使准确的市场定位存在着数据瓶颈。随着大数据时代的到来，借助数据挖掘和信息采集技术不仅能给研究人员提供足够的样本量和数据信息，而且能够建立基于大数据的数学模型对未来市场进行预测。

(二)大数据成为保险行业市场营销的利器

从搜索引擎、社交网络的普及到人手一台智能移动设备，互联网上的信息总量正以极快的速度不断暴涨。每天在脸书(Facebook)、推特(Twitter)、微博、微信、论坛、新闻评论、电商平台上分享各种文本、照片、视频、音频、数据等信息高达几百亿甚至几千亿条,这些信息涵盖着商家信息、个人信息、行业资讯、产品使用体验、商品浏览记录、商品成交记录、产品价格动态等海量信息。这些数据通过聚类可以形成保险行业大数据,其背后隐藏的是保险行业的市场需求和竞争情报。

在保险行业市场营销工作中,无论是产品、渠道、价格还是客户,几乎每一项工作都与大数据的采集和分析息息相关,保险行业市场营销工作的重点体现在以下两个方面:一是通过获取数据并加以统计分析来充分了解市场信息,掌握竞争者的商情和动态,知晓产品在竞争群中所处的市场地位,来达到"知己知彼,百战不殆"的目的;二是企业通过积累和挖掘保险行业消费者档案数据,有助于分析顾客的消费行为和价值取向,便于更好地为消费者服务和发展忠诚顾客。

以保险行业对顾客的消费行为和价值趣向分析为例。对于消费者消费行为方面的信息数据,如消费者购买产品的花费、选择的产品渠道、偏好产品的类型、产品使用周期、购买产品的目的、消费者家庭背景、工作和生活环境、个人消费观和价值观等,如果企业在日常业务办理过程中收集归纳这些数据,建立消费者大数据库,便可通过统计和分析来掌握消费者的消费行为、兴趣偏好和产品的市场口碑现状,根据分析结果制定有针对性的营销方案和营销策略,将会带来可观的营销效应。

(三)大数据支撑保险行业收益管理

收益管理作为实现收益最大化的一门理论学科,近年来受到保险行业人士的普遍关注,得到了广泛运用。收益管理意在通过精准营销最终实现企业收益最大化的目标。要达到收益管理的目标,需求预测、细分市场和敏感度分析是此项工作中的三个重要环节,而大数据则是这三个环节推进的基础。

首先,需求预测是通过对构建的大数据进行统计与分析,采取科学的预测方法,建立数学模型,使企业管理者掌握和了解保险行业潜在的市场需求、未来一段时间细分市场的产品销售量和产品价格走势等,从而使企业能够通过价格的杠杆来调节市场的供需平衡,并针对不同的细分市场来实行动态定价和差别定价。需求预测的优势在于可提高企业管理者对保险行业市场判断的前瞻性,并在不同的市场波动周期以合适的产品和价格投放市场,获得潜在的收益。其次,细分市场为企业预测销售量和实行差别定价提供了条件,其科学性体现在通过保险行业市场需求预测来制定和更新价格,最大化各个细分市场的收益。最后,敏感度分析是通过需求价格弹性分析技术,对不同细分市场的价格进行优化,最大限度地挖掘市场潜在的收入。

大数据时代的到来,为企业收益管理工作的开展提供了更加广阔的空间。需求预测、细分市场和敏感度分析对数据的需求量很大,而传统的数据分析大多是采集企业自身的历史数据进行预测和分析,而忽视了整个保险行业的信息数据,因此难免使预测结果存在偏差。企业在实施收益管理过程中,如果能在自有数据的基础上依靠一些自动化信息采集软件来收集更多的保险行业数据、了解更多的保险行业市场信息,将会对制定准确的收益策略、获得更高的收益起到推进作用。

(四)大数据创新保险行业需求开发

随着论坛、博客、微博、微信、电商平台等媒介在 PC 端和移动端的创新和发展,公众分享信息变得更加便捷自由,而公众分享信息的主动性将促进"网络评论"这一新型舆论形式的发展。微博、微信、点评网、评论版上成千上万条评论形成了交互性大数据,消费者对企业服务及产品的评价更加客观真实,消费者的评价内容也更趋于专业化和理性化,其中蕴藏着巨大的保险行业需求开发价值,值得企业管理者重视。

保险企业如果能对网上保险行业的评论数据进行收集,建立网评数据库,然后再利用分词、聚类、情感分析了解消费者的消费行为、价值取向、评论中体现的新消费需求和企业产品质量问题,以此来改进和创新产品,量化产品价值,制定合理的价格及提高服务质量,将会不断提高市场竞争力和收益能力,取得良好的效益。

二、大数据给保险业带来的挑战

保险是一项制度,所有的制度都类似于生命,有它诞生、成长、演进、衰退的周期。保险也有它的生命轨迹,航海技术的突破、国际市场的拓展催生了保险婴儿,市场经济的勃兴又为它搭建了广阔的舞台。人类正加速走向大数据时代,我们有必要思考,大数据将会给保险制度带来哪些挑战。

(一)长期:保险制度面临替代制度挑战

从长期来看,大数据将降低社会与经济生活的不确定性,导致可保风险减少,保险制度将面临替代制度的挑战。

保险是一种分散与管理风险的制度,但并不是唯一的选择。人们购买保险的内在逻辑是保险相比风险自留或其他制度安排更加有效;或者说,购买保险的成本至少要低于风险发生带来的直接与间接损失之和。从实践来看,保险承保的风险包括四大类:基于财产损失的不确定性、基于生命健康的不确定性、基于法定责任导致的损失以及基于财富在时间分布上的不均衡与不确定性等。

大数据时代,当前面临的很多不确定性在将来也许会大幅下降、也许将不复存在。以智能汽车为例,在自动驾驶系统基于大量数据反复学习成熟之后,只要不出现数据盲点或发生数据安全事故,智能汽车一般也不会发生交通事故。智能汽车遍布全身的传感器以及基于每个品牌的汽车使用情况的大数据足以支持在行驶前排除诸如抛锚等类似的安全隐患。从当前测试情况看,自动驾驶系统正随着测试里程的增加而不断成熟,事故率无限接近于零是完全可能的。

从生命健康角度来看,随着国家基本医疗保险体系的建立和完善,一个覆盖全体国民的健康档案系统正在逐渐形成。可以预见,人—医—药—政—保互联的大数据平台也将形成,每个人的健康状况、生命路径将变得更加清晰,特别是分子生物学快速发展,人类对健康的把握与修复能力将有质的提升,健康状况的不确定性将大幅下降。

按照经典的理论,保险是不确定性与风险厌恶型人群存在的产物。如果没有不确定性,缴纳的保费确定的是,你的损失与保险公司的运营成本之和。如此,保险机制就不是最佳的风险管理手段,自保会比保险更省钱,是最佳选择。虽然不确定性不可能完全消失,但信息革命与大数据能极大地改变信息不对称、不充分的状况,让很多不确定的东西变得更确定是必然趋势。

(二)中期:保险也将面临产业链纵向一体化挑战

从中期来看,行业与社会大数据平台的逐步形成,保险业可能失去现有的特色和定位,将面临产业链纵向一体化的挑战。

保险以服务经济社会和人民生活为己任,是一个服务性的行业,与其他行业存在较强的依存关系,绝大多数领域依附在相应的产业链条之上,以运营和分析该产业链的风险数据为特色,从而获得在该产业链上的分工及市场地位。大数据时代的到来可能从根本上颠覆保险业这种产业风险数据运营商的定位,产业大数据平台也可能把之前相对有壁垒的保险专业特色化为乌有。

以精算为例,精算是保险业的核心技术,但精算是基于某些经验分布假设之上的统计推断,是归纳和演绎思维的综合。大数据时代的技术逻辑是用归纳法获得经验规则预测未来,一切都将变得更加简单,完全可由机器智能取代。如果相关的数据不在保险机构的掌控之中,议价能力将进一步下降,发展空间将受到进一步挤压,从产业演进发展的经济逻辑来看,排除特许经营权的影响,纵向一体化或将成为趋势。

(三)近期:保险业将走上新技术引领转型之路

从近期来看,阿里、腾讯、苏宁、京东等这些"智慧巨人"快速的扩张步伐,构建起一个个技术高地,保险业受到的威胁有增无减,保险业内部回归本源的发展要求以及同业之间的竞争加大,将迫使保险业加速走上新技术引领转型的发展之路。

保险业发展迅速,到 2019 年末,总资产为 20.56 万亿元,同比增长 12.2%,年保费收入近 4.3 万亿元,保险公司有 240 家,成为服务经济发展、促进社会和谐、保障人民生活不可忽视的力量。但由于保险需要持证经营,行业开放度相对较小,相比完全开放的新零售等服务业,它在信息化、数据化、智慧化的水平和能力上存在一定差距,处在一个相对洼地。从新技术具有的支持能力和衍化要求来看,保险企业的组织运营体系、产业生态和竞争模式还没有进化到最优状态,与新零售的领先模式相比,处于相对劣势地位。

宏观来看，240家保险公司，每家公司都包含产品设计、市场营销、客户服务、投资管理等几乎全产业链的职能，公司之间是平行竞争。阿里、腾讯、苏宁、京东这些"智慧巨人"扩张的步伐，以及持有资本与技术的保险科技创业大军，给现存的保险行业带来了巨大的威胁。极速改变相对劣势的状况才是对威胁和压力的积极响应，在成本更低、风险更小、效率更高这三项原则的引领下，技术体系与运营模式在不同行业之间迁移完全可能实现。随着向以新技术为引领的发展路径的转型，保险业的产业生态、竞争模式和行业文化将随之发生深刻改变。

万物互联、大数据与人工智能是改变根本的技术革命。它在很大程度上解决了困扰人类几千年的信息不充分不对称的问题，极大地提高了人类整合资源、协调行动、科学决策的能力，必将引发一场空前的社会大变革。

第四节　案例分析

案例一：泰康在线大数据精准营销

泰康在线大数据精准营销的应用有三个方面：一是"泰健康"体系的应用，二是用户的行为挖掘，三是场景式营销。在这里选择"泰健康"体系这一应用来进行分析，因为"泰健康"是泰康在线从2015年成立起就在着手筹备经营的重点项目，经过几年的发展，已经慢慢走向成熟。并且在泰康在线App里，"泰健康"独占一个重点标题，用户通过"泰健康"这一评分系统可以在线测试自己的健康状况，该应用被所有的泰康在线App用户所熟知，对于新用户来说也能够进行测评，因此这一功能受到广大用户的喜爱。

（一）案例背景

随着互联网和保险科技的发展，整个互联网保险行业都在积极探索用户需求、抢占市场。对于泰康在线来说，要走"互联网＋"的路线，就要结合自身的优势制定策略，依靠泰康人寿的支持，泰康在线将目标定位于"大健康＋互联网"。从用户角度来说，大多数用户对保险产品都不是很了解，即使他们想要购买保险产品也不知道该怎么选、怎么买，要考虑哪些因素；现在很多白领为了工作经常熬夜，没有时间锻炼身体，身体一直处于亚健康状态，对于他们来说，更关注的可能是如何预防重大疾病的发生。泰康在线洞察用户需求，借助互联网和大数据技术，对用户的个人信息和健康数据进行收集，从而知道他们需要什么样的保险保障。

（二）案例介绍

1."泰健康"体系概述

"泰健康"项目成立的主要目的是帮助用户预防各类疾病、降低患病风险。其参考的数据主要来源于理赔核保、健康测试、用户行为和体检数据、智能硬件数据等,基于这些数据,"泰健康"能够更好地为用户提供疾病预防方案和办法,建立完整的用户管理系统。

如图 3－1 所示,"泰健康"体系主要由资料完整度、健康指数、健康保障、健康活跃度、人际健康度五个方面组成,通过对用户的这五个方面进行测评,能够得出用户的健康评分,从而为他们提供健康管理方案。资料完整度的数据收集维度包括用户的性别、地址、邮件、客户手机号、收入等;健康指数包括用户的体检数据、基因复查数据、运动健康数据、饮食健康数据等;健康保障包括用户面临的各类风险,以及这些风险对应的保额、会员的等级等;健康活跃度包括用户的行为数据,例如微信、泰康在线 App、泰康在线官网、第三方行为数据等;人际健康度包括用户本人的家族关系、邀请别人购买保险产品以及邀请别人关注下载等。通过对这些维度的调查测评和分析,多维度获取用户数据,从而更清楚地对用户健康等级进行细分,并对细分后的结果有针对性地提供保险产品。

资料完整度	健康指数	健康保障	健康活跃度	人际健康度
•客户手机号 •证件号码 •性别 •邮件 •地址 •收入等	•体检数据 •基因复查数据 •运动健康数据 •饮食健康数据	•用户面临的各类风险、各类型的风险保额 •泰康在线会员等级	•微信行为数据 •App行为数据 •官网行为数据 •第三方行为数据	•家庭关系 •邀请关注下载 •邀请购买保险产品

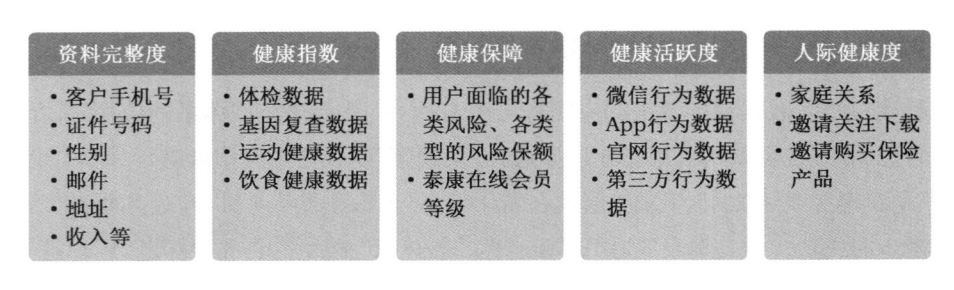

图 3－1 "泰健康"体系

"一键闪购"就是依托"泰健康"的大数据支持,整合各种数据形成风控模型,并结合保费定价变化,实现对不同级别客户的精准营销。用户之前看过或浏览过的保险产品,泰康在线会在活动期间第一时间向其推送相关的保险产品和服务,由于之前已经在"泰健康"体系中填写过个人信息数据,所以如果客户想要一键投保,就可以省去填写个人信息的烦琐程序,更加便捷迅速,也提升了用户对"泰健康"的体验好感度。

2."泰健康"体系下的保险产品

"泰健康"体系下的健康险产品主要分为长期重疾、重疾给付、住院医疗、特定疾病高端医疗以及定期寿险。下面以微互助和轻松 e 保为例介绍大数据精准营销的应用。

(1)微互助。微互助是一款癌症疾病类保险产品,根据微信巨大的用户流量,向微信用户推出的首款社交类的保险产品。微信用户首先需要关注"泰康在线"公众号,公众号里面有一个"微互助"计划,用户只需支付 1 元就能够加入这个计划,获得 1 000元的保险保障。支付成功后会出现"求关爱"界面,根据公众号里面的提示将这个界面分享到朋友圈,邀请好友一起加入"微互助"计划,每邀请成功一位好友,并支付1元,保单的保险金额就会增加1 000元,一直达到10万元的上限。这样一来,每一位微信用户都能够以1元保费获得10万元的癌症风险的保险保障。

在微信平台推出微互助这一保险产品,主要是因为微信本身具有的巨大用户流量,另外微信的使用者趋于年轻化,而这些群体因为工作繁忙而缺乏锻炼,身体处于亚健康状态,抵御疾病风险的能力下降。泰康在线根据微信用户的特点,向他们推出最适合的保险产品,在"泰健康"评分数据的支持下,只要微信用户浏览过微互助相关信息,就能够立即收到微互助保险产品和服务的推荐,做到精准推荐和营销。

(2)轻松e保。轻松e保是泰康在线和轻松筹合作开发的保险产品,轻松筹作为第三方合作平台,拥有大量的用户关注,主要是为大病患者筹集医疗费用,通过轻松筹平台,广大用户对患者病情信息予以扩散并捐款,得到越来越多人的关注,积累了大量的用户流量。2018年,轻松筹在全球的用户注册量达到了5.5亿。泰康在线利用轻松筹的用户流量和平台特点,再结合自身的产品特点,双方共同合作,促进了互联网保险行业的发展。

轻松e保在借助轻松筹这一销售平台时,运用了场景式营销,人们在对大病患者捐款时能够切身感受到疾病带来的风险和经济压力,在这样的情况下进行重疾类保险产品的销售,往往更能够提高产品销售率。首先,对于患者家属来说,由于亲人身患重病所带来的经济压力他们都能够真真切切地感受到,所以往往更能够接受重疾类产品的推荐。其次,就捐款者而言,有患病家属的朋友,也有社会上的爱心人士,他们在看到患者的大病信息之后往往会联想到自己如果也患上此类疾病该怎么做。就大病救助这一场景式营销来说,轻松e保针对性更强。

轻松e保内部调研结果显示,最需要保险保障的应该是家庭收入比较高的人群,这些人大多年龄在三十多岁,并且有父母要赡养,有小孩要抚养,还要还房贷,一旦他们患上重大疾病,对一个家庭来说会面临着巨大的经济压力,所以这一人群需要的是重大疾病类的保险为他们提供保险保障。

根据这样的用户信息,轻松e保为他们提供了个性化的互联网保险产品:

(1)对收集到的用户数据进行分析之后,了解用户消费习惯和保险需求,根据不同的人群制定不同的营销策略,为他们提供合适的保险产品和服务,做到精准营销。

(2)轻松e保销售的保险产品与保险公司的区别在于,轻松e保能够对保险条款和保险产品通过图片的形式向用户做出说明,使得用户更加容易明白并接受,从而做出购买决策。

(3)缴费方式有所创新,推出了"月付""轻松e保卡"等。轻松e保卡将保险保障拟化为防护徽章的形式,只要用户能够在规定的时间内将所有徽章集齐,便能获得保险保障。

轻松 e 保基于轻松筹这一大病救助平台,在所有轻松筹用户真实感受到重大疾病带来的经济压力的同时,意识到购买保险保障的重要性,此时向他们推出重疾类保险产品,这种场景式的营销方式让每一位轻松筹用户都更容易接受。

具体分析,"大病救助"模式一方面面向的人群是急需"救命"的患者,另一方面则是"微信生态"下庞大的用户群。通过用户自主构建的"大病救助"场景,每一个人都成了救助事件的参与者——有些是求助者或亲友患病的亲历者,有些是为了朋友而伸出援手的转发者,有些是被感动后捐款的热心人。由形形色色的人来诉说、来捐助、来留言,都让接触到的人对于疾病带来的隐患有了更为直观的认知,唤醒了用户的健康保障意识,在这一场景下,轻松 e 保让用户真切地体会到了健康险的必要性。

3. 精准营销方式

(1)个性化推荐引擎。泰康在线的推荐引擎对于用户来说为他们节省了浏览时间和精力,用户在泰康在线官网或者 App 上搜索自己想要了解的险种,都能够马上找到。如果用户想要了解重疾险类的保险产品,只需在搜索栏输入"重疾险",立刻就会出现各种保险产品,像 e 无忧—泰康少儿重疾保、泰康环球睿选健康管理计划、e 无忧—泰康重疾保等。推荐引擎的应用仅适用于泰康在线官网和 App,是依据用户的需求和产品的特点推出的精准化的搜索引擎。

泰康在线的个性化推荐包括数据的收集、分析、推荐的实现。数据的收集来自各合作平台以及泰康在线自身的点击量,包括美团、淘宝、蚂蚁金服等第三方合作平台。数据分析包括数据清洗和建模,对于一些不真实、不安全的数据,专业技术人员会对这些数据进行清洗处理,剔除不符合要求的数据。清洗完成之后要按照不同的标准对这些数据建模,泰康在线的数据建模主要是对用户画像进行建模,用户画像的建模数据来源于用户的行为和交易数据,行为数据包括浏览量、点击量、注册量、访问的内容和程度以及在网页浏览的时间;用户的交易数据包括用户购买保险产品的价格、续保情况、退保情况等。对用户的画像进行建模之后就能够实现个性化推荐,做到精准营销。

(2)电子邮件或短信营销。为了提高客户续保率,泰康在线对于已经购买保险产品或浏览过泰康在线相关网站的用户会不定期地发送一些建议或保险到期和注意情况,这些建议主要是通过短信、邮箱或广告推送的方式进行推荐。通过对用户之前的购买情况和浏览情况推荐一些相关的保险产品,有的用户会接收自己一直想买却还没有购买的保险产品,通过这次的推荐可能就会有意向进行购买,提高了泰康在线的销售率。在没有对用户进行画像之前,所有用户接收到的信息内容几乎是一样的,但是通过大数据分析描绘出了用户画像,就可以根据画像的标准向不同群体推荐不同的保险产品,从而做到精准化营销。

案例思考题

泰康如何通过大数据实现精准营销?

案例二:Next Insurance—— 一家智能化保险公司

科技的发展促进了大数据技术在保险领域的应用,并催生了一批智能化的保险中介公司。2016 年成立于美国的 Next Insurance 就是这样一家智能化保险公司,为中小企业客户提供定制化保险服务,客户超过 10 万家,产品超过 1 000 个,迄今企业估值已超过 10 亿美元,并在 2019 年获得了《福布斯》(*Forbes*)杂志的认可,成为年度最具创新性的金融科技公司之一。

Next Insurance 的 CEO 兼联合创始人 Guy Goldstein 表示:"小型企业市场广大、丰富多元,但相应的保险市场的数字化程度还很低。独立工作者(如摄影师、私人教练等)更是如此,而我们正致力于为他们服务。Next Insurance 平台通过简化注册、沟通流程,克服了许多传统困难,并通过数据分析来迎合每一个用户的独特需求。"

(一)案例背景

1. Next Insurance 公司概况

Next Insurance 成立于 2016 年,总部位于美国加利福尼亚州帕洛阿托。Next Insurance 与多数市场上常见的新兴保险科技企业不同,它的主要方向是专门为中小企业和独立工作者提供在线保险服务。公司官网将 Next Insurance 的主旨概括为"It's your business. Protect it",将产品方向描述为"Small business insurance you can trust"。Next Insurance 针对小型企业主,着重发展特定领域,其设计的保险产品包括:私人健身教练保险、摄影师保险、建筑承包商保险、庭院设计保险,以及看护保险等。Next Insurance 注重与保险公司合作推出保险业务,并将这些业务与其技术平台打包。面向商业摄影师的保险产品正是 2016 年 12 月 Next Insurance 与 Munich Re 携手推出的成果。

Next Insurance 的 3 位创始人盖伊·戈德斯坦(Guy Goldstein)、尼森·塔皮罗(Nissim Tapiro)以及阿伦·胡里(Alon Huri)是科技技术类创业者,均为一家名为"Check"(创立于 2005 年)的公司的联合创始人。该公司为一家手机支付科技公司,并于 2014 年以 4 000 万美元的价格被 Intuit(提供企业网络服务的公司)收购。3 位创始人在为"Check"公司购买保险时面临了诸多困难,耗费了很多时间和精力,于是萌生了创办一家专注服务小微企业保险公司的想法。

2. Next Insurance 发展历程

2016 年 3 月,完成种子轮融资,团队开始建立基本的保险基础设施;2016 年 6 月,公司以接近 8.3 万美元的年营业收入向小企业出售保险。迄今为止,Next Insurance

的总融资额为 3.81 亿美元。

(二)案例分析

1. 商业模式分析

(1)目标客户。Next Insurance 的主要目标客户群为小微企业(包括独资企业)和独立工作者。在承保、设定价格和配置政策方面拥有更多自由,为小企业主和自由职业者提供简单、经济实惠且针对其特定需求量身定制的保险。

这一人群的特点在于个别规模小(例如,私教保险参保人不超过 1 人,看护保险不能超过 6 人);参与经营股东人数相对少(小于 2 人,且保费会随着 0~2 人而出现大幅度增长);公司员工总年薪较低(以木工险为例,总额＜10 万美元)以及公司年营业额少(以木工为例,总额＜200 万美元)。

这一群体就个别而言与大企业相比支付能力小且利润不高,而相比个人,风险更高、种类和事情更复杂且难以标准化。因此,小型企业以往是被保险公司冷落的一块业务。但是,作为 Next Insurance 的服务对象,美国小微企业市场规模庞大,约有 3 020 万家,占整个市场的 99.9%,拥有 5 890 万员工,占整个劳动力市场的 47.5%。通过数据分析,以及日益发达和人工智能,Next Insurance 认为大批量地为不同细分市场的人群提供标准化但契合度高的保险服务已经成为可能。

(2)保险种类。Next Insurance 有针对 1 300 多种职业的保险产品,并针对 1 000 多个较容易发生纠纷的业务类别,包括占星家、私人牙医、宠物美容师、空手道教练、过敏症专家甚至小丑等。Next Insurance 覆盖了 6 种不同的保险,其中包括商业保险、一般性责任保险、专业责任保险、错误和疏忽保险、商业车险、劳工保险。各种保险的定价都与地点、所处行业、规模等相关。

摄影师保险包括无限免费提供保险证书、摄影设备保障(加保)、客户伤害保障、财产损坏、像素侵权诉讼费和医药求偿。体育健身项目包括客户伤害保障、性骚扰诉讼费、对服务质量不满求偿费、饮食计划出错补偿费(加保)。承包商的风险包括第三方伤害保障、财产损坏、医药求偿、版权侵权诉讼费、诽谤诉讼费和其他诉讼费。此外,还有为家庭日托中心提供的保险等。

(3)服务特征。通过简化注册和沟通流程,Next Insurance 克服了许多传统保险公司面临的困难,能为被保险人(前提是符合相应要求且没有任何不良记录者)提供全天候 24 小时的服务,让其能够随时随地在几分钟内就完成购买保险的程序(不包括售后保险公司私下的核实程序)。

被保险人在 Next Insurance 购买保险的过程十分便捷,用户只需要登录网站,填写相关个人信息及选择保险,付款成功即可。付款还可以选择分期付款,通过网络银行卡支付完成,首付为第一个和最后一个月的保费合计金额(这是为了在被保险人拖欠保费时为被保险人提供一个缓冲期),后10个月的保费将会于每个月月底自动从被保险人银行账户扣除。成功购买后,保险人员将会联系被保险人获取进一步信息并查证信息是否属实。若有任何捏造信息,保险公司有权撤销被保险人的保险。索赔流程也很简便,在网站上提交索赔申请即可,客服受理并安排排查事宜即可实现快速保险理赔。

同时,Next Insurance推出了实时保险凭证,它具有快捷、免费且随时生成的特征。用户只需上网登录Next Insurance账户,就可以通过邮件、链接、短信或社交媒体等媒介获取保险凭证,无需排队等候、无需打印任何文件,也无需使用传真机。Next Insurance的创始人兼CEO盖伊·戈德斯坦指出,Next Insurance是美国保险业最早为客户提供实时保险凭证的公司,中小企业客户可以即时查看已生效的保险条款。

由于Next Insurance超过70%的客户是通过手机端Facebook的Messenger渠道(类似国内的微信渠道)购买保险的,为了进一步改善用户体验,Next Insurance与Facebook达成了合作,并联合智能社交媒体开发商Small Talk开发了一款名为"Chat Bot"的人工智能程序,该程序已于2017年3月开始在Facebook的Messenger中使用,Next Insurance因此成为业内第一家拥有在社交网站24小时待机的智能客服的保险公司。Chat Bot通过语音和文字识别技术以及交互的计算程序,能对被保险人进行答疑和营销,而且这个过程并不需要用户下载任何软件。只有在客户要求的情况下,人工客服才会进一步介入销售。

保险公司要花很长一段时间才能建立起自己的数据库。一般来说,平均每1 600份保单会出现1起理赔。所以如果你想要100万份理赔案例的数据,你需要卖出16亿份保单。目前,Next Insurance面临的最大挑战,是为自己的AI系统找到足够多的理赔数据,供其消化分析。根据客户的反馈,虽然可以完成自助投保,但是消费者和智能客服的交互体验比较一般。现在Next Insurance已经可以通过人工智能和机器学习的技术为客户定制合适且价格合理的产品,这些技术还能够预测哪些客户会取消保单以及取消的原因;能够分辨哪些客户更希望在浏览官网后会收到客服的联系;能够根据客户的所属行业预测其所需的保险业务。

(4)盈利模式。Next Insurance致力于成为一个容易操作、便捷高效且高度自动化的互联网保险销售平台(平台也设保险销售专员,以便在有需要的时候为客户提供更人性化的解答),希望能够以快速和低成本的方式进行保险销售和提供售后服务,以便获取庞大的客户群和更大的盈利空间。与保险销售人员不同的是,Next Insurance收取的是平台服务费,而不是佣金。此外,这个服务费是单向的。通过高度自动化,Next Insurance将很多售后服务(每月一付的模式以及无限次提供证明文件需要行政工费)的成本大幅度降低,因此不向被保险人即购买者收取服务费,仅向承保人即保险公司(因为提供销售服务)收取。这使得 Next Insurance 售卖的保险配套更具备竞争优势。

2. 主营业务分析

2013 年美国非寿险保费收入 7 260 亿美元、总人口 3.165 亿人、GDP 为 167 681 亿美元,则 2013 年美国非寿险保险密度 2 293.8 美元、非寿险保险深度 4.33%。同年,瑞士非寿险保险密度 3 490 美元、非寿险保险深度 4.4%;荷兰非寿险业务保险密度 4 466 美元、非寿险保险深度 9.4%。虽然美国保险市场的发展已经非常完善,但与世界非寿险最发达国家间尚存在明显差距。2013 年美国商业责任险保费 840 亿美元,则 2013 年美国商业责任险保险密度 265.4 美元、商业责任险保险深度 0.501%;一般责任险、职业责任险、商业多重责任险和医疗事故险的占比较高,均超过 10%,分别为 33%、17%、16% 和 12%。Next Insurance 的产品大多数属于非寿险,覆盖中小企业和独立工作者的财产损失和职业责任。根据瑞士再保险的研究结果,2013 年美国非寿险业保险深度和保险密度仅为荷兰相应指标的 51% 和 46%,仍有很大的市场空间。Next Insurance 创始人选择中小企业和独立工作者作为产品受众,恰恰是因为小型企业保险市场广大,可保风险类型丰富多元,且目前对该领域的认知度和普及率都比较有限,相应的保险产品设计匮乏,数字化程度还很低,使得大部分风险游离于保险保障之外。Next Insurance 正是瞄准了市场空缺,关注被忽略的细分市场,未来有望挖掘出市场潜力,为公司带来具有创造活力的增长点。

3. 竞争力优劣势分析

(1)竞争优势:精准产品、便利服务、用户满意度高。竞争优势得益于被保险人对 Next Insurance 的认可与支持。该公司目前已拥有超过 10 万的客户,客户给出的网络满意度为 4.7/5(来自 1 898 个客户的评分),在谷歌上平均达到 4.8/5 星,在 BBB 上达到 A+,品牌搜索量与之前相比翻了一番,这个满意度是目前美国保险行业的最高等级。

分析 Next Insurance 的竞争优势,主要有以下三点:一是价格平民化且保险适用范围广;二是平台实用性高且操作便利,能高效地、随时随地下载相关证明文件且不收服务费;三是在人工智能无法解答疑问时,一对一的咨询服务起到了人性化的辅助作用。

(2)竞争劣势:人工智能应用有限,智能化程度有待提升。竞争缺陷是虽然 Next Insurance 已经将诸多程序简便化,但是由于该公司的平台还处于完善过程中,智能化程度有限,因此无法处理一些特殊情况。例如,被保险人发生过诉讼或者索赔事件就无法通过 Next Insurance 的网络端完成购买,他们必须先通过电话或者面谈将相关事项解释清楚才能完成购买。另外,Next Insurance 的 Chat Bot 适用范围也十分有限,目前仅适用于私人教练保险,之后才能逐渐拓展至其他险种上。人工智能在保险业中的应用前景非常广阔,但目前来看,即便是 Next Insurance 这种业内领先的智能保险公司,也具有明显的应用局限性。未来,对于 Next Insurance 来说,人工智能有望更深入地参与到保险销售环节,更好地预测用户的偏好;人工智能还可以担任管理理赔的职责,第一时间掌握和量化事故损失的情况;人工智能也可以通过数据分析帮助 Next Insurance 提高其承保效率。

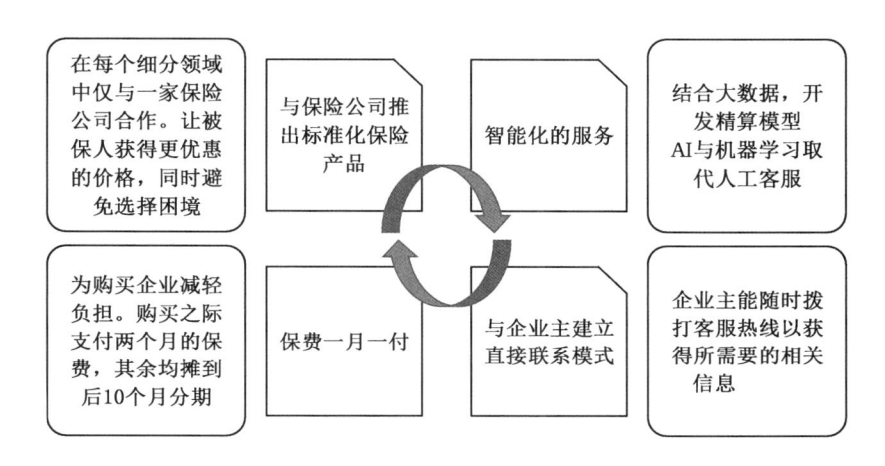

图 3—2　Next Insurance 的竞争优势

（三）案例小结

公司致力于与中小企业建立"直接联系",消除中间商环节,目的是专注于成为小型企业保险的市场领导者。近年来,中小企业的发展规模日益壮大,业务模式也呈现多样化趋势,然而,针对小微企业的保险市场数字化程度还很低,难以满足行业的发展需求。其中,以摄影师、运动教练等为代表的特殊群体的权益更是难以得到保障。Next Insurance 希望能够通过利用大数据技术等科技,简化保险服务流程,解决传统保险服务中存在的弊端,为小微企业和特殊群体提供高质量的保险服务。

未来,Next Insurance 希望利用线上以及人工获取的用户意见和数据,并通过数据科学和机器深度学习原理,能够将其业务再提升一个台阶,进入保险产品设计领域,设计出针对各个行业的保险最简化的最优解,以便为被保险者提供更加实惠且与市场有良心差异化的产品,Next Insurance 致力于成为小型企业保险的引领者。

C 轮融资后,Next Insurance 将与慕尼黑再保险公司(Munich Re)一起成为行业变革的推动者。Next Insurance 免费为客户提供了一系列额外的好处。这包括革命性的实时保险凭证单以及为客户提供了网上业务办理服务。投保人可以通过智能手机或计算机添加其他被保险人、更新保单或付款信息、发送可验证的保险证明等。

慕尼黑再保险管理委员会主席 Joachim Wenning 表示："Next Insurance 的数据和技术驱动型业务模式提供了出色的增长机会，我们将共同利用这些机遇。Next Insurance 将受益于我们的初级保险和再保险。这项投资强调慕尼黑再保险致力于成为数字保险解决方案的领先提供商。在美国，它还帮助慕尼黑再保险拓展针对小微企业的保险市场。我们相信，在我们久经考验的合作的基础上，慕尼黑再保险和 Next Insurance 都将受益。"

案例思考题

Next Insurance 实现保险智能化的成功经验有哪些？

本章小结

本章首先描述了保险与大数据的关系、保险的本质等问题，其次讲述了大数据在保险业的应用场景，包括保险业大数据的获取模式、国内外保险业大数据应用的特点、大数据在保险业的应用场景、保险业大数据应用的潜在突破口这四个问题。在此基础上，结合实例讲述了大数据在保险业的创新性应用以及给保险业带来的挑战。国内外有很多保险公司均利用大数据技术和数据分析来提升企业的经济效益，通过对大数据与保险国内国外的案例进行分析，我们了解到国外的保险公司发展迅速，在产品开发和定价、产品销售与理赔服务等环节都给国内险企带来了启示，值得我们学习借鉴。

思考题

1. 简述保险业大数据应用的六大潜在突破口。
2. 简述大数据给保险业带来的机遇和挑战。
3. 简述我国未来的保险业发展趋势和方向。

第四章　大数据与证券

随着现代信息技术的发展,大数据技术已经渗透每一个行业,逐渐成为重要的生产要素。伴随着电子信息技术的不断发展,大数据在越来越多的领域得到有效应用,证券行业的应用特点与大数据技术有较高的契合度,大数据应用为证券公司的发展提供了重大的历史机遇。

第一节　大数据与证券概述

一、大数据应用于证券行业的背景

20世纪80年代初,我国首次发行国库券,自此开启了我国证券市场新时代。在这几十年的发展中,虽然中国证券市场起起落落,但也在逐步前行,并取得了一定的成绩。目前,我国已有超过4 000家上市公司,这些上市公司每年因各种业务而产生海量数据。面对海量数据的管理,对任何行业、任何企业来说都极具挑战,而证券市场不仅数据量增长迅速,而且结构复杂。

(一)国家政策的支持

"十三五"规划纲要中首次提出,要实施国家大数据战略,把大数据作为基础性战略资源,全面实施促进大数据发展行为,加快推动数据资源共享开放和开发应用,助力产业转行。尤其是近年来大数据被提升到国家发展战略层面,政府提供资金及政策支持,鼓励企业在大数据方面的发展和转型,大数据技术体系发展逐渐成熟。

(二)为证券公司发展提供了重大的历史机遇

近年来,大数据技术体系发展逐渐成熟,基于开源和商业技术共同形成的大数据技术体系已经在互联网行业应用多年,推出的稳定软件版本及云服务能够支持后来者落地实施大数据战略。自2013年以来,国内大数据市场应用得到了飞速发展,大数据从概念渗透转为实际应用,并在金融、电子商务、地产等领域实现商业化,大数据产业连续多年保持快速增长态势。

大数据市场应用的拓展与大数据产业规模的扩张意味着金融行业进入"数据为

王"的新纪元。在大数据时代,证券公司通过对海量数据进行整理和分析,对目标客户进行深入研究,预测金融产品投资者行为,了解投资需求,从而做到在金融服务上以客户为中心、在金融营销上精准高效、在金融创新上紧跟市场需求。在这种情况下,大数据的应用水平对于证券公司未来发展而言愈加重要。对于证券公司来说,提高大数据在公司业务中的应用水平符合现代证券公司业务与信息技术高度融合的趋势。

(三)证券公司发展受阻,亟须创新动能

中国证券公司近年来发展迅速,但仍然存在许多问题。在市场营销方面,营销成本高但没有带来业绩的显著提升,客户营销并没有提升精准营销能力。在产品创新方面,证券公司无法有效洞察市场需求,产品创新缓慢。大多数产品和服务同质化严重,缺乏核心竞争力。在风险管理方面,在监管部门强化市场监管和市场风险不断积累的大背景下,资产管理业务、资金营运业务的风险不断暴露,风险控制压力陡增。对于证券公司来说,在业务发展到一定阶段后,大数据技术的应用是必然趋势,证券公司需要借助大数据等新技术对市场营销、产品创新、风险管理、业务流程各个方面进行优化改进。

(四)人才体系的建立和资源的不断丰富

得益于部分互联网行业龙头在大数据方面的探索和推动,具备大数据项目经验的人才培养体系逐渐建立,形成了大数据发展的良好土壤。同时,经过多年的发展积累,大数据资源已经越来越丰富,国内外领先企业为大数据应用也提供了很多极具价值的应用场景,这些典型案例可以为证券行业转型提供较好的学习标杆。

(五)证券行业的不断转型

证券公司的业务转型为大数据技术提供了大量的应用场景。证券公司在零售业务转型财富管理的过程中,对客户个性化、综合化的服务要求催生了对大数据技术的应用需求;在深耕机构业务的过程中,来自机构客户相关的产品创设、销售以及投资管理等需求也将与大数据技术产生重要联系。

多维度的数据源为大数据技术应用提供了重要的分析基础。证券公司不仅能获取来自互联网新闻等非结构性文本类数据,而且可以快速积累来自外部的交易数据以及内部的客户行为数据。基于大数据的深度学习算法在自然语言处理、语音语义识别、图像识别等领域的突破,以及 Tensor Flow 等各类算法开源平台的发布,为大数据技术提供了有力的算法保障;GPU/TPU 等芯片技术的飞跃发展、5G 等新一代通信技术的日趋成熟,为大数据技术应用提供了有力的物理保障。

(六)行情数据是证券行业的基础

证券行业有着极其深厚的大数据基础,即行情数据。不论是财经网站的股票行情图,还是大智慧、通达信等行情软件(包括 App),其背后都包含了海量的数据。市场上每一个交易者的买卖都是一个数据信号,而这些信号通过交易所后台的处理,形成一个个原始数据包,然后由数据服务商进行处理,形成可视化的行情图。例如,每一根K线包含了最高价、最低价、开盘价、收盘价、成交量等数据。在此基础上,证监会的信息披露条例又增加了各种机构持仓数据、公告数据,实现了证券大数据的3D透视。

二、大数据技术在我国证券业的应用历程

证券行业可以说是大众认知度最高的金融细分行业,经过多年的普及和推广,大数据已经潜移默化地深入每位股民的日常交易中。大数据技术在我国证券业的应用历程大致可分为以下三个阶段。

第一阶段:基于成熟的大数据,证券行业的相关产品不断推陈出新,在2005年前,由于长期熊市导致股民数量锐减,在利润稀薄的情况下,当时的产品主要是门户网站的行情图。

第二阶段:2006年至2007年的大牛市,吸引了增量资金入市,同时以基金为代表的机构投资者入市,培养了大量的基民。基于这样的背景,东方财富、证券之星、金融界等证券门户网站先后推出基金净值估算数据。该产品上线后,备受好评,给门户网站带来很大比例的流量。该产品的成功在于:基于基金公司持仓数据+交易所的基金净值计算公式+持仓股票当日变动+自有参数几个关键要素,在盘中就能以行情图的可视化界面体现基金净值的大致波动。这一产品的数据全部是公开数据,只有自有参数是一个变量。该产品受到了股民和基民的双重青睐,基民可以实时了解所买基金的变化,股民则可以根据估算净值和基金公司盘后公布的实际净值进行对比,根据其每日的差额变化去预测基金调仓,从而成为买卖股票的一大判断依据。

第三阶段:2010年股指期货推出后,基于大数据的投资产品突然爆发,并一度引发金融机构对MATLAB(Math Works公司推出的一款软件)程序员的招聘潮。股指期货上线后,以"一价定律"为理论基础的套利产品被市场所熟知。机构投资者通过量化方式,推出了各种对冲套利产品。这类产品以股指期货为主要必选标的(一腿交易),以及相关的指数基金或者进行优化后的加强型指数基金为另一腿标的(在某指数所统计的大量股票中进行优选,选择其中强势股,按照指数计算的权重进行配置,力求配置组合的表现高于该指数),进行双边多空套利,以赚取价差。此后的一段时间内,期货获得了金融机构的重视,不断推出商品期货的相关产品,并从最初简单的跨期套利、跨产品套利、期限套利逐渐发展为高频套利、高频交易(宽客)。由于当时大部分的金融量化模型在落地层面都是以MATLAB撰写,因此,这一时期MATLAB工程师成为金融机构的热招人才。

三、大数据技术为证券业带来新机遇

（一）企业业务高效运营，创新业务运营新思路

企业日常运营与大数据紧密结合，智能服务于企业，能够缩短数据分析周期、提升运营效率。基础业务重复性强，非常烦琐，大数据的运用可以生成大量全自动化结果，大幅度提高基础业务的处理速度。

（二）基于大数据技术的新式思维，寻找新的业务机遇

依托通道业务收取佣金的传统方式已经难以获利，引入大数据的新思维，促进业务的多元化发展，才能解决证券行业业务同质性的问题，从根本上提升企业综合竞争力。例如，美国的 Zest Finance 互联网金融公司和英国的 Wonga P2P 平台引入大量非结构化数据，将难以获得传统金融支持的小型用户作为主要目标对象，创新算法和分析模型，构建信息网络，进行有效的风险评估，创造了大量业务机会。

（三）创建数据标签，构建相关模型，进行智能化营销

依托全媒体平台构建数据库系统，将结构化数据和非结构化数据分开建立数据子库。在进行数据存储之前，赋予数据更多的内容特征，设置多种标签和索引，以便快速查找数据；同时，用户的常用关键字也将自动录入并生成新的标签，创建客户购买倾向模型、客户忠诚度模型、客户投资能力模型等。证券公司基于这种动态的数据管理系统，辅以可视化技术，可以更有针对性、更高效、更直观地向各类客户群体推送信息。

（四）更好地管控企业业务风险

利用大数据和相关技术，构建合理管控企业业务风险的系统。随着数据量的增大，加之合理且高效的筛选、整合、处理分析，风险控制和信用管理体系可以具备更高的准确性，也可以进行实时动态监测，以达到更优的事前、事中、事后控制效果。目前，证券行业在事前风险控制尚有欠缺，在开展互联网金融业务的同时，必须关注信用的核心地位，树立风险控制意识，通过多元化数据和模型建立传统金融与互联网金融相结合的风险控制、征信体系，以减少产品风险系数与客户风险承担能力不匹配的情况。此外，寻求与不同金融领域机构的合作、数据共享，将得以增加数据的容量和有效性。

（五）推动证券监管制度变革

传统的证券监管制度着重违法行为的事后处罚。交易监管，尤其是内幕交易因其隐蔽性较强、界限模糊，仍难以捕捉，这一问题的根源在于信息披露不全面和处理程度不深。此外，由于传统的监管方式与市场效率的提升产生了冲突，因而引入大数据理念和技术以弥补传统证券监管制度缺陷、推动证券监管制度变革。将分析样本延伸至全社会全数据，利用数据间的相互验证来提高准确度；将工作重心转向数据分析和工具优化，分析侧重点转向数据相关分析；对市场主体的活动监管从监管交易者的直接

行为扩展到关联行为,进行全方位监管,提高事前预防水平;对数据进行标准化处理,以及通过对数据使用和分析标准立法来约束大数据的收集、使用和分析行为,同时避免降低市场效率和保障数据的安全性。

第二节　大数据在证券业的应用

一、大数据技术在我国证券业的应用场景

随着大数据技术进入国内的证券行业,越来越多的证券公司开始觉察到大数据的价值,逐渐启动大数据的相关研究和分析工作,试图通过大数据技术挖掘海量数据的实际价值。

(1)交易日志监控分析系统,是包含了手机端和网页端日志的存储,并对服务器性能、用户交易行为和支撑系统运营状况进行监控分析。交易日志监控分析系统支持海量的日志存储和分析,提高了现有系统的管理和运营水平。

(2)异常交易预警系统,是基于大数据平台中的相关用户信息,对异常交易行为进行提前预警,比如高买低卖利益传送预警、长期闲置账户频繁异动预警、大量委托查询请求预警等。

(3)客户画像系统,是将通过自由源数据和第三方数据收集的客户信息传送到大数据平台中,对数据进行计算后将结果放入用户画像系统和模型管理系统中,得到的最终输出结果作为业务应用。用户画像系统是对客户进行计算分析后,添加各类描述标签,构建出一个严格的标签体系,并把结果推送给业务进行使用。画像系统和模型系统得到的最终分析结果可以一起发送给上层应用,实现金融产品推荐、精准广告投放、线下客服沟通、风险防控等服务。

二、大数据在证券业的主要应用

(一)在投资银行业务中的应用

1. 股市行情预测

大数据可以有效拓宽证券企业量化投资数据维度,帮助企业更精准地了解市场行情。随着大数据的广泛应用、数据规模爆发式增长以及数据分析与处理能力显著提升,量化投资将获取更丰富的数据资源,构建更多元的量化因子,投研模型也将更加完善。

证券企业应用大数据对海量个人投资者样本进行持续性跟踪监测,对账本投资收益率、持仓率、资金流动情况等一系列指标进行统计和加权汇总,了解个人投资者交易

行为的变化、投资信心的状态与发展趋势、对市场的预期以及当前的风险偏好等,对市场行情进行预测。

2. 股价预测

证券行业具有自身的特点,与其他行业产品和服务的价值衡量普遍存在间接性的特点不同,证券行业客户的投资与收益以直接的、客观的货币形式直观地呈现。受证券行业自身特点和行业监管要求的限制,证券行业金融业务与产品的设计、营销及销售方式也同其他行业具有鲜明的差异,专业性更强。

例如,2011 年 5 月,英国对冲基 Derwent Capital Markets 建立了规模为 4 000 万美元的对冲基金,该基金是首家基于社交网络的对冲基金,通过分析 Twitter 的数据内容来感知市场情绪,从而指导投资。利用 Twitter 的对冲基金,Derwent Capital Markets 在首月便获得盈利,以 1.85% 的收益率让平均收益率只有 0.76% 的其他对冲基金相形见绌。

(二)在经纪业务中的应用

1. 智能投顾

在证券经纪业务中,证券公司在充当证券买卖媒介的同时需要提供信息服务。证券公司提供的信息服务包括行业和上市公司的研究报告、宏观经济的预测分析、股票市场变动信息等。证券投资顾问是证券公司从事证券经纪业务的一线人员,他们负责维护客户关系并对客户就证券投资的问题进行答疑和引导,为客户提供相应的信息服务。

智能投顾是财富管理新蓝海,也是近年来证券公司应用大数据技术匹配客户多样化需求的新尝试之一。智能投顾能够基于客户的风险偏好、交易行为等个性化数据提供线上的投资顾问服务,采用量化模型为客户提供低门槛、低费率的个性化财富管理方案。智能投顾在客户资料收集分析、投资方案的制订、执行以及后续的维护等步骤上均采用智能系统自动化完成,能够为更多的零售客户提供定制化服务。

随着线上投顾服务的成熟以及未来更多基于大数据技术的智能投资策略的应用,智能投顾有望在广度和深度上将证券行业带入财富管理的全新阶段,为未来政策放宽、证券公司投资顾问从前端佣金收费向后端的管理费收取模式转变做好探索准备。

近几年智能投顾业务在国内外均取得快速发展,境外领先的金融机构先锋及嘉信的智能投顾业务已经分别管理了数百亿美元的规模。近年来,国内部分机构在该业务领域也开始起步,广发证券的"贝塔牛"以及招商银行的"摩羯智投"均为所属行业的代表产品。

2. 客户关系管理

通过分析客户的账户状态、账户价值、交易习惯(如周转率、市场关注度、仓位、平均持股市值、平均持股时间、单笔交易均值和日均成交量等）、投资偏好以及投资收益，进行客户聚类和细分，从而发现客户交易模式类型，找出最有价值和盈利潜力的客户群以及他们最需要的服务，更好地配置资源和政策，改进服务，抓住最有价值的客户。

证券公司根据客户历史交易行为和客户流失情况建立模型，预测客户流失的概率。例如，2012年海通证券自主开发的"给予数据挖掘算法的证券客户行为特征分析技术"，主要应用在客户深度画像以及基于画像的用户流失概率预测。通过对海通100多万样本客户、半年交易记录的海量信息分析，建立了客户分类、客户偏好和客户流失概率的模型。

大数据技术使得证券公司开展精准营销成为可能，证券公司从数据中挖掘客户价值等核心信息，针对客户推出特定产品组合、制定产品定价。

（三）在资金营运业务中的应用

1. 经营状况分析

通过数据挖掘，证券公司可以及时了解营业状况、资金情况、利润情况和客户群分布情况等重要信息，结合大盘走势，提供不同行情条件下的最大收益经营方式。同时，通过对各营业部经营情况的横向比较，以及对本营业部历史数据的纵向比较，深度分析营业部的经营状况，总结出可推广的经营经验和建议。

2. 投资景气指数分析

2012年，国泰君安推出了"个人投资者投资景气指数"（简称3I指数），通过一个独特的视角传递个人投资者对市场的预期、当期的风险偏好等信息。该指数是国泰君安研究所对海量个人投资者样本进行持续性跟踪监测，对账本投资收益率、持仓率和资金流动情况等一系列指标进行统计、加权汇总后得到的综合性投资景气指数。

（四）在资产管理业务中的应用

专项资产管理业务、集合资产管理业务和定项资产管理业务是证券公司管理业务的三大类型。资产管理业务接受客户委托设立资产管理计划进行投资，资产管理业务的投资范围涵盖债券、股票和金融衍生产品等。大数据的应用意味着证券公司资产管理业务将获取数量更多、维度更高的数据，投研模型更加完善。证券公司应用大数据持续对投资者的资金流动情况、收益率等数据进行统计分析，由此了解市场预期、投资者信心和风险偏好等信息，从而对市场做出预测。将大数据运用到市场行情预测中有利于证券公司对资产管理计划投资标的及资产配置做出决策，从而使得证券公司的资产管理能力得到提高。

（五）在证券公司基础业务中的应用

基础业务是证券市场最基本、最烦琐也是最重要的业务。利用大数据技术对证券市场日常工作中产生的海量数据进行挖掘和分析，提供快速的、大量的自动化分析结果，据此对基础业务进行判断和决策，从而推动证券市场日常运营活动的数据化。

1. 信息处理

通过大数据技术对海量数据的交易量化、组合管理和投资决策等进行分析，从而加大信息整合的力度与深度，以便在信息数据爆炸的时代，快速、高效地提取有用信息，为客户提供精准且专业的咨询服务。

2. 提高部门效率

大数据的应用使得证券公司可以根据客户的实时交易决策以及市场的方向、流动性等信息，分析市场客户的买卖行为，定期更新证券市场数据，让客户知道最佳投资指标数据，了解证券市场历史数据，从而判断市场的变化趋势，提升证券市场各部门各环节的运营效率。同时，随着"互联网＋"以及大数据技术的快速发展，证券市场中部分低效率的人工统计工作将会被大数据技术所取代。

(六)在搭建证券市场智能化平台中的应用

根据实际业务需求，探索出相应的算法、开发出相应的模型和软件，搭建信息化、智能化的证券市场软件平台，该平台可以批量、高效地完成各种复杂交易指令，降低交易误差，并通过并行查询的方法来提升数据处理性能，确保业务高效、安全地运作，并且减少成本开支。

通过建立一个权威的、具有公信力的证券市场服务平台，为各类客户提供具有更强专业性、更高透明度、更低平均成本、更便捷操作的平台，以更好地服务广大客户，有利于证券市场的信息流通，促进证券市场的繁荣发展。

三、大数据助推证券业转型和发展

随着大数据时代的到来，证券行业具备了全面应用大数据技术的条件，大数据技术将助推证券公司业务的转型，持续发展大数据技术的证券公司将引领行业的未来。

大数据技术助力证券行业的转型和发展可以体现在四个方面：

(1)推动证券公司日常经营活动中的数据化运营，利用大数据技术推动证券公司业务的智能化应用；

(2)基于大数据及相关技术，建立一套更加有效科学的管控工具，保障证券公司各项业务经营风险可控，确保坚守合规底线；

(3)利用大数据提升证券公司各业务线日常工作中各个环节的运营效率，打造智能化投研新模式；

(4)利用大数据提升证券公司中后台职能部门日常工作中各个环节的运营效率。

(一)零售业务：深化数字化运营，推动业务智能化转型

零售业务是证券公司最基本的业务，合理运用大数据技术、实现基础业务的数字

化运营、提高客户服务的效率及质量尤为重要。

1. 提高客户服务的效率

证券公司能够服务多少客户、管理多大的团队、经营多少营业网点，与其应用大数据的能力息息相关。证券公司运用大数据技术推动"去中心化"的分布式管理，在这套管理体系下，不仅可以为一线员工提供数字化的工具，促使员工及时发现问题、改变战法，而且可以借助制度和技术的力量，实现整个生态系统的自我纠偏与完善。

以广发证券的分布式管理体系为例，"金钥匙"是基础任务分发平台，公司的各大互联网终端负责收集客户的需求，经过"金钥匙"平台的算法分析后分派到全国各地的7 000名理财顾问，按照服务响应时间、客户满意度以及业务转化率对业务进行管理和优化。同时，根据公司内多平台数据资源，广发证券自主开发的"经营驾驶舱"可提取其中与业务经营最相关的信息，根据各级管理人员和员工的需求为其提供不同侧重点的数据支持，高层管理人员着重对全局的把握以便及时调配资源，中层管理人员围绕KPI完成和系统内排名变动及时调整经营策略，基层人员则重点关注管辖客户、资产与个人绩效钱包。

2. 大幅度提升客户的服务质量

目前，产品同质化也困扰着整个证券行业，证券公司更需要对客户进行深入分析和细分管理，通过精准营销为其推送适合的产品服务。精准营销的核心在于对用户进行画像描绘，而大数据技术的应用能够帮助证券公司更好地做到这一点。通过提取客户投资交易等核心数据，分析其投资习惯、品种偏好以及风险承受能力等深度信息，进而有针对性地展开产品营销活动，从而提高营销成功率。

虽然目前国内该业务的用户体量尚无法与美国市场相比较，但国内财富管理领域存在较大的需求，同时证券公司在客户的数据储备以及互联网技术应用上也具备较大优势，因此未来有望借助大数据技术大力发展该业务，实现传统经纪业务向财富管理的成功转型。

（二）资产管理业务：借助大数据，开辟产品创设与投资管理新思路

1. 创新资产管理产品

互联网时代，信息更加多样化、扁平化，新闻等互联网文本挖掘类数据对市场的影响日渐紧密，基于互联网文本数据与传统交易数据、财务数据相结合进行投资的金融产品也得到了投资者的普遍认可。应用大数据技术结合传统量化投资模型推出的大数据基金产品，是对传统资产管理产品的有力补充，也为投资者提供新的选择。

2014年底，广发基金与百度合作，综合了百度客户的搜索数据和广发基金自己搭建的选股因子数据库，推出了备受市场关注的百发100指数基金。近年来，相继又有多家公募基金与不同互联网企业合作推出了数十只大数据主题基金，大数据在产品创

新中的应用已经得到实现。未来随着大数据技术的更加成熟,更多数量、更深层次的大数据主题产品将有望陆续面市。

2017年1月,境外资产管理公司贝莱德宣布,将公司原来专注于"基本面"的主动研究与专注于"大数据"的量化研究两个团队合并成一个大部门。由此可见,随着资本市场数据规模的提升以及大数据技术的逐渐成熟,投资将更多地依赖大数据分析结果进行辅助决策。可以说,投资管理已经成为大数据技术的下一个目标。

2. 量化投资策略逐渐兴起

随着深度学习等人工智能技术的日趋成熟,基于大数据和人工智能算法的量化投资策略逐渐兴起。基于自然语言的处理技术(NLP)从网络文本中获取数据,通过深度学习等机器学习算法对获取的各类数据进行分析预测,建立财经新闻、公司公告等文本事件与相关资产在金融市场中的表现的关联,迅速判断市场中出现的各类机会。这类基于大数据技术和人工智能算法的投资策略不仅拓宽了信息获取源、提升了信息的分析深度与广度,而且与传统投资策略表现相关性低,是对传统策略的有力补充。

2012年,英国对冲基金Cayman Atlantic公司发行了一只量化对冲基金,通过推特、谷歌以及其他媒体平台上的投资者情绪大数据进行分析,得到了对市场各类资产的预测结果并依次进行投资决策,并取得了不错的业绩。

(三)研究业务:提升工作效率,打造智能化投研新模式

1. 部分低效的人工统计工作被量化研究所取代

随着互联网和大数据技术的迅速发展,目前证券公司所提供的卖方研究服务中,部分低效的人工统计工作将被以大数据技术为核心的量化研究所取代,包括上市公司调研、数据分析等在内的重复性统计分析工作将率先受到冲击。

RSMetrics是一家总部位于芝加哥的卫星情报分析公司,通过高分辨率卫星影像,对零售店、餐馆、商场、办公楼和其他商业地产的停车场进行监控,可以估计出它们在全国范围内或者某一地区的客流量增长情况,帮助分析师了解公司基本面、预测销售量、预估企业运营状况。这类借助于卫星遥感大数据技术手段,相比于传统的分析师实地调研,能够大幅提升工作效率和准确度。

2. 诞生新的盈利模式和服务模式

随着大数据技术应用成本的降低,这类替代分析师人工调研的手段将得到普遍应用。大数据技术的应用不仅能够提升分析师的调研效率,而且将诞生新的服务模式和盈利模式,推动传统研究销售业务往线上智能化发展。

诞生于硅谷的Kensho公司专注于通过机器学习以及云算法收集和分析数据,把长达几天时间的传统投资分析周期缩短到几分钟,能够分析海量数据对资本市场各类资产的影响,并回答复杂的金融问题。它能取代部分人类知识密集型的分析工作,提

供快速化、自动化的分析结果。

随着营业网点的扩张以及交易品种的增加,交易数据的规模和复杂程度大幅提升。大数据技术的应用能够为结算工作提供更快的响应速度和更准确的匹配结果,从而确保结算业务高效、安全地运作。此外,证券市场日益丰富的投资品种和不断扩充的成交规模,使得交易、清算和风险管理等中后台业务所需应对的数据规模也快速扩张。运用大数据技术搭建算法交易平台能够支持批量、高效地完成各种复杂的交易指令,降低交易误差,在提升客户使用体验的同时,也能够为客户提供更丰富的投资机会。

芝加哥商品交易所每天产生约 1 100 万份合约,存储了 100TB 的数据,并且仍在不断增长。交易所需要每天为内部团队提供复杂的数据分析报告,为了提升报告的及时性,CME 采用了 Oracle 公司的 EXADATA 的解决方案,用结构化的 RDBMS 减少每次批量处理过程的时间。同时 CME 采用了 Hadoop 数据处理平台,通过并行查询的方法来提升数据处理性能,减少成本开支。

在风险管理领域,日益增加的交易品种和客户数量为证券公司实时测算、监控以及管理各类市场风险、合规风险提出了更高的要求,大数据技术在这个领域也能充分发挥作用。例如,广发证券的"风险数据集市项目"利用大数据技术整合公司各条业务线的风险相关数据、第三方市场数据、交易对手数据、关联人数据和监管披露数据,形成相对完善的风险数据集市,在强大的计算能力支撑下,实现全面准确实时的监控及预测各种风险指标,强化各条业务线的风险管理能力。

第三节 大数据在证券行业应用中存在的制约因素及发展策略

一、大数据在证券行业应用中存在的问题

目前,大数据技术在证券行业中的应用与推广还处于起步阶段,虽然发展趋势不可阻挡,但同时也面临着诸多困难与挑战。当前亟须解决的问题主要体现在以下几个方面。

(一)海量数据分散存储,整合难度大

海量数据的管理对任何一个行业来说都是极具挑战性的难题。证券行业数据量增长快速且数据结构复杂,每天都有大量的新旧数据需要迭代处理。此外,由于业务多元化,证券公司的大数据往往分散于相互独立的各个业务部门,无法进行畅通共享,导致大数据处于严重分散的状态,行业内不同公司之间也存在同样的问题。

（二）寻找有效的人工智能算法需要长期探索

证券行业的大数据具有高维度、动态性、强随机性等特征，且多为非结构化数据。非结构化数据的一般性特征不够清晰，所反映的对象背后缺乏客观严谨的逻辑，具有更强的不确定性和不可预测性。从这些数据中提取基本信息，结合特定的金融逻辑、应用场景和经验，运用人工智能算法进行深度挖掘得到最终的投资决策，将高度依赖于能否构建有效的处理算法，这是大数据技术应用的重点和难点。大数据技术在证券市场的应用从初步提取到深度挖掘还有漫长的路需要探索。

（三）大数据业务的落地需要继续加大力度

虽然证券行业在战略上高度重视大数据技术，并且已经开始部署大数据技术和相关业务，但是由于证券市场牵涉系统工程、经济学、计算机、算法、数据挖掘等多方面的知识，涉及范围广，投入资源有限，方法与业务契合面临困境，因此在具体业务的落地和推进中进展相对缓慢。

（四）加大对于人才的培养

证券行业的核心竞争力在"人"，金融大数据人才需要同时具备算法、IT 以及金融等多学科交叉背景，尤其是具备金融素养和大数据技术的复合型人才。目前，我国具备算法、计算机技术和证券等多学科交叉背景的人才稀缺，未来应对大数据浪潮还须继续加大对此类人才的培养和储备。

（五）随着大数据技术的应用，隐私问题将成为关键

大数据技术推广过程中亟须解决的首要问题是如何在确保用户信息安全的前提下实现内部数据的有效整合以及与外部机构数据的共享。证券市场大部分数据均涉及用户安全与隐私，必须及时更新隐私管理技术，防范第三方窃取证券公司的客户信息，也防止证券公司滥用用户数据。证券公司在运用大数据技术进行数据分析时要避免数据泄漏，保护客户的隐私数据不受侵犯，这对证券公司的大数据安全技术、合规管理以及风险管理能力提出了更高的挑战。

（六）大数据的异构性和不完备性

1. 大数据的异构性

证券市场中获得的数据大多为异构数据而非同质数据。对于异构数据，无法用已有的简单数据结构来表示，这类数据大多特征不清晰，反映的现象也缺乏严谨客观的逻辑。计算机已有的算法很难高效地处理数据结构复杂的数据。

2. 大数据的不完备性

计算机算法无法处理不完整的数据，若强行处理此类数据，得到的处理结果可信度将大大降低，甚至会得到截然相反的结果。目前，采集到的证券数据若呈现不完备性特征，则需要根据提取到的基本信息数据，结合特定金融逻辑以及相关经验，

运用人工智能算法进行深度挖掘,进而得到最终结果。大数据的不完备性需要结合有效的人工智能算法才能获得比较可信的分析结果,这是大数据技术应用的重点和难点。

二、大数据应用于证券行业的对策

(一)加强数据整合能力

一方面,电子交易系统使得数据收集更加简便,但证券公司的业务交易频繁,每天都会产生大量的新数据,并且储存和分析大量旧数据;另一方面,大数据的整合和共享是证券公司利用大数据发展自身业务的主要挑战之一。证券公司的业务多样,部分业务复杂程度较高,很多数据来自技术特点和经营方式各异的业务部门,加大了数据整合难度。

(二)强化数据安全保障和保护客户隐私

证券公司在进行证券交易和对客户提供咨询服务的过程中,能够直接获取客户的隐私数据。业务开展过程中产生的数据和收集的数据都是证券公司的商业机密,具有巨大的商业价值,这就要求证券公司在进行大数据处理时要加强对客户隐私数据和自身数据的保护。

证券公司应该加强对外合作,加大资金技术投入以提高大数据安全技术,建立健全数据安全保障机制,使得数据安全保障工作有章可循,运用数据防护工具加强防范数据窃取的能力。

(三)探索人工智能算法

非结构化数据经过数据挖掘才能得到其中蕴含的金融逻辑、客户行为等信息。人工智能算法在数据挖掘方面具有较大优势,发展人工智能算法能够显著推动智能投顾发展、完善量化分析模型,对于大数据在证券公司各项业务中的应用至关重要。证券公司在应用大数据技术时应该构建高效的人工智能算法,攻克大数据技术的应用难点。

(四)加强人才的引进和培养

大数据技术被证券公司视为发展机遇和业务转型升级动能,但是目前大部分证券公司并没有集中投入相关人力资源。证券行业对人才的要求较高,人力资源是证券行业的核心资源,也是证券公司的核心竞争力,将大数据应用到公司业务中需要具备计算机技术、业务承做能力、风险管理能力的综合型人才。为应对大数据浪潮,证券公司应该继续加大人才引进力度,储备具有交叉学科背景的综合型人才,加强对综合型人才的持续培养。

三、大数据背景下证券业未来的发展方向

(一)不断扩大业务范围

证券公司积极探索基于大数据技术创新业务运营新思路,寻找新的业务机遇。例如,大数据使用 Hadoop 技术搭建基础架构,高效处理结构化和非结构化数据,实现为投资者提供投资组合分析和风险动态监控的功能。

(二)创新证券交易模式

运用大数据技术,加快证券市场内部数据整合速度,创新证券市场的交易模式,改变传统金融模式。总体而言,随着大数据技术的普及,大数据技术将助推证券市场业务转型,持续发展大数据技术,引领证券行业的未来。

第四节　案例分析

案例一:长江证券数字化营销引擎与应用

(一)案例背景

随着金融科技的发展,证券行业获客方式也发生了很大的变化,由网点模式为主转变为以线上引流为主。而线上引流模型在使客户量激增的同时,也导致了营销人员对客户服务的力不从心,展业人员在资源有限的情况下,只能保证服务覆盖到高净值客户群体,这导致证券公司大量客户缺乏优质服务。同时,在线上引流的背景下,证券公司的客户数量又实现跨越式发展,导致无法直接被员工服务覆盖的客户群体越来越大。

显然,庞大的客户群体与有限的服务人员必然产生一系列矛盾,主要包括以下几个方面:

(1)线下分支机构服务人员无法覆盖公司大体量全部客户,需要金融科技手段来提升服务效率。

(2)线上线下融合和分工的问题。公司内部线上线下都会对客户进行运营营销,容易对客户造成重复的骚扰。因此,在搭建新的线上运营体系时,应当区分哪些客户需要人工介入、哪些客户需要自动化运营。

(3)服务策略体系的完整性问题。在传统经纪业务条线下,服务客户的方式较为传统粗放,即通过各自的业务经验筛选客户、针对全量客户无差别地提供服务或者举办营销活动,缺乏一个可以承载运营逻辑性的完整体系。营销运营人员安排活动时,应当明确了解自身所针对的客户类型,以及该类客户处于用户生命周期的哪一个步骤,这样才能不断印证策略的准确性,并在规划下一个运营活动时不断进行完善和改

进,使得营销运营工作处于一个完整的基于用户生命周期的服务体系之下。只有这样,运营或者营销才能有条不紊地进行,从而不断地优化完善整个服务体系的策略。

(4)线下营销方式缺乏全过程数据获取的途径,也缺乏有效的考核口径。通常在一个运营活动推出之后,运营方或者营销活动的管理者只关注整个活动的结果数据,既没有关注过程数据,也缺乏考核这个活动合理性的机制。

(二)案例介绍

基于此背景,长江证券搭建了一整套服务于线上线下的智能营销引擎,包括客户画像系统、推荐系统、智能运营中台、客户资源调度系统、员工评价和适配系统,以及员工展业辅助工具箱六大业务方案,解决在智能化运营的前提下,线上线下协同运营服务的问题。其主要方案内容如下:

1. 客户画像系统

对客户需求的识别和定义是智能化运营的基础,而对客户需求的准确识别和定义,需要对客户进行细颗粒度的画像,从各个维度描述客户的特征。因此,一个精准的客户画像系统,特别是对客户投资方面的画像分析,可以更深层次地识别客户的投资需求,为服务或产品适配打下基础。

2. 推荐系统

在客户画像的基础上,针对公司的产品、业务、工具和服务,搭建一套完整的适配模型体系,使任何产品和业务都能找到精准的客户群体;同时,推荐系统还解决了预测服务时机的问题,即在确认什么产品适配什么客户之外,还明确向客户推送这些产品的时机。推荐系统作为智能营销引擎的核心组件,整体解决在什么时机下推送什么产品给客户的问题。

3. 智能运营中台

根据客户生命周期、监管要求和推荐系统的服务时机预测功能,智能运营中台会根据规则把相关的服务输送到各个终端,包括"三端一微"、MOT、客服系统和员工终端,从而实现线上线下资源的融合协同以及客户服务感知的一致性。

4. 客户资源调度系统

证券公司的客户分为员工名下挂接经纪关系的客户以及分支机构存量无主客户。在对客户进行营销服务的过程中,不能持续对客户进行营销,以防引起客户的不满情绪;对于存量客户,也需要有相应的机制,将合适的客户分配给合适的员工进行服务。在这种情况下,客户资源调度系统解决了如何分配存量的客户问题,也能对所有客户的持续营销情况做出总体控制。

5. 员工评价和适配系统

在存量客户的分配过程中,需要解决哪些员工可以分配多少客户资源的问题。为了推出一个科学合理的分配方案，需要对员工进行深度的评价分析，在此基础上，分配合适的客户资源给对应的员工，实现客户资源最优化配置。

6. 员工展业辅助工具箱

针对员工名下的以及被分配的存量客户，员工需要营销辅助工具，如营销话术、客户画像、绩效展示等相关信息，以便大幅提升展业效率，从而更快更好地达成营销目的。

基于以上六大业务方案，长江证券搭建了智能营销引擎、线下智能分发体系和线上智能运营体系，并且把整套体系在该司内部进行了大规模实践，取得了丰硕的成果。在客户数量逐步增加而从业人员有限的情况下，行业需要一个能充分利用线上线下资源，并最大限度地为客户提供服务的智能营销服务方案。长江证券的实践为该问题的解决提供了一个可行的模式。

1. DMP 客户画像—标签体系搭建

所谓数字化营销，体系的核心必然是客户的分层分类研究，因此，在搭建画像系统时，主要围绕客户开户、权限、交易、营销服务、行为和外部数据，对客户进行 360°的指标描述。整合计算这些基础的底层数据会得到在做运营分析和建模时用到的指标数据，再进一步得到在营销服务时使用的标签数据。运营人员可以综合运用指标数据和标签数据来筛选客户，从而进行定向的营销服务。同时，DMP 平台能作为现有平台 BI、Report 等的数据来源，充分满足当前的数据运营需求，包括报表、大屏、BI 分析、分析报告等。

2. 营销服务策略体系搭建

服务是维护客户关系的桥梁，在分析客户的情况后需要进一步研究证券公司可以针对券商客户提供的服务，不仅可以为线下营销服务人员提供服务的依据和数据，同时可以为大量营销服务人员没有覆盖的无主存量客户提供专业的服务。因此，在对客户类型打上标签后，长江证券结合机器模型和专家规则库搭建了一套营销服务策略体系。此体系分为两个部分：一部分是推荐系统，另一部分是预测系统。推荐系统主要应用于结果的推测，也就是客户的偏好判断，而预测系统主要应用于整个服务过程中运营服务节点的判断。

3. 智能中台系统打通集成

前文提到长江证券搭建了各种系统，但是由于数据的不连贯性容易形成系统"孤岛"，反而造成了使用的不方便。因此，按照运营逻辑，将公司级画像系统和营销服务策略库构成一个内部的小闭环，以达到策略有出处、数据有返回、画像持续迭代的良性循环。

在大框架上，源数据层提供数据输出到 DMP 和营销服务策略库，通过自动或人工的推送平台触达员工和客户。一般而言,触达客户的是服务策略,触达员工的是营销手段。通过整体框架的构建、数仓数据集市的搭建,以及各系统间 API 接口对接的打通,长江证券基于数字化营销引擎打造统一的智能中台,将数据分析结果输出给各个终端。

(三)案例分析

基于以上营销引擎,长江证券将传统运营营销与引擎相结合,应用于各个场景之中。

1. 线下存量客户运营分发案例

一线营销人员是服务客户的重要通道,但其服务半径有限。一方面,营销人员重点服务中高价值客户,忽略低价值客户;另一方面,营销人员习惯于既有的客户认知,不容易敏捷应对客户的需求变化。在客户群体以及业务范围一定的情况下,如何把业务转化为收入,成为线下分支机构亟须解决的共同问题。

为提高一线营销人员的服务效率,支持其精准识别客户需求并进行个性化服务,2017 年第四季度,借助大数据的客户画像—标签系统,4 家试点营业部总资产 10 万元以下的存量客户得到了标准化分发。客群是否精准、转化率、成单时间成为此次营销活动的核心指标项。

活动对营销人员名下的客户进行两大处理:一是按照营销目的进行智能分组;二是对其 VIP 客户进行客户画像分析,以实现全方位服务。其中,智能分组包括增资产、两融、Level2、固收、权益、投顾等经纪业务内各个收入条线。营销人员在系统中可以查看客户的关键信息和其他辅助信息、相对应的营销话术、目标完成进度和营销机会预警等,并可随时勾选或添加客户的非结构化信息。

同时,针对营业部无经纪关系的客户,分支机构管理人员可以随时启动营销活动,根据营销人员的承接能力和特长,将合适的客户分配给合适的员工。管理人员可以在系统中看到分支机构营销活动的整体进展、表现优秀的员工和待改进的员工等信息,并根据实际情况对参与人员、营销任务等进行调整。经过 3 个月的营销活动,4 家试点分支机构目标客群的准确率均高于 60%,并且在资产引进、权益类产品或投顾工具产品的客户覆盖人数和产品销售额上,均有大幅提高。

2. 线上客户运营策略匹配案例

客户画像—标签系统和线上运营平台的建立,推动券商在实践中检验客户标签与运营策略是否匹配,并进行快速迭代,促进数据驱动运营、运营优化产品、产品转化客户,进而提高客户的黏性和忠诚度以及增厚客户价值。

券商精细化运营业务场景通常可分为终端(券商 App/官方微信/小程序)覆盖—开户—入金—交易/理财—客户留存/忠诚—分享传播几个环节。在此过程中,提高存量客户的终端覆盖率和活跃度、扩大新增客户、减少客户流失、促进客户交易转化成为客户运营中环环相扣的几大目标。其中,存量客户的 App 或官方微信覆盖率成为精细化客户运营的基础,是提高客户触达效率、节约运营成本的必要环节。

长江证券随后还开展了一次线上终端覆盖活动,活动目标是针对没有经纪关系的客户进行统一线上运营,提高互联网金融客户长江 e 号、官方微信的覆盖率,增强客户服务,提高服务的触达效率。

活动运营策略是基于客户标签——画像系统,将客户进行分类并推送,个性化服务在小范围样本测试及 A/BTest 对照分析中,不断更新迭代,找出不同策略中的最优内容。除了 A/BTest 对照分析外,还同步进行了与历史样本的对比分析。

同时,长江证券对活动效果进行了数据监控和分析,即对每次内容推送均建立完整的数据监控体系,记录推送人群、推送时间、推送频率、消息类型、内容及各大环节的转化数据,查看整体的数据转化情况,并通过数据观测活动节点漏斗,调整薄弱环节。通过对推送效果进行对比评估,固化最优的推送策略及最容易转化的客群特征。

3. 线上客户流失预警体系

客户流失一直是证券行业在服务营销中的痛点,特别是高净值客户的流失,会对公司造成很大的损失。然而,由于营销人员服务的客户数量增加,无法及时维护或者发现流失的客户,因此客户流失的预警需求显得极为重要。

客户的流失并不是客户销户离开,而是出于种种原因离开了证券市场或者在其他平台进行交易,其主要表现是资金转出、不再交易。虽然表现是一样的,但是客户离开的原因是多样的,有的可能是被其他竞争对手挖走、有的是因为家庭原因不得不撤出资金、有的是因为服务不及时等。因此,弄清楚客户流失的原因,及时对流失的客户进行挽留或者对即将流失的客户进行服务显得极为重要。

长江证券基于智能营销引擎中的客户画像系统,对公司客户进行各类标签化的处理,再基于流失客户的属性进行建模,构建长江证券客户流失预警系统,及时向营销人员发出客户流失预警,并给出客户特征,让员工及时对目标客户进行营销,减少客户流失所带来的损失。

案例思考题

长江证券的成功经验有哪些?

案例二:兴业证券客户应用大数据建设综合分析管理系统

(一)案例介绍

证券公司普遍希望能利用 IT 技术提升营销能力和客户服务能力。采用数据仓库和数据挖掘技术的商业智能(BI)系统,可以提高客户的综合管理水平,有效地为证券公司进行风险管理、绩效评估、盈利分析和客户关系管理等提供基础。基于商业智能技术，可以分析各种数据之间的关联，衡量各类客户的需求、忠诚度、满意度、盈利能力、潜在价值、信用度和风险度等指标，为证券公司识别不同的客户群体、确定目标市场、实施差异化服务的策略提供技术支持，并为经纪业务的决策分析提供准确一致的量化信息。

随着我国证券市场的日益规范和成熟，证券公司之间的竞争也日趋激烈。证券公司越来越注重对客户的有效服务，以及对营业部、经纪人的业绩管理，而现有的 IT 系统通常只是面向业务交易设计的，随着市场竞争的日益激烈，越来越不能满足证券公司的决策分析需求。为了提升证券公司的客户服务和精准营销的能力，兴业证券采用大数据技术提升自身客户综合分析管理系统能力。

（二）案例分析

案例分析主要侧重于分析兴业证券客户应用大数据建设综合分析和管理系统，通过对其大数据应用的过程以及状况进行分析，从而大致得出整个证券行业对大数据应用的普遍性方向以及相应的改善措施。通过具体问题的分析得出结论。这些问题的核心就是对客户及其服务人员的行为进行充分了解，为不同的客户群提供适当的、与他们的风险承受能力相适应的产品和服务，并根据客户的生命周期，制定不同的客户服务策略，提升客户的满意度和忠诚度，从而获得持续的、高增长的销售业务收入。

1. 数据来源分析

兴业证券构造大数据建设综合分析管理系统主要是进行数据仓库建设，首先是数据层面的整合，把各个业务系统的数据按照一定的规则进行整合（ETL），存储在数据仓库中，建立起以客户为中心的中央数据平台（EDW）。在此基础上，通过 Web、OLAP、数据挖掘等方式为企业提供各种符合实际需要的应用系统。数据来源主要是由源数据层、数据导入层、数据服务层、应用服务层和用户层五个主要层次构成：

（1）源数据层是数据仓库系统的基础，项目采集的数据来源主要包括柜台业务系统、客服系统、资讯系统、财务系统、存管系统和行情系统等与分析相关的各类数据。

（2）数据导入层是数据临时存放区，通过 ETL 调度工具将接收的数据表、文本文件以 FTP、Shell Scrips 等方式加载到临时存放区，然后通过 ETL 方式将数据传输至数据服务层。

（3）数据服务层是整个数据仓库系统的核心，项目根据业务主题的需要，将经过整合的、接近当前的、明细的操作数据保留在数据缓存区；在 EDW 层存储了近 8 年明细和汇总的历史数据；根据各应用数据集市的分析目标，建立面向应用分析的数据仓库，为各种分析提供数据支持。

（4）应用服务层提供的主要功能包括：建立数据集、数据分析、生成各种静态报表并以 Web 方式提供各种功能的查询分析。

(5)用户层根据需求的不同,分为普通用户、技术用户、高级管理用户三类。普通用户主要是访问一些固定的静态报表和简单的查询分析,以满足日常工作的需要;技术用户通过前端展现工具灵活,动态地生成一些即席查询报表,以满足业务部门临时的、迫切的需求;高级管理用户则注重于一些与经营状况有关的关键性指标的分析,以及对企业发展的一些预测挖掘模型分析内容。

具体的数据源主要可分为个人特征数据、资产数据和其他数据等。具体来说,个人特征数据主要由年龄、性别、职业、收入、工作区域、社会关系、个人爱好等构成;资产数据主要由个人定期存款、活期存款、信用贷款、抵押贷款等构成;其他数据主要由个人互联网行为数据、地理空间数据、交易数据、上市公司信息、股票市场信息等数据构成。

2. 管理途径传导示意图

兴业证券进行客户综合分析管理的平台门户主要是通过建立业务功能模块和领导指挥台,进行客户偏好分类和客户流失概率预估后,系统地进行客户分析、业绩分析、基金分析、绩效分析、竞争力分析、客户风险分析和监管报表系统建设等,以达成管理目标,见图 4—1。

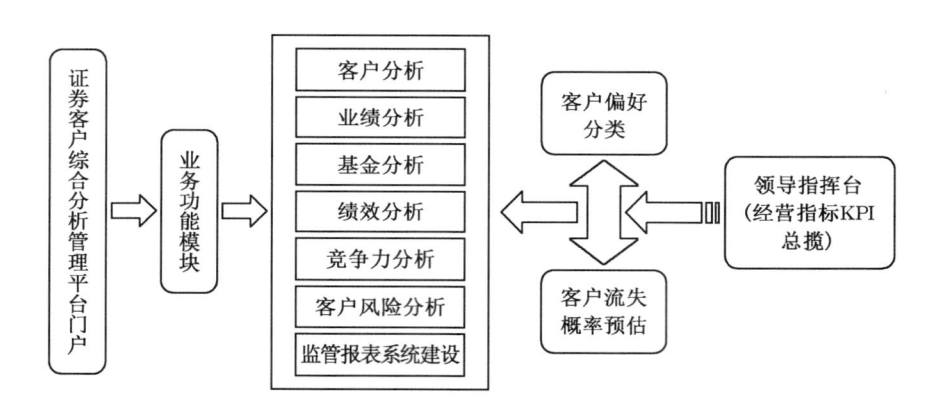

图 4—1 管理途径传导示意图

兴业证券针对自身所面临的环境,采用数据仓库和数据挖掘技术,自主研发了证券公司客户综合分析管理系统,其证券业务数据集市主要是由技术模块组成,例如客户风险分类、客户动态分类、动态指标体系、数据钻取、流程引擎、业务参数配置、技术参数配置、组织结构管理、用户信息管理和权限管理等构成,见图 4—2。

```
┌─────┐      ┌─────────────────────┐      ┌─────┐
│证   │      │客户风险分类│客户动态分类│      │技   │
│券业务│  ⇨  │动态指标体系│ 数据钻取 │  ⇦  │术   │
│数据集│      │ 流程引擎 │业务参数配置│      │模   │
│市   │      │技术参数配置│组织结构管理│      │块   │
│     │      │用户信息管理│ 权限管理 │      │     │
└─────┘      └─────────────────────┘      └─────┘
```

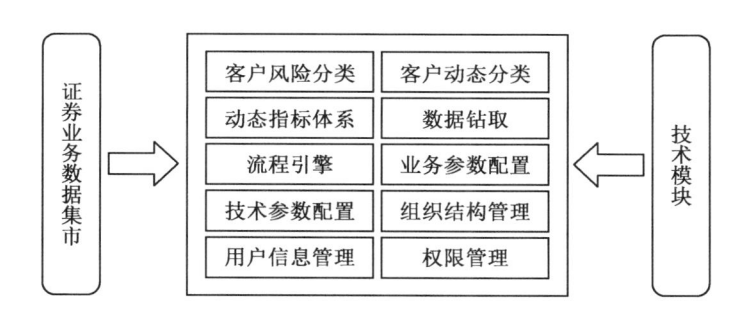

图 4—2　证券公司客户综合分析管理系统

3. 实现路径

从兴业证券客户综合分析管理系统的设计来看,开发者的主要方向初期应放在构建可以进行安全控制的数据管理系统;然后通过控制系统,对证券市场平台门户的领导指挥台进行操控去获得客户的各项数据,进而加以分析并得出相关的各项指标和评价结论,给出分析结果;最后对证券业务数据集市进行技术模块分析,通过分析得到一系列指标和结论,加以整合后得到证券公司客户管理控制系统的最优实现。

在系统设计上,主要把握管理系统的先进性、安全性、易操作性、稳定性、高效性和可拓展性等方面优势。先进性就是采用先进的软件体系结构和技术标准,具有很好的可维护性和可移植性;安全性就是在系统各个环节,如客户端、数据传输、网络安全、服务端防护、系统备份、操作留痕等多个层面建立安全策略;易操作性是指客户端界面设计充分考虑人体结构特征及视觉特征,进行优化设计,界面友好、美观,易学习、易操作;稳定性是指系统具备较强的容错能力,来保证系统运行的可靠性;高效性是要求系统有较强的操作平台、实现架构、网络环境、数据传输等方面的适应;可扩展性是指其具有科学合理的体系结构,根本上保证系统的可扩展性。系统在服务器端和客户端都保留方便的扩展接口,充分支持新业务的展开。根据业务需求和分析主题的特征性差异,主要对客户的基本情况、机构客户业绩、经纪人行为、稽核审计、提供各类报表、提供数据支持、进行数据挖掘等进行分析,得出客户投资偏好细分模型和客户流失概率预估模型。利用模型得出相关数据支持,通过分析得出结论。

4. 应用效果

客户流失预警模型在数据挖掘中是一个有监督的分类模型,使用在训练过程中获得的信息,通常构建分类模型主要有三个步骤:指定训练模式下的挖掘数据源;选择其他数据源进行测试和结果分析;并在测试过程中验证这些信息,将未分类的输入数据进行分类。比较常用的分类方法如 Logistic 回归、决策树和神经网络,它们在建立分类预测模型中各具优势。如 Logistic 回归具有结果易于解释、模型易于部署的优点,但不能有效处理非线性和变量间的交互作用;决策树也易于解释和部署,但在一般精度上不如 Logistic 回归;而神经网络精度高,能处理变量间非线性关系,尝试了上述不同的方法和技术后,最终采用决策树与 Logistic 回归中的逐步回归两种方法相结合的方法选择建模变量,然后使用逻辑回归的方式建立最终模型。在实际使用中,项目组也可以将流失发生比或流失概率通过某种线性变换转换成分数,可以根据客户的得分情况判断客户是否流失。Logistic 回归模型具有预测稳定性高、结果易于解释、模型易于部署等优点;同时,它预测精度也往往比决策树和神经网络高。在数据挖掘过程中,Logistic 回归中的 Stepwise、Forword 和 Backward 的逐步回归可用于变量选择。

兴业证券通过大数据分析系统,数据加载速度明显提升,100 万行数据入库仅需 6～7 秒,10GB 的数据加载和导出也可以在 5 分钟内完成。同时,数据处理和查询的效率显著提升,目前每天的数据处理时间基本控制在 2 小时内。对于日常简单查询,在 50 条并发查询的情况下可以实现 1 秒内完成。对于长时间跨度、多条件的复杂查询,也能在 5 秒内完成。

案例思考题

1. 兴业证券如何应用大数据建设综合分析管理系统?
2. 具体分析兴业证券以及普遍的证券行业如何运用大数据进行精确的客户业务需求分类、深入了解客户信息、客户风险偏好、商业机会挖掘和业务风险的及时甄别与化解等方面问题。

本章小结

本章首先讲述了大数据应用于证券业的背景、大数据技术在我国证券业的应用历程以及为证券业带来的新机遇。其次,详细描述了大数据在证券业的应用,其中包括应用现状、大数据在证券业的六大主要应用以及大数据助推证券业的转型和发展。在此基础上,讲述大数据在证券行业应用中存在的问题和政策建议,并对大数据在我国证券业应用中未来可能的发展进行展望。最后,通过案例分析,让我们更好地理解大数据技术对证券业的影响。

思考题

1. 简述大数据如何助推证券业的转型和发展。
2. 简述大数据在证券行业应用中存在的挑战。
3. 简述我国未来证券业的发展方向。

第五章　大数据与第三方支付

第一节　第三方支付概述

一、第三方支付的定义

第三方支付是指具备一定实力和信誉保障的独立机构,通过与银联或网联对接而促成交易双方进行交易的网络支付模式。第三方是买卖双方在缺乏信用保障或法律支持情况下的资金支付"中间平台",买方将货款付给买卖双方之外的第三方,第三方提供安全交易服务,其运作实质是在收付款人之间设立中间过渡账户,使汇转款项实现可控性停顿,只有双方意见达成一致才能决定资金去向。第三方担当中介保管及监督的职能,并不承担什么风险,所以确切地说,这是一种支付托管行为,通过支付托管实现支付保证。

二、第三方支付的发展历程

(一)网关支付阶段(1998—2002年)

网关支付阶段的代表性事件有:电子商务工程在1998年确定启动,首都电子商城成为网上交易与支付中介的示范平台,首信易作为第一家第三方支付机构在1999年问世,并且在网管整合方面做出突破。这一阶段的信息系统和运营风险较小,并没有引起监管部门的注意。

(二)信用中介阶段(2003—2007年)

信用中介阶段的代表性事件有:阿里巴巴在2004年推出支付宝,打造了具有集信用中介功能为一体的虚拟账户,创建崭新的信用中介规模。这一阶段第三方电子支付服务领域出现正规法规。

(三)行业支付阶段(2008—2009年)

行业支付阶段的代表性事件有:第三方支付机构涉猎航空业和保险业,逐步渗透全面综合电子支付服务行业。这一阶段的第三方支付带有支付清算服务的特性,兼具部分融资特性,还包含信用中介服务功能。国家开始考虑将第三方支付的监管纳入支付体系中,第三方电子支付的管理正在规范化。

(四)规范与监管阶段(2010 年至今)

规范与监管阶段的代表性事件有:2010 年 6 月,中国人民银行颁布《非金融机构支付服务管理办法》,将第三方支付机构纳入央行支付监管领域;2021 年 1 月,中国人民银行对外发布《非银行支付机构条例(征求意见稿)》,对支付服务重新定义,强化了在支付行业适用反垄断法的相关措施与规定。

三、第三方支付的特点

(一)伴随着电子商务的产生而产生

传统银行的结算模式已经无法满足互联网销售模式的业务需要,互联网销售平台的发展需要大量的第三方支付机构。1996 年,第三方支付诞生于美国,是伴随着电子商务的产生而产生的。随着第一家第三方支付机构的产生,大量的第三方机构迅速问世。其中,以 PayPal 最为耀眼,它的发展历程是北美第三方支付市场发展的缩影。在我国,随着淘宝、京东、唯品会、苏宁易购等互联网销售平台的出现与发展,相继出现了 50 家第三方支付公司。

(二)具有广阔的发展前景

第三方支付相对于传统银行的结算方式,更加方便、快捷、灵活,更具信誉保障。第三方支付虽然在发展初期出现过一些问题,比如被欺诈的风险,但是随着第三方支付市场逐渐规范化、普及化和规模化,当前已经具备一定的实力和信誉保障。例如,微信支付、支付宝支付等新兴的第三方支付平台已经涵盖生活的方方面面,被广大用户接受和认可,具有广阔的市场需求前景。

(三)支付形式灵活多样

收款二维码、微信红包、指纹支付、人脸识别支付等新的支付方式是对现存的移动支付、数字电视支付、固话支付、点卡支付、预付卡支付以及城市支付服务的极大补充,众多的支付方式充分满足了人们的消费需要。为应对形式多样的网络销售模式,第三方支付不断更新换代,除了原有的中介功能外,支付清算与融资功能也应运而生,第三方支付已经集网上支付、充值卡支付、电话支付、代收代付和电子支付等功能于一身。

(四)商业信用中介保障功能

互联网销售平台采用第三方支付结算方式,同时保障了商家和消费者的利益。第三方支付降低了卖家欺诈行为出现的概率,也规避了买家拒付款的行为。在第三方支付模式中,买方选购商品后,使用第三方平台提供的账户进行货款支付(支付给第三方),并由第三方通知卖家货款到账、要求发货;买方收到货物、检验货物并且进行确认后,通知第三方付款;第三方再将款项转至卖家账户。

四、我国第三方支付的现状

(一)政策环境

相比国外互联网金融的发展,我国第三方支付起步较晚。"十三五"规划针对整个支付环境以及信用机制的建设,提出了相应的政策。2013年,明确提出把第三方支付创新作为具体的工作,针对第三方支付的跨境发展和业务范围的发展提出了相应的建议。相关法律也在不断完善,《支付机构互联网支付业务管理办法》《支付机构预付卡业务管理办法》的出台,为第三方支付创造了良好的政策环境。国家在政策层面支持第三方支付发展的同时,也在加强对第三方支付的监管,促进其良性发展。2013年,监管层建立了支付机构客户备付金存管的基本框架。2015年底,监管层开始对备付金存管活动及支付机构业务连接系统出具规范意见,宣布将逐步取消备付金账户计付利息,并且非银行支付机构不得连接多家银行系统。2016年8月,央行明确表态称,一段时期内原则上不再批准新的第三方支付机构。2017年,网联成立;同年12月,银行、非银行支付机构间不得相互开放和转换支付业务系统接口。2018年1月,支付机构客户备付金集中缴存比例提高到50%左右;同年6月30日起,支付机构受理的涉及银行账户的网络支付业务全部通过网联平台处理。2019年1月14日,备付金实现100%缴存。

(二)行业环境

1. 发展规模不断扩大

第三方支付平台产业的发展规模正在不断扩大,市场主体多,无序竞争时代终结,开启了精细化竞争。截至2015年底,全国共有270家企业获得支付业务许可证,主要分布在东部沿海经济较为发达的省份。由于平台间激烈的竞争以及监管方取缔不合规的平台,市场上拥有正式牌照的支付平台到2018年下降为238家。央行官网数据显示,截至2019年4月底,市面上剩余237家持牌支付机构正常运营,共拥有523张支付牌照。根据2020年《互联网周刊》和eNet研究院的研究数据,支付宝、财付通、银联商务、平安付等在第三方支付牌照公司中处于国内领先地位。

2. 支付业务高速增长

第三方支付业务高速增长,PC端支付占总体比率不断扩大。2019年第四季度,中国第三方移动支付交易规模约为59.8万亿元,同比增长13.4%。其中,支付宝占比过半,市场份额达55.1%;其次是财付通,占比为38.9%。

3. 央行停止审批新的牌照

自2015年下半年起,央行停止审批发放新的支付牌照,加之原有的牌照因违规被吊销,导致支付牌照的收购价格越来越高。互联网支付牌照的市场价格为 4 亿～5 亿元人民币,互联网支付＋移动支付两项经营业务牌照超过 6 亿元,拥有互联网支付＋移动支付＋银行卡收单三项业务资质的牌照超过 10 亿元。

(三)市场规模

自 2016 年以来,我国对第三方支付行业的监管政策趋严,加之支付宝和腾讯金融在账户侧渗透趋向饱和,第三方支付交易增长态势有所放缓,但用户规模和交易规模依旧保持扩张状态。

2013—2019 年,我国第三方支付综合支付市场交易规模逐年增长,2019 年达到 250 万亿元,与 2018 年相比增长了 20.2%。根据 CNNIC 于 2020 年 9 月发布的统计数据,截至 2020 年 6 月,我国网络支付用户规模达 8.05 亿,较 2020 年 3 月增长了 3 702 万,占网民整体的 85.7%;我国移动支付用户规模达 8.02 亿,较 2020 年 3 月增长了 3 664 万,占手机网民的 86.0%。

五、我国第三方支付的发展趋势

我国第三方支付呈现形式多样化、监管规范化、品牌优势等发展趋势。

(一)形式多样化

多样化的支付形式相互补充、共同发展。现有的第三方支付形式包括指纹支付、密码支付、二维码支付和人脸识别支付等。目前,人脸识别支付虽然在数据安全、场景搭建等方面还存在需要攻克的难题,但人脸识别系统已经被应用于各个领域,包括司法、税务、政务、商业消费等,将成为未来支付技术的主流。例如,蚂蚁金服的人脸识别支付系统已在北京落地应用,接入多家门店,包括家乐福、天虹超市等;银联也在北京、上海、广州的多家商店、服务网点、政务服务单位推出人脸识别支付服务。

(二)监管规范化

1. 监管体系

第三方支付监管规范化的前提是相关法律法规的完善。应设立单位内部监管的统一部门,搭建政府监管、行业自律监管和单位内部监管三位一体的第三方支付监管体系。

目前,第三方支付的监管部门是中国人民银行,行业自律监管机构是国家支付清算协会,中国人民银行对第三方支付的监管职责包括全面监管支付市场的有序运行、制定相关法规、规范市场的准入门槛、制定第三方支付行业标准等。行业自律组织负责行业的规则制定以及行业的自我监管。除了行业协会,目前还有行业主管部门的监管,行业主管部门的监管职责是指导第三方支付行业的发展。主管部门下设的支付结算机构承担着拟订支付结算政策、制定结算规则、制定行业发展规划、推进支付工具的创新等行业监管职能,是直接主管第三方支付行业的部门。

2. 监管措施

对第三方支付机构的监管措施分为日常监督和不定期现场检查。日常监督措施主要包括备付金制度、可以交易及时报告制度、委托具有相关资质的第三方独立机构对支付机构业务系统进行年度检查等;不定期现场检查主要包括对支付机构的备付金管理、业务运营合规、风险控制、内控制度执行、反洗钱工作等多方面进行综合检查。

我国国家支付清算协会是第三方支付行业唯一的自律组织,以实现会员单位共赢为宗旨,督促会员单位遵章守法,特别是要遵守各项金融方针政策。敦促会员单位遵守社会道德规范要求,维护支付清算服务秩序,推动第三方支付市场的良性竞争,保护会员单位的合法权益,防范第三方支付系统的清算风险。

(三)品牌优势

大品牌的第三方支付平台在零售领域的业务竞争优势明显,有雄厚的客户资源,自有资金充足,具有较强的业务拓展能力,比如财付通、支付宝等。头部收单机构是通过代理商获得客户资源,其利润被摊薄,促使其拓展直销模式,以直销模式获得更多的客户资源。采用合作资源模式的支付机构同样具有很强的竞争优势,具有良好的客户拓展能力。资金基础较差的中小型第三方支付机构需要寻求其他拓展基础服务,也急需寻求扩大市场份额的路径。

综上所述,新的第三方支付不断更新换代,充分保障资金的安全,为商家和消费者提供更方便快捷的服务。随着时间的推移,第三方支付业务大步向完全替代迈进,特定行业、特定领域将完全占据整个商业银行的服务市场。

第二节 中国国内的第三方支付产品

一、支付宝结算平台

(一)支付宝概述

支付宝(中国)网络技术有限公司是领先的、独立的网上第三方支付平台,致力于提供"简单、安全、快速"的支付解决方案。支付宝公司成立于2004年,始终以"信任"为核心的产品和服务。旗下有"支付宝""支付宝钱包"两个独立品牌,自2014年第二季度开始成为当今全球最大的移动支付厂商。

1. 客户群规模庞大

支付宝提出了"建立信任,化繁为简,以技术创新带动信用体系完善"的理念。截至2020年6月30日,12个月期间通过支付宝平台完成的总支付交易规模达到118

万亿元，完成的国际总支付交易规模达到 6 219 亿元。支付宝 App 服务超过 10 亿用户和超过 8 000 万商家。

2. 与合作伙伴共享支付资源

支付宝产品设计技术创新，独特的设计理念和用户规模，吸引了越来越多的企业与之合作。支付宝与国内外 180 多家银行以及 Visa、MasterCard 国际组织等机构建立了战略合作关系，成为金融机构在电子支付领域最为信任的合作伙伴。2020 年 2 月，尼泊尔央行向支付宝颁发牌照。

(二)支付宝的主要特点

(1)使用买家收到货满意后卖家才能收到钱的支付规则，保证整个交易过程的顺利完成；

(2)支付宝与国内外主要银行都建立了合作关系，只要有一张银行卡，就可以顺利地利用支付宝实现支付；

(3)支付宝可以把商品信息发布到各个网站、论坛等，以便能找到更多的买家，还可以把支付宝添加到自己的网站之中，提升用户体验；

(4)界面条理清晰可见，产品中心、交易管理、账户信息三者功能各异，分工明确。

二、快钱结算平台

(一)快钱简介

快钱是国内领先的独立的在线第三方电子支付平台之一，其核心是为各类企业及个人提供安全、便捷和高度保密的电子支付服务。目前，快钱是支付产品最丰富、覆盖范围最广的电子支付公司。引进支付的产品系列包括人民币支付、银行卡支付、神州行卡支付、联通卡支付、VPOS 支付等，并且该平台只支持多模终端。

(二)快钱运行模式及特点

(1)快钱电子支付平台是开放的，不受任何拘束，现场刷卡无需注册，用户可以根据自身需求决定是否注册。

(2)快钱的支付类型众多，不同应用采用的方式不同，如手机代收、预付费卡、送货上门等。特指的银行卡不是快钱的单一形式，它是把各项电子支付业务都体现在快钱的支付形式上。

(3)快钱提供的是集成服务，必须依附某些交易。快钱把支付需求转化成应用，与产品有效地结合在一起，比如 B2B、C2C、B2C 等业务。

(4)快钱的独到之处是体现银行卡本身的网关业务，比例占到 90% 以上。

(5)快钱具有完善的内部管理系统、交易监控系统，配有专业团队对交易行为进行风险管理。

(三)快钱第三方支付市场发展趋势

第三方支付平台与银行之间建立的关系是独立的、相辅相成的。快钱为各类型电子商务网站及个人用户提供全面、安全、便捷、经济的服务,这种方式正在成为电子商务时代在线支付的主导方式。

商家提供的电子产品和支付服务重叠度较高,在这种市场环境下,快钱独特的市场定位得以体现,兼顾电子支付业务完整性和用户信息公正性,快钱的服务面向所有的应用程序和商户,与合作客户之间不会产生业务竞争关系。

三、财付通结算平台

(一)财付通概述

财付通是腾讯公司于 2005 年 9 月正式推出的在线支付平台,其核心业务是帮助在互联网上进行交易的双方完成支付和收款,致力于为互联网用户和企业提供安全、便捷、专业的在线支付服务。财付通的市场规模仅次于支付宝,位居第二。

(二)财付通的特点

(1)一站式链接。链接国内数家商业银行和金融机构,保证银行、地区提供跨区域的实时支付服务。

(2)银行参与范围面广。兼容许多不同类型、由商业银行发行的属于国内总产量范围内的卡。

(3)资金清算方式便捷迅速。每日打好提前量,为商户及时结算前一天发生的业务清算交易。

(4)交易成交率高。单方面的账户处理技术为 99.99% 的支付交易成功率的独有特性。

(5)个性化服务特点突出。面对各异的业务服务模式,具体问题具体设计方案,使其特点适用电子支付业务的开展。

(6)安装方式简洁。使用支付业务链接插件,安装及开发安全便捷。

(7)财务之间的对账方式便捷。发生财务对账时,商户可自定义查询并能够出示业务发生交易明细及对账报表,为客商提供便捷的金融服务。

(8)支付系统安全性和可靠性。发生支付交易业务,系统进行交易备份,备有 128 位加密。

(三)财付通的优势

(1)财付通账户和持卡人账户二者之间相互独立、相互牵制,可有效避免支付账户被盗风险。

(2)运用财付通账户进行交易支付时,不会透露与消费者相关的各类信息。

(3) 中介的目的是让消费者安心进行网上支付的消费，保障买卖双方之间的利益安全。

(4) 财付通账户是腾讯账户的一种，可用于腾讯各类业务之间发生的付款行为，依托于 QQ 和 E-mail，与银行网关不产生任何关联，运用支付密码就可完成支付行为。

(5) 财付通客户发生的支付行为除在网页上进行操作以外，运用手机也可以使用财付通完成支付。

第三节　大数据技术在第三方支付行业的应用

一、第三方支付领域大数据技术的主要应用

(一) 消费环节的应用

大数据分析结论显示，单笔消费金额越大，男性消费者所占的比例就越高。通过对消费区域进行分类，可以对消费数额大的城市予以综合性排名和比较，分析出不同区域的消费特点，如上海近几年在移动支付领域和大额消费领域名列前茅。通过对各个年龄段的消费人群进行分类，可以比较分析出他们在消费金额、支付方式方面的偏好。大数据分析发现，80 后消费者在移动支付领域占据主体地位，占比达 30%。另外，还可以对不同星座的消费者进行分析归类，比较他们在消费习惯方面的差异。

(二) 信息安全的应用

随着近年来网络支付的蓬勃发展，关于网络欺诈、支付陷阱的案例也越来越多，根据第三方支付大数据 2015 年度分析报告，有 1/8 的网络用户遭遇过网络欺诈，其中损失 2 000 元以上的消费者约占 20%，而损失低于 500 元的则超过了 50%。小额欺诈占据主流，这也加大了经济类案件的侦查难度和成本。

(三) 定价环节的应用

企业利用支付数据区别不同支付能力的消费者，有针对性地生产不同价格的产品。例如，手机生产商在进行产品研发、产品生产时，通过调整产品功能生产不同价格区间的产品，供用户根据功能和价格的差异进行选择，从而满足消费者的不同需求。

(四) 征信数据的应用

当前的腾讯财付通和淘宝网等第三方支付平台均开通了信用支付功能，无须用户提前绑定银行卡或登录网银，由支付平台通过实名认证和个人消费信用数据分析，授予用户一定的信用额度用于提前消费。此外，还可以根据信用数据自动设置免息期和最后还款日。利用支付大数据建立的征信不同于传统的央行征信，其征信数据来源于

各个互联网支付平台,大数据征信体系建设又反过来服务于支付。

二、第三方支付领域大数据技术应用的路径选择

第三方支付平台通过大数据应用,建立相应的信用评级模型,提示投资风险,成为互联网金融可持续发展的重要衡量指标。支付的多元化发展使得大数据的采集成本增加,科学选择大数据技术的应用路径,促使第三方支付可持续发展。

(一)建立完整运行机制,规范数据建设标准

没有标准就没有系统。应建立统一的大数据建设标准,定义数据边界和数据采集权限,为实现各支付平台的网络互联、资源共享以及数据安全奠定基础。第三方支付大数据建设须有序推进,做好顶层设计,完善法治建设,以促进支付各个环节的正规有序发展。参考银行应对机制来处理休眠账户信息问题,建立定期公布制度,或者添加账户第二联系人信息。除此之外,还应建立公开查询制度。第三方支付账户一般都与银行卡联通,在实名制下,休眠账户对应具体的人,第三方支付机构应该允许并且支持户主亲友凭借相关手续进行查询。

(二)搭建多层数据平台,降低数据安全风险

针对第三方支付机构独立建立大数据存储、各自为政的问题,应在第三方支付平台数据库建设的基础上,由公信力强的国家部委牵头,通过数据集成,建立多层级的大数据共享平台,实现各级各类支付大数据共享、资源利用最大化。多层级的大数据共享平台应该是稳固的金字塔式结构,最底层为第三方支付机构的账户及交易信息,私密性最强、共享程度最低、安全防护程度最高。而顶层大数据平台则是联合了第三方支付机构经过统计分析、模型预测出来的价值数据,具备了覆盖面最大、代表性最强、开放及共享程度最高等特点。

(三)培养专业管理队伍,加强数据质量监管

大数据技术涵盖了数据库管理、数据挖掘、数据分析、数据架构等众多专业,第三方支付平台的大数据应用需要依赖专业工程师来完成各个环节的建设工作,因此,培养一批技术过硬、善于监管、敢于指挥的大数据建设专业人才队伍势在必行。第三方支付大数据的价值密度低,必须由专业人员进行深度挖掘,提取价值数据,牢牢把控支付大数据的质量水平。另外,还需培养一批专业的数据监管人员,对第三方支付大数据的质量、流程以及安全风险进行全方位监控。

三、第三方支付平台的盈利模式

(一)传统盈利模式

当前国内第三方支付业务的盈利模式主要有以下四种:

1. 收单费用

收单费用对于国内平台虽然有限,却是比较成熟的收入模式,这种模式是国内平台发展的基础。一是利用商户向平台支付的手续费与平台向银行支付手续费的费率之差,平台很容易获利,每笔交易的费率差为 0.08%～0.22%;二是可以在消费者转账支付时收取手续费。但是,这种模式有很强的局限性:一方面,这种模式的收入有限;另一方面,在市场经济的环境下,支付业务的可替代性较强,交易成本的持续存在会极大地降低平台的竞争优势。

2. 沉淀资金利息

沉淀资金主要包括两个部分:一部分是由于担保信用的存在,在平台上,一般是只有在买卖双方都确认交易可以完成的时候,资金才会完成支付,因此在交易过程中,用于交易额的资金会滞留在平台上一段时间。另一部分是出于对便捷化支付的需求,用户会在平台上预留一部分资金以供及时使用。2011 年 11 月 4 日,央行发布了《支付机构客户备付金存管暂行办法(征求意见稿)》。其中,央行对沉淀资金的存管做出了明确要求,支付机构须在备付金银行开立备付金收付账户和汇缴账户,禁止第三方机构使用存储在银行专用账户中的沉淀资金,促使第三方支付机构规范其内部资金管理。当前,针对第二部分沉淀资金,许多平台与基金等金融机构进行合作,例如支付宝与天弘基金合作推出的余额宝,极大地提高了用户的使用黏性,但这并不会为平台带来直接的盈利。

3. 预付卡业务

预付卡业务是平台根据客户的需求发卡。客户购买预付卡,发卡机构为商家提供代收、代付服务,在其中收取手续费或佣金。平台的直接收入有四种方式:(1)预收费余额用产生的利息;(2)由于当前央行对这一方面暂时没有规定,所以平台可以使用这部分资金从事获利行为;(3)为商户服务而收取的佣金或手续费;(4)发卡时收取的押金等残值可能性收入。网络购物热潮的出现,使得平台利用这一契机发行预售卡更加可行。但是,当前平台发售的预付卡占国内预付卡总发行量的比例还比较小,占比不超过 20%,因此利用发行预付卡这种模式来盈利优势尚未凸显。

4. 平台费用

接入第三方支付平台的商家需要缴纳一定的平台费,但是市场总是在朝着减少交易成本的方向发展,并且是一个不可逆的过程。收取平台费看似理想、合适,但随着竞争日渐加剧,平台费将不会持续存在。

(二)大数据时代第三方支付平台盈利模式的创新

传统盈利模式对平台的吸引力逐渐减弱,固守传统的盈利模式势必陷入市场竞争的"红海"。第三方平台应借助大数据时代到来的东风,及时调整盈利重心,加强数据挖掘、处理与分析的能力，在以下两个方面将存在获利的可能。

1. 数据交易

截至 2020 年 3 月，我国网络支付用户规模达 7.68 亿，较 2018 年底增长 1.68 亿，占网民整体的 85.0%；手机网络支付用户规模达 7.65 亿，较 2018 年底增长 1.82%。平台掌握了巨大的交易数据，这些数据对商家来说是相当有价值的。平台可以与先进的数据挖掘、处理与分析的企业合作，根据商家的不同需求向其提供数据。

2. 征信系统的建设

虽然平台的出现大大提升了线上交易的信用水平，但是当前国内仍缺少一套完整的征信体系来为更广泛的交易提供支持。作为交易的中介方，平台掌握交易双方的交易情况，履约或者违约的行为在平台上一目了然。平台可以借此优势广泛征集并按标准收集、处理、分析交易双方的信用情况，形成网络征信系统。信用经济时代，无论是银行还是国内 P2P 贷款企业，无论是线上交易还是线下交易，信用信息都是至关重要的。

第四节　第三方支付带来的影响及发展策略

一、积极影响

(一)推动银行业的发展

我国银行业的发展长期以来是以存贷款为主，发展较为缓慢。第三方支付的出现，对银行来说既是机遇又是挑战。第三方支付平台以银行为基础，发挥中介的作用，它的广泛使用给银行带来了巨大的现金流。第三方支付与银行签订合约，降低了银行在互联网平台方面开发的费用，同时产生了增值服务，从而实现双赢。

(二)给人民生活带来极大的便利

广泛使用的第三方支付平台，基本实现了社会的无货币化。无论是购物还是其他资金交易活动，只要扫一下二维码，点击"转账"即可完成。第三方支付平台与众多银行均有联系，用户无需下载每家银行的软件，极大地简化了交易过程。

(三)提高居民消费水平

第三方支付的出现，简化了借贷过程，刺激了居民消费。在移动互联网时代，用户更加注重使用体验，大额消费比重和新型服务性消费比重均有所提升，而第三方支付是用户获取商品服务的重要来源之一。

二、存在的弊端

(一)对服务的主体定位不明

我国目前对第三方支付机构的定位是中介机构,但第三方支付机构实际上所涉及的范围远远超过了所谓的支付中介。第三方支付机构行使银行业专营的支付结算功能,经营信用支付业务,而非简单的中介服务。因此,由于定位的模糊,我国央行也缺乏对第三方支付机构的相关约束和规范,这极不利于社会的整体利益和公民的个人利益。与此同时,对第三方支付机构的定位不明也导致机构监管者的缺位,工商管理部门将第三方支付机构当作一般经营企业进行管理。但第三方支付机构行使的信用担保结算职能,涉及众多客户的私密信息,而且在短时间内占有大量金额,缺乏必要的监管者将导致竞争市场的混乱,威胁消费者权益。

(二)信用风险

我国已经进入社会主义现代化建设的关键阶段,经济社会发展和全面建成小康社会的目标,都对社会信用体系建设提出了新的更高的要求。社会信用体系是完善社会主义市场经济体制基础的根本保障,建立和完善信用信息共享机制,以信用服务市场、以信用培育和拉动市场,使之公平竞争,也是第三方支付的一个重要途径。而所有的金融活动都必然存在信用风险,任何一项新生的金融结算活动,其信用保障情况就显得至关重要。如果不能提供强大的信用保障作为基础,那么这一金融结算活动必将面临夭折的风险。第三方支付也必须要有强大的信用保障支撑,只有始终坚持讲诚信、守信用的原则,在发展中不断得到公众的认可,第三方支付才能健康持续地发展。当前,个别商家和第三方支付平台,对信息的真实性、交易的合法性等相关内容审核不够严格,数据信息保管不完善,造成资金流向监管困难,给了一些不法分子利用这些漏洞实施犯罪活动以可乘之机,也在很大程度上损害了第三方支付平台的信用。面对资金失窃、客户信息泄漏等问题,我们必须要全面加强信息化数据的管理,加快构建安全有效的社会信用体系,加强个人信用体系建设,通过实名制和区块链技术来保障信息安全,杜绝风险,这是实现我国第三方支付市场平稳发展的重中之重。

(三)各机构之间存在恶性竞争

第三方支付的快速发展使得各机构呈现同质化的特征,无论大小机构,业务基本类似,这就导致各机构之间为了争夺客户而恶性竞争。通过对价格的一降再降、向客户的谈判妥协、减免手续费等来吸引客户,这不利于整个行业的发展。

(四)洗钱风险

我国第三方支付机构的客户身份验证系统还处于建立初期,识别机制和措施还不是很健全,对客户资料的审核手续尚不完善。在整个第三方支付平台上,只要登记姓名、证件、联系地址等即可开设账号,没有建立与公安户籍系统的联网比对,缺乏严密的审核手续,对资料的真实性要求较低。这给了一些不法分子以可乘之机,给洗钱提供了便利。我国的第三方支付平台虽然不是金融机构,但它具备了资金归集、储蓄、设立基金等多项功能,很容易成为不法分子进行有组织犯罪和洗钱犯罪的金融工具。同时,第三方支付方式已经在全球得以应用,互联网平台也为非法资金的转移提供了可能。在第三方支付的过程中,消费者在没有收到货物之前就将款项转移到了第三方支付机构,由于商家在消费者确认收货前是拿不到货款的,因此不同的消费者的结算周期也不同,导致了第三方支付平台上结存了大量的消费者备付金,这部分资金也很容易被第三方支付机构挪用和转移,从中牟取暴利。甚至第三方支付机构可以凭借庞大的闲置资金实力,直接参与洗钱犯罪活动。第三方支付机构超范围的活动,给资金带来了巨大的风险。

(五)网络安全问题

第三方支付对互联网的依赖性极大,一旦网络突然崩溃、手机电脑硬件损坏、系统遭遇病毒,或是网络被黑客入侵导致交易被意外中断,此时便毫无办法,只能看着钱从我们手里"溜走"。

(六)公民自身的风险意识

由于第三方支付的复杂性以及个人风险防范意识不强,侵权犯罪行为也呈现多样化,主要可分为五类:侵犯第三方支付账户余额、侵犯第三方支付账户约束的银行卡资金、侵犯第三方支付所关联信贷资金、侵犯第三方支付所关联理财产品以及注册第三方支付账号并绑定银行卡非法取财。而就实际情况看来,这五类情况的共同点就是受害人将自己的手机和银行卡借给他人,或是将自己的身份证号或重要密码告诉所谓的"朋友",缺乏基本的风险防范意识。

(七)市场运行问题

第三方支付市场是新时代作用下的集合,但它并不完善。

(1)第三方支付机构的市场准入门槛很低,容易造成市场上良莠不齐的局面,并且退出机制也不完善,造成许多第三方支付机构即使达不到营业标准也依旧活跃在市场上,对商家和消费者的利益产生不利影响。

(2)对客户和第三方支付机构的协议缺乏必要约束,在交易过程中,商家和消费者相对于第三方支付机构处于劣势地位,如果交易过程出现问题,消费者和商家就会非常被动,很难获得补偿。

(3)第三方支付机构的商业模式没有明确规定,如果第三方支付的中介收入不能弥补其成本,或者无法达到预期收益,那么第三方支付机构是否会动用客户的交易资金,或者开展其他高风险业务,对客户的资金安全构成威胁。

三、有关第三方支付问题的建议

(一)明确第三方支付机构的定位

对第三方支付机构进行明确定位,不是所谓的中介机构;相反,它是一个提供支付清算服务的非银行机构,所提供的服务是银行业务的延伸,对第三方支付机构的规范和监督标准都应该向银行看齐,确保消费者和商家交易资金的安全。此外,对第三方支付市场的准入标准应有所提高,打破良莠不齐的尴尬局面,将机会更多地留给有质量、讲诚信的第三方支付机构。

(二)规范交易过程

对消费者和商家在第三方服务下的交易过程进行规范,明确交易双方以及第三方支付机构的权利和义务,改变消费者和商家的劣势地位,并且对交易过程中可能出现的问题进行事先的详细说明,避免在问题产生后消费者、商家和第三方支付机构三方之间职责不清。

(三)健全征信体系,建立资金管理机制

国家要着手健全第三方支付征信体系,培养专业技术人才,广泛收集各项指标,对各机构的信用等级进行评定并公开披露。同时,对第三方支付机构这类非银行机构收取保证金,限制其资金持有量,规范资金的用途,禁止投资风险大的经济活动。此外,第三方支付机构的自有资金和客户的结算资金应分开,将客户的资金存放于商业银行专用账户内;并且可以与客户签订协议,对账户的利息进行分配,形成双赢的局面。

(四)增强个人风险意识及法律意识

各所高校、企事业单位、国家机关等要开展相应的课程或活动,增强个人的风险防范意识,防止侵权行为的发生;同时,增强个人法律意识,侵权行为发生后,可以使用合法武器来保护自己的权益。

(五)完善法律法规及监管制度

要加强对第三方支付的立法和执法,交易过程也应受到监管,主要监管机构包括中国人民银行、工商行政管理部门、信息产业行政部门和税务机关等。可以借鉴国外监管的经验,从规定第三方支付机构能做什么到不能做什么,完善监管体系的同时促进第三方支付行业更自由的发展。政府也可以与行业合作,联合制定一些规则,提高监督能力。同时,利用科学技术手段,建立现场监管和异地监管相结合的原则,分析第三方支付机构定期报送的财务会计报告、重大事项报告、交易纠纷和诉讼案件,根据分析结果进行窗口指导。现场监管应重点关注第三方支付机构的交易风险、业务经营风险等。建立预警系统,对第三方支付过程中可能存在的风险进行预测,提前做好防范工作,避免措手不及。

(六)强化内部管理和创新

第三方支付机构应加强对机构内部的管理。首先,建立健全内部管理制度,明确职位和部门之间的任务分工,实行权责统一制,明确个人权利和义务,防范员工的道德风险和责任风险,建立不同岗位之间的相互制约。其次,应健全对客户的信息了解,根据法定的有效身份证件和相关身份证明文件明确客户身份信息,确认和登记客户身份,并利用与银行的联系对所登记的身份信息进行核查,防范恶意交易行为的出现。第三方支付机构内部应自觉建立监督评价部门,定期或不定期地评估其内部控制体系的充分性、合规性、有效性和适宜性,以纠正风险项目和潜在的违规行为,以保证自身的良性发展。比起价格战的恶性竞争,各机构不如将更多的心思用在自身的创新方面。例如,支付宝就有一项"免费的保险"服务,用户可以在支付宝平台免费购买一份保险,如果资金在平台上无故丢失,就可以在一定限度内进行赔偿。

第五节 案例分析

案例:第三方支付——以电信"翼支付"为例

(一)案例介绍

天翼电子商务有限公司是中国人民银行核准的第三方支付机构,是基于移动互联网技术的金融信息服务提供商。"翼支付"是中国电信推出的一项金融服务,天翼手机集校企一卡通、公交卡、行业卡等多项公共平台应用,为用户提供方便、快捷、全方位的移动支付服务。中国电信为每个用户在后台设立了一个翼支付账户,用户开通激活后,将钱存入该账户即可通过手机上网的方式进行购物或支付,用手机就可以在中国电信联盟商户的POS机上完成近场支付和消费。翼支付与市场上以微信、支付宝为代表的第三方互联网企业一并占据移动支付市场的大部分份额。

翼支付作为中国电信在移动支付领域推出的新型业务,是电信转型3.0战略中的一个角色的定位。中国电信在三大运营商中率先创新运营互联网金融产品,提升企业的经济效益,而互联网金融生态圈的打造则主要依托翼支付。翼支付成为一个集网络支付、理财、民生应用于一体的应用平台,为用户体验互联网金融提供了方便。中国电信提出持续开放合作、融合创新,以云、网、端为核心,强化网络生态合作,率先具备大数据思维,应用大数据技术,在"互联网+"和物联网的应用中开拓新的市场,创造新的业绩增长点;利用4G+翼支付金融平台,创造金融生态圈,为用户创造更多的价值。

1. 服务民生,构建智慧生活

翼支付App始终聚焦与百姓生活息息相关的民生服务领域,致力于为用户提供便捷的互联网金融服务,为用户创造便利、时尚的生活方式,提供水、电、煤气、交通罚款等综合民生缴费。

2. 涉足理财多元化,为民为商服务

翼支付在互联网金融领域结合自身的资源与实力,创造性地推出了面向用户的金融解决方案。例如,App 中的"交费易"、支付网关、资金归集等面向企业和商户的服务,既可以帮助小型商户成为移动支付时代的全能商家,还能为大中型企业提供智能、高效的企业资金管理服务;同时,开设专为供应链企业客户设计的"天翼贷",用于化解中小企业客户的融资瓶颈。

3. 支付灵活,收银渠道全覆盖

翼支付智能收银系统,实现了收银渠道全覆盖。无论商家是使用 POS 机还是扫码枪,都能快捷便利地进行收银。用户线下支付时,可通过直接打开翼支付 App 付款码进行扫码支付。

4. 线上线下,财务数据统一管理与分析

关于商家线上线下的所有收银财务数据,翼支付 App 都能详细记录流水数据,并用直观的图表予以呈现,让商家一目了然地了解收银财务状况,并对之进行高效管理。通过数据对比,有利于商家选择更合适的收银支付渠道,减少不必要的投入。

(二)发展建议

数据显示,翼支付目前已经拥有了大量用户,《2017 年第三季度中国第三方移动支付市场研究报告》显示,移动支付类 App 活跃用户排名中,翼支付位居第二。官网信息显示,翼支付早在 2016 年交易额便突破 1 万亿元,成为国内最大的基于安全芯片的近场手机支付服务提供商。

2018 年,电信翼支付宣布启动"东风行动",组织全生态投入 100 亿＋资源,连接 1 000 万＋活跃商户,协力打造 1 000 亿＋消费市场。翼支付已将服务延伸到很多居民家门口的商超,无论是缴水电煤气费、购买电影票、信用卡还款,还是线下超市购物、加油站加油、乘公交等,都可通过翼支付完成,通过打折优惠、随机立减、加油随机立返、电商渠道等营销方式,促使用户在享受便捷消费的同时获得相应的折扣与优惠。丰富的支付场景是提高客户活跃度的有效途径。凭借电信在医疗、教育、政务等行业的资源优势,在支付场景的拓展过程中更具速度和深度,利用电信企业在经营中的渠道资源,特别是电信企业的各类门店和代理店,补充电信企业发展翼支付客户的线下触点,形成了线上线下全覆盖的营销网络,让翼支付用户数得到最大发展的可能性。

新通信时代下,中国电信提出"互联网金融生态圈",将翼支付作为其第三次战略转型中的一个重点。伴随着人工智能、大数据、云计算等运用,拓展各大银行、商家等合作伙伴,发展成为信誉可靠的第三方支付平台,为电信用户提供优质的生活服务,推广翼支付 App，使翼支付 App 深入各个行业，为各大商家及个人用户创造一个快捷、安全和便利的在线及无线支付平台。运用添益宝、天翼贷、交费助手、交费易、翼支付碰碰等业务，为个人和商户提供综合性的互联网金融服务；同时，为政企类客户提供专业性的行业解决方案，解决用户的消费购物需求。

2017年，中国电信董事长杨杰在天翼智能生态产业高峰论坛上首次提出生态魔方观点，目的是高效满足用户需求并创造新需求。随着互联网与线下产业的关系日益紧密，电信互联网巨头更是以用户为核心打造"信息＋内容＋服务＋支付"的互联网生态圈，电信翼支付业务的前景无疑是大有可为的：中国电信拥有几十年的沉淀，成为品牌并且拥有了一定的忠诚客户和很多潜在客户，未来翼支付的发展空间很大；2015年11月，国务院发布《关于积极发挥新消费引领作用加快培育形成新供给新动力的指导意见》，充分肯定互联网金融对金融业发展的积极作用，鼓励和促进金融服务与创新、产业升级融合；党的十九大报告提出"提高社会治理智能化水平"，其关键就是要构建信息化与政府管理以及社会服务相融合的生态，服务于智慧城市建设。而电信企业在推进智慧城市与管理、日常缴费等过程中涉及的资金和支付问题，可以通过自身金融业务的可靠运作，通过支付系统将自身信息通信服务、家庭娱乐内容和城市生活信息串联到一起，达到维系、挖掘、创新客户价值的目的，不断地将创新业务通过金融入口直接输送给用户，形成面对面的营销，必将培育和稳定更多的电信翼支付用户。

案例思考题

简要分析电信"翼支付"盈利模式的利弊。

本章小结

本章首先讲述了第三方支付的定义、发展历程以及特点，讨论了我国第三方支付的现状和发展趋势。在此基础上，分别从特点、优势等方面描述我国国内的支付宝结算平台、快钱结算平台和财付通结算平台等第三方支付产品。其次，从消费环节、信息安全、定价环节和征信数据四个方面描述第三方支付领域大数据技术的主要应用，并讲述大数据时代第三方支付平台盈利模式的创新之处。再次，从正负两方面描述第三方支付带来的影响，并根据第三方支付存在的缺陷提出相关建议。最后，通过案例分析，使读者能够更好地理解大数据技术对第三方支付的影响。

思考题

1. 简述第三方支付监管政策的演变。
2. 简述第三方支付平台的盈利模式。

第六章　大数据与小微企业融资

我国中小企业发展呈现数量多、增长快、潜力大、融资难的特点。随着互联网技术的不断革新,大数据、云计算的长足发展,为经济、社会、生活等各个领域带来了诸多便利及可能性。在经济领域,帮助企业提高管理效率和优化经营成本,也为中小企业的融资提供了新的路径。

第一节　小微企业融资现状

一、小微企业的特点及融资现状

(一)小微企业融资特点:短、小、急、频

小微企业融资时间短,期限大多不超过一年,以流动性资金融资为主;融资金额小,为小数额融资;审批应迅速,小微企业较脆弱,周期性较强,当有贷款需求时,需及时被满足;融资频率高,可能需要在一年之内多次融资,而且小微企业需要针对性强的融资产品。

(二)小微企业融资现状

小微企业金融机构贷款占比较低,资金缺乏仍严重制约其发展。2018年,华创债券关于小微企业融资成本下降之路的专题报告显示,2012—2015年大中型企业贷款余额占总体企业的34%~35%,小型企业占25%~27%,微型企业占比不到3%;而据央行发布的银行家问卷调查来看,小微企业的融资需求远大于大中型企业。大部分小微企业并未获得商业银行的贷款,或者所获金额较少,造成融资需求远大于资金供给的局面。随着金融体制改革及深化,小微企业融资困境得到逐步缓解,但还有一定的差距。2017年11月,李克强总理在全国小微企业金融服务电视电话会议做出批示:小微活,就业旺,经济兴。

当前,政府高度重视小微企业,加大对小微企业的金融服务力度,出台支持政策,给予税收优惠。截至2020年12月末,全国普惠型小微企业贷款余额超过15万亿元,同比增速超过30%;截至2020年11月末,小微企业信用贷款、续贷余额分别较年初增长31.34%和50.33%,中长期贷款余额较2020年1月末增长11.79%。同时,为推动降低小微企业融资成本,银保监会加大对银行机构违规收费和不规范经营行为的查处力度,并引导银行根据LPR走势确定小微企业贷款利率定价,将小微企业融资成本保持在合理水平。2020年1—11月,银行业新发放普惠型小微企业贷款利率5.88%,较2019年下降0.82个百分点。

二、小微企业融资面临的问题

(一)融资双方信息的不对称

我国大多数小微企业是向银行申请融资,其中信息不对称的问题最为突出,直接导致了双方信用度降低。加之许多小微企业的信息披露量较少,财务报表等工作做得不够全面,导致许多小微企业向融资银行反映的信息真实度较低。同大型企业相比,小微企业本身的抗风险能力也较为薄弱,一旦遭遇经济危机就有破产的风险,加上银行给予小微企业的贷款利率较高,压力就更大了。银行作为以借贷利润为发展目标的经济组织,对企业贷款收取相应的利润是其继续经营的经济支柱,仅仅依靠传统的小微企业信贷业务完全不能满足其发展的需求和目标,导致银行为小微企业融资的动力严重不足,最终导致小微企业的融资难度大幅提高。

(二)银行对管理小微企业融资的机制不够健全

我国的小微企业数量多,管理却不够规范,加之银行的管理机制尚不完善,过分重视信用风险约束。银行虽然实行了相应的"新增贷款零风险原则"和贷款质量终身追究制度,但这反而使得银行所承担的责任和获得的收益不成正比,为维护自己的权益,银行普遍存在惜贷心理。由于缺乏有效的激励机制,导致小微企业贷款的违约率整体呈现上升趋势,银行不断收紧对小微企业的贷款金额,最终使得小微企业融资需求得不到满足。

(三)小微企业融资先天不足

小微企业在银行的贷款可得性本身就比较差,相比数量较多的小微企业而言,银行所能提供的贷款金额仅仅是杯水车薪。因此,很长一段时间内小微企业借贷都呈现一种供不应求的趋势。小微企业向银行贷款时,不仅要经过银行严格的审批程序,而且要付出较高的贷款成本,所付出的时间和精力也要比大型企业多得多,这主要是由于竞争激烈的市场环境使小微企业的生产经营呈现不稳定性和风险性。

(四)渠道单一

传统融资渠道主要包括内源融资和外源融资。内源融资是领导者向自己的亲戚朋友借贷或者是企业经营过程中的盈利部分。外源融资既包括直接融资,也包括间接融资。直接融资是以通过发行股票、债券的方式公开向社会募集资金;间接融资是通过银行、信用社等机构进行贷款。由于小微企业的所有权与经营权非常统一，因此领导层为了高度控制企业，基本不愿意通过出让股权来融资。另外，由于小微企业规模经营较小，大部分金融机构考虑贷款风险的问题，也不愿意为小微企业贷款。

(五)政府缺乏对于小微企业融资的政策支持

小微企业的发展离不开政府政策的支持，政府的政策支持是小微企业融资的主导方向。许多国家为了鼓励小微企业迅速发展，对于小微企业的融资都采取优惠的政策。我国主要依据所有制类型和行业特征来制定融资政策，导致小微企业的融资状况由其发展阶段决定。一方面，我国缺乏小微企业的专门管理机构以及支持小微企业特有的金融机构；另一方面，小微企业的金融支持辅助体系也不够健全，商业银行的经营方式对于小微企业的融资而言大相径庭。

三、小微企业融资难的表象及根源

小微企业融资难的表面原因是数量众多、资金需求量大，而金融机构的资金供给有限，市场供不应求，导致相当一部分小微企业的融资需求难以满足，融资成本提高。但表象下存在两个问题：一是并非所有小微企业的贷款需求都是有效的，大部分小微企业仅有贷款意愿而无还款能力，贷款意愿和还款能力两者必须同时满足才能构成有效的贷款需求；二是目前我国货币供给总量较大，截至 2021 年 1 月末，M2 余额是 221.3 万亿元，尤其是近年来国家先后推出取消存贷比、定向降准、抵押补充贷款等政策工具，针对小微企业的信贷资金相对充足。资金总供给并不是导致小微企业融资难的关键，真正制约小微企业融资的核心问题是金融机构如何将资金分配给具有有效需求的小微企业。

我国的小微企业大多数管理体系不规范，并没有建立完善的财务制度，信息透明度低，无法提供金融机构认可的"硬信息"，而且大多数企业信息散落在各个部门，调查成本高，一些信息如 P2P 平台借贷、民间借贷等甚至无法查询，导致小微企业融资市场存在严重的信息不对称，银行无法通过财务报表等常规材料辨别"好客户"和"差客户"。在此情况下，金融机构只有两种选择：一是为了使利润覆盖风险，提高所有小微企业客户的贷款利率，这会超出"好客户"的承受能力，使"好客户"退出市场，而违约风险高的"差客户"对利率并不敏感，往往选择留在市场，这一逆向选择导致市场最终充斥着"差客户"，贷款利率只能不断提高；二是要求小微企业提供必要的抵押物和担保，这样虽然可以降低不良率，但能提供抵押物和担保的小微企业数量较少，小微企业信用评估和信用增级也会带来一些利息外支出。大量制造业小微企业的利润率仅为 3%～5%，低于贷款成本，所以大部分"好客户"仍然无法承担如此高的贷款成本。

第二节　大数据助推小微企业融资模式创新

一、大数据背景下的小微企业融资特点

大数据金融融资模式具有较好的发展前景,是小微企业在资金短缺时筹资的不错选择,P2P网络借贷、众筹融资、大数据金融作为互联网金融中的主要融资模式,在收费类型、融资模式和服务对象等方面呈现以下特点。

(1)在融资费用及收费类型方面,大数据金融以收取利息为主,利率比前两种模式稍高,通过对数据的科学分析降低风险,更加安全可靠。

(2)在抵押担保方面,大数据金融融资则需联保抵押,对于产业聚集型的企业而言,联保的方式在解决抵押问题的同时也可提升企业信用,但如果发生违约现象,对联保企业未来的发展就会造成极大的负面影响。

(3)在业务流程方面,大数据金融通过网络技术对海量交易数据进行分析,提高了融资效率、缩短了时间。

(4)在服务对象方面,3种融资模式都以中小微企业和个人为主,其中大数据金融也为电商提供小额贷款,填补了小微企业融资空白。

(5)在资金来源方面,互联网金融降低了金融投资门槛,以个人投资为主,而大数据金融则增加了小额贷款公司,使更多的人加入投资理财的队伍中,优化了资源的配置。

二、大数据服务小微企业融资的优势

大数据可以帮助商业银行更完整地了解客户习惯,为创新金融产品和服务提供可能,涵盖了新客户营销、老客户维护、拖欠客户催收等全流程业务环节,实现了对小微企业贷款的全周期精细化管理。

(一)充分了解客户,实施精准营销

通过非结构化数据处理和相关性关系建模,借助收益评分卡、风险评分卡等计量工具,按照模型预测的客户营销响应概率由高到低排名,下发分支机构,由客户经理进行针对性营销;大数据平台作为一个数据筛选工具并非营销的主力,客户经理应想方设法从多渠道调查和交叉验证企业信息的真实性与完整性,从而综合判断是否授信。同时,通过对小微企业经营行为的分析,能全面地了解小微客群融资的内在规律性,构建产品或服务的优化组合,以满足不同客群的金融需求,实现特色化服务。

（二）完善信用分析，提升审批效率

借助包括微信、物联网和电子商务等公共信息平台，将小微企业主之间的人脉关系、投资行为和兴趣爱好等全部融入个人信息库中，使得银行对小企业及企业主的交易及现金流等进行全流程跟踪成为可能，银行利用这些更加全面和准确的数据在信用分析和客户评级方面做出正确判断，让信贷决策不再仅仅凭借滞后的财务报表和单一的信息来源，而是从被动转变为主动，从信用分析发展到行为分析，为小微企业融资授信决策带来全新模式，有效地解决信息不对称、成本高等问题。

（三）构建预警体系，有效监控风险

运用行为评分卡、风险预警工具等动态监测企业的诚信、纳税及销售流水等情况，及时预警，增强风险防范、化解和处置能力。例如，通过行为评分卡定期对小微客群信贷资金使用和偿还情况进行评定，然后根据其结果相应地调整授信企业的信用额度，既能提高优质小微客群的贷款额度、提升优质客群对商业银行综合的贡献度，也可以压缩劣质小微客群的贷款额度，减少潜在风险和损失，提升风险管理的前瞻性、主动性和针对性。此外，借助大数据对所有的催收对象实行因户施策，选择合适的催收时机和有效的催收策略，大大提高了催收的效果和效率。

三、模式创新路径

小微企业融资问题归根结底是小微企业与各银行、各平台的信息不对称。大数据技术为这一问题提供了可行的解决方案。政府相关部门拓展小微企业的直接融资渠道，完善"新三板"市场的法律制度，增强"新三板"法律条文中的筛选和扶持功能、优化融资功能、完善层级结构，使小微企业上市成为可能；大数据打破了时空的限制，将各平台连接起来，银行间市场正在尝试构建小微企业的信用平台；大数据与云计算相结合的方式也优化了小微企业的互联网平台贷款方式，为小微企业带来了诸多融资机遇。

（一）政府融资模式的创新

政府在继续实行定向降准、税收优惠等政策扶持之外，还要健全服务部门，增加为小微企业服务的中小银行以及信用评级的金融机构，各机构应与企业保持良好沟通，通过长期资金往来建立信用，以减少违约情况；以中国人民银行个人征信系统为基础，建立小微企业信息共享、互联互通平台，在全国范围内搭建小微企业信息、征信、贷款等综合信息平台，使信息实现互联共享，多渠道获得贷款支持，满足融资需求；政府筹划的"一揽子"重大举措也将推动商业银行改变小微企业的贷款方式，推动银行信贷和股权投贷联动，大力发展资本市场。

大数据时代，数据共享是主流，为了使小微企业加强信息披露，政府应健全"新三

板"市场,严格控制上市机制、运作机制和退出机制。新三板市场给无法达到上市条件的小微企业一个巨大机会。目前,证监会正在全面支持新三板市场的发展,并且对其进行分层等制度安排:从优化发行融资制度等五个方面对新三板市场进行优化;同时,设立精选层,即企业盈利状况良好且具有发展前途的企业,在精选层挂牌满一定期限且符合交易所上市条件的,可以直接转板上市。

(二)商业银行融资模式的创新

在央行积极落实国家政策的基础上,其他各商业银行实行新型信贷政策,推行新型金融产品。在大数据环境下,"共享经济"盛行,国家将税务系统数据与各银行进行共享,使银行根据企业的纳税情况,以防范风险为前提,对于不具备生存条件的"僵尸企业"不予贷款。各银行贯彻落实国家发展普惠金融的战略部署,与国家税务总局合作,对按时足额缴税、经营状况良好的小微企业,根据纳税情况"以税换贷"地发放贷款。

(三)互联网平台小微企业融资模式的创新

互联网发展初期,阿里巴巴和京东的电商信贷模式取得了巨大成功,将数字化手段引入小微企业的金融贷款领域,量化小微企业的"信用",借助平台则很好地解决了信息不对称的问题。平台贷款门槛低,数据均可向投资者公开,小型投资者可以选择投资发展前景良好的项目,小微企业再进行资金回馈,即可实现双赢。这些新的做法给银行机构和监管系统带来了不小的震动,也打开了金融发展的新思路。

1. 众筹融资模式

在数据共享时代,筹资成本低、筹资门槛低的股权众筹是众筹渠道的核心。当小微企业有发展良好的项目时,向众筹平台提供项目构想,平台审核通过后项目上线,投资者选择项目进行投资。网络众筹平台面对的是零散的投资者,平台信用较低,且在大数据环境下,投资者在进行投资时依据的各项指标和报告的信息的真伪尚有待考究,政府和相关部门应该加强监管、健全法律制度,保证交易的安全性和可靠性,为投资者提供真实有效的信息。

2. P2P 网贷模式

P2P 是利用移动互联网技术、聚集零散投资者、将资金借贷给资金需求方的小额借贷模式。P2P 平台将社会闲散资金利用起来,满足了个人投资的需求,但是风险完全由个人投资者承担。未来合法在营的 P2P 机构将陆续接入征信系统,这将有效保护出借人的合法权益、培养借款人信用意识、引导网贷行业合规发展以及防范金融风险。

3. 电商小贷模式

电商小贷模式利用大数据技术为电子商务中的卖家提供贷款,涵盖了更广泛的信用评估方式。我国有"平台模式"和"供应链金融模式"两种电子商务小额信贷模式。电商小贷平台将大数据与云计算相结合，利用高效便捷的网络运营平台、方案审批流程、批量贷款等功能，缩短了贷款时间。

电商小贷平台利用当前大数据对企业的信用进行评估，使其更加真实可靠，同时也实现了审批流程的自动化。在贷款中不涉及金融机构和社会投资者，贷款方仅涉及小贷平台，电商小贷平台对贷款业务进行事前审核和事后监督，因此风险相对较低。

第三节　大数据在小微企业融资中的作用及影响

一、大数据在小微企业融资中的作用

（一）大数据降低了信息搜寻的成本

大数据时代的到来，给小微企业融资所遇到的困境带来了新的生机，大数据能够与传统的信贷业务相结合，使信息结构得到重塑，并削减业务成本。例如，电子商务平台和社交化网络的发展积累了大量的数据，对网络大数据进行挖掘所得到的逻辑与规律信息，比现实所发布的企业数据更加具有真实性，所以也更具社会价值性。大数据和金融行业的融合催生了一个新的产业，即互联网金融。以阿里巴巴为例，阿里巴巴已经囊括了该平台商户的历史交易数据、信用记录和客户评价等众多的内部数据，以及纳税记录、海关记录等外部数据，这些数据为阿里巴巴集团掌握大小型企业的基本信息提供了基本保障。利用大数据，这些商户的信用和贷后管理完全能够由量化模型自动分析出来，并通过云计算得到动态的风险定价等结果，不仅能够把融资的风险降到最低，而且能节省数据分析时间。

（二）大数据为小微企业贷款提供了更有效的方法

在传统金融行业中，我国的小微企业还存在着风险管理上的激励不相容问题。随着大数据时代的到来，信息结构得以调整，小微企业信息公示性较差的问题得以解决，直接导致风险控制理念不断发生变化：原本不论是高利率还是抵押担保都要求补偿相应的覆盖风险损失，在大数据的支撑下变成了持续考核与监控企业的稳健经营，增强了现金还款的能力；在大数据背景下，经营和交易数据、单据等都变成重点考察的对象；过去小微企业的发展主要依靠人力，而在大数据背景下，其发展的动力转变为电子信息系统，风险管理的激励不相容也不再是限制小微企业金融发展的主要原因。信贷理念的转变与当前解决小微企业融资难问题的思路相契合，不仅如此，基于大数据挖掘的系统处理和实时监控显著缩短了小微企业的业务流程，提升了信贷业务的效率，有效提高了资金的周转速度，为企业的发展提供了保障。

（三）大数据是小微企业融资的必要条件

大数据时代下数据的开放性不断提高，与此同时，得到了数据和更多共享的机会。我国的大数据资源还有待进一步挖掘，因为现阶段我国所披露的数据还存在碎片化和局部性的缺陷，最终导致小微企业的信用度评估结果不够全面、准确。为了打破当前小微企业与金融机构之间信息不对称的僵局，需要整合多方面的社会信息来支撑。数据的可得性是大数据得以实施的主要条件。此外，数据是否真实也具有重要作用，因此，在大数据时代，要加强对小微企业的市场监管力度，优化小微企业的生存环境，激励真实数据的有效生产。大数据是解决小微企业融资问题的新路径，并在众多路径中脱颖而出，为创造一个低成本、信息完全对称的市场结构创造了良好的条件。扁平化的网络世界与大数据掌控客户的强大能力，使得信贷资源不再稀缺。然而，我们必须清醒地认识到，只有社会的公共数据信息真正实现了网络化和共享化，真实数据生产体制得以真正成立，大数据在金融领域的广泛应用才能得到更好的发展环境，我国的小微企业才能最终走向大数据时代。

二、大数据金融对小微企业融资的影响

互联网金融在现有的条件下与大数据平台进行深度合作，努力运用大数据、云计算等先进技术破除资金需求者与资金供给者之间信息不对称的壁垒，使得借贷双方能够迅速互通信息以达成最终的合作。在整个运作流程中，互联网金融平台通过第三方大数据平台提供的数据及分析结果，严格把控资金需求方（中小企业）的潜在风险，从而选择合格的贷款发放对象。大数据金融对中小企业融资的影响主要体现在以下几个方面：

（一）确立互联网金融平台主体

互联网金融平台主体刚刚兴起，由于缺少行业壁垒和国家保护没有传统金融机构的先天优势，是一种完全市场化的金融主体。大数据背景下的互联网金融也有其独特的优势，数据和客户群是其核心竞争力，在市场中不断发展起来并积累了足够的市场经验。

互联网金融平台主体的确立必然要经受市场的检验，与其他行业一样，由各个市场参与主体进行自主选择、优胜劣汰。与此同时，互联网金融也不能缺少政府的规范和监管。政府要发挥好一定的作用，一方面，尊重互联网金融在金融市场中发展的规律，为金融市场做好服务；另一方面，要做好对金融市场的监管，维护好金融市场的秩序。

（二）互联网金融对中小企业融资影响分析

随着大数据技术普遍应用于互联网金融行业当中，为互联网金融能够更多地为中

小企业融资服务提供了更多的可能,具体表现在以下两个方面:

(1)缓解了困扰金融机构和资金需求者(中小企业)之间的信息不对称问题,有效节约了中小企业融资的成本。中小企业一方面因为发展起步低、企业管理制度不够完善、金融机构了解中小企业信息的途径单一造成了借贷双方的信息不对称;另一方面,中小企业本身的经营特点和所处市场环境决定了其经营风险较大,借贷人和投资方对中小企业的借贷和投资都持有非常谨慎的态度。当前,随着互联网金融对大数据和云计算技术的应用,由于大数据几乎囊括了所有行业的数据信息,无论是历史的还是未来的,都能够通过大数据和云计算技术对信息进行收集、整理、运算和分析,因此,大数据信息技术的应用就在很大程度上缓解了互联网金融之前在获取申请贷款的中小企业信息不对称的状况。大数据平台一方面从各门户网站、金融机构和国家有关部门取得相关数据,另一方面较大程度地收集中小企业在各交易平台的交易、支付等信用记录,并对这些数据进行深入的整理、计算和分析,从而能够为资金供给者提供可靠的依据来选择信誉良好的资金需求者(中小企业),这样也避免了传统金融机构所需的一系列烦琐的贷款流程,降低了融资成本。

(2)形成了新的金融行业格局,中小企业融资机遇与挑战并存。互联网金融对大数据和云计算技术的应用,对金融行业来说是一次重大的变革,这会为金融市场注入新的活力,同时也为中小企业的融资带来新的机会,而在金融市场上也就自然地加大了行业内部的竞争。虽然新的事物往往都具有强大的生命力和发展前景,但是我们也应注意其发展的方向性和规范性。互联网金融这一融资渠道,一方面可能因激烈的竞争环境而降低中小企业的融资成本,另一方面也可能因行业发展不成熟而发生各种未知风险,从而给中小企业带来经营风险。因此,中小企业要正视互联网金融给自己带来的机遇与挑战。在中小企业自身选择融资渠道和方式的过程中,需要做好充分的评估和分析,合理分配融资比例,制定低成本、高效率、高稳定性的融资方案,从而在解决自身融资问题的同时降低融资风险,实现中小企业自身优质高效的发展。

三、大数据平台下小微企业融资新策略

虽然大数据金融可以为小微企业融资提供便利的借款条件,但目前还没有建立一套完整的征信评估系统,只有在大数据平台完善的情况下,不断增加小微企业互联网征信的数据种类,并对其进行实时分析与评估,才能从根本上解决小微企业贷款难的问题。

(一)完善小微企业的征信体系

当前小微企业的征信系统尚不完善,仅仅涵盖了传统的金融领域,但市场上小贷公司、民间借贷中心、P2P网贷平台等小型信贷机构并未纳入信贷系统。这类小型信

贷机构数量庞大，而且缺乏专业的风险评估方面的人才，增加了网络贷款的风险，风险的增加势必引起贷款成本的增加，小微企业与小型信贷公司之间的信息不对称又直接导致高风险客户向小型信贷机构集中，从而增加其经营风险。

(二)增加信息透明性，确保征信信息的共享

小微企业贷款难的主要原因是商业银行与小微企业间的信息不对称，要想改善这种信息不对称，首要任务是完善我国征信系统并实现信息共享。统一的信息采集和发布是共享信息的基础，只有在信息共享的前提下才能保证不同的征信机构针对个人或者企业的原始数据的一致性。加强对各类金融机构和征信机构的监管，在增加征信数据的数量的同时还要确保数据库的质量和信息及其主题的安全性。建议成立更高级别的管理机构专门负责征信数据的管理，有利于推进全国范围内的征信体系的建立与管理。

(三)拓宽小微企业的融资渠道

拓宽小微企业的融资渠道可以利用大数据平台整合小微企业的财务和信用信息。借鉴国外小微企业管理办法，设立小微企业管理部门，比如日本通产省设立了中小企业厅，专门负责并完善小微企业和金融机构的管理工作。只有组建具有综合能力的权威机构，才能改变目前各行业小微企业分属各产业或各部门管理混乱的现状。商业银行方面，可以创新设计符合小微企业需求的融资产品，丰富小微企业贷款抵押物品种的种类，这样更能符合小微企业的融资需求。

(四)加强互联网金融平台法治建设

政府要做好规范互联网金融平台的相关法律法规建设，为互联网平台健康、有序发展做好法律和制度上的保障。由于我国互联网金融的发展处于起步阶段，各互联网金融平台还未形成有序的市场竞争环境，如果不加以干预容易形成垄断性市场，因此政府应针对互联网平台企业的规模给予不同程度的扶持政策，对于一些有发展前景但起步较低的平台给予政策倾斜，促使互联网金融平台市场形成一个良性竞争的环境，为今后中小企业融资提供优质的服务。

(五)重视第三方数据平台企业的发展

在大数据背景下，互联网金融通过大数据平台来获取申请贷款企业的信息，对于一些参与到大数据平台中的中小企业，互联网金融能够迅速获取其相关信息并为符合条件的企业提供融资帮助，而对于未能参与到大数据平台中的众多中小企业，就很难享受到互联网金融为企业融资所提供的便利。因此，政府部门要认真审视大数据平台对于互联网金融和中小企业的融资所具有的重要意义，应在政策上予以支持、资金上予以帮扶、法律上予以规范，促进第三方数据平台公司健康、有序、快速发展。

(六)提高大数据平台的管理安全

随着大数据金融平台的迅速发展,当前大数据金融平台已经进入现代金融的主流行列,但因网络安全引发的金融问题也经常出现,可见网络安全是大数据金融平台持续发展过程中亟待解决的问题。互联网金融机构应在结合国内实际情况的同时借鉴国外好的经验,找出一条适合我国大数据金融平台建设的道路。

第四节 大数据解决小微企业融资困境面临的问题及策略

一、大数据解决小微企业融资面临的问题

(一)数据采集维度不够完整

(1)数据采集维度不够完整,信用评分难以反映信息主体的真实信用情况。例如阿里等电商平台,虽然其采集的信息规模非常巨大,但要达到海量数据的要求仍需丰富数据采集的维度;并且所采集的数据集中于其所处的行业领域,其他行业领域的数据采集维度不够完整。

(2)缺乏金融机构的信贷数据支撑。目前,国内几家大数据金融公司均没有加入央行的征信系统,缺乏对个人银行信贷及小微企业银行信贷信用的参考。

(3)数据交流不通畅、数据不完善都会影响大数据的分析结果,难以筛选出优质客户。

(二)采集数据准确度不够

一方面,大数据进行数据采集对技术有很高的要求。大数据不像普通数据采集那样单一,往往是多种数据源同时采集,而不同的数据源对应的采集技术通常不一样,很难有一个平台或一种技术能够统一所有的数据源,因此大数据采集时,往往是多种技术混合使用。另一方面,数据源的数据准确性无法得到保证。

(三)缺乏有效的监管与保障

由于缺乏相关的监管机构,难免会有大数据金融平台钻空子,甚至违反法律损害用户的利益。由于缺乏保障机制,投资者通过不合规的大数据金融平台进行投资,一旦平台出现问题,投资者将损失全部投资资金。大数据金融平台不能为投资者提供安全可靠的投资环境,平台的用户数量必然难以提高,发展受到严重制约。

(四)保障隐私至关重要

大数据金融信息是企业至关重要的信息,如何保障用户的隐私也是重要的问题。大数据可以收集到企业全方位的信息,从收支情况到水电费清单等,这些信息对于企业来说并非都可以公开,有些甚至涉及商业机密。例如,企业购买原材料的清单被泄漏,那么与之竞争的对手公司将会获取公司运营状况、关键产品的配方等重要信息。

大数据金融发展过程中必须防范用户隐私泄漏的问题。

二、大数据解决小微企业融资困难的应对策略

（一）明确牵头单位，搭建信用信息共享平台

能够评价企业信用状况的数据很多，包括社保、纳税、工商、司法等政府部门掌握的数据，传统银行征信数据也包括互联网金融等数据，这些数据分散在各个不同的行业、部门和市场主体中，不管单独用哪一个都不够完整，只有通过最有公信力的政府部门牵头，才有可能协调各个主体，将信息整合利用，牵头搭建或委托专业的第三方搭建覆盖面更广的信用信息共享平台。

无论是企业信息还是个人信息，相对于任何机构，政府的数据机构都是比较完整和准确、权威的。对于一般企业而言，政府有工商数据、税务数据、社保数据、海关数据、贸易数据、知识产权数据、企业资产和水电使用数据等各类数据。几乎所有关于企业规模、注册资金、盈利能力、税收状态、产业链条、法院判决、公安记录、合作企业等方面的数据都可以在政府相关部门查到。目前，各政府部门都在积极推动政务信息资源整合共享与应用服务大数据工作，依法归集、整合了各部门在行使管理职权过程中产生的公民、法人和其他组织的各类信用信息，建立完善统一的对外发布查询信用平台。下一步，可以在进一步整合政务信息资源的同时整合其他市场主体掌握的信息资源，赋予这些信息更多更好的应用场景。

（二）多方整合挖掘，拓宽数据来源维度

与传统信贷的数据来源相比，大数据征信面对的是企业大量的经营明细数据和高维度的评价指标。小微企业信用评价的数据来源不再局限于财务、税务、信贷、保险、信用历史等传统领域和自身经营数据，而是源自自身的公开数据、政府监管数据和第三方合作伙伴提供的数据，还扩展到产业分布、发展需求和市场现状等广泛领域。同时，互联网企业通过电商活动建立了宝贵的信用资源，从电商、微博等平台获取客户网络痕迹，从中判断企业的信用等级。

（三）提升数据处理能力，建立科学的信用评价体系

用好大数据，一方面是数据的获取，在提升数据多样化和精细化的基础上，更重要的是如何分析、挖掘和利用数据。通过与企业有关的一系列数据的挖掘分析，特别是提升非结构化数据的处理能力，通过数据清洗、数据筛选和建立模型等手段，结合业务发展的规律，发掘隐藏在数据背后的发展规律，识别有助于提高评价准确性的变量，做出客观、科学、有效的信用评价体系。同时，要根据运行情况不断地进行动态的完善与修正。

（四）注重隐私保护，合法使用大数据

以大数据来开展信用评价强调"一切数据皆信用"，所有能够采集到的数据都可以

用来评价企业或个人信用，但数据的增加往往意味着隐私侵犯的风险随之增加。因此，在利用大数据时要格外注重保护隐私，明确数据采集、整理、加工、分析和使用等规则，厘清职责边界。

为了准确评价小微企业的信用状况，必须收集整理大量数据，在使用上可以分为两种情况：一种是可以开放使用的数据，比如目前较为广泛使用的"银税互动"，以企业的纳税记录、守法情况和纳税信用作为评价企业信用的重要内容，直接提供给金融机构查询；另一种是不宜开放使用的数据，比如企业的详细薪酬数据、企业的人员流动详情、企业的上下游合作商等，虽然可以在一定程度上反映企业的经营状况，但涉及企业的经营和个人隐私，不宜直接公布。针对这种数据，可以通过建立数据分析模型量化打分，在金融机构进行征信调查时只能看到得分而不是具体的信息内容，以此达到既能准确评价又不侵犯隐私的目的。

第五节 案例分析

案例：基于大数据的小微企业融资模式研究——以阿里小贷为例

（一）案例背景

随着互联网、电子商务、物联网等新兴技术的兴起和发展，社会的数据总量呈现爆发式增长，积累了丰富的数据资产，而大数据及其相关技术的发展则为开发这些资产提供了可能。大数据数量大、维度广、频率快的特点使得其能够"刻画"出小微企业的信用状况，从而缓解传统金融下银企间因严重的信息不对称而导致的小微企业融资难问题。近年来，部分机构开始尝试基于大数据对小微企业提供信贷服务，其中最为典型的是阿里巴巴集团旗下的小额贷款公司。阿里巴巴小额贷款公司依据阿里巴巴集团旗下的电商平台 B2B、B2C 和 C2C 经过十几年的积累，沉淀下海量多维的小微企业交易、支付等方面的数据，通过对这些数据进行挖掘来了解小微企业的资金需求，运用小额贷款公司的资金提供个性化的金融服务。同时，其大数据平台通过实时监控和预警模型对小微企业贷款进行动态的风险管理。阿里巴巴小额贷款公司运用大数据服务小微企业的成功经验值得传统金融机构学习。

（二）案例介绍

1. 阿里小贷业务发展现状

(1)阿里小贷业务产品介绍。阿里小贷的产品线主要面对旗下电商平台客户，共分为三大板块：针对 B2B 会员的阿里贷款，针对天猫 B2C、淘宝 C2C 的淘宝贷款，以及针对航旅商家的保理业务。其中，淘宝贷款主要包括淘宝（天猫）订单贷款、淘宝（天猫)信用贷款等。阿里小贷的产品一般额度较小,申请条件基本围绕店铺在阿里巴巴旗下电商平台的经营情况设置,这也得益于阿里小贷背后大数据平台支撑(见表6—1)。贷款期限一般控制在 12 个月以内,且除了聚划算专项贷款以外,其余类型的小贷产品均支持提前还款,体现了灵活性,但是需要收取 2%～3%的手续费。

表 6—1　　　　　　　　　　阿里小贷主要产品申请条件

产品名称	申请条件
阿里巴巴信用贷	1. 诚信通或阿里巴巴中国供应商会员 2. 18～65 周岁,中国内地居民 3. 注册地在京津沪浙鲁苏粤,且成立满 1 年 4. 近 12 个月销售额不小于 100 万元 5. 无不良记录
网商贷	1. 成立满 1 年 2. 18～65 周岁,中国内地居民 3. 信用记录良好 4. 阿里巴巴国际站金品诚企或出口通会员
淘宝信用贷	1. 店铺最近半年每个月均持续有效经营 2. 信用记录良好 3. 店铺注册人 18～65 周岁
淘宝订单贷	1. 店铺注册人满 18 周岁 2. 最近两个月每个月持续有效经营 3. 诚实守信店铺信用记录良好
天猫信用贷	1. 店铺最近半年每个月均持续有效经营 2. 信用记录良好 3. 店铺注册人 18～65 周岁
天猫订单贷款	1. 店铺注册人 18～65 周岁 2. 最近两个月每个月持续有效经营 3. 诚实守信店铺信用记录好
聚划算专项贷款	1. 店铺经营时间满 6 个月 2. 信用记录良好 3. 聚划算竞拍成功 4. 参团商品不属于虚拟类、生活服务类、生鲜类

(2)阿里小贷发展规模及不良率。阿里小贷成立于 2010 年,发展至今已经相当成

熟,规模增长迅速,贷款不良率的控制有效。从 2013 年东方证券资产管理有限公司为阿里小贷做的专项资产管理计划中可以看到,截至 2012 年底,短短两年多时间,阿里小贷已经累计为 20.7 万户小微企业提供了近 400 亿元的贷款,并且户均余额 6.7 万元,平均不良率仅为 0.52%,可以说阿里小贷运用大数据提供小微企业信贷业务的效果非常显著。

中国电子商务研究中心检测数据显示,截至 2014 年 6 月底,阿里巴巴小贷规模为 150 亿元左右,累计发放贷款超过 2 000 亿元,累计服务小微企业超过 80 万家。据蚂蚁金融服务集团相关人士透露,2014 年阿里小贷自身的资金成本在 8% 左右,对外贷款利息为 12%~18%,贷款平均占款周期为 123 天,年化收益率为 6%~7%。

从规模上来看,相较于银行过万亿元规模的小微企业贷款,阿里小贷并不起眼,但是其特点是贷款周转快,商户的平均占款时间仅为 123 天,有些短的甚至仅为 10 天左右,客户可以随借随还,户均贷款余额约为 4 万元,从真正意义上满足了小微企业"短、快、小"的贷款需求特点。

(3)阿里小贷风险控制体系。对于任何形式的贷款业务而言,风险管理都是至关重要的一个环节,信贷通用决策系统(A-GDS)帮助阿里小贷进行贷前的营销与决策,同时也承担贷后的实时监测与预警,从而达到风险管理目的。在信贷风险防范上,阿里小贷建立了多层次的微贷风险预警和管理体系,并预提超过 250% 的风险拨备资金用于防范可能出现的信贷风险。具体来看,阿里小贷公司将贷前、贷中以及贷后三个环节紧密相扣,风险控制体系借鉴了传统银行的指标体系,每个环节的考核维度包括信用品质、偿债能力、押品价值、资产财务状况和经营还款条件五个方面,除了有针对客户的财务报表的指标考察以外,还添加了具有大数据平台特色的指标,将阿里巴巴电商平台的相关指标纳入模型分析中。

在贷前阶段,将客户在阿里巴巴、天猫、淘宝平台上的经营交易数据作为参考指标之一,并对客户线上的收入情况进行分析;在贷中审核阶段,阿里小贷更关注客户在其电商平台的历史交易情况、当前的交易流水情况以及支付宝交易流水情况等,对客户的还款能力和还款意愿进行较为准确的评估;在贷后阶段,由于客户的经营数据能够实时更新至其大数据平台,因此阿里小贷能够对借贷店铺的经营情况(如买家满意度、交易流水变化等)进行监控,一旦发现异常可以及时预警,同时结合其特有的平台惩罚机制和网络店铺账号关停机制,有效地控制贷款风险。

2. 阿里小贷基于大数据的小贷业务决策流程

阿里小贷的业务流程能够批量处理贷款业务,高效而又标准化,从而节省了大量的成本(见图 6—1)。在这个决策流程中,大数据及其相关技术起着举足轻重的作用。

(1)大数据积累及存储。阿里巴巴将是否放贷、贷款额度和风险评估等传统银行最为看重的业务环节完全交给了大数据处理平台。阿里小贷的数据仓库积累了海量数据，包括店铺等级、收藏、评价等几百亿个信息项，运算上百个数据模型，甚至需要测评用户对假设情景的掩饰和撒谎程度。在进行贷款决策之前，阿里小贷需要从源数据库中将以上海量数据导入，这些数据分布在包括 MySQL、Oracle、GP、Hadoop 在内的各个数据库，同时还包括从海关等外部数据库导入的相关数据，这些数据经过清洗流入阿里小贷的"数据仓库"，成为原材料备用。

在阿里小贷数据仓库中，经过数据加工线上万个数据计算任务的加工，加工结果以指标（输出模型要用到的离线变量）的形式传递到阿里集团的信贷通用决策系统（Ali-Generic Decision Service，A-GDS）中，在这里实现对现有客户和潜在客户的动态化管理。

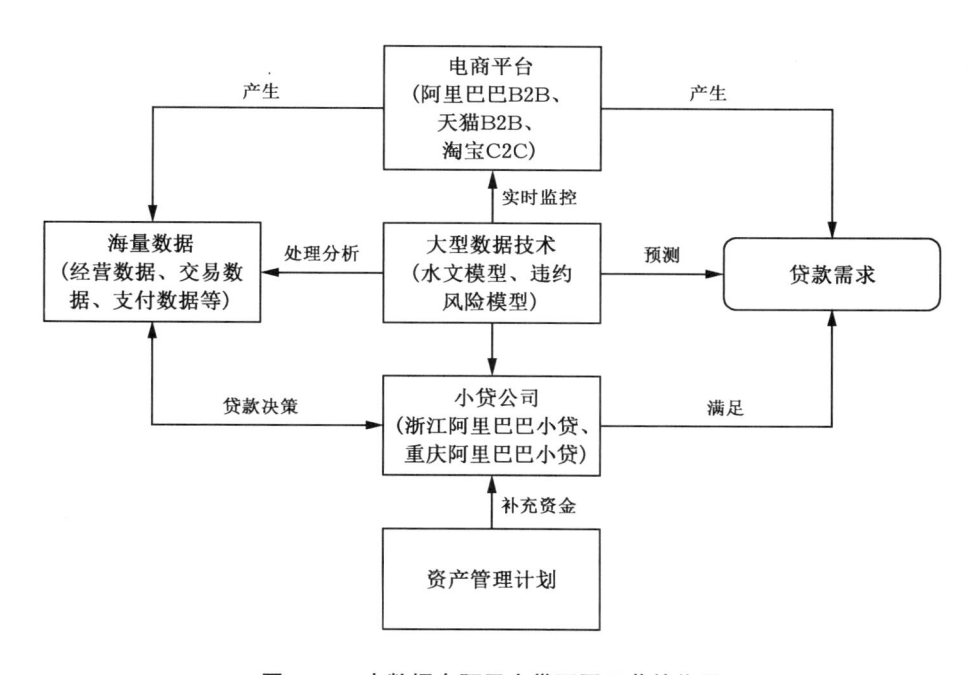

图 6-1　大数据在阿里小贷不同环节的作用

（2）大数据模型运算及决策。信贷通用决策系统对电商平台上所有的小微企业进行透析，包括运用著名的水文模型对商户的历史积累以及最近发生的日常交易、资金流、订单、周期性变化、成交速度和频率等数据进行直观的分析及预测，从而把静态的贷款变成动态化管理，精准地把握商户经营和资金需求的走向，根据其分析结果选择向风险可控的企业开放信贷服务，实现自动化的信贷营销服务。同时，源源不断的离线数据来源保证系统能够实现实时对商户经营监控，一旦发现风险，能够及时预警，从而将损失降到最低。信贷通用决策系统可以说是阿里小贷大数据处理的核心，这一系统支持上万种数据仓库提供的离线变量，还会从其他系统获取一些实时信息，如决策当时商家的交易情况、受到惩罚的情况等,将这二者融合,动态计算商家的风险程度和授信模型。正是有了这样一个决策系统的支持,阿里小贷才能实现"3分钟申请、1秒放款、0人工干预"这样高效的工作模式。

(3)大数据监控和预警。阿里巴巴的大数据平台真正实现了大数据的4V标准,尤其是平台交互性的特点决定了阿里小贷的大数据是流动的、实时更新的,这就给阿里小贷运用大数据对小微企业客户的信用动态进行检测提供了可能,从而在贷后管理时能够及时发现贷款风险。具体而言,由于阿里小贷的客户主要是其电商平台上的商家,商家所有交易订单的形成、经营数据明细、退货情况和评分情况等都在阿里小贷的信贷通用决策系统中汇集,而这些数据经过模型的计算,能够及时测算客户的还款能力,一旦客户的还款能力下降,系统将会自动提出预警,阿里小贷工作人员将会立即对客户采取措施,以使得贷款损失风险尽可能地降低。

案例思考题

阿里如何应用大数据,创新小微企业融资模式?

本章小结

本章从小微企业融资现状入手,通过分析得出小微企业融资困难的根源主要是金融机构无法准确地将资金分配给具有有效需求的小微企业、缺乏政府政策的支持以及小微企业融资渠道单一等。针对小微企业无法得到有效融资的问题,进而分析大数据时代的到来为小微企业的融资方式带来了何种转变。新的融资模式的到来部分解决了以往小微企业融资的弊端,如信息不对称问题、企业融资成本问题以及小微企业的融资效率问题,并以阿里小贷为例进行分析,便于理解。同时,在章节末尾就如何在大数据平台上更好地促进小微企业融资也给出了相关建议。

思考题

1. 简述小微企业融资难的主要原因。
2. 大数据为小微企业提供了哪些新的融资模式?
3. 如何应用大数据更好地为小微企业融资服务?
4. 简述我国小微企业未来融资的变化趋势和发展方向。

第七章　大数据与税收

第一节　税收信息化概述

一、税收信息化的内涵

(一)税收信息化的定义

税收信息化是将信息技术广泛应用于税务管理,深度开发和利用信息资源,提高管理、监控、服务水平,并由此推动税务部门业务重组、流程再造、文化重塑,进而推进税务管理现代化建设的综合过程。

税收信息化是国家信息化的重要内容之一,与全社会信息化紧密相连。我们可以从四个方面解读其内涵:

(1)是技术与管理融合的过程,管理的发展需要技术的支持,以信息技术推动税收信息化发展;

(2)是税收信息化管理创新和技术创新的过程,通过技术创新引发管理方式、组织结构、工作流程的改革;

(3)采集信息是为了更有效地利用信息,信息化建设的核心是对采集到的数据信息进行清洗、加工、分析,从而有效利用信息,提高税收管理服务效能;

(4)税收信息化的最终目的是实现税收现代化,这是实现税收现代化的手段和推动力,因此税收信息化不仅包括征管业务信息化,而且包括行政管理信息化。

(二)税收信息化的特点

税收信息化具有以下三个特点:

(1)目的明确。信息化建设的最终目的是通过将先进技术应用于税收征管中,改变传统管理手段,提高工作效率,实现税收现代化。

(2)工具性。信息技术仅是税收管理的手段,虽然技术手段可以令税收管理方式发生巨大变革,但技术手段不能取代管理,只能是管理的辅助工具。

(3)持续变化性。从哲学角度看,变化是事物保持发展的推动力,税收信息化也需要随着外部环境、技术手段等内容的变化而不断更新、进步、完善、再发展,只有保持变化性、不断适应新环境,才能保持前进的动力。

(三)税收信息化的作用

1. 有效降低纳税成本

随着互联网和信息技术的发展,纳税人可以通过电子税务局、第三方支付平台、自助办税系统等办理申报、缴税、发票开具、注销等各项涉税业务。税收业务的办理逐渐向互联网空间转移,税务人员可以从简单重复的手工操作中解放出来,工作效率大大提高,纳税人足不出户即可办理大部分涉税业务、了解更多的税收政策,降低了时间、费用等多项成本。

2. 提高税收征管水平

利用现代信息技术手段,对涉税信息进行采集、分析和利用,加强税收风险管理,理顺税收管理流程,健全征管体系,加强信息技术与税收业务的融合,帮助税务人员更加准确、快速地分析出税收管理活动中存在的问题,做出正确的决策,提高税收征管水平。

3. 促进税收执法不断规范

信息化建设使税收执法活动变得更加公开透明,税务人员需要按照相关应用软件的流程逐步推送工作任务,逐级审批,减少了工作的随意性。纳税人可以通过电子税务局、税务机关App、公众号等渠道了解税收政策和办税流程,通过"12366"热线投诉税收管理违法违规行为,加强对税务管理的监督,通过公开透明的操作,使税收执法活动不断得到规范。

二、我国税收管理信息化发展现状

我国税收信息化建设始于20世纪80年代,特别是在1994年税制改革后,伴随着金税工程的开展,我国的税收信息化建设进入飞速成长阶段。目前,我国已经实现税收领域计算机网络全面覆盖,信息系统日益完善,税收数据集中与共享程度也在不断提高。归功于中国"金税"项目的实施,我国已统一税收征管数据标准和口径,使税收征管系统覆盖税收征管工作的各环节,为"互联网+政务服务""互联网+税务"提供了强有力的数据支撑,更有利于满足纳税人个性化需求。金税工程还实现了征管数据在国税机关与各省、自治区、直辖市税务机关纵向集合,并逐步解决与工商、质监等第三方部门之间的信息交流问题,做到营业执照、组织机构代码和税务登记证"三证合一""一照一码"。

近年来,税收业务管理系统、增值税发票管理新系统、电子税务局和大数据应用均取得了长足进步,极大地鞭策了我国税收管理信息化的进程。随着"互联网+税务"的开展和电子税务局的上线,我国利用大数据网络平台、发票电子底账和电子签章等信息技术打造"智慧税务"和"便捷税务",努力实现申报网络化、发票电子化,进一步增强各部门间信息交流,创造更加便利快捷的网上办税系统。国家税务总局的数据表明,全国税务系统已全面开通网上办税服务厅,90%以上的涉税事项(如涉税信息采集、申报缴税等)完全可以网上办理。"少走马路、多走网路"正在成为现实。

三、我国税收信息化未来发展趋势

（一）信息要标准、要集中、要整合

由于一些税务机关自身不够重视,或者使用错误的方法分析数据,造成许多有用的信息丢失,产生税收风险。同欧美发达国家相比,我国的税收信息化系统不能与其他系统交换数据,数据管理效率也比较低,一定程度上纵容了偷逃骗税现象的发生。

1. 规范信息化标准

税务信息系统应当注重技术整合的应用,应用开发必须统一规划现有的各种系统资源,注重信息技术;对于系统开发,应采用统一的业务和技术标准以及数据接口标准。在不同应用系统之间规范接口的标准,才能与不同税务机关、不同行业部门交换数据,共享税务相关信息。

2. 加快部门间业务系统的整合

我国的各个部门公共信息共享力度不够,各个数据都在一座座"孤岛"上,阻碍了税收信息化快速发展的脚步。目前,许多单位的数据交换还停留于硬件存贮交换模式,这种模式下的数据交换就没有时效性,同时也难以形成数据交换的长效机制,不利于各部门之间长期合作的开展。

税务部门可从以下三个方面加快部门间业务系统的整合:一是加快内部一体化,税务部门可以建立各税务部门共享的内部网络,在内部实现省一级的数据共享;二是共享税务信息,提高税收质量和效率,加强对税源和公众的监督,提高税源管理能力,排查纳税风险;三是实现信息共享,把税务信息与一些开放平台结合起来,是每一个公民都能够使用税务信息。如上所述,税务机关应与人民银行、商业银行、海关、商业和工业等建立共享数据库,以促进涉税信息更完善的管理和利用。

（二）提高数据分析、管理水平

税务相关信息的质量和应用价值水平决定了税收信息化的长远前景,税务信息化将更加注重数据分析、管理水平的提升。

1. 加强对涉税信息的挖掘

对涉税信息分析和整合,使用分析结果指导税源管理和税收工作是信息化发展的核心动力。我国税收信息化还只是单向的信息化,技术程度不高。税务部门必须及时更新涉税信息,这需要不同级别的税务机关相互合作。首先可以通过对比省局的数据来对全市税源管理的风险点、疑点筛选发布分解到各个单位,指导全市的征收管理评估工作。县区局的税务机关可以通过市级下发的税源管理风险点,找出工作中的疏漏之处,提高全局的征管工作效能。整个税务系统应当依照客观的涉税数据来进行管理评估,在准确的数据基础上进行合理的分析排查,弥补传统工作方式中的不足。

2. 分工做好信息增值应用工作

如何通过挖掘涉税信息实现信息的增值应用,是当前我国税收信息化建设面临的一个问题。税务机关可以通过多部门合作的方式来完成不同数据的分析需求。例如,收入核算科可以分析不同税收和不同行业的实施情况;各个科室可以承担自己所管税种的数据分析任务;信息中心可以根据各个部门的需要,为业务科室提供数据分析的技术支持。

3. 做好数据平台的建设

通过利用有利于税收的税务相关信息,有效利用税务相关数据,可以减少工作量,提高税务部门的效率。不同层次的税务部门的数据分析是不同的,它们的着力点也不尽相同,笔者认为,目前涉税数据应用平台完全由总局和省局建设的现状并不科学,这个全面的数据应用平台应该是从县局到总局的四级管理。当然,平台的建设仍然要遵循总局制定的相关标准来执行,相应数据根据归属地原则来分配到各个地区管理。各地区可以利用自己的数据特点,进行针对性的数据挖掘,这样可以对数据进行充分的利用,同时也可以锻炼和加强基层的信息技术队伍。

第二节　大数据在纳税方面的应用

一、大数据背景下纳税人的需求

(一)个性化需求

纳税人的个性化需求符合大数据时代的发展。随着我国税收政策的不断调整,纳税工作人员的服务对象也不仅仅是实体经营性企业,还有普通大众,所以之前执行的标准与现阶段纳税对象的个性化服务不符合。这就要求相关机构在之前传统同性化服务的基础上提供个性化服务,以此来满足不同纳税人的个性化需求。税务机关可以将纳税人的涉税信息与信用等级相结合,以便对税收征管、流程审批等进行区别处理。税务机关主要通过业务本身来了解纳税人,掌握的信息非常有限,对于业务系统之外的信息则难以掌握。税务机关应该开拓数据的获取途径,更多地获取纳税人的相关数据和信息,为纳税人提供更好的个性化服务。

（二）智能化需求

纳税人对纳税服务提出了智能化需求，要求相关的税务机关能够对用户的表面需求以及内在需求进行自动辨别，并为纳税人提供人性化和便捷的服务。将管理系统打造为智能化服务，管理系统会自动获取客户的行为信息，从而实现信息的收集，做好信息反馈，对客户的行为进行智能化分析，从而准确地识别纳税人的实际需求，将服务做到高速化和明确化。

（三）便捷性需求

我国现阶段正在推行自行申报纳税举措，越来越多的纳税人自己办理涉税事项，纳税人对业务办理的效率有着较高的需求。税务机关可以利用大数据技术满足纳税人的便捷性需求。一方面，对办税服务厅的税款、业务类型以及不同时段办理业务的人数加以分析，根据经验规律动态管理办税窗口的服务人员；另一方面，在人流高峰时段增加疏导员，平衡服务人数和办理业务人数。

二、大数据创新纳税服务模式的方向

（一）符合移动互联网发展的趋势

全球信息化已经从最开始的数字化慢慢向智能化和网络化的方向发展，而移动互联网在人们的日常生活和学习工作中也变得越来越普及和重要，影响着人们生活的方方面面。智能移动终端功能强大，现阶段已经十分普及，充分利用大数据就能够实现网上办税厅到移动终端的有效延伸。因此，利用大数据创新纳税服务模式符合移动互联网发展的趋势。

（二）符合税收现代化的要求

实现税收现代化在提升我国治理能力上占有很重要的比重，同样对于实现治理体系现代化来说也是不可或缺的一部分，国家税务总局提出实现税收现代化的目标，而充分利用大数据来创新纳税服务模式符合税收现代化的要求。只有建立税收机关稳固强大的信息体系，才能有效推动我国税收现代化的发展和实现。这就要求税务机关要加快信息化建设脚步，对纳税的服务资源进行有效的渗透融合，在移动服务平台和系统的建设上注重高效率，从而在办税的途径和渠道上更加多样化，有效减少纳税人的税务办理时间，同时也减轻办税负担，大大提升纳税服务质量。因此，利用大数据创新纳税服务模式符合时代要求，是实现税收现代化的重要途径。

（三）充分利用税收信息化成果

税务机关可以利用智能手机和无线网络来开发移动纳税服务平台，充分利用信息化成果来改善纳税服务质量和效率。网上申报、网上认证和网上纳税等方式的提出，降低了人们的纳税成本，提升了纳税人的纳税满意度，让纳税服务变得更加安全和经

济,功能也更为强大。而这也成了电子税务的有效补充和延伸,纳税人通过互联网就可以进行纳税申报,让纳税人足不出户即可办理相关业务。

(四)更好地厘清纳税双方的权责

在大数据时代,税务机关可以通过涉税信息综合管理平台和互联网来获取各种数据,并加强对数据的分析和评估,充分发挥各种数据的重要价值和作用,这对于税务机关来说非常便利,能够为办税服务提供正确的导向。同时,对于纳税人来说,在税务权力上也会有更大的解放,更能够将双方权利和义务的归位做到精致准确。通过数据的分析对比,降低税务上的相关干预比率,税务机关也不需要对清单内的涉税事项进行事前审批,加强风险管理,准确评估担负率,从而更好地厘清纳税双方的权责。

(五)满足纳税人多元化的需求

随着纳税人数的增加,纳税人的需求也呈现多元化趋势,在纳税过程中人们更加注重行政权力的公开性和透明性。利用大数据创新纳税服务模式,以满足纳税人的各种办税需求,让纳税服务不受时间和空间的限制,满足人们足不出户24小时的纳税服务需求。另外,充分利用大数据来实现网上办税,在业务办理的整个过程中都可以无纸化办税,有效降低了税收成本。

三、大数据背景下的纳税服务创新模式

(一)利用大数据来升级传统办税大厅工作模式

税务机关可以充分利用大数据来对传统办税大厅的工作模式进行升级,充分发挥大数据的实时、精准和宏观特征,打造全新的纳税服务综合管理体系。这种体系能够对纳税服务的全过程进行监控,在实现一切智能化的基础上做好分析、监控、预警和引导。其中,智能引导会按照不同纳税人要办理的不同业务指导其进行取号,将服务资源做到最大限度的合理化分配,能有效减少纳税人的等待时间。

在办税服务过程中,智能监控能够对这个过程进行视频和音频全方位的监控,让纳税人所有的行为数据都有地方可以查证,从而避免相关工作人员的暗箱操作。智能分析就是对各种纳税人的业务数据进行集中处理,充分利用相关的技术来分析纳税人的平均等候时间、等候人数以及各项业务办理时间,展示纳税服务窗口的工作效率,以此来调度服务资源,提高工作效率和质量。智能预警是利用大数据来对遇到的紧急事件进行预警,系统自动通知相关的管理人员,对紧急事件进行快速处理,从而全面提升纳税服务的质量和效率,改变传统办税大厅的工作模式。

(二)推广自主办税服务

传统的办税服务以实体办税大厅服务为主,随着我国经济的不断发展,目前的纳税人数越来越多,而实体办税大厅的数量和税务资源却非常有限,这样就大大影响了办税的质量和效率。现阶段随着我国信息化技术和大数据技术的不断发展,税务机关应该拓展办税渠道,大力推广自主办税服务,建立以自主办税为主、大厅办税为辅的办税服务格局。首先,可以对传统办税大厅进行提档升级,将大数据分析、大数据统筹和大数据共享等应用于纳税服务工作中,以此来提升传统办税大厅的效率。其次,重点推广自主办税服务,充分利用大数据技术和信息化技术来打造智能化的办税服务平台,让纳税人通过互联网和智能化终端就能够实现自主办税。利用大数据来建立智能化自主办税终端,在房产交易中心、银行网点、商业中心区域以及政府行政审批重点等地方放置智能办税终端,纳税人就可以在办理相关业务的时候就近办理税收业务。智能终端可以开发票、进行纳税申报,还可以进行税费缴纳,让纳税人无须专门去税务机关办理相关业务。纳税人通过纳税终端办理业务时,如果遇到困难,可以与税务人员进行实时远程视频联系,寻求帮助。此外,还可以实现网上税务局自主办税,充分利用大数据来打造网上报税系统,对现有的信息化软件进行优化,整合涉税数据,让纳税人利用手机和计算机就可以实现自助办税。

(三)建立个性化的纳税服务体系

税务机关可以利用大数据技术建立个性化的纳税服务体系,按照需求采集、需求分析和服务落实的步骤来实现个性化纳税服务。现阶段纳税人的种类越来越多,而不同纳税人有不同的纳税需求,了解纳税人的需求能够为税务机关开展纳税服务工作提供导向。首先要进行需求采集,建立完善的纳税人需求采集制度,税务机关应该从纳税人的需求出发来建立立体化的需求信息采集制度,例如可以设立征求意见箱、创建恳谈室,也可以通过网络建立税务互动平台,以此来采集纳税人的各种实际需求,保证纳税服务需求信息反馈途径通畅。其次要对纳税人的各种需求进行科学分析,准确把握纳税人的需求。通过各种方式征集得到纳税人的需求信息之后,要加强对信息的分析,对需求进行总结归纳,以此为基础对纳税人进行分类,这样就有利于税务机关做好纳税人的个性化服务,实现税收服务资源的最大化利用。在信息分析过程中,要重点分析纳税人的特点和需求,同时注重纳税人的个性化需求,准确把握重点税源企业的税收需求。对于重点税源企业,应该做好税收风险点的分析,并制定针对性的服务措施。最后是落实服务,要拓展平台功能,对风险行为进行理性分析,并选择有效的服务措施,在共同化纳税服务的基础上做好个性化风险管理服务,同时优化纳税服务信息化平台,结合不同的纳税需求来建立差异化的纳税服务渠道。

(四)创建电子化的信息传递系统,获取涉税信息

税务机关还应该大力拓展涉税信息的获取渠道,创建电子化的信息传递系统。目前,税务机关建立的涉税信息传统渠道已经比较全面,但是由于我国的信息技术起步较晚,相关服务人员的专业水平有限,因此税务机关的信息系统建设比较落后。纳税

人对各种大数据的应用不够充分,大数据的利用效率比较低,税务机关难以向纳税人提供个性化和便捷性的涉税信息。对此,税务机关应该转变观念,对信息传递理念进行调整,重视主动性,主动将信息传送到纳税人手中,有利于服务人员对信息的传递更具有针对性,从而提高传递效果、做好信息的分类、优化信息传递方式。可以根据纳税人的网上交易信息、网站浏览痕迹来准确把握纳税人的关注重点,了解动态涉税需求,并主动为纳税人提供智能化和个性化的纳税服务。另外,利用大数据建立税收大数据服务平台,为纳税人提供各种服务,帮助纳税人轻松了解各种涉税信息。

(五)构建立体化的税收风险防范机制

在大数据背景下,税务服务面临着较大的风险,因此税务机关应该构建立体化的税收风险防范机制,以此来确保税收安全。首先,建立涉税风险预防机制,通过各种方式来宣传税法,让纳税人能够熟悉掌握政策的变化。其次,建立涉税风险预警机制,充分利用大数据技术对频错数据进行梳理,对发生错误的数据进行汇总,找出错频度的最高风险点,分析错点原因,并做好防止错误的指导手册,发放给纳税人。再次,建立涉税风险提醒机制和涉税过错自我纠正机制,开展纳税风险的提醒服务,通过手机短信、提醒服务手册等方式提醒纳税人有效规避风险。利用大数据及时发现纳税人正在履行纳税义务过程中的过错,并及时进行纠正,有效化解税收风险。最后,建立风险内控协助机制,充分利用大数据技术来量化行业涉税风险点,建立完善的行业风险特征库,加强对企业税收风险的管理。

第三节　大数据在税收征管中的应用

一、国外大数据运用于税收征管的经验

(一)注重大数据战略筹划

许多国家已经确立大数据战略思维,将大数据分析运用逐渐引入税收征管体系,通过全面系统地推进税收征管的科学化和智能化,来实现绩效的提升和税收收入的最大化。经合组织(OECD)56个国家中,除捷克、意大利、保加利亚外,其余国家都有一个为纳税人提供范围更广、质量更高的互联网服务中长期计划。其中,英国皇家税务与海关总署(HMRC)于2012年公布的数字化税务行动计划,将2012—2018年及以后的数字化税务行动分解为现阶段、过渡阶段和变革阶段3个时期以及22项子行动计划,围绕纳税人需求进行机构重组,建设数字化税务部门,基于大数据分析做出智能反应和快速应对,开展大规模的跨部门数字化合作,将数字化作为政府向纳税人提供服务的优选方式。澳大利亚于2015年推出"更智能的数据计划",这项配套政府行政

方案通过智慧数据计划改善税收决策,优化纳税服务和税收遵从。美国在其 2014—2017 年战略目标中,明确将个人所得税电子申报率由 2013 年的 83% 提高到 2017 年的 90%,并对电子化服务、网上办税水平和门户网站的可用性与响应效率等都有具体目标设定。

(二)以法律和制度保障大数据的运用

(1)以法律保障大数据的推行和建设。美国在其宪法中明确规定各方提供涉税信息的法定义务,于 2002 年颁布了《电子政务法案》。正是有了法律的强制性保障,才可能出现美国税务署强制要求瑞士银行提供美国公民的账户信息的情况。

(2)以科学的制度保障数据管税的运行。例如,印度实施的 GST 改革,就是依托大数据对货物与劳务买卖双方交易信息的相互印证和确定,建立交易双方金额及税额的对应勾稽关系,前一环节已缴进项税款之后,本环节才能抵扣销项税款。通过纳税人之间的相互监督和制约,从传统的"以票管税"转变成"信息控税"。英国 2018 年发起了"税收数字化计划"(Making Tax Digital Project),通过利用人工智能和大数据收集税收调查中的证据,逐渐摒弃传统的财产搜查方式来收集证据。北欧国家已经采用预先设定的纳税申报制度,税务机关根据该制度在纳税申报表中填写必要的信息项目,如收入和扣除金额,纳税人在网上查看并提交填写的表格。这些系统的亮点是它们在改善税收征管的同时,提高了个人和公司办税的便利性,带来了申报制度的革新。

(三)重视税务外部数据的运用

在大数据的收集和追踪上,从传统的申报信息和有限的第三方信息资源,拓展到部门资源、行业资源、商业资源、社交媒体直至电邮电话等。例如,2010 年英国皇家税务与海关总署(HMRC)就推出了"连接系统",这是一种新的社交网络分析软件数据挖掘计算机系统,它是基于大数据将企业和个人的税务记录与其他数据库(从多个公共和私人来源包括银行、地方议会、社交媒体收集的数据和信息)实行交叉引用,以发现和确认其是否存在税务欺诈性或收入隐匿行为。印度所得税部门前几年耗资 100 亿卢比开发"洞察行动"项目,该项目是大数据管理系统与机器学习的结合,是一个复合分析平台,通过引入大数据分析,监视和跟踪人们的社交网络活动情况,并找出其收入与支出不匹配的所有呈现形式。美国税务局对雇主 1099 表格匹配度和社交媒体数据的监控,更容易掌握和核实个人自营职业、社会保障金和彩票奖金等收入信息。通过区域收入统计分析,税务局甚至不需要先进行人工审计,当某人申报额低于一定的门槛时,它就会触发系统报警并提示进入审计程序。

(四)以先进的技术作为大数据支撑

(1)方式新颖。如美国联邦税务局(IRS)采用对纳税人画像的方法,详细呈现纳税人的所有交易和收入信息。IRS 还采用异常检测、计算机集群技术甚至神经网络来改善选案和协调，有效识别税收申报异常和逃税行为。英国通过"连接系统"数据分析工具，可交叉匹配超过 10 亿个内部和第三方数据项，并将信息结果以网联方式呈现。税务局只需按一下按钮，就可以看到纳税人的大部分信息。

(2) 建立大数据平台。例如，美国 IRS 从 2010 年开始，在反退税欺诈、个人收入不实申报、现金收入管理以及税收稽查选案和审计管理等方面，全面推行大数据挖掘统计分析系统，带来征管质效的大幅提升，实现用更少的钱做更多的事。英国皇家税务与海关总署成立了数字化服务中心和大数据分析中心，面向全球招聘具有世界一流数字化工作经历的产品经理、交互设计师、客户研究专家、技术架构师以及软件开发师。新加坡国内税务局通过推出的"大规模并行处理平台"，为税收分析定制了一个集中式数据库，整合了来自不同渠道的信息资源，并以适合预测建模和其他高级分析技术的格式存储，以便在随后的数据运用中，能够以更灵活的方式回应和处理各部门的优先事项。

(3) 开发先进的分析软件。如英国、美国、加拿大、澳大利亚、新加坡、芬兰等国家都能熟练运用 4 种以上的大数据分析软件来进行数据的挖掘分析和应用，通过几种分析软件功能的互补和强化，拓展大数据应用的覆盖面和准确度。墨西哥税务局在整合了强大的数据分析工具后，能够在几分钟内分析和整合 1 000 万张发票。

(五) 重塑组织体系适应大数据管理

(1) 围绕数据流转配备组织机构。如美国 IRS 在内部成立了研究分析和统计司 (Research, Analysisand Statistics Division, RAS)，由国内收入署署长主管。其主要职责是负责联邦税务系统数据的收集、研究、分析和统计，开展国内收入署战略研究，为决策提供参谋建议。英国皇家税务与海关总署设立了知识、分析和情报理事会 (Knowledge, Analysis & Intelligence Directorate, KAI)，由统计学、经济学、运筹学和社会学等多学科、多领域的专家团队组成，将税务局内部技能与强大的分析功能相融合，从大数据中识别发展趋势、潜在威胁、预警指标和纳税人行为，并根据情况提供针对性纳税服务或进行执法干预，有效提升决策准确度、服务满意度和稽查事项办结效率。爱尔兰税务管理局通过成立一个高级管理小组——收入分析小组 (RAG) 来管理税务局的所有分析工作。

(2) 在组织体系的结构设计方面，有的国家充分融合专业力量和社会资源，实现技术、功能、利益和职责的综合平衡。例如，印度中央直接税局设立的货物与劳务税信息系统 (GSTN) 就是政府与印度信息咨询服务业的龙头企业——Infosys 公司合资开发和营运的，通过这种新的机构形式，将专业公司的技术优势与政府的管理理论完美融合，为信息系统的稳定运行和不断完善奠定基础。

二、大数据应用于税收征管的意义

(一)减少征纳成本,提高征管效率

在税务征纳过程中,税务机关以及税务人所付出的所有成本之和,包括征税成本、纳税成本以及课税负效应等,统称为税收成本。其中,征税成本分为直接成本和间接成本。直接成本是指税务机关的税务设计成本、税款的征收成本和进行税务稽查及处理税收违法案例的查处成本;间接成本是指社会上的其他相关部门和组织、团体为税务机关组织税收而承担的各项成本。

利用数据收集平台收集涉税数据,对数据进行筛选、对比、匹配,再通过大数据分析手段强化税源管理,全面把握有关纳税人的纳税信息等重要数据,利用大数据为决策者提供决策,提高税收管理的科学性和有效性。

大数据技术可以建立信息共享平台,在多个部门之间实现有效的信息共通,省去烦琐的中间环节,合理控制税收征管成本。基于平台制度设计与数据采集、平台数据分析与应用等先进手段,搭建多元化的信息共享平台,从根本上解决各部门之间、各环节之间、主客体之间由信息不对称所带来的风险,这样一方面能提高税收征管工作效率,另一方面对政府运作效率的提升也有很大帮助。

(二)有助于建立合作互信的征纳关系

影响税收遵从度的主要因素有两个方面:一方面,取决于纳税人本身对税收的认知水平;另一方面,取决于国家的税收法治水平、税收信息透明度以及社会氛围。大数据技术手段融入税收征管体系中,正是打造一个信息公开、透明的税收征管平台,确保税务机关能够更深刻、更全面地挖掘和对比涉税信息,第一时间发现风险隐患并及时采取纠偏措施,帮助征纳双方建立合作互信的关系。阻碍我国纳税遵从度提高的原因很大程度上在于纳税服务水平欠佳、相关宣传普及不到位、征纳双方的信息沟通不畅等,而这些问题在大数据时代背景下有望得到解决,税务部门可以借助信息网络平台加大宣传力度,营造知法守法的氛围,为税务征纳双方搭建信息沟通的平台,形成相互信任、相互理解的合作关系。

(三)有助于提高税收风险管理水平

税收风险管控是税收管理中的一个重要环节,是指税务机关利用风险管理理论,将各种类型的纳税人划分为不同的税收风险等级,通过纳税风险评估和提醒、税收稽查等多种手段,防范税收流失风险,提高纳税人遵从度和自身税收管理水平的管理活动。

税务机关可以利用大数据等技术手段,在海量信息中迅速汲取有价值的涉税数据,为智能化、高效化的风险管理提供技术支持。另外,对于不同行业和类型的企业,它们的风险关注点各有差异,一方面,要求税务机关工作人员具备丰富的税收征管经验,熟练运用现代信息技术筛选海量涉税信息;另一方面,要求全面了解不同类型行业与企业的运营特征,深入对比、分析和评估涉税数据,了解企业的主体经营业务和经营趋势,通过参数分析判断行业整体的风险水平,针对重点行业和企业构建相应的税收风险评估模型,为管控税收风险做好准备。

三、大数据应用与税收征管现代化的匹配性分析

(一)大数据应用与推动税收法治的匹配性

从当前税收征管来看,我国税收立法进度已经落后于经济社会发展。税收征管大多依靠行政法规、规章等层级较低的文件来约束,约束力小,政策变化频繁,导致税务机关在税收征管中执法保障力度弱,税收执法一致性不高。大数据税收征管必须依靠涉税数据汇集,需要推动各类涉税数据向税务部门集中,通过实施大数据税收征管,推动国家不断建立健全数据管理立法和税收立法,确保大数据在税收征管中的作用得到充分发挥,提升税收法治水平。

(二)大数据应用与现代税收征管改革思路的匹配性

随着经济社会的快速发展,税收征管逐步从传统的事前审批、全程管控的管理方式向放宽入口、优化服务、强化事中事后监管转变。作为经济社会管理的重要组成部分,税收征管也从传统管户、管事制向管数转变。数据作为经济社会事件的反映,是经济管理的入口和宝库,只有获取足够有效的数据,才能客观准确地反映经济社会的本质,才能及时采取有效的征管措施。管好税收大数据是有效开展税收征管的前提和关键。

(三)大数据应用与税收征管技术手段的匹配性

传统税收征管大多采用经验管理、事后管理等方式。一方面,税收管理定量的方法应用较少,缺乏管理精准度;另一方面,税收管理重在事后补救,缺乏过程控制,更没有事前防范,因此管理效果不佳。大数据技术可有效弥补当前税收征管的不足,通过大量的数据,全面、准确地反映纳税人的生产经营状况和纳税情况,并通过分析对纳税人的生产经营、纳税行为和涉税风险开展预测,从而实现税务机关全链条管理。因此,大数据在税收征管中的应用是税收征管的有效途径,也是税收征管现代化的必由之路。

(四)大数据应用与税收征管组织体系变革的匹配性

税务机关是按照税种和工作事项设置征管组织机构,省以下税务机关承担了绝大多数具体税收征管工作。随着行政体制改革,税务总局和各省局被赋予更多的具体管理职能,承担了众多决策事项、重大事项和行业管理事项,推动总局和省局税收管理从

后台走向前端,需要更多有效的数据和有效的管理手段,大数据在税收征管中的应用正好弥补了这一短板。

第四节　大数据运用于税收征管的挑战及建议

一、大数据运用于税收征管的挑战

我国现行的税收征管工作是依据《中华人民共和国税收征收管理法》(以下简称《税收征管法》)。《税收征管法》于2015年进行了第三次修正,对征税机构和纳税人双方都做出了明确规定,做到了真正的有法可依、有法必依。随着大数据时代的到来以及线上销售模式的不断发展,《税收征管法》的不足之处逐渐显露。

(一)税收征管难度加大

随着我国科技不断进步,电子产品、电子设备、线上购物和人工智能早已经走进千家万户,现在市场主体也越来越多元化,线上的销售模式给我国的税收征管工作带来了严峻的挑战。线上销售具有隐蔽性、流动性和易转移性等特点,例如,拼多多、淘宝、京东和天猫等,还有一些海外平台也纷纷走进广大群众的视野,这些线上销售模式不仅给传统的实体销售带来了严重的冲击,而且给税收征管工作带来了更加严峻的挑战。

(二)税务机关工作人员对数据分析和处理的能力不足

随着经济水平的快速发展,数据信息、图表信息、纸质发票和电子发票等各种税务信息不断增加,这给税务机关的工作人员提出了更加严格的标准和要求,税务机关工作人员不仅要具备扎实的理论基础,而且要具备对电脑等新兴电子产品的实际操作能力。

从我国目前的税务机关构成来看,从事税务工作人员的年龄整体偏大,而且对于新兴设备的接受能力不足,这就要求现行税务机关使用的结算软件简单明了、易于操作,进而提高税款征收的准确性、节省大量的时间,也可以提高税收征管工作的效率。

此外,在现行税收征管过程中,专业的大数据分析软件都是由数据管理部门以及一些专门研究大数据软件操作的专业人士进行操作,导致懂大数据分析的人员却不能进行税款核查等工作、懂财务知识的人员却不懂利用大数据分析,缺少工作的准确性。

(三)尚未建立完善的税务代理机制

2019年1月1日开始实施新的《个人所得税法》,分类与综合相结合的计税方式以及按月、按次预缴、年终汇算清缴的征收方式,也给许多纳税人带来了巨大的挑战。同一些发达国家相比,我国还没有建立税务代理这种意识。

以美国为例，美国实行的是自行申报的制度，即先由纳税人自行申报，再由税务机关进行审核和核定，如果自行申报与自己实际收入差额较大，那么纳税人就要面临高额的罚款甚至刑事处罚。大部分美国人的纳税意识很强，能够按照自身实际情况进行报税。但是，美国的个人所得税比较复杂，除非自己是专业的税务人员，否则一般情况下，纳税人都会选择由专门的税务代理人员或者机构进行申报，这样不仅能提高税款核定的准确度、增加税收征管的效率，而且专业的税务代理人员可以帮助纳税人进行税收筹划，从而减少税款缴纳的金额。反观我国，除了一些高收入人群和企业高管等，很少有人会请专业的税务代理人员，这也在一定程度上限制了我国税务代理行业的发展。

(四)税款征收过程中存在信息不对称

在税收征管过程中，主要包括纳税人、政府机构和征税机关三个主体。从我国现阶段基本国情来看，虽然我国人均GDP逐年稳定增长，但是我国仍处于社会主义初级阶段，依然是一个发展中国家，信息不对称的情况仍然十分严重。

首先，政府机构和征税机关存在信息不对称。从经济学的角度来说，政府机构是委托人，委托税务机关进行税款的征收，虽然政府机构能够依据数据信息来判定每个地区的大致经济发展水平和地方税款征收情况，但是更加具体的信息仍掌握在税务机关的手中，信息由税务机关传到政府机构存在很大的时滞性。因此，政府机构不能根据各地的税款征收情况制定相应的经济政策和税收政策。

其次，税收机关与纳税人之间存在信息不对称。这可以说是纳税过程中最为严重的问题，纳税人考虑到自身利益，很有可能提供一些不实的财务信息。在纳税人自行申报过程中，税务部门与纳税人之间存在严重的信息不对称问题，税务部门无法获取纳税人的财务信息和往来交易账户明细。

最后，税务机关的内部也存在一定程度的信息不对称。这里主要探讨的是税务机关和税务工作人员的信息不对称，税务机关的工作人员是整个税收征管过程中的实际参与者，虽然税务机关有相应的要求和规定，但是在具体税收征管过程中仍会存在一些特殊情况，税务机关并不能及时获取这些征管过程中发生的异常情况。此外，税务机关也没有建立一套行之有效的绩效考核标准，税务机关的工作人员自然消极懈怠，这也在很大程度上降低了税收征管的效率。

二、大数据运用于税收征管的建议

我国税务机关在实际征税工作中仍面临税收征管难度大、税务人员专业能力不足、税务代理机制尚未建立以及信息不对称等问题，税收征管模式改革亟须被提上日程。

(一)提高税收征管能力

随着我国信息化程度的不断提升,我国现在税收管理部门平台建设尚未完善,税收征管工作也越来越困难。首先,在互联网技术下,税收管理机关应该开始为纳税人提供多途径的沟通交流平台,如微信企业号、QQ群、12366纳税服务平台、官方公众号和官方留言等,纳税人可以在自己的空闲时间查看税务机关发布的涉税信息和相关的税收征管政策。其次,可以结合可扩展标记语言、区块链技术、直通式处理技术和光电扫描技术等技术的应用,大幅度提升我国税收征管能力。最后,打破思维限制,最终形成企业、税务、财政、金库、银行、证券、海关、法院、边防、公安、社保等多家涉税部门一体化的税收征管服务平台。

(二)提高税务人员的专业能力

随着"金税三期"以及一些现代信息技术的高速发展,将"大数据""互联网+"以及区块链等技术融入现有的税收征管体系之中迫在眉睫。近年来,我国的物联网、传感网、云计算、移动互联网和5G技术不断发展,全球信息化已经从最初的数字化慢慢向智能化和网络化的方向发展,无论是政府机关还是税务机关,都应该树立一个现代化的管理理念。

目前,我国税务机关的工作人员专业素质参差不齐,有一部分年长的税务工作人员不能适应现代化的新型技术,而一些年轻的税务从业人员对自身的业务还不熟悉,也不能及时、准确地学习新的税收政策,因此,税务机关应该采取更加多元化的形式来提升从业人员的基本素养。

(三)完善我国税务代理制度

税务代理制度在西方国家十分发达,而在我国的进展却相对缓慢。税务代理制度是指税务代理机构在法律界定的范围内,代替纳税人进行纳税申报、税款缴纳等相关事务的一种制度。很多发达国家实行的是纳税人自行申报的制度,由于自身没有系统地学习过财税专业知识,所以大部分纳税人会选择专门的税务代理机构进行纳税申报。

推行税收代理对征纳税双方都具有很大的好处。对于税务机关来说,专业的税务代理人员可以更加准确地核定纳税人的应纳税所得额,区分一些免税收入,对税收优惠政策也十分了解,这在很大程度上减少了税务机关的征税成本,也提高了征税效率。对纳税人来说,专业的税务代理人员可以帮助他们快速、高效、准确地核算应纳税款,这样就节约了纳税人大量的时间和精力,特别是在我国,有些税款缴纳过程十分烦琐,由专业人员进行操作,能够减少税收违法行为的发生。此外,大部分纳税人对税款征收的条件和政策不熟悉,在自行申报的过程中,还要抽出时间了解相关规定,因此把税款缴纳交给专门的税务代理机构对双方主体而言都是利大于弊的。

(四)提高纳税人税收遵从度和维权意识

在我国,国民的纳税意识并不强,对征收税款的认识还没有上升到这是一项"取之于民、用之于民"的工程。在美国,房产税由地方征收,用于当地的教育事业,在这种情况下,税款的缴纳能够体现在孩子的教育中;也就是说,从这个层面上来说,我国税款尽管征收上去了,但是纳税人并不知道用在了哪些地方,税款的使用没有达到公开透明的程度,那么纳税人自然是不愿意缴税,这也使税收征管过程变得更加困难,而且缺乏效率。

纳税人的税收遵从程度直接影响我国的财政收入。在税款征收过程中,不能够伤及税本,例如,企业所得税不能影响企业正常的生产经营活动,而个人所得税则不能影响其正常的衣食住行,只有把纳税人自己的小家经营好,那么纳税人才会甘愿缴税,来得到更加良好的公共物品和美好的生态环境。

随着我国居民文化程度的不断提升,现代人的法理知识和税务知识都在不断提高,在我们缴纳税款和日常学习的过程中,我们会更多地关注税款征收是否合理、征收方式是否合适,但目前我国对纳税人权利保障规范仍不够全面和细致,纳税人申诉的平台和渠道不多,申诉效果也不明显。因此,提高我国纳税人的维权意识也是一项重要的任务。

第五节　案例分析

案例一:大数据与税收——以 D 市税务局为例

(一)案例背景

国家税务总局从 2003 年开始,陆续下发了《关于加强税收风险管理工作的意见》《纳税人分类分级管理办法》《关于开展个人所得税风险管理工作的通知》《关于做好财产行为税风险管理工作的通知》等多份文件,对把风险管理融入税收征管全过程提出具体要求。

在大数据背景下,税收风险管理的工作都是在拥有涉税数据的基础上开展的,对税收数据实现采集和筛选,进而分析和利用,在税收征管环节中准确地辨别风险,并根据风险类别的不同和风险程度的高低,有选择地采取适当有效的方法进行纳税评估或风险应对。从这个角度来看,税收风险管理的核心就是数据管理。

(二)案例介绍

近年来,D 市税务局先后下发了《关于加强数据采集的实施意见》《数据采集工作操作指南》《数据质量治理活动方案》等文件,并确立了每月下发一期《数据清理情况通报》的制度,明确了数据管理工作思路,积极拓展涉税信息报送渠道,不断提高税收情报的覆盖面和有效性。数据采集工作的做法如下:

1. 对信息系统数据进行集成

由于信息的不对称性,在税务机关内部的风控部门、流转税部门、征管部门、收核部门、稽查部门等相互之间存在着信息不对称问题,因此,要将税务信息系统中采集到的数据进行收集和汇总,加强内部信息的关联性。例如,将税政部门的企业所得税汇算清缴与风控、稽查部门的风险管理信息结合起来,在汇算清缴的同时排除企业其他涉税风险,提高风险应对成效。

2. 提高申报信息的准确性

纳税人同税务部门的信息不对称主要出现在信息采集环节,为确保纳税人提供信息的真实可靠性,D市税务局在工作中大力推行"还责还权于纳税人"的制度,将风险管理的事后纠错转变为事先预防,在办理涉税业务时,要求纳税人核实后签字或按手印进行确认,对其财务报表资料和自主申报数据,进行认真核对,注明"本人承诺以上信息真实准确,并承担相应的法律责任",切实维护守法纳税人的合法权益,以此来确保数据的可靠性,明晰纳税人的权责。

3. 广泛收集第三方数据

D市税务局在利用省级综合信息平台功能的基础上,加快本市综合信息平台建设,实现财税综合信息全市范围内全覆盖。针对不同职能部门的数据特点,根据税收管理需要设计不同的数据采集、分析功能模块,严把采集、录入、审核三大关口,规范数据采集标准,严格数据报送时限,实现第三方涉税数据信息化处理。同时,以《J省税收保障条例》的颁布为契机,积极与D市相关涉税部门进行协调和沟通,对涉税信息的传递进行了明确,搭建第三方信息交流平台,对获取第三方信息的渠道进行补充和完善。每年能从信息平台上获取涉税信息数万条,累计查补税款2.37亿元(其中2013年查补1 566.46万元;2014年查补2 690.81万元;2015年查补2 787.21万元;2016年查补5 770.71万元;2017年查补6 032.04万元;2018年查补4 922.25万元),有效堵住了征管漏洞,提升了风险管理实效。

案例思考题

本案例如何将大数据应用于税收的监管?

案例二:大数据与税收——以益阳市政府综合治税平台运用为例

(一)案例背景

汇付天下有限公司是一家中国领先的独立第三方支付集团公司,始终以创新的支付和金融科技驱动发展。通过领先的科技和卓越的运营,提供数字化时代的支付处理和账户结算服务，保护客户数据资产安全，持续为客户创造更多价值。

2015年国务院出台《促进大数据发展行动纲要》，标志着大数据正式上升到国家战略，大数据治税成为现代税收征管的新常态，相伴而生的既有海量涉税数据的产生，又有云计算、区块链等数据分析技术在税收治理上的广泛应用。而利用大数据治税是税收治理方式的根本性转变。传统税收管理流程遵循"出现问题—逻辑分析—查找原因—应对解决"的事后救火模式，大数据战略下则按照"收集数据—量化分析—查找逻辑—优化方案"的事前管理模式。遵循这一思路，益阳市税务局在利用第三方数据探索税收管理方面取得了积极成效。

(二)案例介绍

1. 益阳市综合治税平台的特点

为破解征纳信息不对称问题，提高纳税人税法遵从度，益阳市税务局推进由益阳市政府牵头，在南县、沅江、安化等各县市建立综合治税平台，用于采集第三方涉税信息。各县市综合治税平台并不完全一致，但功能、模块大致相同，一般包括纳税人管理、数据共享、收入分析、税收预警、数据报送、税收核查、云采集、纳税信用证明等九大业务模块。平台具有以下几个特点：

(1)建立综合治税平台运行机制。益阳市税务局推动益阳市政府建立税收协控联管工作机制，成立市级到乡镇级的三级地方政府常务主抓，税务、财政、纪检等各相关单位参与的税收协控联管领导小组；通过加强与财政、国土、房产、住建、交通等相关部门的沟通联系，提请市政府出台《益阳市人民政府进一步加强税收协控联管工作的通知》，搭建了地方牵头、各相关部门参与的第三方涉税数据共享机制；在税收协控联管工作机制基础上，益阳市税务局出台《税收协控联管控税证明管理办法》，明确了市、县、乡三级政府及43个政府部门为税收风险管理提供涉税信息的工作职责，进一步打通第三方涉税信息的采集渠道；同时，由税务部门牵头，按行政事业单位本身职责制定详细考核细则，出台《税收协控联管工作考核办法》，以考核办法为抓手，狠抓税收协控联管落实到位；制定了综合治税平台信息保密制度，做好信息保密工作。

(2)采集第三方涉税信息。按照"拇指法则"，数据分析至少有70%~80%的时间花在收集和准备数据上。益阳市税务机关通过推动益阳市政府搭建综合治税平台，使用网络信息技术，对以税务、财政数据为核心，以市场监管、质监、保险等县区级政府组成部门及国有企事业单位数据为辅助的涉税数据进行采集，实现了区域涉税数据的集中采集。采集方式上，通过各单位数据的互联互通，保障了数据报送的简便与报送数据的有效性，支持Excel、数据库直连、Web Service等多种数据采集方式，确保数据采集的速度。

(3)开展数据清洗匹配等数据整合。系统通过以税务、工商为主线的注册信息，串联各个涉税部门信息，实现对纳税人信息直观明了的一户式查询，包括纳税人缴税记录以及用水、用电、用气、房产、土地等相关信息，"一户式查询"企业纳税明细信息与主要涉税信息；并通过未报送数量预警、已报送数据查询、报送模块下载、新增/覆盖报送、截止日期后自动锁定、乡镇数据报送情况表、各涉税单位数据报送情况表等功能，确保数据报送的完整有效。

（4）开展涉税数据分析。在对各单位数据进行多维度的数据分析比对后，及时查找和发现税收风险点，如通过能耗、税收比较，对房产销售、项目资金拨付等情况进行比较分析，对发现的税收风险通过平台的预警功能及时通知税收征管部门，强化税收征收管理。系统通过收入分析，为涉税相关决策提供有效依据，同时可清晰直观地了解税源家底，掌握税收变化情况，为决策提供依据。

（5）实现税源管控。各县市平台最关键的作用在于实施税源管控，即通过建立"先税后证、以票控税"主题分析控税机制，利用财政性资金拨付控税、纳税完税证明单控税、二手房交易控税、砂石控税、建安耗材控税、医药报销控税和审计发现的税收违法行为进行税源管理；同时，政府各职能部门可依据平台所反映的情况，依法对税务机关组织收入情况实施监督，有效增加政府财政收入。

（6）加强风险应对的跟踪反馈和风险指标改进提高。目前，益阳市税务局所有第三方数据的比对信息均通过平台推送。经平台推送后，可以及时跟踪实施风险应对的状况、成效和反馈意见，为第三方数据应用情况的监督评价提供依据，实现了从数据采集、建立指标、风险分析到应对反馈、优化模型的闭环运行体制。

2. 利用政府综合治税平台取得的积极成效

（1）有效提高征管效率。通过政府综合治税平台，政府各职能部门及相关企事业单位为税务机关提供了比较全面和准确的外部涉税数据，将原本需要税收管理员实地采集或通过各种渠道采集的数据一次性汇集至案头，大幅降低税收成本，提高工作效率。以药品和医疗器械行业为例，2016 年开始由医保部门提供涉税信息后，益阳市税务局投入的征管资源大幅减少，入库税款却大幅增加到年均 5 000 多万元，同比增长 178.36%。

（2）有效防范税收风险。就建筑行业而言，益阳市过去建筑安装行业纳税人以不合法的票据列支成本现象比较突出，税收流失较为严重。2016 年实行建筑服务业第三方信息管税后，全市建材经销商的发票供应量增长 68.17%，税务窗口代开发票量增长 57.59%，风险管理水平得到全面提升。

（3）有效增加税收收入。通过第三方涉税数据的分析运用，有效推进税源管控，增加税收收入。安化县局从 2016 年 8 月政府综合治税平台投入使用到 2018 年 11 月，系统累计采集各类纳税综合信息 883 482 条，共计控税 9.98 亿元，最大限度地杜绝了偷税、漏税现象，做到了应收尽收。

案例思考题

本案例带给我们哪些启示？

本章小结

本章首先通过阐述税收信息化的内涵及我国税收管理信息化的发展现状，得出我国未来税收信息化的发展方向主要是信息规范化和标准化、数据挖掘深入化以及各级平台建设自主化和差异化。其次讲述了大数据的存在对于纳税和征税两方面的影响。在纳税方面，大数据的存在满足了纳税人个性化、智能化和便捷性的需求，同时大数据的存在也改变了传统的纳税模式。在征税方面，大数据的存在使得我国的税收收入快速增加，税收征管水平也得到显著提高。同时，大数据的到来不仅给我国税收方面带来积极的影响，而且带来了诸多挑战，主要包括税收征管信息不对称、未完善的税务代理机制等。最后，就大数据带来的诸多挑战给出相关建议。

思考题

1. 税收信息化发展趋势主要包括哪几个方面？
2. 大数据如何创新纳税模式？
3. 简述大数据给税收征管带来的机遇和挑战。

第八章　大数据与量化投资

在金融投资领域,互联网、云计算和大数据等技术的运用已经逐渐深入到多个环节,特别是在投资方式上,加快了我国量化投资方式的完善与发展,为投资者提供了强有力的数据支持。量化投资方式在美国已有三十多年的历史,运用数学或者统计模型来模拟金融市场的未来走向,使得投资者可以基于数据分析和动态模拟进行合理预测,预估金融产品的潜在收益。

第一节　量化投资概述

一、量化投资的起源和发展前提

（一）量化投资的起源

1952 年,马科维茨(Harry M. Markowitz)提出了投资组合理论,该理论以期望值衡量收益、以方差值衡量风险,第一次正式将收益和风险这两个股票市场中最重要的概念数量化,因此,马科维茨也成为现代量化投资的鼻祖。1964 年,夏普(William Shape)又在简化模型的基础上进一步发展,提出了金融界尽人皆知的资本资产定价模型(Capital Asset Pricing Model,CAPM)。罗斯(Stephen Ross)在 CAPM 的基础上,提出套利定价理论(Arbitrage Pricing Theory,APT)。1973 年,布莱克和斯科尔斯(Black & Scholes)正式提出了期权定价理论(Option Pricing Theory)。衍生品市场的重要产品期权开始迅速发展,为量化投资的兴起提供了更多的工具和更大的操作空间,加速了量化投资的崛起。

（二）量化投资的发展历程

1. 国外的发展历程

第一阶段:对冲阶段。该阶段为 1949—1968 年,是量化投资的萌芽阶段。这一阶段具体的量化投资实践很少,主要是为量化投资提供的理论基础和技术准备,量化投资脱胎于传统投资,对抗市场波动,通过对冲稳定 Alpha 收益,但收益率低。

第二阶段:杠杆阶段。该阶段为 1969—1974 年,是量化投资从理论走入了实践。

在投资思路上,因为原本的 Alpha 策略收益有限,所以通过放杠杆来扩大第一阶段的稳定收益。实践方面,1969 年,曾任教于美国麻省理工学院数学系教授爱德华·索普(Edward Thorp)开办了第一个量化对冲基金,进行可转债套利,他是最早的量化投资的使用者。1971 年,巴莱克国际投资公司(BGI)发行了世界上第一只被动量化基金,标志着量化投资的真正开始。

第三阶段:多策略阶段。该阶段为 1975—2000 年,在这一阶段虽有一定的挫折,但总体上量化投资得到了平稳的发展。在投资思路上,由于上一阶段通过杠杆放大收益的副作用产生了,所以放大以后的波动率有所增大,从而转向继续追求策略的稳定收益。实践方面,1977 年,美国的富国银行指数化跟踪了纽约交易所的 1 500 只股票,成立了一只指数化基金,开启了数量化投资的新纪元。1998 年,据统计共有 21 只量化投资基金管理着 80 亿美元规模的资产。

第四阶段:量化投资阶段。该阶段为 2000 年至今,在这一阶段,量化投资得到了迅猛的发展,并且发展的速度越来越快。在投资思路上,运用量化工具,策略模型化,并注重风险管理。2008 年全球金融危机以前,全球对冲基金的规模由 2000 年的 3 350 亿美元在短短的 7 年时间内上升至危机发生前的 1.95 万亿美元,受美国次贷危机的影响,全球对冲基金规模有较大幅度的回落。2008 年之后,在全球经济复苏的大背景下,对冲基金规模才开始反弹。

2. 国内的发展历程

第一阶段:起步阶段。该阶段为 2004—2010 年,在这一阶段,我国没有足够的金融工具,量化投资在我国发展缓慢。2004 年 8 月,光大保德信发行"光大保德信量化股票",该基金借鉴了外方股东量化投资管理理念,这是我国最早涉足量化投资的产品。2010 年 4 月 16 日,准备多年的沪深 300 股指期货在中金所上市,为许多对冲基金的产品提供了对冲工具,改变了之前我国证券市场只能单边进行做多的情况。

第二阶段:成长阶段。该阶段为 2011—2013 年。2011 年被认为是我国量化对冲基金元年,而随着股指期货、融资融券、ETF 和分级基金的丰富与发展,以及券商资管、信托、基金专户和有限合伙制的量化对冲产品的不断出现,这个阶段的量化投资真正意义上开始发展,促使该阶段发展的直接原因就是股指期货的出现。

第三阶段:迅猛发展阶段。该阶段为 2014 年至今。2014 年被认为是值得载入我国私募基金史册的一年,基金业协会推行私募基金管理人和产品的登记备案制,推动了私募基金的全面阳光化,加速了私募基金产品的发行,其中包括量化对冲型私募产品。2014 年称得上是我国量化对冲产品增长最迅速的一年,以私募基金为代表的各类机构在量化对冲产品上的规模均有很大的发展,部分金融机构全年销售的量化对冲基金规模超过百亿元。2015 年 2 月 9 日,上证 50ETF 期权正式推出,这对我国的量化投资有着极大的促进作用；同年 4 月 16 日，上证 50 与中证 500 两只股指期货新品种的上市给量化投资带来更多的策略的运用，金融衍生品的不断丰富和发展，为量化投资提供了更多的对冲手段，也提供了更多的套利机会。

(三)量化投资发展的前提条件

1. 机构投资者的存在

量化投资因为其固有的专业性和技术性，很难在普通的中小规模的散户中推广开来，所以个人投资者主导的市场难以盛行量化投资。随着美国证券市场中共同基金和养老基金资产的大幅增加，机构投资者逐渐在市场中占据主导地位，它们委托专业机构为其提供投资服务，这为量化投资的发展创造了有利条件。由此催生出的投资管理机构能够进行专业性的投资操作，同时这些专业的投资管理人也有能力和精力专注于研究，运用量化投资等金融创新技术和新的运作方式来有效地管理大规模资产。

2. 发达的计算机技术

没有发达的计算机技术，量化投资也将成为无源之水、无本之木。1961 年，即便是用 IBM 最好的商用电脑，解出含有 100 只证券的问题也需要 33 分钟。如今，面对数不胜数的证券产品以及庞大的成交量，缺少了先进计算机的运算速度和容量，许多复杂的证券定价甚至不可能完成，因而计算机技术的发展客观上为量化投资的应用提供了可能性。

3. 打破传统的投资管理

在 1973—1974 年的大熊市中，美国证券市场全盘溃败，传统的明星基金经理人荡然无存，致使投资者开始反思传统的投资管理艺术，同时认为必须应用更科学的方法来管理投资组合。随着 20 世纪 80 年代以来各类期货、期权、互换等复杂衍生产品的丰富和交易量的大增，华尔街迅速适应变化的环境，不断用数理模型和计算机技术武装自己。

二、量化投资的特点和优势

(一)量化投资的特点

1. 纪律性

所有的决策都是依据模型做出的，每一步决策之前，首先要运行模型，根据模型的运行结果进行决策，而不是凭借人的主观感觉。这一特点可以克服源自人的弱点，同时保证每一步决策都可以被跟踪，进一步体现决策的科学性。

2. 系统性

系统性具体表现为"三多"，即多层次、多角度和多数据。多层次是指在大类资产配置、行业选择、精选个股三个层次上，每一个层次都有模型；多角度是指定量投资的核心投资思想，包括宏观周期、市场结构、估值、成长、盈利质量、分析师盈利预测、市场情绪等多个角度;多数据指的是海量数据的处理。

3. 套利思想

与定性投资致力于基本面分析不同,定量投资致力于寻找估值洼地,通过全面、系统性地扫描捕捉错误定价、错误估值带来的机会,从而买入被低估的、卖出被高估的。

4. 概率取胜

概率取胜表现在两个方面:一是定量投资不断地从历史中挖掘有望在未来重复的历史规律并且加以利用;二是依靠一组股票取胜,而不是单只或几只股票取胜。

(二)量化投资的优势

传统投资方式是指"定性"投资,基于投资者观察到的市场信号,依据自己的投资经验和相关投资理论,在对市场信号进行预判后进行的主观判断性投资。主观判断性投资决策简单、操作快捷,但投资者情绪会影响投资进程,使投资者无法客观度量投资风险。量化投资运用现代统计学和数学方法,借助计算机程序,从大量的历史数据中寻找价值洼地,构建能够带来高收益的各种"大概率"投资策略,并依其所构建的数量化模型的运行结果进行决策,力求获得稳定、持续、高于平均的投资回报。

量化投资分析是基于历史数据所隐含的客观规律构建量化投资策略,可以做到投资过程完全按照预先编制的程序进行投资操作,这是传统的定性投资方式所不具备的,也是量化投资的诱人之处。

1. 打破了传统投资在投资范围上的局限性

由于传统的定性投资受到投资人精力和专业水平等因素的限制,其所能跟踪的投资标的只能局限于某个特定范围,对于投资标的的考察因素也会有所限制。而量化投资则由于借助了计算机技术而大大增强其挖掘信息的广度和速度,使其投资分析的范围几乎可以覆盖整个市场,还可以在投资过程中将更多的影响因素纳入其中,包括宏观因素、流动性、波动性、盈利能力、成长性和估值等。由此可见,量化投资可以多角度分析且实现全市场范围的品种选择,这一优势也使其能够捕捉更多的投资机会。

2. 避免投资受到个人主观因素的影响

量化投资在操作中会严格遵循投资模型给出建议,而传统投资策略则往往受到投资人主观因素的影响,包括投资人的情绪、个人偏好和身体状况等。量化投资以统计分析和投资建模代替投资人依靠直觉主观判断,克服了人性的贪婪、恐惧、过分自信、侥幸心理和情绪化等弱点,使投资变得更为理性和客观,大大降低了在投资决策过程中人为主观因素对于投资行为的影响,避免因此做出不理性的投资决策,从而影响最终的投资收益。

3. 研究方法更为科学

量化投资是利用数据统计分析工具总结历史规律或捕捉投资标的定价偏差,从而发现投资并且较大概率取得成功。量化投资的投资体系不掺杂主观情绪和认知偏差,因此更为客观。同时,计算机强大的数据处理能力也使得信息挖掘更为充分和全面。此外,量化投资的每一个决策背后都有模型支持、数据支撑且经过历史检验,因此更为科学严谨;而量化投资更为科学客观、全面系统的研究和投资系统也使得投资人在风险可控的前提下能够更准确地把握投资机会,更大可能地实现收益的最大化。

4. 增强市场流动性,增强市场活力

量化交易特别是高频交易,有着频繁交易、交易量巨大的特点,为市场贡献了大部分的交易量,有力地增强了市场的流动性。发达的金融市场中,量化交易贡献了超过七成的成交量,大大推动了市场中的交易,自然也增强了市场的活力。

5. 增强市场价格的有效性

量化交易中套利交易占据了很大的比例,而且其交易量巨大,因而只要市场出现一点点的价格扭曲,就会迅速被极其灵敏的套利交易所纠正,直至回到合理的价格水平。因此,量化交易可以迅速纠正市场的偏差、增强市场定价的有效性,这有助于发挥市场价格的指导作用。

6. 提高投资决策效率

我国股票市场与上市公司相关的各种信息纷繁复杂,包括政策、国内外经济指标、公司公告、研究报告等,投资者靠自己手工筛选力不从心。量化投资的出现为这个问题的解决带来了希望。量化投资运用计算机技术快速处理大量数据,对其进行辨别、分析、找出数据间的关联并做出投资决策,大大减少了相关人员的工作量,提高了投资决策效率。

7. 实现精准投资

传统的投资方法认为投资是一门艺术,投资决策需要的是投资者的经验和技术,投资者的主观评价起到决定性作用。而量化投资有所不同,尤其是在套利策略中,它能做到精准投资。例如,在股指期货套利过程中,现货与股指期货如果存在较大的差异时就能进行套利,量化投资策略和交易技术会抓住精确的捕捉机会,进行套利交易来获利。另外,在控制头寸规模方面,传统的投资方法只能凭感觉,并没有具体的测算和界定,而量化投资则必须设定严格精确的标准。

8. 快速决策,把握机会

量化投资往往利用高速计算机进行程序化交易,与人脑相比,它能够迅速发现市场存在的信息并进行相应的处理,具有反应快速、把握市场稍纵即逝的机会的特点。量化投资在速度上最出色的运用就是高频交易。与低频交易相对,高频交易是通过高速计算机,在极短的时间内对市场的变化做出迅速的反应并完成交易。

9. 控制风险，获取收益

与传统投资方式不同的是，量化投资在获得超额收益的同时，能够更好地控制风险，业绩也更为稳定。相关研究显示，1996—2005 年间，量化投资基金在与所有传统主动型投资基金和偏重于风险控制的传统主动型投资基金的信息比率对比情况中，它的信息比率皆为最高，说明量化投资相对于传统投资，能够在获得超额收益的同时，有效地控制风险。

三、量化投资的主要策略

量化投资技术几乎覆盖了投资的全过程，包括量化选股、量化择时、股指期货套利、商品期货套利、统计套利、算法交易和期权套利等。

（一）量化选股

量化选股就是采用数量的方法判断某个公司是否值得买入的行为。根据某种方法，如果该公司满足了该方法的条件，则放入股票池；如果不满足，则从股票池中剔除。量化选股的方法可以分为公司估值法、趋势法和资金法三大类。公司估值法是通过对基本面的分析得出公司股票的理论价格，在与市场价格比较后决定高估或低估，进而决定买空或卖空。趋势法是将市场的表现分为强市、弱市和盘整三种形态。投资者根据不同的形态做出相应的投资决策，跟随趋势或者反转操作。资金法是指根据市场主力资金的流动方向来决定自己的投资决策。一般情况下，跟随主力资金的流向可以获得短期超额收益。上述三种方法在实践中又可以细分为多因子模型、风格轮动模型、行业轮动模型、资金流模型、动量反转模型、一致预期模型、趋势追踪模型和筹码选股模型等。

（二）量化择时

量化择时是指利用数量化的方法，在对宏观和微观指标进行量化分析的基础上，找到趋势延续或反转的关键信息，对市场未来的走势进行预测。大量研究报告表明，中国的股票市场还没有达到弱有效，因此可以通过对历史价格的分析来预测未来的价格。股市的可预测性问题与有效市场假说密切相关。如果有效市场理论或有效市场假说成立，股票价格充分反映了所有相关的信息，价格变化服从随机游走，那么股票价格的预测则毫无意义。众多的研究发现，在我国股市的指数收益中，存在经典线性相关之外的非线性相关，从而拒绝了随机游走的假设，指出股价的波动不是完全随机的，它貌似随机、杂乱，但在其复杂表象的背后，却隐藏着确定性的机制，因此存在可预测成分。

（三）股指期货套利

股指期货套利是指利用股指期货市场存在的不合理价格，同时参与股指期货和股票现货市场交易,或者同时进行不同期限、不同(但相近)类别股票指数合约交易,以赚取差价的行为。股指期货套利包括期现套利、跨期套利、跨市套利和跨品种套利,其中最主要的是期现套利和跨期套利两种。一般而言,期现套利属于无风险套利,主要涉及内容包括定价模型、指数复制、冲击成本和保证金管理等;跨期套利是利用不同交割期合约的不同价格进行套利交易。在市场预期稳定的情况下,不同交割期合约的价差应该保持在一个合理的范围内。当价差落到这一范围外时,就会产生套利机会。因此,跨期套利的核心在于计算合理价差,不同合约价差都会向这一均衡价差收敛,这也是股指期货套利的一个理论基础。股指期货套利的研究主要包括现货构建、套利定价、保证金管理、冲击成本和成分股调整等。

(四)商品期货套利

与股指期货套利相似,商品期货套利也要借助对历史数据的统计分析,把握最佳套利时机,但商品期货的跨市场套利与跨品种套利更普遍。同一期货商品在不同的市场进行交易时,除了地理环境等固定因素外,市场供求、市场交易结构等因素也会导致价格不一致。因此,跨市场套利可以抓住这一时机,在一个市场上买入某个交割月份的期货,在另一个市场上卖出同一交割月份的期货,从而赚取价差。跨品种套利在商品套利中也是非常普遍的。在很多情况下,某一现货产品可能没有对应的期货产品,但与另外的期货产品则具有稳定的相关关系,比如铜现货与金期货,在二者价格偏离正常轨道时,进行反向操作可以获得利润。

商品期货套利盈利的逻辑原理主要体现在:一是相关商品在不同地点、不同时间都有一个合理的价格差价;二是由于价格的波动性,价格差价经常出现不合理;三是不合理必然要回到合理,不合理回到合理的这部分价格区间就是盈利区间。

(五)统计套利

统计套利是一种有别于无风险套利的方法。它不依赖于具体的经济含义来构建投资组合,而是主要利用证券价格的历史统计规律进行套利,因此,该方法的风险在于这种历史统计规律在未来一段时间内是否继续存在。统计套利在方法上可以分为 β 中性策略和协整策略两类:前者是利用股票的收益率序列建模,目标是在组合的 β 值等于零的前提下实现 Alpha 收益;后者是直接基于股价进行建模,根据历史数据选择相关关系强的投资产品,利用协整的方法找出长期均衡关系。在价差的偏离超过设定阈值时开始建仓,买高卖低,再根据累计收益率对均衡关系的偏离程度选择平仓时机。相较而言,以上两种方法都能够规避市场风险,但 β 中性策略更容易发出错误的交易信号。原因在于, β 策略是一种超短线策略。如果日偏离在短期内得不到恢复,那么就会导致策略的失效。实践中,统计套利可以应用到股票配对交易、股指对冲、融券对冲及外汇交易对冲等领域。

(六)算法交易

算法交易又被称为自动交易、黑盒交易或者机器交易,是指通过使用计算机程序来发出交易指令。在交易中,程序可以决定的范围包括交易时间的选择、交易的价格,甚至可以包括最后需要成交的证券数量。根据各种算法交易中算法的主动程度不同,可以把不同算法交易分为主动型、被动型和综合型算法交易三大类。被动型算法交易仅仅利用历史数据对交易模型的参数进行估计,在既定的交易方针下进行交易。这种方法目前最为成熟,其优势在于可以减少目标价与实际成交价之差。实践中,该方法可以细分为成交量加权平均价格的方法和时间加权平均价格的方法等。主动型的算法交易则更为灵活,能够根据市场的变化调整决策,可以实时决定成交量和成交价。例如,在市场对投资者有利时,可以自动修改模型的参数,加快交易的进行。综合型算法交易融合了前两种方法的优点,在设定具体交易目标的同时又能够兼顾市场的实时变化,对交易做出相应调整。这种方法可以通过将交易指令分拆、散布到各个时间段内来实现。

(七)期权套利

期权套利交易是指同时买进卖出同一相关期货但不同敲定价格或不同到期月份的看涨或看跌期权合约,希望在日后对冲交易部位或履约时获利的交易。期权套利的交易策略和方式多种多样,是多种相关期权交易的组合,具体包括水平套利、垂直套利、转换套利、反向转换套利、跨式套利、蝶式套利和飞鹰式套利等。

四、量化投资的流程

量化投资是将投资理念和策略通过具体指标、参数体现到具体的模型中,让模型对市场进行客观地跟踪,具有快速高效、客观理性、收益与风险平衡以及个股与组合平衡四大特点。量化投资技术几乎覆盖了投资的全过程,包括估值与选股、资产配置与组合优化、订单生成与交易执行、绩效评估和风险管理等,在各个环节都有不同的方法和量化模型。

(一)估值与选股

1. 估值

对上市公司进行估值是公司基本面分析的重要方法,在"价值投资"的基本逻辑下,可以通过对公司的估值判断二级市场股票价格的扭曲程度,继而找出价值被低估或高估的股票,作为投资决策的参考。对上市公司的估值包括相对估值法和绝对估值法,相对估值法主要采用乘数方法,如 PE 估值法、PB 估值法、PS 估值法、PEG 估值法、PSG 估值法和 EV/EBITDA 估值法等;绝对估值法主要采用折现的方法,如公司自由现金流模型、股权自由现金流模型和股利折现模型等。相对估值法因简单易懂、便于计算而被广泛使用;绝对估值法则因基础数据缺乏及不符合模型要求的全流通假设而一直处于非主流地位。随着全流通时代的到来和国内证券市场的快速发展,绝对估值法正逐渐受到重视。

2. 选股

在基本面研究的基础上,结合量化分析的手段就可以构建数量化选股策略。

(1)基本面选股。首先,通过对上市公司财务指标的分析,找出影响股价的重要因子,例如,与收益指标相关的盈利能力、与现金流指标相关的获现能力、与负债率指标相关的偿债能力、与净资产指标相关的成长能力、与周转率指标相关的资产管理能力等。其次,通过建立股价与因子之间的关系模型得出对股票收益的预测。股价与因子的关系模型分为结构模型和统计模型两类:结构模型给出股票的收益和因子之间的直观表达,实用性较强,包括价值型(本杰明·格雷厄姆——防御价值型、查尔斯·布兰迪——价值型等)、成长型(德伍·切斯——大型成长动能、葛廉·毕克斯达夫——中大型成长股等)和价值成长型(沃伦·巴菲特——优质企业选择法、彼得·林奇——GARP 价值成长法等)三种选股方法;统计模型是用统计方法提取近似线性无关的因子建立模型,这种建模方法因不需要先验知识且可以检验模型的有效性而被众多经济学家所推崇,包括主成分法、极大似然法等。

(2)多因素选股。通过寻找引起股价共同变动的因素,建立收益与联动因素间线性相关关系的多因素模型。影响股价的共同因素包括宏观因子、市场因子和统计因子(通过统计方法得到)三大类,通过逐步回归和分层回归的方法对三类因素进行选取,然后通过主成分分析选出解释度较高的某几个指标来反映原有的大部分信息。多因素模型对因子的选择有很高的要求,因子的选择可依赖统计方法、投资经验或二者的结合,所选的因子要有统计意义或市场意义的显著性,一般可从动量、波动性、成长性、规模、价值、活跃性和收益性等方面选择指标来解释股票的收益率。

(3)动量选股。动量选股策略是指分析股票在过去相对短期的表现,事先对股票收益和交易量设定条件,当条件满足时买进或卖出股票的投资策略。该投资策略基于投资者对股票中期的反应不足和保守心理,在投资行为上表现为购买过去几个月表现好的股票、卖出过去几个月表现差的股票。

(4)反向选股。反向选股策略是基于投资者的锚定和过度自信的心理特征,认为投资者会对上市公司的业绩状况做出持续过度的反应,形成对业绩差的公司业绩过分低估和业绩好的公司业绩过分高估的现象,这为投资者利用反向投资策略提供了套利机会。在投资行为上表现为买进过去表现差的股票、卖出过去表现好的股票。反向选股策略是行为金融学理论发展至今最为成熟也是最受关注的策略之一。

(二)资产配置

资产配置是指资产类别选择、投资组合中各类资产的配置比例以及对这些混合资产进行实时管理。资产配置一般包括两大类别、三个层次：两大类别为战略资产配置和战术资产配置；三个层次为全球资产配置、大类资产配置和行业风格配置。

资产配置的主要方法和模型如下：战略资产配置针对当前市场条件，在较长的时间周期内控制投资风险，使得长期风险调整后收益最大化；战术资产配置通常在相对较短的时间周期内，针对某种具体的市场状态制定最优配置策略，利用市场短期波动机会获取超额收益。因此，战术资产配置是在长期战略配置的过程中针对市场变化制定的短期配置策略，二者相互补充。战略资产配置为未来较长时间内的投资活动建立业务基准，战术资产配置通过主动把握投资机会适当偏离战略资产配置基准，获取超额收益。

(三)股价预测

股价的可预测性与有效市场假说密切相关。如果有效市场假说成立，股价就反映了所有相关的信息，价格变化服从随机游走，那么股价的预测就毫无意义，而我国的股市远未达到有效市场阶段，因此股价时间序列不是序列无关，而是序列相关的，即历史数据对股价的形成产生作用，因此可以通过对历史信息的分析来预测股价。

主流的股价预测模型有灰色预测模型、神经网络预测模型和支持向量机预测模型。灰色预测模型对股价的短期变化有很强的预测能力，近年发展起来的灰色预测模型包括 GM(1,1)模型、灰色新陈代谢模型和灰色马尔可夫模型。人工神经网络模型具有巨量并行性、存储分布性、结构可变性、高度非线性和自组织性等特点，并且可以逼近任何连续函数，目前在金融分析和预测方面已有广泛的应用，效果较好。支持向量机模型在解决小样本、非线性及高维模式识别问题中有许多优势，并且结构简单，具有全局优化性和较好的泛化能力，比神经网络有更好的拟合度。

(四)绩效评估

作为具有集合投资、风险分散、专业化管理、变现性强等特点的投资产品，基金的业绩虽然受到投资者的关注，但要对基金有一个全面的评价，则需要考量基金业绩变动背后的形成原因和基金回报的来源等因素。绩效评估能够在这方面提供较好的视角与方法，风险调整收益、择股能力、业绩归因分析、业绩持续性以及 Fama 的业绩分解等指标和方法可以从不同的角度对基金的绩效进行评估。

(五)基于行为金融学的投资策略

传统经济学的理论基石是理性人假设，在理性人假设下，市场是有效率的。进入 20 世纪 80 年代以后，关于股票市场的一系列研究和实证发现了与理性人假设不符合的异常现象，如日历效应、股权溢价之谜、期权微笑、封闭式基金折溢价之谜和小盘股效应等。面对这些金融市场的异常现象，研究者形成了具有重要影响力的学术流派——行为金融学。

行为金融学是对传统金融学理论的革命,也是对传统投资实践的挑战。随着行为金融理论的发展,理论界和投资界对行为金融理论和相关投资策略做了广泛的宣传和应用。行为金融学可以帮助投资者采取针对非理性市场行为的投资策略来实现投资目标。在大多数投资者认识到自己的错误之前,投资那些定价错误的股票,并在股价正确定位之后获利。目前,国际金融市场中比较常见且相对成熟的行为金融投资策略包括动量投资策略、反向投资策略、小盘股策略和时间分散化策略等。

(六)程序化交易与算法交易策略

根据纽约证券交易所(NYSE)的定义,程序化交易是指任何含有 15 只股票以上或单值为 100 万美元以上的交易。程序化交易强调订单是如何生成的,即通过某种策略生成交易指令,以便实现某个特定的投资目标。程序化交易主要是大机构的工具,它们同时买进或卖出整个股票组合,而买进和卖出程序可以用来实现不同的目标,目前程序化交易策略主要包括数量化程序交易策略、动态对冲策略、指数套利策略、配对交易策略和久期平均策略等。

算法交易又称自动交易、黑盒交易或无人值守交易,是使用计算机来确定订单最佳的执行路径、执行时间、执行价格和执行数量的交易方法,主要针对经纪商。算法交易广泛应用于对冲基金、企业年金、共同基金以及其他一些大型的机构投资者,他们使用算法交易对大额订单进行分拆,寻找最佳路由和最有利的执行价格,以降低市场的冲击成本、提高执行效率和订单执行的隐蔽性。任何投资策略都可以使用算法交易进行订单的执行,包括做市场内价差交易、套利及趋势跟随交易。算法交易在交易中的作用主要体现在智能路由、降低冲击成本、提高执行效率、减少人力成本和增加投资组合收益等方面。主要的算法包括:交易量加权平均价格算法、保证成交量加权平均价格算法、时间加权平均价格算法、游击战算法、狙击手算法和模式识别算法等。

综上所述,数量化投资技术贯穿整个投资流程,从估值选股、资产配置到程序化交易与绩效评估等。随着包括基金在内的机构投资者占比不断提高、衍生品工具的日渐丰富(如股指期货、融资融券等)以及量化投资技术的进步,基金管理人的投资策略将会越来越复杂,程序化交易(系统)也将有快速的发展。

第二节 量化投资的模型研究

一、多因子选股模型

多因子选股模型就是评价各类股票或是市场上的相关因子对股票价格的作用。

该模型构建的因子就是那些影响上市公司的市场价值和上市公司股票价格的一些指标,常见的多因子包括体现公司基本面好坏的财务类指标,如市盈率指标和市净率指标等常见的公司财务类指标。常见的指标还包括公司股票技术面的代表指标,如换手率、流入量、流出量和动量指标等。但是,多因子选股模型的魅力在于其因子的选择是多种多样的,不仅可以包含股票技术面的因子和基本面的因子,而且可以加入其他类的指标,如舆情指标等。从理论上来看,只要是能够影响公司价值或者股票价格的因素,只要该因素能够衡量,都可以纳入多因子选股模型中。

多因子选股模型是由单因子选股模型衍化而来的,相比于单因子选股模型只能在短时间内考量某一特定的因子,多因子选股模型综合考量了大量能够对股票价格产生影响的因子。因此,多因子选股模型的市场适应能力比单因子选股模型要好,而且由于多因子选股模型归纳了大量的因子信息,在收益这一块表现得更加稳定、持续时间长,所以多因子选股模型消除了单因子选股模型由于因子持续能力不够强而产生的收益不够稳定、较大回撤的缺点。

从产生的历史来看,多因子选股模型的创立和发展与以下三个模型息息相关,即资本资产定价模型、套利定价模型和 Fama-French 三因子模型。

(一)资本资产定价模型

1. 资本资产定价模型的基本内涵

马科维茨的分散投资与效率组合投资理论第一次以严谨的数理工具为手段,向人们展示了一个风险厌恶的投资者在众多风险资产中如何构建最优资产组合的方法。这一理论带有很强的规范性,告诉投资者应该如何进行投资选择。

但是在实际交易中应用马科维茨的理论是一项烦琐的工作,与投资的现实世界严重脱节,很难完全被投资者采用。从 20 世纪 60 年代初开始,以夏普、林特纳(J. Lintner)和莫辛(J. Mossin)为代表的一些经济学家从实证角度出发,探索证券投资的现实,进而产生了资本资产定价模型(Capital Asset Pricing Model,CAPM)。CAPM 阐述了在投资者都采用马科维茨的理论进行投资管理的条件下市场均衡状态的形成,用简单的线性关系表达出资产的预期收益与预期风险之间的理论关系,认为一个资产的预期收益率与衡量该资产风险的 β 值之间存在正相关关系。

作为资本市场均衡理论模型关注的焦点,CAPM 的形式已经远远超越了夏普、林特纳和莫辛提出的传统形式,有了很大的发展,如套利定价模型、跨期资本资产定价模型、消费资本资产定价模型等,目前已经形成了一个较为系统的资本市场均衡理论体系。

2. 资本资产定价模型(CAPM)

(1)CAPM 的假设。CAPM 是建立在多种假设基础之上的,这些基本假设的核心是尽量使个人同质化,并以此为基础简化投资者的行为分析,进而反映资本市场均衡状态下资产收益与风险之间的关系。

CAPM 的假设包括以下几个方面:

①所有投资者都依据马科维茨模型选择资产组合,即投资者使用预期收益率和标准差这两个指标来选择投资组合,而且他们选择资产和资产组合的决策过程是一样的。

②所有投资者具有相同的投资期限,投资者的行为是短视的,不考虑投资决策对投资期限届满之后任何事件的影响。

③所有投资者以相同的方法对信息进行分析和处理,具有相同的预期(或同质期望,或信念)。所有投资者对风险资产的预期收益率、方差和协方差的估计是同一的,进而形成了对风险资产及其组合的预期收益率、标准差以及相互之间协方差的一致看法;换句话说,无论证券价格如何,所有投资者的投资顺序均相同。

④资本市场是完全的,没有税负,也没有交易成本。

⑤所有资产都是无限可分的,即资产的任何一部分都是可以单独买卖的。

⑥所有投资者都具有风险厌恶的特征,即当面临其他条件相同的两种组合时,他们将选择具有较低风险即标准差较小的组合。

⑦投资者永不满足。当面临其他条件相同的两种组合时,他们将选择具有较高预期收益率的组合。

⑧存在无风险利率,且所有投资者都能够以这一利率水平不受限制地贷出(即投资)或借入资金。

⑨市场是完全竞争的。即市场中存在大量的投资者,每个投资者所拥有的财富在所有投资者财富总和中只占很小的比重,是价格的接受者,单个投资者的交易行为对证券价格几乎没有影响。

⑩信息充分、免费并且立即可得。

(2)CAPM 的推导。CAPM 是通过资本市场线(Capital Market Line,CML),借助市场组合这一概念推导出来的。

①资本市场线。资本市场线是在以预期收益率和标准差为轴的坐标系中,表示风险资产的有效率组合与一种无风险资产(通常为国库券或货币市场账户)经过再组合后的有效率的组合线。

如果我们以 $E(r_{p1})$ 表示风险资产的预期收益、以 σ_{p1}^2 表示风险资产组合的方差、以 r_f 表示无风险资产的收益率,则无风险资产和市场风险资产组合经过再组合后的新资产组合的预期收益率和方差的计算公式分别为:

$$E(r_p) = x_{p1} E(r_{p1}) + (1 - x_{p1}) r_f$$

$$\sigma_p^2 = x_{p1}^2 \sigma_{p1}^2 + (1-x_{p1})^2 \sigma_f^2 + 2x_{p1}(1-x_{p1})\rho_{p1f}\sigma_{p1}\sigma_f$$

由于

$$\sigma_f = 0$$

故

$$\sigma_p = x_{p1}\sigma_{p1}$$

把 $\sigma_p = x_{p1}\sigma_{p1}$ 代入新资产组合预期,可得到资产组合线的方程为:

$$E(r_p) = r_f + \frac{E(r_{p1}) - r_f}{\sigma_{p1}}$$

可见,与前面提到的无风险资产与风险资产的组合一样,无风险资产与市场风险资产组合经过再组合得到的资产组合线也是直线,该直线的截距为 r_f,斜率为 $\frac{E(r_m) - r_f}{\sigma_m}$。由于 r_f 是常量,所以组合线的截距是固定的,而其斜率则取决于风险资产组合的选择。由于有效率边界上的所有资产组合都可供选择,因此斜率就有一组值;也就是说,无风险资产与有效率资产组合集合经过再组合后的组合是一组截距相同、斜率不同的组合线集合,见图 8－1。该集合内部各组合线之间的风险和收益当然是有差别的,由于理性投资者在风险相同的情况下会选择收益率较高的资产组合,因而第Ⅱ线优于第Ⅰ线,第Ⅳ线是组合线所能达到的最高点——与有效率边界相切。因此,如果没有限制,第Ⅳ线显然是无风险资产与风险资产的有效组合经过再组合后的有效边界。理性投资者都会选择该线上的资产组合,因而第Ⅳ线便是资本市场线CML。这条线的表达式为:

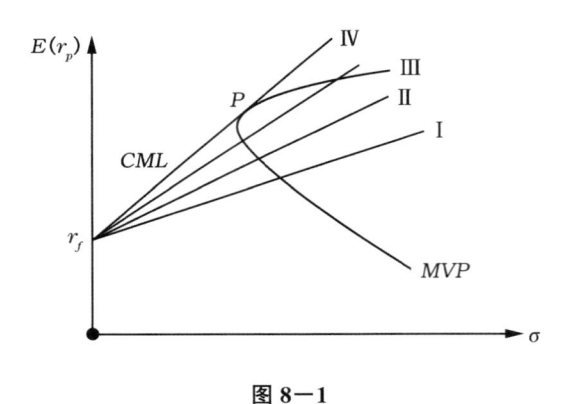

图 8－1

$$E(r_p) = r_f + \frac{E(r_{p^*}) - r_f}{\sigma_{p^*}} \times \sigma_p$$

CML 上的 r_f 是投资者将资金全部投资于无风险资产的情况,即 $x_{p^*} = 0$,新资产组合的收益和风险特征就是无风险资产的收益和风险特征。p^* 是投资者将全部资金投资于有效率风险资产组合 p^* 的情况,即 $x_{p^*}=1$,新资产组合的收益和风险特征就是风险资产组合 p^* 的收益和风险特征。r_f 与 p^* 之间的点集是投资者同时投资于风险资产和无风险资产的情况,即 $0<x_{p^*}<1$。在这种情况下,新资产组合的收益率和风险都低于风险资产组合的收益和风险,也都高于无风险资产的收益和风险。p^* 右上方的点集是投资者卖空无风险资产后,将借入资金连同本金全部投资于风险资产组合 p^* 的情况,即 $x_{p^*}>1$。这种投资策略既增加了新资产组合的收益,也增加了新资产组合的风险。CML 是有效率资产组合的集合,理性投资者可选择上面任意一种组合进行投资,具体如何选择取决于投资者的风险偏好:风险厌恶度强的投资者将选择靠近 r_f 的资产组合,风险厌恶程度弱的投资者会选择 p^* 右上方的资产组合。

CML 在传统 CAPM 推导过程中的重要意义在于,在引入一项可以无限制卖空的无风险资产的条件下,所有投资者必将选择同一个风险资产组合 p^*,因为只有 p^* 可以使无风险资产和风险资产的再组合有效率。这时,人们对最优风险资产组合的选择与人们对风险的态度无关,进而可以说,投资者持有哪几种风险资产组合与确定拥有几种无风险资产的决策也是无关的。

②市场组合。CML 代表了所有无风险资产和有效率风险资产组合经过再组合后的有效率资产组合的集合,投资者如果像假设中那样具有相同的预期,他们的 CML 将是同一条线,要选择的风险资产组合也是共同的 p^*,且这一资产组合一定就是所谓的包括市场中所有风险资产的市场组合,其中每种风险资产在这个资产组合中的比例等于该资产的市值(对于股票而言,就是每股股票的市场价格乘以流通总股数)占所有资产市场价值的比例。

如果资本市场是均衡的,就意味着资本市场上的资产总供给等于总需求,且每一种资产都有一个市场清算价格——均衡价格。由于投资者都将持有风险资产组合 p^*,所以市场处于均衡状态的条件就意味着 p^* 必须包括市场上所有风险资产在内。这是因为,只要有一项风险资产没人要,市场供求就不是均衡的;此时,市场中任何一个投资者对该风险资产的需求为 0,进而加总后的总需求也为 0,而供给却是给定的(不为 0),这将导致该资产价格相应下跌,而当价格变得异乎寻常的低时,它对于投资者的吸引力就会超过任何其他风险资产(产生需求),这就意味着市场不可能达到均衡状态。这种价格调整过程实际上保证了市场组合是由所有证券构成的一个组合(这里以 M 表示)。从理论上说,M 应包括全世界各种风险资产在内,即不仅包括股票、债券这类金融资产,而且应包括不动产、人力资本、耐用消费品等非金融资产。当市场处于均衡状态时,在市场组合中,投资每一种证券的比例等于该证券的相对市值,而一种证券的相对市值简单等于这种证券总市值除以所有证券的市值总和。

以 M 替换 p^* 后,CML 的公式就可以表示为:

$$E(r_p)=r_f+\frac{E(r_M)-r_f}{\sigma_M}\sigma_p$$

这是在市场均衡状态下的资本市场线的表达式,反映的是在市场均衡条件下,无风险资产与市场组合经过再组合后产生的新的有效资产组合的收益与风险的关系。

(3)由 CML 和市场组合 M 推导出的 CAPM。CAPM 要回答的是在市场均衡状态下,某项风险资产的预期收益与其所承担的风险之间的关系,这种关系可以利用 CML 和市场组合 M 推导出来,结果形成证券市场线 SML。

假设我们要建立一个风险资产 i 和市场组合 M 的新组合 P,则 P 的预期收益和标准差的计算公式分别为:

$$E(r_p)=x_i E(r_i)+(1-x_i)E(r_m)$$

$$\sigma_p=[x_i^2\sigma_i^2+(1-x_i)^2\sigma_m^2+2x_i(1-x_i)\text{Cov}(r_i,r_m)]^{\frac{1}{2}}$$

很显然,在允许卖空的条件下,资产 i 与 M 的有效资产组合的集合应在 iMi 线上,见图 8—2。与 iMi 相切的资本市场线与我们前面推导的资本市场线是重叠的,两者的斜率相同,即:

$$\frac{\partial E(r_p)}{\partial \sigma_p}=\frac{\dfrac{\partial E(r_p)}{\partial x_i}}{\dfrac{\partial \sigma_p}{\partial x_i}}=\frac{E(r_m)-r_f}{\sigma_m}$$

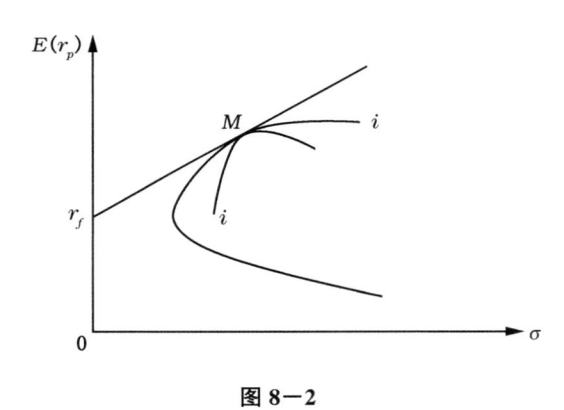

图 8—2

将风险资产 i 和市场组合 M 经过再组合后形成的新资产组合 P 的预期收益和标准差的计算公式为:

$$\frac{\dfrac{\partial E(r_p)}{\partial x_i}}{\dfrac{\partial \sigma_p}{\partial x_i}}=\frac{E(r_i)-E(r_m)}{x_i\sigma_i^2-\sigma_m^2+x_i\sigma_m^2+(1-2x_i)\text{Cov}(r_i,r_m)}\times\sigma_p=\frac{E(r_m)-r_f}{\sigma_m}$$

由于在切点 M 处,$x_i=0$,$\sigma_p=\sigma_m$,所以上式变为:

$$\frac{E(r_i)-E(r_m)}{(1-2x_i)\text{Cov}(r_i,r_m)-\sigma_m^2}\sigma_m=\frac{E(r_m)-r_f}{\sigma_m}$$

变形可得:

$$E(r_i)=r_f+[E(r_m)-r_f]\times\frac{\text{Cov}(r_i,r_m)}{\sigma_m}=r_f+[E(r_m)-r_f]\beta_i$$

这是 CAPM 的最普通形式,即期望收益—贝塔关系。

上述公式意味着当资本市场处于均衡状态时,任何一种资产(包括风险资产或无风险资产)的预期收益与其所承担的与市场风险相关的 β 值之间呈线性关系。我们把这一线性关系表示在以预期收益和 β 值为坐标轴的坐标平面上,就是一条以 r_f 为起点的射线(见图 8-3),这条射线被称为证券市场线(Securities Market Line,SML)。由于 β 值是资产的市场风险程度的一个测度指标,所以 SML 反映的是资产的市场风险与其预期收益之间的关系,其斜率为 $E(r_m)-r_f$(即市场组合风险溢价)、横轴为 β。这一线性关系适用于所有风险资产的收益—风险关系的说明。

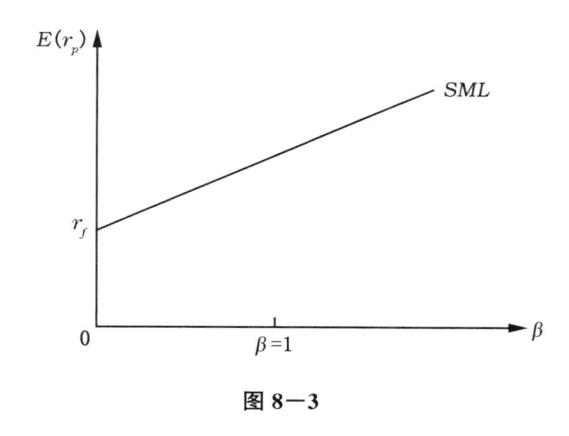

图 8-3

就其内涵而言,SML 体现了资本市场中"高风险、高收益"的基本原则。市场组合、与市场收益完全正相关的资产或资产组合的 β 值等于 1。

$$E(r_i)>E(r_m) \quad \beta_i>1$$
$$E(r_i)<E(r_m) \quad \beta_i<1$$
$$E(r_i)=r_f \quad \beta_i=0$$

(4)CAPM 的含义。作为 CAPM 两个最重要的结论,尽管 SML 和 CML 之间存在一些较为明显的差异:CML 只适用于描述无风险资产与有效率的风险资产组合(由市场资产组合与无风险资产构成的资产组合)经过再组合后的有效风险资产组合的收益和风险关系,即市场组合的风险溢价是资产组合标准差的函数;而 SML 描述的是任何一种资产或资产组合的收益和风险之间的关系,其中,测度单个资产风险的工具不再是资产的方差或标准差,而是资产对于资产组合方差的贡献度(β 值)。

从 CAPM 的结论中可以清晰地看到:首先,无论是对于市场组合还是单个风险资产(实际上也包括无风险资产)而言,其收益都是由两部分组成的:一是无风险资产收益 r_f,或者说时间补偿;二是与风险直接相关的超额收益[即 $E(r_m)-r_f$],或者说风险补偿。这意味着风险资产的收益率要高于无风险资产的收益率,即体现了金融市场中"高风险、高收益"的基本原理。其次,并非风险资产承担的所有风险都要予以补偿,给予补偿的只是系统风险。这是因为非系统风险是可以通过多元化投资分散掉的,当投资者持有市场组合时,可以说是没有非系统风险的,既然没有,就无须补偿;而市场风险是无法靠多元化来降低的,因此需要补偿。

(二)套利定价模型

套利定价理论(Arbitrage Pricing Theory, APT)是由美国经济学家斯蒂芬·罗斯(Stephen Ross)于 1976 年提出的。在给定投资人的风险、预期报酬抵换关系的偏好水准下,CAPM 阐述了当市场均衡时资产价格将会在何种价位上成交,但它对于哪些因素可能并在何种程度上影响投资人对投资报酬的预期没有进一步阐述。作为 CAPM 的一种延伸,APT 填补了这个缺口,它提供了一种方法来衡量通货膨胀、利率、风险预期的变化以及经济增长等经济因素的变动是如何影响资产价格的变化。相对于传统 CAPM 而言,APT 是更现实、更一般化,进而也是更具有解释力的资产定价理论模型。

套利定价理论的出发点是假设资产的收益率与未知数量的未知因素相联系,其核心思想是对于一个充分多元化的大组合而言,只需几个共同因素就可以解释风险补偿的来源以及影响程度。此外,每个投资者都想使用套利组合在不增加风险的情况下增加组合的收益率,但在一个有效益的均衡市场中,不存在无风险的套利机会。

1. 套利定价模型(APT)的假设

APT 的假设条件和价格形成过程与 CAPM 相比存在较大的差异。在这些差异中,最重要的一点在于,APT 既不像 CAPM 那样依赖于市场组合,也没有假设只有市场风险影响资产的预期收益,而是认为资产的收益可能受几种风险的影响,而到底是哪几种风险会产生影响以及这些风险具体是什么则无关紧要。因此,APT 的限制条件不像 CAPM 那样严格。

APT 的最基本假设就是投资者都相信证券 i 的收益随意受 k 个共同因素的影响,证券 i 的收益与这些因素的关系可以用下面这个 k 因素模型表示出来:

$$r_i = E(r_i) + \beta_{i1}F_1 + \beta_{i2}F_2 + \cdots + \beta_{in}F_n + \varepsilon_i$$

其中,r 是任意一种证券 i 的收益;$E(r_i)$ 是证券 i 的预期收益,包含了到目前为止所有可知的信息;$\beta_{ik}(k=1,2,\cdots,n)$是证券 i 相对于 k 因素的敏感度;ε_i 是误差项,也可认为是只对个别证券收益起作用的非系统因素;$F_k(k=1,2,\cdots,n)$是对所有资产都起作用的共同因素,也称系统因素。

由于已知的信息都包含在 $E(r_i)$ 中,所以这里的 F 因素都是不可测的,它们在将来的发生纯属意外。有意外发生,就会改变 r_i 和 $E(r_i)$ 之间的关系;没有意外发生,从 $\beta_{i1}F_1$ 到 $\beta_{in}F_n$ 将都是零。由于 F_n 是随机变量,所以 $E(F_n)=0$。不过,APT 并不在意一共会有多少因素以及这些因素是什么之类的问题。

2. 套利定价模型

因素模型并没有对均衡状态进行描述,如果把上述因素模型转换成一个均衡模型,所需讨论的就是证券的预期收益。根据上述对市场套利行为及其影响的分析,罗斯基于以下两个基本点来推导 APT 模型:

(1)在一个有效率的市场中,当市场处于均衡状态时,不存在无风险的套利机会。

(2)对于一个高度多元化的资产组合来说,只有几个共同因素需要补偿。证券 i 与这些共同因素的关系为:

$$E(r)=\lambda_0+\beta_{i1}\lambda_1+\beta_{i2}\lambda_2+\cdots+\beta_{ik}\lambda_k$$

这就是套利定价模型。其中,λ_k 投资者承担一个单位 k 因素风险的补偿额,风险的大小由 β_{ik} 表示,当资产对所有 k 因素都不敏感时,这个资产或资产组合就是零 β 资产或资产组合。

3. 单因素资产组合

假设资产组合 p_1 只与因素 1 有 1 个单位的敏感度,即 $\beta_{i1}=\beta_{i2}=\cdots=\beta_{ik}=0$,则:

$$E(r_i)=\lambda_0+\lambda_1$$
$$\lambda_1=E(r_i)-\lambda_0$$

也就是说,风险补偿可以被理解为预期收益超过零 β 资产组合收益率的部分,p_1 被称为单因素资产组合。依此类推其他 λ 值后,我们可以把上面的 APT 模型改写为:

$$E(r_i)=\lambda_0+\beta_{i1}[E(r_{p1})-\lambda_0]+\beta_{i2}[E(r_{p2})-\lambda_0]+\cdots+\beta_{ik}[E(r_{pk})-\lambda_0]$$

显然,资产 i 预期收益的计算取决于以下两点:

(1)确定系统因素,准确估计各 β 值;

(2)确定各单因素资产组合的预期收益。

下面是建立单因素资产组合的例子。

在一个多元化的资产组合中,由于各资产对某种因素有着不同的敏感度,因此从理论上说,我们可以通过对资产进行适当的组合而使资产组合对这一因素的敏感度(即 β 值)为 1 或 0。

已知 A、B、C、D 四种资产的 β 值如表 8-1 所示:

表 8-1　　　　　　　　　　　　A、B、C、D 四种资产的 β 值

	A	B	C	D
β_{i1}	0.5	−1.9	−3.3	3
β_{i2}	0.7	−2.9	2.3	−0.4

我们可以通过使 A、B、C、D 四种资产的权数分别为 10%、10%、20%、60% 的组合,使该资产组合对第一个因素的 β 值等于 1,即:

$$\beta_{p1}=0.5\times0.1+(-1.9)\times0.1+(-3.3)\times0.2+3\times0.6=1$$

这样的组合还可以使资产组合对第二个因素的敏感度为零,即:

$$\beta_{p2}=0.7\times0.1+(-2.9)\times0.1+2.3\times0.2+(-0.4)\times0.6=0$$

(三)Fama-French 三因子模型

1992 年,Fama 和 French 在一项研究中发现 Beta 值并不能解释每只股票收益之间的差异,但是有几个因素可以解释不同股票之间的收益差异,就是股票的基本面因素,如市盈率、市净率等指标。他们认为,股票的超额收益率正好补偿了资本资产定价模型中 Beta 值没有反映出来的风险,具体来说有以下三个因子:(1)市场因子,即 R_m-R_f;(2)规模因子,即大市值股票与小市值股票收益率之差;(3)账面市值比因子,即高账面市值比的股票组合与低账面市值比的股票组合收益率之差。

Fama-French 三因子模型可以表示为:

$$R_i-R_f=\beta_1\times(R_m-R_f)+\beta_2\times SMB+\beta_3\times HML+\varepsilon$$

其中,SMB 代表规模因子,HML 代表账面市值比因子。因为 Fama-French 的三因子模型是通过统计手段找出的三个有效因子,所以三因子模型基本不需要资本资产定价模型的那些严苛的基本假设。Fama-French 三因子模型的假设如下:(1)市场交易者众多;(2)不存在交易费用;(3)投资者对于回报率的均值方差和协方差等都具有相同的期望;(4)投资者只能在金融市场范围内交易;(5)所有的投资者对于经济预期的判断都相同。

正常情况下,公司的规模与股票的收益呈现负相关关系,但是账面市值比与收益则呈现正相关关系。从风险角度来看,这很容易解释,即通常情况下,小规模和高账面市值比在这两种公司中都存在较高的风险,从而相应的风险补偿就应该更高。

经过多年的发展与演进,Fama 和 French 发现,他们在多年前提出的三因子模型已经不能适应当下的股票市场的发展情况,于是两人在此基础上,进一步演进了该模型,发展成五因子模型。其实,五因子模型本质上就是在原来的三因子模型的基础上再加入两个因子,即盈利能力因子和投资风格因子。顾名思义,盈利能力因子是指营业利润率高的股票组合与营业利润率低的股票组合的收益率之差;投资风格因子是指

投资风格保守的股票组合与投资风格积极的股票组合的收益率之差。

二、机器学习算法

（一）支持向量机算法的原理和特性

支持向量机是一种分类算法，它的基本原理极为简单。对于训练集数据，当训练样本空间呈现线性可分状态时，支持向量机分类最为简单，只需找到一个分割面。但是，往往样本不是线性可分的状态，这时候支持向量机算法就会采用核函数的方法，将原始的数据投射到更加高维度的特征空间，这样做的目的就是使线性不可分状态变成线性可分状态。此时就可以找出最好的超平面去实现分类任务。与此同时，找到最优分类平面是在以使得结构风险降到最低为条件，以将置信范围降到最小范围当作其目标的。

支持向量机算法有如下主要几个特点：(1)支持向量机算法的理论奠基石就是非线性映射，该算法通过内积核函数替代了更高维度空间的非线性映射；(2)支持向量机算法的目的就是分割特征空间的最优的超平面，支持向量机算法的最重点的思维就是将分类的边际变成最大分类边际；(3)经过算法训练之后，支持向量机算法得到的结果就是支持向量，与此同时，在支持向量机算法中，支持向量是起到决定性作用的；(4)支持向量机算法通过"转导推理"这个过程，实现了任务的简化，大大提高了效率；(5)"维数灾难"在机器学习过程中是很可怕的，支持向量机算法能够在一定程度上避免这个灾难；(6)支持向量机算法的"鲁棒性"很强。

训练样本的改变会给支持向量机算法的训练带来较大的困难，并且支持向量机在二分类问题上表现良好，但是在多分类问题上，支持向量机具有局限性。

（二）XGBoost 原理及特性

XGBoost算法将一开始的样本数据集划分成几个子样本数据集，完成这一步之后，再将划分好的每个小的子样本数据集随机分配给基分类器，让基分类器先进行预测得到一些结果，然后将弱分类得到的这些结果再按照一定的权重进行计算，最后预测结果。

XGBoost算法优点如下：(1)在线性分类和非线性分类中都可以运用，不同之处在于当算法用在线性分类过程中的时候，加上了正则化的参数而已；(2)该算法要求目标函数二阶连续可导，这个条件不能忽略；(3)XGBoost之所以泛化能力比其他一些机器学习算法好，是因为在目标函数当中加入了正则化参数，这个参数的加入使得其泛化能力得到了良好的提升；(4)XGBoost算法是分布式的，它的计算效率很高，这是它的一个优点所在；(5)XGBoost算法中运用了梯度下降算法，所以我们不用先对特征的相关性进行选择。

相比于其他算法,XGBoost算法缺点如下:(1)XGBoost采用预排序,在迭代之前对结点的特征做预排序,遍历选择最优分割点,数据量大时,贪心算法较为耗时。(2)XGBoost采用level-wise(按层生长)生成决策树,同时分裂同一层的叶子,从而进行多线程优化,不容易过拟合,但很多叶子节点的分裂增益较低,没有必要做更进一步的分裂,这就带来了不必要的开销。

(三)LightGBM算法

LightGBM算法自2016年问世以来,使用相当广泛,特别是在工业界的表现尤为突出。LightGBM算法针对之前的提升家族算法的不足,做了相应的补充与改进。LightGBM算法也需要通过训练数据得出模型,并且为了模型拟合效果更好还要对之进行参数寻优。通过建好的模型,带入训练数据集,就能实现对样本的分类或者排序。

1. LightGBM算法优点

作为提升算法大家族中的一位最新的成员,LightGBM算法针对以往算法的不足之处,最主要的突出了两个核心点:一是轻量级,二是梯度提升机。该算法具有以下优势:(1)更快的训练效率;(2)低内存使用;(3)更高的准确率;(4)支持并行化学习;(5)可处理大规模数据。

2. LightGBM算法原理

首先,LightGBM算法采用直方图算法,其思想是将连续的浮点特征离散k个离散值,并构造宽度为k的直方图。其次,遍历训练数据,统计每个离散值在直方图中的累计统计量。在进行特征选择时,只需要根据直方图的离散值,遍历寻找最优的分割点。

直方图算法并不是完美的。由于特征被离散化后,找到的并不是很精确的分割点,所以会对结果产生影响。但在实际的数据集上表明,离散化的分裂点对最终的精度影响并不大,甚至会好一些。原因在于,决策树本身就是一个弱学习器,采用直方图算法会起到正则化的效果,有效防止模型的过拟合。

直方图算法还可以进一步加速。一个叶子节点的直方图可以直接由父节点的直方图和兄弟节点的直方图做差得到。一般情况下,构造直方图需要遍历该叶子上的所有数据,通过该方法,只需要遍历直方图的k个桶,在速度上提升了1倍。

其次,LightGBM的leaf-wise(按叶子生长)的生长策略:它摒弃了现在大部分GBDT使用的level-wise的决策树生长策略,使用带有深度限制的leaf-wise的生长策略。level-wise过一次数据可以同时分裂同一层的叶子,容易进行多线程优化,也容易控制模型复杂度,不容易过拟合。但实际上,level-wise是一种低效的算法,因为它不加区分地对待同一层的叶子,带来了很多不必要的开销,因为很多叶子的分裂增益较低,没有必要进行搜索和分裂。

再次，leaf-wise 是一种更为高效的策略，每次从当前所有叶子中找到分裂增益最大的一个叶子，然后分裂，如此循环。因此，同 level-wise 相比，在分裂次数相同的情况下，leaf-wise 可以降低更多的误差、得到更好的精度。leaf-wise 的缺点是可能长出比较深的决策树，产生过拟合。因此，LightGBM 在 leaf-wise 之上增加了一个最大深度的限制，在保证高效率的同时防止过拟合。

最后，LightGBM 支持类别特征：实际上，大多数机器学习工具无法直接支持类别特征，一般需要把类别特征转化为 one-hotting 特征，降低了空间和时间的效率。而类别特征的使用是在实践中是很常见的。基于这个考虑，LightGBM 优化了对类别特征的支持，可以直接输入类别特征，不需要额外的 0/1 展开，并在决策树算法上增加了类别特征的决策规则。

3. LightGBM 应用

LightGBM 算法作为提升算法家族最新问世的一种算法，解决了之前提升家族算法在面对海量数据时普遍存在的困境，提升了算法训练的时间，减少了算法训练时计算机内存上的开销，使这种算法能够更好地在实践中得到广泛的应用。目前，在工业界，LightGBM 算法得到了广泛的应用，并且获得了业界的一致好评，在各大类数据分析的大型比赛中，我们也发现 LightGBM 算法能够游刃有余地解决各种海量数据背景下的问题。这正是 LightGBM 算法在时间上和内存上的优化所带来的显著优良表现。

LightGBM 分为三类：特征并行、数据并行和投票并行。特征并行应用在特征较多的场景，数据并行应用在数据量较大的场景，投票并行应用在特征和投票都比较多的场景。

LightGBM 通过以下几个主要的参数实现算法控制和优化：(1) numleaves：每棵数的叶子数量。(2) learning_rate：算法的学习率。(3) max_depth：最大学习深度。这个参数是用来控制树模型的最大的深度能达到的程度，我们一般用这个参数来调节过拟合问题。(4) mindata：一片叶子中数据的最小数量。同样地，这个参数也是我们用来处理过拟合问题的。(5) featurefraction：选择特征占总特征数的比例。一般情况下，这个参数的取值在 0～1。当 feature_fractionG0 时，LightGBM 在每一次迭代时会随机选择部分特征，featurefraction 这个参数我们用来控制选择总特征数的比例。因此，我们不难认识到，这个参数决定着模型训练的速度；也不难发现，这个参数也能用于处理过拟合这一问题。(6) baggingfraction：选择数据占总数据量的比例。一般情况下，这个参数的取值在 0～1。参阅相关文档我们发现，这个参数与参数 featurefraction 差不多，由于这个参数实际上表示的是一个比例问题，因此在设置这个参数的时候，我们要注意这个参数的值要大于零。因此，我们不难认识到，这个参数决定着模型训练的速度;也不难发现,这个参数也能用于处理过拟合问题。

作为提升算法大家族中的一位最新的成员,LightGBM 算法自 2016 年问世以来,使用相当广泛,特别是在工业界的表现尤为突出。LightGBM 算法针对之前的提升家族算法的不足,做了相应的补充与改进,解决了之前提升家族算法在面对海量数据时普遍存在的困境,提升了算法训练的时间,减少了算法训练时计算机内存的开销。目前,在工业界,LightGBM 算法得到了广泛的应用,并且获得了业界的一致好评,在各大类数据分析的大型比赛中,我们也发现 LightGBM 算法能够游刃有余地解决各种海量数据背景下的问题。

第三节 我国量化投资的现状及发展前景

随着信息化技术的发展、量化投资系统的出现,计算机强大的存储、计算和分析能力让量化投资分析计算变得非常简单,通过对样本数据进行集中比对处理以及对金融市场中交易资金和交易报价等数据进行批量比对后,分别找出资金数据和价格数据的运作规律。

一、我国量化投资的现状分析

(一)量化投资的参与者

我国量化交易在最近几年高速发展,各种量化投资的形式层出不穷,有效地增强了我国金融市场的多样性和有效性。量化交易绝大多数是高频交易,个人投资者很难参与其中,因为个人的资金量有限,微薄的收益尚不能覆盖高昂的交易成本。目前,量化投资大多集中于机构投资者或者机构提供的理财服务,主要有期货公司、私募基金以及券商的自营、基金公司的专户等。量化投资以私募基金为主要参与群体。

(二)量化投资的操作风格

量化交易由于当日频繁交易、持仓时间较短的特点,目前在我国主要被运用于股指期货的交易中,这是由股指期货 T+0 的交易规则所决定的。

以期货市场为例,目前主要存在着四类量化投资者:阿尔法产品的使用者、趋势性交易者、套利交易者以及高频交易者。阿尔法产品的使用者,利用沪深 300 股指期货与现货之间的组合和搭配,获得超额的阿尔法收益;趋势性交易者,在技术分析的基础上,充分运用各种模型对价格进行跟踪和预判,通过判断方向来获得可观的收益;套利交易者,通过买低卖高来获得稳健的收益,包括无风险的股指期现套利和统计套利;高频交易者,利用股指期货市场价格稍纵即逝的微小变动进行闪电般的快速交易,获得稳定的收益。

（三）量化类产品投资策略较为单一

现有量化产品中，大多数产品缺乏多元化量化策略的支持。目前，量化产品最常用的投资策略有：利用量化模型获取 Alpha 收益；利用传统技术指标和均线系统进行趋势性投资策略；套利交易策略，包括 ETF 套利、期现套利、跨期套利、事件套利、分级基金配对转换套利、转债转股套利等；简单的高频交易策略。此外，部分量化产品中量化投资占比较低，而很大部分资金从事非量化投资，例如买入返售金融资产等。

国内量化产品缺乏多元化投资策略有三方面的原因：一是由于量化投资在国内处于起步阶段，公募基金、券商、私募对于量化投资策略研究、量化产品的设计方面也处于摸索的过程中；二是类似期货、期权等一些基础衍生产品发展滞后，也使得量化投资缺乏有效的工具；三是监管制度方面的一些限制（如对高频交易、程序化交易的限制）也在一定程度上制约了量化投资的发展速度。

（四）量化投资的限制因素

国内第一只量化公开发行基金——光大保德信量化核心诞生于 2004 年，但国内的量化投资基金真正开始发展是在 2007 年，量化交易的发展主要受制于创新能力不足、资金规模不够集中、监管层面上对高频交易的限制三方面的因素。

创新能力不足，交易策略的开发缺乏多样化的特点，面临着简单重复的单一化困境，核心策略仍然局限于技术指标和均线系统的搭配运用，缺乏多元化、程序化交易策略库的支持；资金规模不够集中，无法发挥资金的规模效应。目前，我国资本市场投资者的主体结构仍然是追求高收益的中小规模散户，这导致资金规模极为分散，不利于程序化交易系统的推广；在监管层面上，对高频交易的限制也增加了推广程序化交易系统的障碍。

二、我国量化投资的发展前景

随着传统投资产品选股思路操作策略方面同质化程度日益增加，加之传统投资过度依赖于投资经理个人主观因素，越来越多的基金、券商、私募开始关注量化投资。尤其是 2010 年股指期货上市以后，国内衍生工具增加也对量化投资发展起到了积极的推进作用，因此量化投资在国内逐渐兴起。

尽管近年来量化类产品发行速度增长迅猛，但量化投资在国内的发展才刚刚起步，量化投资的规模仍然较小，相对市场主流的传统投资规模微不足道。国内对量化投资的应用时间较为短暂，而对量化方法的检验和量化模型的检验都需要时间，许多量化产品投资策略仍不成熟，业绩表现为分化严重且缺乏稳定性。此外，国内量化投资的发展主要也受到衍生产品、金融人才、制度环境等多方面因素的制约。但随着中国金融市场的不断发展,量化投资将进入高速发展期,发展前景也会越来越广阔。

(一)量化投资本身具有内在的吸引力

量化投资在海外市场经历数十年的发展,已逐步成为全球金融机构的主流投资方法。海外市场经验告诉我们,量化投资之所以发展迅猛是源于其本身的内在魅力——数量化投资更为客观、理性、科学,打破了传统投资在投资范围上局限,避免了个人主观因素对于投资的影响。随着资本市场复杂程度的日益提升,主流的传统投资将受到严峻的挑战,这也为量化投资的发展提供了契机,量化投资自身的优势也将使其在中国投资领域发挥更大的价值。

(二)衍生产品市场的发展提供了有利条件

监管层较为重视对一些基础衍生产品的发展,2010年股指期货上市将中国资本市场引入金融衍生产品的新时代。目前,国债期货正在进行仿真交易,未来期权等衍生工具也将陆续推出,基础衍生产品的不断发展极大地丰富了量化投资工具,为量化投资的发展提供了有利条件,促使量化投资策略多样化发展。

(三)资本市场制度的完善推动发展

监管层不断加强资本市场制度性建设、完善法律法规体系、加快推行金融创新和配套制度变革,这些制度层面的建设将为量化投资的发展创造有利的制度环境。资本市场制度建设的不断完善推动量化投资较快发展,例如未来转融通机制的推出将促使融资融券业务大规模发展,从而为量化投资提供有效的对冲工具。

(四)量化人才队伍壮大加速发展

随着量化投资的关注度不断提高,许多优秀的金融人才开始投身于量化投资的研究,券商、公募基金、私募基金等机构也纷纷组建各自的量化投资团队。此外,金融危机后一批有着丰富海外市场量化投资经验的专业人士也陆续回到国内,这无疑促使量化投资加速推广和发展。

综上所述,随着交易和监管制度的逐步完善,金融衍生产品不断丰富,量化投资者日益成熟,未来国内量化投资必将迎来蓬勃发展的阶段,其在国内市场的应用前景也将非常广阔。

三、我国量化投资的发展方向

量化投资的发展方向主要有以下三个方面:

(一)量化投资的全球化

1949年最早的对冲基金正式成立,在当时起家资金仅为10万美元,美国用了四五十年的时间使管理资产的规模达到200亿美元;欧洲用了三四十年,在2002年左右达到200亿美元。次贷危机之后,很多国家的股票指数和全球股票指数呈现大规模的相关性,而且相关性在不断地变高。量化对冲最核心的是多空策略,即选好的股票、做空差的股票。

全球量化对冲的发展也带来一个非常重要的影响,使得我们市场上很多资产变得越来越相关。在欧美国家,美国、欧洲整个市场的相关性已经达到了50%～60%,甚至有的时候达到70%,当市场有大规模的市场性信息的时候,就会造成市场上有更多的股票同涨同跌。亚洲的相关性还是比较低的,整体的相关性为30%～40%,所以近年来有越来越多的对冲基金进军亚洲。

(二)量化投资的智能化

随着量化投资的发展对策略的需求越来越大,因此数据分析和挖掘被越来越多的研究人员重视起来。量化投资逐渐向人工智能的方向发展,人工智能技术在量化投资中的应用不仅仅是投资执行的部分,更多地偏向于投资策略的智能化和自动化。

1. 人工智能算法

人工智能算法属于一种非线性建模的方法。在我们观察的历史数据中存在很多非线性成分。线性成分被交易完成之后也会出现一些非线性的现象,这些非线性现象就需要利用人工智能的方法来进行学习和处理。

2. 结构化数据

非结构化数据没有办法被数据模型直接进行处理,需要用人工智能先进行结构化,再由数据模型进行处理。美国有大量的对冲基金使用Twitter的数据进行自动化的交易,新闻的非结构化自动交易在美国已经被很多的高频交易公司广泛地使用。人工智能这种图像识别、文字识别甚至语音识别,正在悄悄地走入量化投资,帮助我们扩展量化投资非常重要的食粮,也就是它的数据源。

3. 元知识学习

元知识学习是人工智能发展的一个比较难的领域,它告诉我们怎么样用机器来选择不同的投资策略。元知识学习使人工智能有了产生知识的可能性,原来只是运用知识自动化地处理数据,而元知识学习是人工智能更高的层次。例如,假设有100个策略,每个策略有1 000道测试题,每个策略同时有4个参数,每个参数都是从1到10,那么要有10 000个参数,每次仿真需要100秒的时间,这样一个简单的选取就要花1的11次方秒,相当于3 000年。元知识学习对计算能力的要求非常高,越来越多各种各样的元知识学习算法可以比一般的算法提高10～100倍的速度,具有快速的知识的收敛和选择。

(三)量化投资的零售化

我国量化投资市场上,策略的夏普比率为2.5%～3%,整个市场情况与我国当前散户和机构的相互关系是一致的。散户和机构的相对比率大概是2∶8,这表示量化投资在我国的发展还有很长的一段路要走。美国有一个非常大的发展方向,叫作对冲基金零售化,不仅是投资要降低成本,顾问也要降低成本。整个智能投顾的发展与量化投资的发展、降低人工服务的成本息息相关。

第四节　大数据时代的量化投资

一、大数据时代量化投资面临的挑战

(一)数据陷阱

量化投资者可能面临"数据陷阱",大数据会使量化投资者有"不识庐山真面目,只缘身在此山中"的迷茫;除此之外,"数据陷阱"还包括"尽信数据不如无数据"。拘泥于数据本身进行分析并据此做出决策,其结论有时经不起推敲,并会导致后续的投资行为缺乏科学依据。

(二)先天缺陷

基于这些统计方法分析大数据得到的结果通常依赖于统计方法本身,导致这些结果可能与事实不符。例如,统计学界常用的 P 值检验方法,于2014年被偶然发现它其实"不靠谱",P 值从来没有被证明可以用来接受某个假设,拒绝假设也是基于样本得出的结论,但样本变动可能导致结论不再适用。因此,经济学家史蒂芬认为"P 值没有起到人们期望的作用,因为它压根就不可能起到这个作用"。

(三)Bowman 悖论

风险与收益密切相关,基于大量数据的实证分析,以诺贝尔经济学奖得主 Fama 为首的主流经济学家们认为"风险越大、收益越大"。但是,美国麻省理工学院经济学家 Bowman 则得出一个截然相反的结论——"风险越大、收益越小",这个结论后来也获得很多例证,今天的学术界为 Bowman 的这个发现专门取了一个名字,叫作"Bowman 悖论"。

二、在量化投资交易中对大数据策略的评估

大数据应用在量化交易中可以使金融机构只需关注数据本身,而非其他非客观的因素所决定的预测结果。大数据在金融工具上的应用可归结为,通过数据本身在给定模型中所导出的结果进行短期预测或评估。量化交易能够克服人的弱点,通过计算机来处理数据,并配置投资组合,使投资决策更科学、更理性。目前,关于大数据在数量化应用方面的策略主要有两种:海量化的大数据策略和精益化的大数据策略。

(一)海量化的大数据策略

谷歌研发总监 Peter Norvig 指出,海量化的大数据策略是基于"简单的模型加海量数据比精巧的模型加较少的数据更有效"的原则建立的。这一策略需要面对的是巨大的数据生成速度以及数据规模的高速膨胀,丰富快速变化的数据种类和愈发复杂的关联程度,主要依托大量的计算机技术的开发和应用。因此,大量的资金投入是大数据融入量化交易的关键,数据存储模式、管理模式以及计算和分析上结构的改变都需要投入可观的资金用以更新相关技术平台,以适应大规模的数据流量。对于一个总体还处于以信息套利为主且对量化交易持观望态度的中国金融市场来说,这样大量的投资短期内不具有普遍推广的价值,相对可行性较低。

(二)精益化的大数据策略

1. 基本概念

精益化的大数据策略来源于精益生产系统。在精益化生产中,把产品生产的每一个步骤都紧密地相互衔接起来,直到最后的成品。其间,避免了配件批量生产的浪费以及配件移动、转场至其他流水线的时间的浪费。综合这两方面的优势,提高产品的生产效率,降低生产成本。

2. 本质

精益化大数据策略本质上更强调通过细化量化金融活动、明确投资目的以控制数据规模,从而提高效率、降低成本。当前的金融市场正处于一种不太稳定的趋势中,用数据来强调金融服务产品的特性、降低投资风险、提升金融机构在市场的整体表现变得十分重要。为此,很多金融机构开始涉足大数据领域,并且在技术管理上投入了大量时间和资金。但在开展新计划之前,有必要评估这些投入是否能达到预期。而精益化大数据策略的介入,正是为了防止大量的时间和预算无目的性的流向大数据的采集、过滤和分析过程。

金融机构应采用对其量化金融活动结果目的性强的数据,而非单纯强调数据规模大、来源广。来自世界范围内超过 500 家企业 75% 的高级主管人员表示,他们手握冗杂庞大的数据及来源,但其中超过一半没有价值,而对这类数据做的所有工作都将浪费时间。

3. 基本思路

(1)确定投资者的投资预期,明确投资过程中可能涉及的相关领域;(2)根据第一项原则确定数据来源;(3)设计分析架构,确定所需收集、存储、分析和可视化数据的步骤,并确保这些过程能充分整合到金融活动中;(4)预测是一个强调数据收敛并转化的过程,所以针对现有的有效数据,只做与投资者目的一致的分析;(5)完善大数据量化策略的长期步骤,即持续不断地从每一次交易中剔除无用过程、低价值数据和无相关性的分析,并将分析预测结果反馈给交易过程中的每一个步骤,达到动态优化大数据策略的目的。

4. 具体步骤

精益化大数据策略的实施可以概括为四个步骤:(1)详细确定量化金融活动中存在的适用数据及相关分析解决的关键性问题,并将其归类;(2)确定金融活动中关键的步骤,结合已归类问题,用上述原则确定数据来源方向;(3)明确各种金融产品的一般策略,结合对应的模型,制定操作路线图;(4)根据策略和路线图配置分析部分,做出预测,并实施具体行动。

三、大数据策略下的量化投资交易

(一)加强财政补贴对产业政策的支持

大数据策略和量化交易投资是以金融产业为依托,而金融产业作为整个经济运行的"润滑剂",又能够带动资本的快速流动,让整个经济高速运转。政府应该加大对金融产业的投资力度,降低资本进入行业的门槛,允许民间资本进入金融行业,以刺激金融行业的活力。同时,对采用大数据技术的金融机构给予一定程度的财政补贴,降低这些机构在采用高新技术后可能带来的资本不足问题。

(二)完善来自税收优惠政策的引导

在对采用大数据策略的金融机构和研发高新计算机技术的企业运用有力的财政补贴的同时,为了激发金融机构和企业自身的活力,还要运用税收的手段,给予采用大数据策略的金融机构和研发高新技术的企业更多、更有效的税收优惠政策。

(三)建立行业信息安全标准并加强行业的监管

有鉴于信息安全的重要性和价值,以及量化交易对于金融市场可能产生的冲击,政府需要在金融市场上承担更多的责任。加强行业的有效监管,不仅能够降低金融市场的波动、减少金融市场带来的风险,而且有力地维护了整个宏观经济的运行。同时,信息安全和量化交易本身是一个逐步发展的过程,对信息安全的标准和监管水平的要求在逐渐提高。这要求政府在制定和修改信息安全标准的过程中保持一种时效性,同时对于行业的监管本身也可以借鉴大数据的策略,从多个角度分析市场可能出现的问题,未雨绸缪。

(四)加大对基础学科研究的资金投入

不论是金融工程还是应用计算技术,作为一门综合性的学科,其本身的发展需要建立在数学、计量等基础学科的发展之上。政府对基础学科的资金投入要从大学的基础教育开始,逐步储备专业的人才,从根本上推进国内基础学科的研发,进而推动计算技术、计算机技术和金融工程技术的全面发展,真正推动以大数据为基础的量化交易的发展,增强国内金融市场的国际竞争力。

四、我国量化投资交易风险和监管建议

(一)我国量化投资的交易风险

国内对待量化交易,关注的重点还停留在风险评估、防范以及维护市场公平原则等方面,但量化金融的飞速发展已经引起国外市场监管和运行机构的高度重视。例如,2008 年,加拿大政府就开始考虑对有算法交易的机构实施风险控制措施,而不再限于评估;2009 年,美国证监会以通过调查的方式终止高频交易中的闪电交易;德国在法律上也对高频交易进行严格监管。虽然国内量化市场在规模和交易速度上对服务器要求还未构成压力,但相关的技术储备并不及发达市场到位。随着量化投资水平的提高和程序化交易的逐渐起步,未来或许会对相关技术平台提出更高要求。

(二)我国量化投资交易监管建议

1. 程序化交易的监管

程序化交易的监管主要针对程序化交易中容易出现的程序出错、金额出错、交易指令出错等会给市场带来重大影响的交易行为,其主要目的在于尽可能地降低相关事故对市场和普通投资者的影响。首先,监管者应当对账户每天的交易进行限额,对程序化交易客户的接入端口限定流量;其次,交易所应当设定一个意外界定的标准,一旦出现意外,交易所应该有一个即时的预警,及时告知投资者;再次,加强对期指套利账户的监管,对大单进行追踪,防止通过操纵市场价格来进行套利的违法行为;最后,当程序化交易账户的金额超过一定限额时,应当对其交易策略和程序在交易所做一个保密性报备,为今后可能发生的事件进行责任认定时提供参考。

2. 市场应急机制

借鉴美国市场的"熔断机制",熔断的目的在于更好地控制风险。该机制的设立可以在价格巨幅波动时,给予市场一定的缓冲时间,为广大投资者采取相关的风险控制手段和措施赢得时间和机会。例如,短时间内当股票指数出现暴涨或暴跌时,可以对整个市场暂停交易一段时间,给予市场一定的缓冲。对于个股,同样是当几分钟内的涨跌幅达到一定数值时就进行熔断,可以从具有做空机制的股票,比如 ETF 成分股、沪深 300 成分股、融券标的股票等进行试点,逐步扩张到整个主板、中小板、创业板乃至市场的全部股票。

3. 投资者赔付

量化交易会造成普通投资者的损失,应当建立一套投资者赔付的机制。首先,监管部门应当完善相关的司法解释,通过明确法律法规来支持投资者对损失的索赔;其次,市场也应当建立相应的机制来应对此类突发状况。目前,我国证监会已经设立了

一个通过向证券公司收取风险保证金来作为赔付金的投资者保护基金。由于量化交易存在着较大的可能,包括扰乱市场、损害普通投资者利益,因而监管层可以探讨通过收取一定比例的交易费用,作为投资者保护基金进行赔付的可能性。此外,在法律制度上,应当有一套完善的认定需要该保护基金赔付投资者损失的标准和规则。

4. 事件认定

对于既成事实的恶性事件,应该在事后进行认定,对于内幕交易、非法套利等违法事件应当加大惩罚力度,给予后来者以警示威慑作用。就量化投资而言,特别是程序化交易总是存在着异常交易的可能,如果没有统一的标准将很难令人信服,比如"光大乌龙指事件"的属性认定至今仍备受大众诟病。

应当根据量化交易的特点,设立一套标准的事件认定规范。在规范内,如果行为人已经做了必要的履约义务,则只需要进行相关损失的赔付,同时在监管制度上进一步完善。但是,对于利用意外事件进行非法套利的行为,相关责任人和单位除了进行必要的巨额经济罚单外,还应当对其提请相关刑事诉讼,以警示后来者。

第五节 案例分析

案例一:大数据与量化投资——以国信证券为例

(一)案例背景

基于金融大数据技术,建立在宽投独特创新的量化交易策略生成平台,国信解套宝项目起始于2016年7月的双边探讨。经过数周的需求分析、自我评估和设计规划,2016年8月底,宽投正式向国信提出解决方案和持续改进提高这个强大工具的提议。一个月后,国信和宽投正式推动这个项目的开发和实施。同年11月底,宽投完成了设计开发。经过6周时间,通过与国信的联调,不间断地对历史市场数据的回测以及实时市场的模拟实测,国信证券进一步完善了解套宝工具,并把第一期的实现发布到了生产环境。

(二)案例介绍

1. 任务

国信解套宝项目要求维持客户仓位,以量化交易策略主导客户被套仓位进行交易,降低持仓成本,实现盘活解套。通过对市场进行实时扫描,提取符合各种预设条件的股票,预警过滤器中发出信号,根据各种组合策略实时计算分析,对于不同用户的仓位和风控选择,提醒用户或者直接进行交易。

有别于其他国信和宽投合作的投顾量化交易项目,解套宝不仅是由投顾提供投资理念并在宽投平台实现策略设置,而且能通过机器学习市场金融大数据,对策略进行增强。

该项目具有一定程度的前瞻意义,由于其灵活性和广泛性,在合理的架构体系下,可以不断地在各种金融市场、各种产品、各种投资风格方面进行拓宽,并在其深度和广度上进行提高。所以,不仅需要通过对金融大数据的学习和处理归纳出投资策略,更需要具备螺旋式上升迭代拓展的能力,增加数据量和数据种类,加快数据整理和分析的速度,提高输出结果策略的精度和扩展度。

2. 挑战

对全市场的实时扫描,跨周期的高速分析运算,无需编程直接实现投资理念,运用真实市场历史数据回测研究验证投资策略等,这些对于同行业中非常具有挑战意义的需求,宽投已经提供了成熟的一站式平台服务,在客户中被广泛应用。这次项目的主要挑战在于,用大数据和机器学习发掘发现投资策略。

希望通过海量的、不同种类的金融数据,从公司基本面资料到股票走向的技术指标,从宏观经济的货币政策到利率变化以及 CPI 等,从新闻媒体到社交网站的关注率,通过机器学习,找出强关联数据;再通过数据清理与分析组合,找出稳定的有操作指导建议的策略;通过强大快速的回测系统,检验机器学习的结果。

国信解套宝是面向所有客户群的,其中有国信的投顾团队、各种公募和私募基金、投资机构、资深个人投资者或者平常散户。由于投资能力和经验的不同以及投资理念的不同,势必导致对于同样的工具不同的用法,因此需要能够根据用户的不同级别,动态提供感兴趣的盯盘参数组合,既给予用户灵活的选择可能,又把金融大数据的分析结果呈现给用户,并做出投资指导或者直接推动量化交易。

金融市场对于大数据和人工智能而言,一个主要的问题在于数据的噪声。如何在大量的数据中,让机器学习能够提取到有效的数据,这是一个大难题。另外,还需要决定如何设定短期、中期和长期目标;在不同的阶段,有选择性地确立特征和训练数据集。

3. 实施过程

针对国内股票市场的现状,国信证券把机器学习定位成一个全市场扫描选股的辅助手段,即把它作为过滤器,将机器学习与传统的技术分析手段结合起来。同时,依托微软 Azure Machine Learning Studio,实现了机器学习的快速开发,完成了系统的快速建模、快速训练和快速部署。从数据导入到模型建立、模型训练、模型部署和 Azure Web Service,再到使用 Azure Web Service 和 Azure Blob Service,用实时数据调用部署好的模型,实时产生选股信号的全部过程中,微软的 Azure Machine Learning Studio 都提供了方便快捷的使用方式。

案例思考题

国信证券如何利用大数据量化投资？

案例二：山东神光咨询服务有限责任公司——神光量化投资分析系统

（一）案例背景

信息化技术的日新月异，使得海量数据的处理成为可能，在大数据技术的有力支持和电子化交易的发展形势下，金融投资领域掀起了一轮技术革新。山东神光咨询服务有限责任公司董事长王艳红带领公司技术团队研发的神光量化投资分析系统，为投资者有效控制风险、保证投资安全提供了强有力的数据支持。

（二）案例介绍

神光量化投资分析系统是一款先进的量化投资分析系统，它采集了宏观层面、行业层面、财务层面、交易层面、市场调研层面等各个方面的数据进行量化处理，通过金融模型计算价格变动的大概率区间，同时判定当前主导股价的交易行为，以独有的量化投资视角为投资者提供一整套科学的判断依据。由于采用国际先进的量化交易模型，因此该系统能够扩展计算一周内股价变动的大概率区间，提供更详细可靠的数据支持。投资者可以自定义类似于操盘手的 bs 买卖点，然后用历史回测计算器进行模拟操作，检测自己定义的 bs 买卖点交易，模拟出在考虑费率情况下的盈利情况。软件还可以通过条件选股，选择股票池，然后计算股票池内所有股票的平均收益率，对投资者在投资策略分析研究方面有很大的帮助，并可以帮助投资者建立信心。该系统能在同一时间对上万只股票进行分析，克服人性的一些弱点，通过对证券市场中交易资金和交易报价等数据进行批量比对后，分别找出资金数据和价格数据的运作规律，寻找较大概率获胜的投资机会；可以考量股票业绩变动背后的形成原因、回报来源等因素，从不同的角度对股票的绩效进行评估，为投资者提供较好的视角与方法；能够建立可以重复使用并能反复优化的投资策略，适用于各类金融产品，且盈利能力较强，目前的月盈利能力为 5%～20%。

案例思考题

神光量化投资分析系统的利弊分析。

本章小结

本章首先描述了量化投资的起源、国内外的发展历程以及发展的前提条件。其次，简单介绍了量化投资的特点和优势。然后，详细描述了量化投资的 7 个主要策略和 6 个流程。在第二节，介绍了资本资产定价模型、套利定价模型和 Fama-French 三因子模型 3 种多因子选股模型，以及支持向量机、XGBoost、LightGBM 3 种机器学习算法。在前两节的基础上,展开描述我国量化投资的现状、发展前景以及未来的发展方向。最后,讨论在大数据时代,量化投资所面临的挑战以及存在的交易风险,并且提出适合我国国情的相关监管建议。

思考题

1. 简述量化投资的概念和发展方向。
2. 简述我国量化投资的风险。
3. 简述应用大数据进行监管量化投资的方法。

第九章　大数据与反洗钱

近年来,洗钱及其上游犯罪呈现上升态势,逐渐朝专业化、集团化和国际化的趋势发展,且大多数涉案金额多、规模大、涉及面广、社会影响较大,与涉毒涉恐、走私、偷税漏税、职务腐败、非法集资等犯罪行为紧密相连。因此,完善我国的反洗钱制度,加大对洗钱犯罪的打击力度已迫在眉睫。引入大数据模式的反洗钱监管可以精准分析、快速识别、高效预警,为反洗钱工作打开突破口,持续推进反洗钱工作整体水平的提升。

第一节　反洗钱概述

自2006年《中华人民共和国反洗钱法》(以下简称《反洗钱法》)颁布实施以来,我国反洗钱法律制度相继出台,反洗钱监管范围不断扩大,反洗钱监督方法不断改进,金融机构、支付机构反洗钱合规水平和洗钱风险防控能力显著提高,反洗钱调查和协查数据屡创新高。但随着我国跃居世界第二大经济体以及人民币成为全球第四大支付货币,金融业反洗钱工作也迈入了新的发展阶段。无论是从预防洗钱犯罪的需求来看,还是从反洗钱义务机构现代化信息技术的广泛应用,以及大量反洗钱可疑数据、大额交易数据、反洗钱重点可疑交易报告等上报来看,着重做好大数据背景下的反洗钱监管工作迫在眉睫。

一、反洗钱的概念

我国的《反洗钱法》明确阐明了洗钱的概念,即主要是指将违法所得及其产生的收益,通过各种手段掩饰、隐瞒其来源和性质,使其在形式上合法化。反洗钱是政府动用立法、司法力量,调动有关组织和商业机构对可能的洗钱活动予以识别,对有关款项予以处置,对相关机构和人士予以惩罚,从而达到阻止犯罪活动目的的一项系统工程。根据法律规定,我国所有类型的金融机构均应负责预防和监督洗钱活动。通过创建和改进金融交易系统和客户识别系统,控制和管理各种可疑交易与大规模交易,把反洗钱的义务履行到位。中国人民银行于 2003 年通过的《金融机构反洗钱规定》在立法层面上确定了银行业反洗钱的定位,建立了专门机构来全面实施和监测洗钱活动,并建立了一个报告所有级别可疑数据的系统。2006 年,我国颁布《反洗钱法》,收紧了其反洗钱义务,并要求金融机构规范对客户的风险管理和调查义务。

二、反洗钱工作的发展历程

(一)立法先行,建立了反洗钱工作制度基础

中国人民银行从 2003 年承担反洗钱工作伊始,即树立了立法先行的基本工作思路。自 2003 年《金融机构反洗钱规定》发布起,从《中国人民银行法》修改到《反洗钱法》的颁布,一直到现在实施的 4 部反洗钱规章,反洗钱工作始终坚持立法先行,搭建起包含法律规章在内的一整套制度体系,为中国人民银行反洗钱工作提供了重要的制度保障。

(二)借鉴国际标准,将国内反洗钱工作放在优先位置

我国在遵守反洗钱国际标准的同时,始终坚持将国内关切的重点问题放在优先地位,解决影响国内社会稳定的突出问题。经过不懈努力,在国内洗钱犯罪刑罚化、金融机构客户身份识别、反洗钱数据库建设等重点领域取得了较大进展。经评估,中国成为首个退出反洗钱金融行动特别工作组(FATF)后续评估程序的发展中国家,之后又担任了亚太反洗钱组织联合主席国。事实证明,我们集中有限资源解决国内反洗钱基础设施建设,既得到了国际社会的认可,同时提升了我国在国际反洗钱领域的影响力。

(三)建立跨部门协调机制,形成反洗钱工作合力

多年来,中国人民银行致力于发挥好反洗钱部际联席会议作用。反洗钱工作横跨立法、金融监管、刑事调查、外交、国际司法合作等多个领域,人民银行在反洗钱立法、加入国际反洗钱组织等一系列核心问题上,与相关部门充分沟通、密切合作,发挥了重要作用,保证了中国反洗钱体系的正常有效运行。

(四)严格监管,提升金融机构洗钱风险防范能力

中国人民银行承担着整体金融业的反洗钱监管,实施了金融业混业监管的尝试,这是对人民银行开拓创新能力和业务管理水平的一次全面检验,如今经过监管体系的重塑,"一行三会"(即中国人民银行、中国银监会、中国保监会和中国证监会)演变为进一步体现混业监管的"一委一行两会"(即国务院金融稳定发展委员会、中国人民银行、中国银保监会和中国证监会)。人民银行在较短的时间内搭建了一套重点突出、行之有效的监管框架,通过依法履行监管职责,树立了监管威信。通过反洗钱监管,国内金融机构反洗钱内控体系从无到有、从单一到全面,逐步覆盖各个业务环节。金融机构洗钱风险防范能力显著提高,对其稳健经营起到了重要的支撑作用。

(五)反洗钱资金监测范围稳步扩大,监测分析水平能力和反洗钱调查水平不断提升

目前,反洗钱资金监测已经覆盖银行业、证券期货业和保险业在内的整个金融业以及银联、资金清算中心和支付机构。通过现代化科技手段的运用,国家反洗钱数据库建设不断加强,开发建成"中国反洗钱监测分析系统",分析方法和模型在经验积累的基础上不断丰富完善,监测分析的信息化、智能化程度稳步提高,能力不断提升,为支持洗钱及相关犯罪案件侦查发挥了独特作用,并与二十多个国家和地区开展有效的情报交流。同时,针对国内高发的地下钱庄、走私等相关犯罪,人民银行不断探索利用既有案例对客户特点和交易特征进行归纳总结,并逐步建立了一套上下一体、统分结合的、符合中国国情的反洗钱调查体系,反洗钱调查效率稳步提高,国内洗钱风险分布渐趋明朗。

三、反洗钱调查工作的作用

反洗钱调查有别于一般的司法查询,查询要素的获取也与司法查询不同,是反洗钱工作中调查核实可疑交易活动的一项重要手段,其作用主要体现在情报支持(线索移送)和证据支持(案件协作)上。通过反洗钱调查,可以从身份、行为、交易等维度深度分析具备情报价值的可疑线索,在通过主体特征、背景、人物画像以及交易情况、交易性质研判等综合分析后,形成完整的情报线索向公安机关移送;还可以协助公安、检察机关等部门对在侦、在审涉嫌洗钱犯罪(或上游犯罪)的案件开展会商和分析,厘清涉案嫌疑人账户的资金来源和去向,获取电子银行交易的 IP 地址(MAC 地址),研判账户的交易性质,提出侦查、审查和追加侦查的意见,具体参见表 9-1。

表 9-1　　　　　　　　司法查询与反洗钱调查的区别

要素		司法查询	反洗钱调查
身份方面	身份基本信息	无	需提供
	特征分析	无	分析
	背景分析	无	分析
行为方面	画像分析	无	分析
交易方面	交易明细	有	需提供
	来源与去向	无	需提供
	交易背景	无	分析
	交易性质	无	分析
	IP 地址(MAC 地址)	无	需提供
	关键账户锁定	无	分析
	关键交易锁定	无	分析
锁定洗钱嫌疑人		不能	能

(一)在资金监测中的作用

针对资金监测中发现的涉嫌洗钱犯罪、洗钱上游犯罪、涉税犯罪及地下钱庄犯罪等重点可疑线索开展反洗钱调查,进一步核实可疑线索的基本要素和内容,全面梳理可疑主体在各银行机构的账户开立情况,区分客户类型和客户特性,通过数据透视掌握相关账户的交易方式、交易对手、交易频率和交易金额等情况后,及时锁定重点交易对手开展账户分布查询及资金网状研究,分析异常交易的性质和交易的实际控制人,深入排摸上下游交易对手间的关系,深挖可能存在洗钱行为的可疑账户及对应的可疑主体,在形成有价值的调查结论后及时制作材料移送公安机关侦查。

(二)在案件协作中的作用

针对涉嫌洗钱案件及上游犯罪案件,联合公安机关和检察机关就基本案情、案件资金运作和相关嫌疑人情况开展会商、研判,通过开展反洗钱调查获取涉案嫌疑人银行账户的基本情况、身份基本信息及交易明细信息,通过调查反馈材料结合案件中嫌疑人的角色分工开展资金运作分析,形成有针对性的调查结论,对侦查、检察机关获取的证据、口供提供有效支撑,进一步坐实上游犯罪及洗钱犯罪的事实。对于上游犯罪及涉税犯罪事实清楚、证据确凿的协查案件,在联合司法机关对相关案情开展充分会商的基础上,也可以通过反洗钱调查深挖可能存在的洗钱行为,从而进一步锁定关键洗钱(转移非法所得及其收益)嫌疑人、关键账户及特征明显的关键交易,为公安机关补充立案侦查洗钱犯罪、检察机关追加起诉洗钱犯罪提供强有力的证据支持。

第二节 国际反洗钱经验借鉴和理论分析

近年来,洗钱犯罪日益成为国际社会面临的一大公害,各国(地区)政府有关部门也加大了对洗钱活动的重视力度。从当前国际发展形势来看,洗钱活动对社会发展的负面影响越来越突出,深入了解其对社会发展的不良影响,并有针对性地提出解决问题的具体方案,从而使商业银行能够更顺利地开展反洗钱工作。

一、洗钱活动对金融机构的影响

从金融机构的工作性质来看,首先需要对客户的信息进行严格的保密;其次,要做好金融机构的资金流转工作。由此可见,金融机构和洗钱活动之间的联系是非常密切的。从某种意义上来看,金融机构的存在为洗钱行为创造了有利条件,如果利用金融机构进行洗钱犯罪的现象长期存在且得不到有效解决,将会给金融机构带来十分恶劣的影响,使其良好的形象受到损坏,进而影响金融机构的市场竞争力,阻碍金融机构平衡稳健发展。

(一)洗钱活动的实施目标与实施过程

所谓的洗钱活动,实际上指的是通过采取某种方式或手段将犯罪所得的资金隐藏,使非法所得的收入不留痕迹地变为合法的过程。洗钱犯罪行为给企业发展以及社会稳定造成了严重的威胁,引起了各国相关部门的高度重视。

洗钱行为的目的主要有以下三个方面:一是通过洗钱活动将其非法渠道所获取的资金进行隐藏,同时不暴露隐藏人的身份;二是实现对所隐藏资金的监控;三是想方设法将所取得的非法资金逐渐变为合法收入,并且尽可能采取非现金交易的形式。对此可以总结为六个字:隐藏、控制、转化。

洗钱活动在开展过程中是按照一定顺序进行的,一般来说可以将洗钱活动分为三步:第一步为放置阶段。这个阶段的主要任务是将非法取得的资金投放到金融公司内部,而非法资金持有者的身份是没有被隐藏的。第二步为离析阶段。该阶段的主要任务是"隐藏",一方面要成功地将收入来源渠道进行隐藏,另一方面要将资金所有者的身份加以隐藏。第三步为融合阶段。这是将非法获得的资金转变为合法的最后一个环节。

近年来,各种金融机构如雨后春笋般兴起,并且在各个方面都取得了巨大的进步,包括业务能力、服务水平等,同时市场竞争也越来越激烈,为了在激烈的市场竞争中占据有利地位,绝大多数金融机构开始利用洗钱行为来摆脱国家的法律约束,这种行为在一定程度上纵容了洗钱犯罪,使洗钱活动更加肆无忌惮。

(二)洗钱活动对金融机构的危害

虽然在短时间内洗钱活动可以摆脱国家相关部门的监管,但是从长远的角度来看,该活动对金融企业所产生的影响是非常恶劣的。一旦洗钱行为被查出来,就会直接认定金融企业与犯罪行为之间存在密切的联系,给金融企业的正常发展带来不利影响。如果洗钱活动长期存在且得不到有效解决,不仅会影响国家金融机构发展的稳定性,而且会使金融企业的信誉和形象受到严重损害。

以1999年美国纽约银行事件为例,该银行与犯罪组织合作,为其洗钱活动的开展提供了便利条件,最终使银行的融资能力受到了严重影响,信誉下降。可见,作为金融企业,维护其良好的形象和信誉是至关重要的。英国巴林银行和爱尔兰联合银行原本都是经济实力比较雄厚的银行机构,最终却以倒闭破产而告终,其根本原因在于银行面临着巨大的反洗钱业务风险。金融机构要在银行内部监管机制下,及时发现机构存在的诸多反洗钱问题,做好反洗钱犯罪风险防范,以高度发达的反洗钱监测技术为支撑,稳步健康发展。

二、国际反洗钱经验和形势分析

洗钱活动并不是某个区域或者某个国家所面临的问题,它存在于各个国家的各个领域,所波及的范围是国际性的。联合国安理会于1995年4月制定《联合国禁止洗钱法律范本》,作为指导各国反洗钱立法的参考文件,有效打击了各国的洗钱活动;又于1999年协商发布了《制止向恐怖主义提供资助的国际公约》,制定了多项反洗钱工作原则,指出各国应在这些原则的基础上处理反洗钱问题,该公约为各国商业银行的反洗钱活动提供了重要指引。反洗钱金融行动特别工作组(FATF)是目前世界上最具影响力和权威性的反洗钱组织,它于1989年7月在巴黎经济会议上成立,1990年2月讨论通过了《40项建议》;2001年10月,在《40项建议》的基础上,FATE又新增加了9项特别提议。实践结果表明,该组织所倡导的反洗钱解决方案切实可行,成为现阶段国际社会反洗钱工作的重要指导性文件,这些文件在很大程度上完善了国际反洗钱制度,对世界上各个国家反洗钱法律体系的建立和完善具有重要的指导意义。

(一)美国反洗钱经验分析

美国作为全球洗钱活动的集散地,最早运用法律手段制裁洗钱活动。1970年,美国通过了《银行保密法》,该法在传统保密制度基础上,完成了对银行保密法实施细则的升级,执行和实施保密法的职责由财政部承担。该法要求金融机构以"了解你的客户"为基础,记录并保存客户的现金交易档案,加大对违反该法律的处罚力度。《洗钱控制法》于1986年推出,犯罪条例中增加了"隐瞒或掩饰收益的洗钱行为"一项,可见美国对洗钱行为越来越重视。《阿农齐奥—怀利反洗钱法令》于1992年颁布,规定及时向金融机构披露客户账户信息也是非银行机构的重要职责。《禁止洗钱令》于1994年表决通过,强调金融机构应以身作则,坚决抵制利用金融机构参与各种洗钱的行为。自"9·11"恐怖袭击事件发生后,反恐融资问题引起了世界各国的广泛关注,美国深刻认识到反恐怖主义工作的迫切性。《爱国者法案》于2001年10月颁布,明确规定了国家的反恐权力及资金分派问题,推进了截获恐怖主义情报的网络建设、特别权力和国际合作,指出了反恐刑事立法的必要性。

美国于1990年3月成立了反洗钱信息中心——金融犯罪执法网络,即美国金融情报机构,该机构以收集经政府机构授权的反洗钱相关情报、监督预防洗钱犯罪为主要职责,通过"网络联络器"的情报系统在执法机关、金融监管机关、行政机关、金融机构之间建立了可供交流的信息共享平台,根据金融机构反洗钱报告,分析了商业银行与工商企业及个人的某种内在联系,在反洗钱体系中发挥着"神经中枢"的作用,能够向情报人员提供大量有效信息,从而对找到犯罪线索提供帮助。

美国还建立了反洗钱交易监控与过滤程序管理规则。2016年6月30日,美国纽约州金融服务管理局发布了《银行机构交易监控与过滤程序要求及承诺管理规则》,该规则要求被监管机构对潜在违反美国《反洗钱法》《银行保密法》的行为进行反洗钱监控,并具备筛查美国海外资产控制办公室经济制裁名单的过滤程序。

(二)英国反洗钱经验分析

英国反洗钱采用"引流式"监管模式,该模式以真实怀疑的可疑交易制度为基础,并以应尽勤勉为核心理念。

英国主张,金融机构应当在自律的基础上防范外部犯罪,做到先防内、后防外,以身作则。在反洗钱工作中应以风险为本,对客户尽职调查时采取相应措施核实并记录实际受益人,从而为日后反洗钱排查提供依据。当工作人员在不确定所获得的客户身份资料的准确性时,信贷机构和客户经理应以风险评估为依据,及时对现有客户尽职调查,避免与"空壳企业"存在业务关系。英国对客户交易记录的保存方面做了机动调整,可以只留存相关参考信息而对客户文件复印件的留存管理不再进行强制要求。在内部政策和流程方面,要求必须建立健全"风险为本"的内部政策和制度,包括客户尽职调查报告、持续监测报告、交易记录保存、机构内部控制、风险评估管理、合规监测管理和内部沟通等。

(三)德国反洗钱经验分析

德国的立法方面,《德国刑法典》第 261 条、《德国反洗钱法》和《德国信贷机构法》奠定了德国反洗钱法律的基础,使德国反洗钱工作有法可循。

德国反洗钱管理的模式为多个部门互不干涉、各司其职,既有明确分工,又有相互协作,因此各部门的反洗钱工作效率很高。德国金融情报中心兼具警察部门的特性,负责收集并分析大额、可疑交易报告,根据相关法规开展国际合作,涉嫌刑事犯罪的可疑交易必须立即上报,银行随时向反洗钱情报中心报送相关报告。德国金融监管局主要负责接收金融机构反洗钱问题报告,并对反洗钱效率进行监管。金融机构的客户资料及交易档案将形成一个安全的数据库,可与金融监管局、监察机关、税务机关以及金融情报中心等机构进行联网,从而形成一个庞大的信息共享网络。

第三节 反洗钱监管工作的发展方向

一、反洗钱监管工作现状

经过多年的发展,我国反洗钱相关法规制度已基本健全,各个反洗钱义务机构反洗钱工作意识显著增强,反洗钱工作已全面开展,但与世界发达国家相比,我国反洗钱监管工作仍存在一些问题。从法律覆盖面来讲,我国《反洗钱法》只涉及七大经济金融领域的上游犯罪;从法律量刑来讲,反洗钱罪最长只有 10 年,量刑过轻;从反洗钱监管方式来讲,虽然国家层面和各省、市均建立了反洗钱工作联席会议制度,但联席会议中相关成员单位履职不积极、不主动;从机构设置来讲,全国反洗钱部门设置到市,但人员配备不全,内部培训过少,特别是对现代化信息技术掌握不足等,都直接影响了反洗钱监管工作的有效开展。

(一)反洗钱监管手段较为陈旧,现场检查工作仍然占比过重

作为反洗钱监管部门的各级人民银行,普遍存在重检查、轻分析的现状,即反洗钱工作仍以现场检查为主,受监管力量、资源和时间等因素限制,普遍存在反洗钱监管覆盖面小、耗时长的问题。虽然近年来不断加大了现场检查的处罚力度,但非现场数据的分析应用开展过少,通过现代化的手段筛选、分析各义务机构报送的各类反洗钱数据工作尚未真正开展,已经不能适应当前国际、国内反洗钱工作的整体发展形势。

(二)义务机构反洗钱管理信息系统的应用,凸显监管人员知识老化

随着反洗钱工作监管范围的扩展,反洗钱义务主体持续增加,反洗钱处罚力度有所加大,各反洗钱义务机构已经建立或正在建立各自独立的系统内反洗钱管理信息系统,其中银行、证券、保险业金融机构已经建立了较为完备的反洗钱内部管理系统,根据中国人民银行新修订的《金融机构大额交易和可疑交易报告管理办法》向中国反洗钱监测分析中心报送相关反洗钱大额和可疑交易数据;农商行(农合行、农信社)通过各省农联社的反洗钱相关数据;村镇银行近两年也在业务顺利发展的同时,积极着手建立自身的反洗钱管理信息系统,尽快从手工报送向系统自动提取数据报送转换。同时,根据"属地管理原则",各义务机构向人民银行省、市、县分支机构分别报送相关反洗钱信息数据。各义务机构系统内反洗钱管理信息系统的快速应用,使得各级人民银行接收的反洗钱工作数据成倍增加,而现有监管人员,特别是市、县一级的反洗钱岗位人员年龄偏大、知识老化,对现代化信息技术的使用不够熟练或不会使用,从而影响了反洗钱工作的有效开展。

(三)基层人民银行反洗钱监管职责履行不到位

县级人民银行反洗钱工作由国库会计股承担,目前均为兼职,要面对会计财务科、支付结算科、国库科、反洗钱科等多个科室,岗位人员工作头绪多、任务重,对辖内金融机构反洗钱监管职责未能真正落实,主要体现在日常监管不到位,反洗钱监管理念传达不及时,自身反洗钱工作开展不连续、不规范,对县域金融机构反洗钱业务指导和监管缺位等。

二、反洗钱领域工作存在的局限性

业内普遍采取"模型筛查+名单监控+人工甄别"的可疑交易分析报告监测模式。

由于这种模式尚未引入大数据和人工智能概念,因此在数据使用和模型更新方面,主要呈现以下四个方面的局限性。

(一)数据处理时效性差

当前的数据处理通常分为数据扫描和加工处理两个环节。以树形结构作业模式为例,通常需要一百多个小时才能完成 1P 的数据扫描。同时,单机处理模式从海量数据构成的样本群体中识别出与该群体有显著差异或者异常情况的离群样本耗时较长,无法及时发现可疑交易、阻断各类犯罪资金链条、减少并追回损失。

(二)数据信息整合分析困难

可疑交易监测模型的准确与否,依赖于客户在金融机构留存的基础信息是否全面、完整,以及资金链条是否可追溯。目前,各家金融机构普遍存在底层数据缺失、数据格式不统一、留存在各业务条线的信息整合不力的问题;再加上客户基础信息真实性审核渠道有限,客户跨行交易以及与第三方支付平台交易都容易造成的资金交易链断裂,给可疑交易人工甄别工作带来一定的困难。

(三)可疑交易监测模型更新滞后

传统的可疑交易监测模型,需要指明特定场景、明确具体字段,并将数据匹配整合到可疑交易监测模型,而严格的阈值也直接导致可疑交易的误报和漏报。同时,犯罪分子的洗钱手法会随着反洗钱措施的加强而进行衍化,导致对新型洗钱犯罪模式的监测滞后,造成可疑交易的识别率低、误报、漏报率高等情况,需要耗费大量的时间进行人工筛选和判断。

(四)单一可疑交易监测标准精准度差

目前,业内大部分机构的可疑交易监测模型仍是以单一监测标准为主,也有部分机构尝试通过多条监测指标,以"打分卡"方式监测可疑交易,但终因数据标签抓取不理想而无法实现精准定位可疑交易的目的。金融机构缺乏以洗钱罪上游犯罪衍生的资金特征进行可疑交易监测的理念和实际应用,这些都导致金融机构对监测数据的利用率有限以及对监测分析人员依赖程度普遍较高的问题。

三、新形势下反洗钱调查面临的挑战

(一)反洗钱的广度和深度不断拓展

国际上,2012 年 2 月,反洗钱、反恐融资和反大规模杀伤性武器扩散融资首次被吸收进 FATF 通过的新《40 项建议》。在国内,2015 年发布《中华人民共和国反恐怖主义法》,对涉嫌恐怖主义融资可以依法进行调查,采取临时冻结措施。2017 年发布的《国务院办公厅关于完善反洗钱、反恐怖融资、反逃税监管体制机制意见》中提出,到 2020 年,初步建成适应社会主义市场经济要求、适合中国国情、符合国际标准的"三反"法律法规体系,建立职责明晰、权责对等、配合有力的"三反"监管协调合作机制,有效防控洗钱、恐怖融资和逃税风险。与反洗钱工作的广度和深度不断拓展相比,《反洗钱法》规定的反洗钱调查对象是金融机构,并没有明确对特定非单位和个人涉嫌洗钱行为的调查,也没有对任何一类特定非金融机构采取专门的反洗钱措施,导致这些单位和个人的调查缺乏充足的法律依据;另一方面,受人员和技术的限制,缺乏行之有效的调查手段。

(二)反洗钱尽职的责任约束日益强化

国际上,FATF通过新的各国反洗钱体系互评估方法,首次将有效性评估放在合规性评估同等重要的地位。另外,美国等国家掀起的反洗钱反恐融资监管风暴,多家银行遭受巨额罚款,使反洗钱责任追究问题再度成为焦点。随着国内严格监管问责的力度不断加大,目前反洗钱调查是通过金融机构间接调查获取信息资料,存在金融机构数据报告质量不高、客户身份识别手段单一等问题,缺乏将数据与客户行业特点等相关因素结合分析甄别,使得反洗钱调查的效果大打折扣。

(三)非法金融领域的洗钱活动需要部际联合调查更加紧密配合

近年来,我国金融领域各种风险持续积累,洗钱和恐怖融资风险持续上升,反洗钱工作面临严峻挑战:一是非法集资活动严重影响金融和社会稳定,而且呈现多发式增长,涉案金额和人员不断刷新,严重危害群众切身利益和社会稳定,给金融体系带来风险隐患;二是诈骗洗钱层出不穷,不法分子的作案手法推陈出新,呈现高智商、高科技、团伙化等特点;三是地下钱庄洗钱日益隐蔽,走私、涉税、毒品等上游犯罪形势严峻。目前,人民银行各级分支机构反洗钱部门更多地与当地公安机关联系,与安全、海关、工商、税务等部门联系紧密度不够,从洗钱手法的复杂程度看,单一部门的调查已经无法有效追踪犯罪分子的资金流向痕迹,而且各部门数据分散孤立,造成反洗钱调查无法形成合力。

(四)大数据环境下互联网金融的发展需要创新手段应对新型洗钱类型

作为互联网与金融相结合的创新型产物,除金融机构传统线下业务线上开展仍遵守线下金融业的反洗钱规定外,互联网行业开办的金融业务在反洗钱的职责制度、法定义务方面基本处于空白,网络支付流程碎片化,交易记录保存不完整;缺乏有效的交易监测系统,可疑交易无从发现;交易时空无限放大,资金流向便捷、隐蔽难以追踪,必然引发新型洗钱风险。

四、全球反洗钱合规监管趋势

(一)内涵不断扩大,与国家战略利益联系日益紧密

"9·11"恐怖袭击事件发生后,美国率先将反恐怖融资及防治大规模杀伤性武器

列入反洗钱监管范围。随后,FATF 也在新《40 条建议》中将以上二者纳入反洗钱犯罪范畴。同时,各国反洗钱监管逐渐提高到维护国家经济安全和国际政治稳定的战略高度,政治色彩日渐浓厚。例如,美国财政部海外资产管理办公室(OFAC)不定期更新制裁名单,包括国外特例机构清单(SDNList)和综合非指定国民名单(Consolidated Non-SDNList)。只要涉及名单上的机构,即使其不在联合国制裁名单之列,金融机构也必须停止为其服务,立即冻结其资产并上报 OFAC,否则该金融机构便会遭受反洗钱制裁。

(二)监管渠道和监管对象不断拓宽

目前,各国反洗钱监管的渠道和对象主要呈现以下特点:

(1)反洗钱监管对象正逐渐由传统银行类金融机构向其他金融机构和非金融机构延伸。早在 2003 年,英国的《2003 年反洗钱法规》中就将防范洗钱的经营活动范围从传统的金融活动领域扩展到了非金融领域。根据该法规定,任何在英国境内从事相关经营活动的主体主要负有防范洗钱的三项法律义务,即在内部建立"客户身份识别""交易记录保存"和"洗钱嫌疑内部报告"的三大洗钱防范机制(余元堂,2018)。欧盟于 2015 年出台了《防止犯罪团伙利用金融系统进行洗钱和资助恐怖主义的规定》和《跟踪资金转移活动的规定》两份文件,不但明确了赌场等机构的反洗钱业务,而且对金融机构保存客户信息的标准提出了更为严格的要求。

(2)反洗钱监管的范围目前已拓宽到数字货币等新兴金融业务。例如,美国纽约金融监管局(DFS)于 2018 年 2 月 7 日发布了《预防虚拟货币行业市场操作和其他不当活动的指引》,针对虚拟货币公司开展监测、防范和应对欺诈提出具体建议;同年 9 月,美国众议院通过《FinCEN 改进法案》,该法案扩大了 FinCEN 的职责范围以使其更好地关注虚拟货币风险;在欧盟 2018 年 7 月发布的《反洗钱 5 号指令》中,将从事虚拟货币与法定货币之间兑换服务的主体以及钱包保管服务提供商纳入反洗钱被监管机构的范围;2018 年 6 月,美国众议院金融服务委员会对《反恐怖主义和非法金融法案》修改进行讨论,要求在《银行保密法》中添加人工智能等创新技术运用的内容。

(三)监管前移,"KYC"成为重点

FATF 发布的新《40 条建议》揭开了反洗钱合规监管思路由"规则为本"向"风险为本"的转变。"风险为本"的监管理念强调"预防为主、打击为辅"原则,注重对洗钱风险提前监测和有效防控。相应地,反洗钱监管更加强调被监管机构的洗钱风险评估情况以及洗钱风险控制措施、程序能否起到有效降低洗钱风险的作用,而不再以僵化标准衡量被监管机构的反洗钱能力。

在上述原则的指引下,近年来各国反洗钱规定和监管政策日趋细化。例如,2016 年年底,美国纽约州金融服务管理局颁布了最新的《银行机构交易监控与过滤程序及证实管理条例》,明确要求董事会成员或高级合规官每年签发书面文件,作为机构采取恰当反洗钱控制举措的证据;2017年7月,英国市场行为监管局发布了有关政治公众人物的反洗钱风险指引,要求英国金融机构识别客户的收益所有人是否为政治公众人物,并根据客户风险等级实施恰当的反洗钱管控措施。

随着制度的日益细化,针对反洗钱合规的监管正呈现由"点"到"面"、由处罚风险事件到针对机构管理流程和制度的新趋势。特别是欧美发达国家的监管机构,往往通过日常调查提出针对银行机构管理架构和制度、系统的问题,并以此要求"全面"整改。如果不能满足整改要求,则会实施巨额经济处罚。

从具体内容上来看,KYC(Know Your Customer)意为充分了解你的客户,现已逐渐成为各国对金融机构反洗钱工作的监管重点。KYC原则最早由巴塞尔银行委员会在1988年的《关于防止利用银行系统进行洗钱的声明》中首先提出,目前已成为反洗钱领域的基础性制度。作为金融机构反洗钱尽职调查的关键一步,KYC要求金融机构了解客户的真实身份,识别特定资金与其真正所有人、受益人之间的关系,并对公众人物及其关系密切者所开立的账户进行强化审查。

KYC制度不仅要求金融机构在拓展客户初期掌握客户及其交易的基本信息,而且要求金融机构注意及时更新客户资料并掌握客户的交易习惯,对复杂业务的底层客户和交易信息做到"穿透"。近年来,随着金融交易的日益复杂和数字货币等新型金融资产的兴起,了解底层交易对手和客户信息的难度越来越大,国际社会对商业银行KYC能力的重视程度也随之提高。以FATF完成的第四轮互评估为例,即便是反洗钱体系较为严格的美国也未能进入常规后续进程(regular follow-up),而是被列为需要整改(enhanced follow-up)的对象。在整改建议中,FATF更是重点强调了对KYC制度的改进。在此背景下,未来各国也很可能就金融机构的KYC管理出台更加明确、细致的要求,对金融机构形成持续压力。

(四)执法力度趋严,罚金屡创新高

加大反洗钱违法处置力度已成为目前各国监管的大趋势。近年来,各国对金融机构违反反洗钱规定的处罚屡创新高:2012年8月,渣打银行因涉嫌与伊朗机构进行长达10年的洗钱活动而被纽约金融服务局罚款6.67亿美元;同年,汇丰银行因让伊朗、恐怖主义者和墨西哥毒品贩进入美国金融系统而被处罚19.21亿美元;2014年,美国政府以为苏丹等国转移数十亿美元资金为由,对法国巴黎银行开出了89亿美元的"天价罚单";2015年11月,英国金融行为监管局以对客户尽职调查不够、急于拿下高净值客户以及对风险监管不到位为由,对巴克莱银行开出7 200万英镑的罚单;2018年9月4日,荷兰国际集团因违反荷兰《反洗钱和反恐怖融资法》而被罚款7.75亿欧元,罚款金额创下欧洲同类调查的最高纪录。

第四节　大数据背景下的反洗钱工作

一、大数据应用于反洗钱领域的优势

大数据将积累并引入多渠道的海量客户信息，一旦账户交易情形与可疑交易监测模型相匹配，依靠大数据建立起来的智能可疑交易监测系统会自动预警，而人工智能技术将根据客户以往轨迹分析其行为特征，从客户交易行为中找出异常交易，发现背后隐藏的违法犯罪行为，能够很好地弥补"模型筛查＋名单监控＋人工甄别"监测模式的局限性，这将急速提高金融机构反洗钱工作的有效性。

(一)提升效率

在当前的反洗钱大额和可疑交易识别工作中，主要是通过交易次日的系统第一步提取、反洗钱工作人员识别、客户尽职调查、人为排除或上报等程序，一般需要耗时数天才能够完成一笔交易识别的全过程。而将人工智能引入反洗钱大额和可疑交易信息系统中，则可大大缩短时间，人工智能会在每笔交易产生时，依据其大数据分析，将这笔交易与交易者近期的所有交易进行统筹分析，通过时间、地点、频率与交易对手等多重信息，快速判断是否为可疑交易，以提高反洗钱监管效率。

(二)降低成本

金融机构的成本不仅包括上述时间成本，而且包括占经营者最多头绪的经济成本。虽然在开发人工智能的过程中，涉及的数据收集、程序编写等也需要不菲的资金，但若是人工智能开发完毕后，除了日常维护的费用，几乎不会再产生过多的经济成本了。与金融机构长期雇佣员工、客户尽职调查、事后追踪产生的成本相比，成本大大降低，所以人工智能被越来越多的金融机构所青睐，也有更充足的资金不断地投入人工智能的研究与开发中。

(三)多元化数据源的有效整合

根据FATE 2017年11月发布的《私营部门信息共享指引》建议，公共部门和私营机构在保密可控的前提下，将打破信息"孤岛"，实现信息的共享。金融机构可以考虑利用API技术，打破内外部信息壁垒，串联多方系统，或向第三方借力去调取数据，综合分析客户异常交易行为。这些数据来源不同、差异性大且互相印证，可将客户身份全息图景画像越描越细，分析结果更加真实并具有前瞻性。

(四)数据分析平台的优化

目前，大额和可疑交易监测系统将转型为统一集中数据分析云平台，该云平台可以整合客户有关内外部海量数据，对客户异常交易信息进行有效的深入分析和处理。

相比人的判断和人力资本,这种技术变得更加可靠、更加高速、性价比更高。那些与反洗钱合规管理相关的数据将通过人性化的、一看就懂的"仪表盘"的方式予以展示,实现人机良好对话模式。

(五)数据监测的智能化

数据分析云平台势必将引入人工智能技术,这将大大缩短监测模型更新滞后的局限性,对新型犯罪模式下的异常交易行为进行自我归纳总结,在系统中实施异常行为预警等工作,帮助人工及时定义新型洗钱类犯罪。同时,人工智能还将完成最终受益所有人的识别、账户补录等日常反洗钱数据采集和识别工作。

(六)提高风险预警精度

目前,央行下发的洗钱风险提示函大多是基于已经出现的风险点进行提示,对于未出现的、可能出现的风险点还并不能进行准确度较高的提示。但基于大数据分析的人工智能则可以有效解决这个难题。若是将现有的反洗钱监管信息系统与人工智能予以恰当的整合,建立风险预警模型体系,通过足够充足的历史交易数据,对可能具有洗钱行为的可疑账户进行重点监控,通过分析其过往交易中出现的时间、地点、金额等不同维度的轨迹,进行风险预警模型的建立,从而帮助金融机构准确地掌握及抓取可疑的洗钱行为,进行风险预警提示,并提高了预警风险点的精度。

二、通过大数据技术实现反洗钱的主要策略

(一)建立大数据开放与共享的制度保障

对于上述新时期反洗钱工作所面临的挑战,大数据时代的到来为问题的解决提供了难得的技术机遇。在这种国际性趋势推进和演变的背景下,治理洗钱活动的技术路径,便是大数据技术的广泛应用和全面普及。在我国的五大国有银行和一些颇具融资能力和服务广度的股份制金融机构(如光大银行、兴业银行)中,完全可以通过数据信息的海量收集和对相关数据的科学分析,在增强决策科学性指数的同时,有效地将洗钱犯罪拒之门外。金融机构在大数据体制的助推下,完全能够在市场范畴内建立有关大数据的开放与共享机制,并在政府的支持下,提供强有力的制度保障。金融机构在促进信息数据公开的同时,政府也应当随之加强制度建设,建立国家层面的信息法,为大数据开放共享建立相应的社会保障制度。数据的共享和开放离不开金融机构机制的创新,也离不开政府的干预和协调。

(二)不断健全国家级数据仓库和网络

数据合并需要技术支持,需要有专门机构对不同数据源进行整合与转化,形成检索、汇总等,而只有建立国家级的数据仓库,才能为相关机构所用。在反洗钱工作中,只有不断健全国家级数据仓库和网络,才能从根本上遏止洗钱犯罪行为的潜在发生。

国家级数据网络的构件要求,需要遍布全国的金融市场,而且在各个服务和运作环节中,都需要相互联系,消除所有的信息"孤岛",以保障大数据流动空间的顺畅与流通。只有在确保大数据能在各机构间得到有效使用的情况下,才可以为大数据在反洗钱工作中的应用逐步积累经验。金融机构可以在某一领域内进行尝试,共同构建甄别系统,加上互联网技术的运用,就能加大预防恐怖融资和网上洗钱的力度。

(三)反洗钱大数据系统的积极构建

大数据技术能够在反洗钱工作中发挥充分的用武之地,务必站在反洗钱的立场上,实现对大数据系统的积极构建,方可有效利用大数据技术、有效整顿洗钱犯罪。要实现这种系统的构建和健全,需要做好三方面的工作:(1)大数据来源在反洗钱领域中的不断拓展,鉴于当前的数据级别已经由 TB 级升级为 PB 级,且这种爆发式增长的态势仍然在继续运行,因此金融机构务必建立有效的反洗钱数据平台,打破传统的数据界限,注意与其他行业的联系及合作,通过客户身份的识别和市场资料的分析,在洗钱风险的探查过程中,做好相应的数据准备。(2)软件技术的革新方面,金融机构和其他金融机构要在业务信息系统集成的前提下,具备强大的数据处理能力,包括文本数据、图像数据和视频数据等非结构化的数据载体。(3)硬件方面的构建,要重视大数据的存储和分析,力求超越传统时期普通计算机的能力限度,在计算机集群构成和云计算的技术辅助下,积极打造反洗钱和其他金融犯罪的环境。

(四)大数据风险管理机制的完善

大数据技术在市场分析过程中,其优势主要体现在对于各种金融信息的识别和判断上。具体反映在反洗钱的活动中,通过大数据技术的有效干预,金融机构能够很快洞悉客户身份、交易背景、目的性质以及其他相关信息,这无疑为反洗钱工作的高效率和高质量推进奠定了坚实的客观基础,也在不经意间完善了金融机构的风险管理机制,促进了风险管理的大数据化。大数据技术在反洗钱中的应用,客观上为金融领域创建了崭新的管理策略,并且在银行人力资源中,促成了良性的鲶鱼效应,推动金融风险控制能力的自发性增强。由于大数据技术能够在金融行业中进行统一化的监控,因此洗钱犯罪行为滋长的难度自然就会增加。

(五)积极发挥人的作用

在"以合理理由怀疑"的可疑交易分析基础上,人工甄别的作用仍然无法取代。大数据将成为可疑交易人工甄别的重要辅助手段和有效工具,更有效地服务于金融机构的反洗钱工作。金融机构应更加深入思考反洗钱从业人员在新模式下的反洗钱风险管理体系中能够发挥的作用。一方面,增加具有信息科技背景的人力资源的投入,同时加强对现有反洗钱从业人员的科技培训,促使反洗钱从业人员获取以计算机和数据为导向的新技能;另一方面,金融机构应积极建立反洗钱和业务融合式工作模式,搭建反洗钱从业人员和业务部门人员一起研发重点项目和产品机制。以项目驱动的方式，反洗钱从业人员与业务人员一同工作，一起接触市场和客户，共同制定产品方案和营销（投标）方案，促进反洗钱理念在业务与技术之间全流程无缝对接。

（六）引入用户画像

反洗钱监测分析大数据平台应引入用户画像理念，将收集的数据包括用户身份信息、联网核查情况、交易偏好、电信运营商信用度等整合成多种画像模型，并根据对应群体分析符合该类画像特质用户的风险等级对其进行标记，且应特别关注风险等级较高的画像用户群体。引入用户画像可对客户群体精准定位，结合平台中各主体提供的信息，全面、准确、有效地识别客户洗钱风险，从源头打击洗钱犯罪。

三、大数据技术在反洗钱工作中的应用前景

（一）与金融业自身的数据优势进一步结合

我国的金融业能够与时俱进迎接大数据时代的机遇，并具备挑战风险的勇气，主要原因在于大数据技术在我国的反洗钱以及其他金融风险应对工作中，存在着不可估量的挖掘价值和应用前景，因而在多年体制发展和经验积累的运作下，国内金融机构的数据数量已经超越了 100TB 以上的级别，其中以更快速率增长的，还是最为先进的非结构化数据量。以各大金融机构为代表的国内金融机构在反洗钱的用途上能够实现革新，无非与大数据技术的结合存在着必然的联系。由于金融机构在大数据技术的操控下，可以在最快时间内搜索出客户身份、资产负债对比以及收付交易等各种信息，这些数据经过专业技术的分析和挖掘，能够形成商业价值的源泉；与此同时，将市场风险拒之门外，洗钱活动在这种数据运作下很快销声匿迹。因此，数据优势和金融体制的结合，是反洗钱工作能够得到进步的制度根本。

（二）增加金融机构软硬件平台的应用功能

在反洗钱工作中，金融机构通过大数据技术的操作，有助于实现对业务信息系统的安全维护，而实现这种维护功能的，则是金融业务中与之配套的先进硬件平台；也就是说，通过软硬件平台在金融活动中的功能多元化体制构建，也是应对反洗钱活动滋生与蔓延的技术法宝。大数据技术有足够的能力将金融业务实践的软硬件系统实现迅速的升级、改造与换代，促成服务价值的日臻成熟和完善，因此，大数据技术应用在平台当中，对于数据信息的获取、存储和管理，能够在时间和效率上得以双重的成本节约，为金融机构反洗钱工作体制的飞跃奠定良好的物质基础。

（三）提升反洗钱工作中的整体效率及质量

在反洗钱的工作整体中，客户身份的甄别是过程的核心要素，通过对客户来历与社会背景的定位，以及大数据技术的记录和保存，有利于在第一时间准确提交交易可

疑性的报告资料,这便在索引过程的每一个细节处,实现了对洗钱活动的事前预防、事中监控和事后追溯作用,因而能够提高反洗钱工作的整体效率和质量。在反洗钱工作中,由于风险往往集客户身份识别和异常资金交易等监测对象于一身,而金融机构在经过业务操作所形成的数据载体中,又往往包含了客户及交易中的共享信息资源,因此借助互联网等信息载体的搜索,不但可以利用传统的名单监控、资金模型检测等技术,促成反洗钱监督的阳光运作,更有助于利用大数据技术,挖掘客户的真实身份和目的行为,实现对其交易的全面监控和搜索,也可以省去人为层面在甄别、分析和判定过程中的重复脑力劳动。在推动反洗钱内控体系的作用下,大数据技术的作用不可小觑。

第五节 案例分析

案例一:中国人民银行反洗钱监测分析二代系统大数据综合分析平台

(一)案例背景

中国反洗钱监测分析系统(以下简称"原有系统")于 2005 年开始立项建设,根据业务发展分步上线,不断扩展升级,完成了银行、证券、保险等 13 类约 2 500 家报告机构反洗钱数据的接收和保存,初步建成了国家反洗钱数据库,实现了反洗钱信息的监测分析和移送功能。该系统为反洗钱中心的监测分析工作提供了有力保障,为国家开展反洗钱、反腐败、反恐怖融资、打击各类经济犯罪以及反洗钱国际合作提供了有力支持。

近年来,反洗钱形势发生较大变化:一是国家治理体系和治理能力现代化对反洗钱监测分析工作提出了更高的要求;二是洗钱犯罪类型已经发生转变,国内反洗钱覆盖行业不断扩展,洗钱犯罪手法更加隐蔽,原有的 7 类上游犯罪已不能涵盖,特别是恐怖融资形势空前严峻,对系统功能的要求更高;三是国际合作不断深入,我国已与四十多个国家和地区签署了反洗钱合作备忘录,随着双边合作和多边合作范围的不断扩张,反洗钱中心今后所承担的国际互协查任务和所需要满足的国际互评估要求对系统功能提出了更高的要求;四是依法履职的自身发展要求越来越高,随着系统定位逐步清晰,反洗钱中心应能依法接收、匹配足够信息,将积累的经验知识转化为系统功能,开展犯罪类型学研究,通过模型和数据挖掘进行个案分析和宏观分析,实时监测洗钱线索,及时、全面、准确、快捷地为执法机关提供协查和扩展资金链分析;五是原有系统受技术架构限制,业务功能和系统性能提升能力有限,急需改造升级。为此,反洗钱中心迫切需要建设一套新监测分析系统,以满足新形势下反洗钱和反恐怖融资的需要,为人民银行在新形势下切实履行好反洗钱监测分析职能提供技术保障。

(二)应用场景

反洗钱二代系统的建设目标是在过去系统建设经验的基础上,充分利用总行资源,构建功能更完善、性能更高效、安全性更好、架构更合理、使用更便捷、扩展更方便的反洗钱监测分析系统,为人民银行在反洗钱新形势下依法履职提供保障。既满足"3号令",即《金融机构大额交易和可疑交易报告管理办法》(修订版)实施后的数据接收和监测分析移送需求,也能适应未来一段时期反洗钱中心业务发展和反洗钱局及人民银行分支机构履职的需要。

反洗钱二代系统是重新建设的系统,建成后原有系统的历史数据全部迁移至二代系统。大数据综合分析平台是反洗钱二代系统的重要组成部分,基于目前最新的大数据处理技术手段和理念,采用分布式架构,为反洗钱二代系统实现高效的数据处理与查询分析,以及数据服务能力的弹性扩展提供基础性平台,解决传统技术架构无法支撑海量数据及非结构化数据应用分析的问题。

(三)面临挑战

中国人民银行反洗钱监测分析二代系统大数据综合分析平台建设过程中面临以下挑战:

第一,如何实现事务型数据库、MPP 数据库与 Hadoop 平台完美混搭。事务型数据库擅长处理 OLTP 型应用,MPP 数据库适合高密度结构化运算,而 Hadoop 平台的优势在于非结构化数据处理及其扩展能力。因此,要评估哪些场景适用事务型数据库、哪些场景适用 MPP 数据库、哪些场景适用 Hadoop 平台;数据在多个数据库之间如何组织流向;如何实现不同数据库之间的数据交互,同时能够做到多种架构功能互补。

第二,反洗钱应用从反洗钱一代系统中的 Oracle 迁移至 MPP 及 Hadoop 平台,如何运用新的基础架构特性,并快速完成已有应用迁移和新数据模型开发。

第三,大规模的集群环境,多种数据引擎混搭,如何统一规划、部署、管理、监控。反洗钱二代系统的基础平台,涉及事务型数据库 GBase 8s、MPP 数据库 GBase 8a、MPP Cluster、Hadoop 平台以及云平台。其各种引擎间差异较大,管理和运维难度较高。因此,对于多种基础平台的安装部署、升级、管理需要有统一的管理流程及操作方式,对于多集群的监控、预警、健康检查也需要有效的流程与系统支撑。

第四,满足反洗钱应用对数据平台的响应时间要求。反洗钱基础数据平台支撑数据上传接收流程管理、数据查询分析、主体账号属性计算、制式化报表等应用场景,各类场景对数据处理响应时间都有较高的性能要求。其中,MPP 数据库对应的交互式查询分析需要秒级响应。在设计数据模型及数据架构过程中,需要考虑各个数据库的性能问题。

第五，保证平台高可靠性、高可用性和容灾机制。反洗钱监测分析二代系统大数据综合分析平台是国家反洗钱体系的核心，在全国反洗钱领域的地位异常重要，平台故障会对全国的机构数据上传、反洗钱业务以及国际情报交互产生影响。因此，要从数据库、应用等多个层面保障平台的稳定性及高可用性；同时，要对几百台数据库服务器跨机房容灾这一难题深入研究，通过搭建同城灾备集群、数据同步和数据备份等多重灾备机制保障数据的安全及系统的可用性。

案例思考题

简述中国人民银行反洗钱监测分析二代系统大数据综合分析平台的优势和劣势。

案例二：大数据与反洗钱——以汇付天下为例

（一）案例背景

利用大数据技术，将线性回归、聚类分析、分层分析和决策树等模型应用于第三方支付的反洗钱风险监测，能做到有效判断客户身份信息的真实性、是否存在虚假交易、是否属于洗钱行为、是否存在隐藏的身份关联关系等，对于反洗钱风险监测具有重要意义。

线性回归分析：利用收集的支付数据，建立洗钱活动的某一阶段与资金流入流出等数据之间的相关性模型，从而判断某些支付账户是否存在洗钱活动及其所处的阶段，并对该阶段各个环节的相关数据和发生概率进行风险监测。

聚类分析：一方面，可以通过用户设备地址判断关联用户和关联账号；另一方面，从交易末端账号对应的银行卡号往前追踪可以识别关联客户，从正向的用户入口和逆向终端银行账户交叉验证可以识别同一用户或用户群，发现关联交易。

分层分析：可以从海量支付数据中找到能够反映洗钱行为、洗钱网络、模式、路径及地点等因素之间存在重要关系的数据，使分析人员可以有的放矢，提高反洗钱行为分析的针对性。同时，通过对不同时点上的支付数据进行分类和聚类，还可以帮助分析人员摸清洗钱各个环节的时间序列及该环节的特点。

决策树算法：可以按照事前制定的决策模式对各种支付数据进行分类，并以树状的决策结构展示出来，为分析者提供一个推理框架，帮助其摸清整个洗钱活动的过程，并总结洗钱活动的共性和模式。

（二）案例分析

在汇付天下，主要将以下两种模型应用到日常的反洗钱风险监测当中：

1. 反洗钱客户评级模型

反洗钱客户风险等级评定是通过设置客户信息完整度、客户行业、自身地址、触发反洗钱规则次数等评定指标，根据客户身份和风险等级分类标准，对客户按照高、中、低风险等级进行分类。目的是根据客户不同的风险等级采取不同的识别和监控措施，切实防范洗钱风险。

模型按照客户的特点属性，综合考虑其所在地域、所办业务、所处行业、所从事职业、可疑情况等因素，为其划分风险等级，同时予以持续关注和持续优化。

评级模型有助于反洗钱团队把握客户性质，掌握客户的交易偏好，进而对客户交易行为进行风险监测。

2. 反洗钱可疑交易监测模型与大额交易监测模型

反洗钱可疑交易监测模型是通过分析各业务交易场景，设置适用于特定业务的规则监测模型，助力于针对可疑交易、大额交易的排查和确认。通过将交易数据放入模型规则中进行智能识别，既降低了识别遗漏的可能性，又减轻了反洗钱团队的工作强度，使反洗钱工作从经验依赖向数据依据转变，从而实现从手工识别向智能识别的转变。

案例思考题

汇付天下如何监管反洗钱风险？

本章小结

本章首先介绍了反洗钱的概念、发展历程以及反洗钱工作在我国经济发展过程中所起的重要作用，就洗钱活动对金融机构的影响和国外反洗钱经验进行阐述，并在此基础上阐述目前我国反洗钱正面临着工作广度和深度不断扩展、责任约束日益强化、需要与部际联合调查更加紧密配合等诸多挑战。其次，通过说明我国反洗钱监管工作的现状，指出在新时代条件下我国反洗钱工作未来的发展趋势。最后，指出如何运用大数据来解决我国反洗钱工作所面临的挑战以及大数据在我国反洗钱工作中的应用前景。

思考题

1. 简述目前我国反洗钱的监管方式。
2. 大数据如何促进反洗钱工作？

第十章 大数据与供应链金融

第一节 供应链金融概述

一、供应链金融的内涵

供应链金融是从20世纪80年代开始的,最开始是由世界级企业为了降低成本而衍生出的一种管理概念。在以往的贸易融资中,金融机构只是简单地对单一的企业做出风险评估,由此判断是否授信。而随着大数据供应金融模式的发展,这种方式也随之变化,现在则是把在供应链上的相关企业视为一个统一体,根据链条的关系和相关行业的特点来将资金有效地投入供应链发展的相关企业当中,在金融产品和服务上进行不断地调整,使供应链上的相关企业能够得到稳定的发展和有效流转。

供应链金融一般有两种:一种是以金融机构(如银行)为主导的供应链金融;另一种就是以企业为主导的供应链金融。这两种供应链金融本质上是不同的。供应链金融其实就是一些金融机构在与企业的客户进行内部交易结构和交易链条分析时,对交易过程中所涉及的流向进行综合把控,然后产生的收入偿还融资,凭借对企业供应链的综合控制,帮助一些企业解决融资方面的问题。我国供应链金融的发展最早是从银行兴起的。随着互联网技术的发展,供应链金融开始广泛流行,并且规模不断扩大,同时将互联网、金融和产业链这三方面的要素进行高度融合,最终实现了大平台化的特点。在大数据背景下,供应链金融与传统的小企业信贷相比具有以下几个特点:(1)随着互联网技术的发展,供应链金融由原先的被动授信转变为主动授信。从这个特点的转变能够深度分析挖掘一些信息背后所看不到的价值,有针对性地向客户提供所需要的金融产品。(2)由于简化操作,使得获取信息的效率比以往有了很大程度的提升,审核放贷的速度也大大提高。(3)它能够运用公共的资源系统,对企业的信用记录和相关纳税等情况进行动态监控,实施主动预警。

二、供应链金融的产生与发展

供应链概念产生之前,供应链金融被称为物流金融、贸易金融等。供应链金融产生于 18 世纪,此时供应链金融的形式比较简单,主要是以存货质押的贷款业务为主。随着银行、期货等行业的发展,以及物流业的高度集中,国外一些大型的专业物流公司与银行合作(如美国的 UPS),这样一来,供应链金融参与的主体不仅包括单一的商业银行,而且包括流通企业、第三方或第四方物流企业。尤其是物流企业,不仅提供物流服务,而且提供质物评估和担保等其他金融附加服务,物流企业的供应链金融服务在为其自身创造巨大利润空间的同时,也为银行等金融机构带来更多的客户和收益。

(一)供应链金融 1.0 时代

在我国,供应链金融的发展也得益于银行和物流企业的发展。深圳发展银行(现已与平安银行合并为平安银行股份有限公司)在 2001 年开始试点"动产及货权质押授信业务",是我国第一家开展供应链金融业务试点的金融机构。深圳发展银行的"1+N"模式也称为供应链金融 1.0 时代,国内其他商业银行模仿深圳发展银行的"1+N"模式也开始开展以动产质押融资为主的业务模式,推动供应链金融的发展。但该模式是基于传统的线下模式,不仅效率低,而且具有较大的局限性。

(二)供应链金融 2.0 时代

供应链金融 2.0 时代是随着互联网技术的发展而发展的,这一阶段的供应链金融业务开始实现线上化,通过与物流企业、电商的协同合作,"物流""商流""资金流""信息流"逐步融合,参与的主体也从银行扩展到供应链的核心企业,核心企业利用其信用优势和业务信息优势,不仅向上下游企业提供授信支持,以便中小企业获得银行贷款,而且核心企业自身也成立了金融部门,在帮助中小企业解决融资难问题的同时,优化了企业财务报表。

(三)供应链金融 3.0 时代

随着互联网技术的深度介入以及云平台的打造,以阿里巴巴和京东为代表的众多互联网公司参与到供应链金融中来,开始转变成"征信+信贷"的创新型互联网金融平台,供应链金融进入 3.0 时代,主要特征是平台化、高度关联化和互动化。例如,阿里巴巴平台旗下的阿里小贷解决了卖家的融资难问题,帮助中小企业以及个人创业者完成融资需求,满足了供应链上下游企业的融资需求,保证了中小企业的利益,给供应链金融服务带来了新的体验,使供应链运行更加通畅。在互联网供应链金融阶段,各参与主体可以在既开放又封闭的平台上,获取到各方的交易数据,解决以往供应链金融中信息不对称的问题。

三、供应链金融的发展意义

供应链金融虽然在我国的发展时间不长,但是对于我国社会经济的发展发挥了巨大作用:帮助中小企业拓宽融资渠道,获得相应的融资资金支持;促使行业的核心企业通过各种措施提升自己的供应链管理能力及水平;促使处于同一供应链的企业享受到供应链的优势作用。现在随着供应链金融的发展,构建了相应的信息交换平台,银行可自由参与到供应链的各个环节,帮助企业节省融资成本。从不同主体来分析其实际意义,主要是:对小微企业来讲,融资能力增强,融资需求能被有效满足,自身的稳定发展有了更多的保障;对于商业银行来讲,依托供应链金融模式获得更多的营收,市场份额有所提升,更好地实现了发展目标;对于核心企业来讲,供应链的稳定性有效提升,企业的产出有保障,与上下游企业的合作关系更为稳固,自身的融资成本降低;对物流企业来讲,基于供应链金融模式,产生了新的业务,为自身的发展壮大创造了良好条件。供应链金融模式不论是对贷款企业、核心企业、银行,还是对供应链的其他企业,都发挥着不同程度的积极影响作用。

四、供应链金融的发展现状

(一)供应链金融主体类型多元化

目前,我国供应链金融服务主体多样化,主要是由供应链上核心企业、供应链金融资金方、供应链金融平台方和供应链金融科技赋能方四类主体组成。2018 年,数量占比最大的是金融科技运营平台,其次是供应链管理服务公司、B2B 平台、物流公司等。在供应链金融主体多元化发展格局下,各类主体充分发挥其自身的优势,体现了互联网时代我国供应链金融服务方式正在发生根本性的改变。

(二)银行资金和自有资金是主要的资金来源

从供应链金融业务的资金来源看,半数以上的供应链金融服务企业的融资渠道来源于银行等金融机构,其余的企业资金来源于企业自身或股东(母公司)。从资金成本来看,银行资金和自有资金成本相对可控,使得供应链金融业务能够获得较好的息差。

除了向金融机构贷款、自身股东筹集资金外,部分企业融资渠道还可以通过保理公司、P2P 平台、资产证券化及其他金融机构,相对而言,资金成本较高,且存在一定的融资风险。因此,在供应链金融业务中较少采用该类方式。

(三)涉及的业务种类多样化

从业务模式类型看,被调研企业的应收账款融资业务比例最高,供应链金融服务企业大多开展应收账款融资;其次为订单融资、预付账款融资等。此外,也有部分企业开展了存贷质押融资和纯信用贷款融资业务。

国家统计局数据显示,截至 2018 年 5 月底,我国规模以上工业企业的应收账款净额为 13.7 万亿元,中小企业应收账款占总资产的比重约为 32%。在存货融资的基础上,预付款融资得到发展,这也是比较常见的业务模式。

不论是存贷质押还是预付款融资业务,对供应链金融服务企业来说,都存在一定的门槛,因为需要对物进行监管,就需要有物流监控的手段,这涉及物流设施或物联网技术的整合或投入。

第二节　供应链金融模式及风险

一、供应链金融模式

从供应链金融的现实运作看,其业务模式是其运作的基础,对其运作效率和效益至关重要。因此,供应链金融的业务模式无疑也是其理论演进的基础之一。常见的供应链金融业务模式可分为以下三类:

(一)应收账款融资模式

该模式的使用包含三个主体:融资资金提供方——银行;担保方——核心企业;融资需求方——融资企业,以应收账款单据为抵押物,在核心企业担保之下,融资企业获得银行的融资贷款。而应收账款单据中的应收账款最终由银行获得,这也是企业通过该融资方式获得资金的关键。该模式以真实的商业交易为基础、以核心企业的信用为保障,银行为中小企业提供贷款资金,以其应收账款作为融资成本,如果融资企业失信违约,则由核心企业承担相应的赔付责任。而核心企业为了降低自己的担保风险,会对融资企业实施监管,并帮助其发展,中小企业获得发展之后,供应能力增强,对核心企业的发展产生一定的积极帮助作用,基于此,可实现双赢。在供应链中,如果企业要与下游企业进行产品交易,自身资金支持不足时,可以选择该融资范式,融资企业获得银行的贷款维持生产,而下游企业将产品销售后得到的货款支付到融资企业的银行账户,该部分资金就是融资企业偿还贷款的资金。

(二)保税仓融资模式

该模式也称为预付账款融资,是核心企业与中小企业建立合作关系,中小企业用购买产品的应收账款作为融资依据,向银行提交相应的贷款申请,银行批准其申请后指定第三方物流企业作为发货方,核心企业基于约定,准时将货物交由物流企业发货的融资方式。在供应链中处于采购环节的企业,如果有融资需求,非常适合采用这种融资方式。相较于第一种供应链融资方式,该方式引入了第三方物流企业,强化了质押物品的监管,降低了融资风险。对于中小企业来说,一方面获得了银行的贷款支持,自身的融资需求得以满足；另一方面，还拥有分批支付货款、分批提货的权利，自身的运营成本压力得以缓解，能实现更稳定的发展。

（三）融通仓融资模式

该模式中，企业的融资质押物是自己的存货或者其他不动产。运行流程是：融资企业将自己的货物作为贷款质押物存储至融通仓，向贷款银行提交贷款申请，银行收到申请后引入第三方专业评估机构对质押品的价值进行评估，符合要求则通过企业的申请并向其提供贷款资金，而企业将货物售出后，获得的收入直接进入银行账户用以偿还贷款。使用该融资方式时，有两种担保方式可供使用，分别是信用担保和质押担保。此外，该方式引入了物流企业，其主要职责是承担融通仓储工作，有一定的监管权，但是因其实际职能影响，对质押物的保管不妥善容易导致银行遭受损失。使用该方式不仅能有效解决中小企业的资金不足问题，而且能帮助提升供应链整体竞争力。

二、供应链金融模式风险分析

（一）应收账款融资模式风险

采用该融资模式的过程中，面对的风险主要是：应收账款是否真实存在，一个前提条件就是融资企业与下游企业之间存在真实有效的贸易关系，这是确保单据真实性的一个因素。如果是虚假单据或者单据性质是禁止转让，提供融资服务的银行在前期审核中没有发现此类问题，在很大程度上银行将要承担违约风险；核心企业的信用状况是否良好也影响着该模式的风险，核心企业是担保方，其信用状况影响着银行承担的信用风险，如果其信用良好，即便是融资企业出现违约，作为担保企业也能承担还款责任，银行并不会遭受经济损失，且信用良好的核心企业更重视自己的长远发展，在选择融资企业的过程中更为慎重，所选企业一定具有自身的发展优势；贷后回款的控制性风险，销售收入是该融资模式的主要还款来源，如果企业销售产品后不及时支付应收账款或者隐瞒销售收入，导致银行贷款无法按时偿还，银行就会承担一定的风险；融资企业、债务企业同时出现经营风险，无力偿还贷款，基于此产生的违约风险也由银行承担。

（二）保税仓融资模式风险

该模式的风险主要表现为三类，分别是来自中小企业、核心企业、第三方物流企业的信用风险、操作风险和质押物监管风险。中小企业的信用风险主要表现为：提供的贸易合同存在问题或将融资资金挪作他用，最终导致无法偿还贷款；核心企业的信用风险是未能履行合约按时发货，导致供应链资金流出现问题，使得融资企业的正常还款能力受到影响，无法及时偿还贷款以致银行遭受损失；第三方物流企业的信用风险主要是未能充分履行监管职责，导致质押物出现问题，银行承受相应的损失。操作风险主要源于该模式参与主体数量多、流程复杂，在仓储监管环节因人为操作不当，导致质押物价值受到影响或者评估不准确等,使得银行蒙受损失。质押物监管风险通常来说是由第三方物流企业所导致的,其制定的监管规定、监管措施存在问题,导致监管工作不到位,出现纰漏,这种风险的存在很大程度上是由第三方物流公司与银行间的信息不对称所造成的。

(三)融通仓融资模式

该模式的风险主要来自融资企业、质押品和第三方物流监管公司。融资企业的经营发展直接影响着后续还款,如果其出现非系统性风险,势必发生信用风险,银行的贷款将无法按时偿还。质押品风险主要是变现能力,而变现能力受市场需求、流动性、存储方法等因素的影响,如果变现能力差,银行就要承担相应的损失;如果因存放不合理、存放方法不准确而导致质押品的价值受到影响,银行的正常收益也会受到影响。第三方物流监管公司的主要职责是监管货物,因此要基于合法诚信的原则保持中立,在实际中存在第三方物流监管公司与融资企业串通合谋,以违法手段获得银行的贷款资金。因此,银行要注意规避此类风险。

第三节 大数据在供应链中的应用

一、供应链金融存在的问题

供应链金融在我国虽然取得了较快发展,但在其发展过程中长期存在着以下问题:

(一)供应链金融的交易成本居高不下

供应链金融以降低交易成本和提高融资效率为典型特征。一般认为,充分有效利用供应链中的数据流和信息流,是供应链金融的基础,也是供应链金融的突出优势。它可以有效解决供应链金融服务中的信息不对称问题,实现各个环节的有机结合。任何环节都不能成为信息盲区,提升整个生产过程的效率,全方位降低供应链金融的交易成本。长期以来,能够解决信息不对称问题、有效降低交易成本被认为是供应链金融的基本特点和主要优势,但是,在实际供应链金融业务中,降低交易成本因素的作用非常有限。由于一些具体原因,导致供应链金融的交易成本居高不下。

首先,供应链金融业务具有企业众多、业务区域跨度大的特点。伴随着精细化分工和协作的发展,由于传统的供应链金融组织架构的不适应,在大跨度和全链条金融服务过程中,组织、协调和监督成本上升,远程作业和远程控制成本居高不下。其次,供应链金融的信贷技术、操作流程、产品运用乃至营销模式和盈利模式,都与传统流动资金授信业务有很大的差别。如果沿用传统信贷业务的流程和框架,供应链金融的运作模式和监管手段就得不到合理改变,从而不能适应供应链金融风险控制、流程管理和业务模式的需要,所以会出现管理无序和营销效果不佳等问题。最后,供应链金融针对的是特定的供应链,专业化程度非常高,同时服务于整条供应链上的很多企业,存在明显的系统性风险,需要关注整个供应链的风险识别与控制,这就要求金融机构既要准确把握供应链整体运行状况,又要充分了解供应链的产品特征、市场变化、风险特征和技术发展走势等所有可能影响供应链行业发展的因素,而所有这些都会成为供应链金融的管理和运行成本。

(二)供应链金融风险控制机制不健全

一般认为,发展供应链金融可以借助供应链中的信息流解决信息不对称问题,以及有效控制交易风险。宋华认为,供应链金融为解决中小企业与金融机构之间的信息不对称问题提供了有利的环境。谭军认为,发展供应链金融可以减少交易中各方由于所获取信息的不同和双方地位的不平等而导致的"逆向选择"与"道德风险",进而有效降低供应链金融的风险。娄飞鹏分析了供应链金融解决信息不对称问题并控制交易风险的有效性。但是,在实际操作过程中,供应链金融风险控制面临诸多挑战:(1)与传统的贸易融资和信贷融资相比,供应链金融需要关注整个供应链的系统性风险,使得风险控制复杂化,这增加了风险控制的难度、加大了风险控制成本。(2)风险控制途径有限,通常是通过供应链核心企业的信用转移和其他担保为链上企业融资,但往往面临因核心企业甄别不清或控制力不强、中小企业信用风险程度较高而产生的融资风险。(3)现有供应链金融中的担保公司大多为第三方担保机构,而这些外部担保公司存在明显的不足。第三方担保机构大多依附于银行,而银行的地位优势导致担保机构成为银行风险的转嫁方,往往要求第三方担保机构承担中小企业的贷款的连带责任,但这些连带责任又通常被担保机构作为融资成本再次转嫁给中小企业。(4)为适应实际需要,供应链金融运作过程中存在着动产质押、权利质押、信用证质押、应收账款担保、库存担保等诸多质押和担保方式,而质押物和担保品的确权和估值都非常复杂,导致在实践中存在诸多问题和漏洞。(5)供应链金融运作过程中,银行经常委托物流企业进行第三方监管,这种关系又可能产生新的风险。接受委托的物流企业由于自身的信息收集能力或出于自身利益考虑,不能有效保证向银行提供的供应链数据的准确性和可靠性,物流企业的第三方监管职责可能流于形式,供应链金融的风险也会被放大。(6)核心企业的甄别存在困难。供应链的吸引力和约束力不强,供应链核心企业缺少必要的激励和约束手段,成员企业对供应链的归属感不强,无形中增加了供应链金融的不稳定性和系统性风险。(7)随着供应链企业业务的发展,供应链金融的业务流程复杂化,空间范围迅速扩大,参与企业不断增多,企业差别越来越大,供应链金融的业务链条和业务环节不断延长,风险控制节点也越来越多,风险控制难度大幅增加。

（三）以银行为主导的模式制约了供应链金融的进一步发展

我国的供应链金融由深圳发展银行于 2006 年首次提出，2010 年 7 月，中国工商银行推出了网上供应链金融服务平台。随后，中国建设银行、中国银行等也相继推出了供应链金融业务。长期以来，银行一直是我国企业融资的主要渠道。在供应链金融产生和发展的过程中，银行利用其既有的条件和优势，为其供应链融资业务提供了便利，长期扮演着现有供应链金融的融资主体角色，成为供应链金融的核心环节，主要形成了"银行＋第三方物流"或"银行＋核心企业"等模式。长期以来，银行之外的市场主体只能以补充或者配角的方式，间接参与供应链金融业务，不能从根本上撼动商业银行作为供应链金融主要甚至唯一出资方的优势地位，极大地限制了银行之外市场主体参与供应链金融的主动性，制约了供应链金融的进一步发展。

同时，从事供应链金融时，商业银行承担了较大的信用风险和操作风险。一方面，银行的特点决定其只能身处供应链之外，导致其掌握供应链上众多企业的经营状况存在着实际困难；另一方面，供应链金融还款来源大多是企业的动产，其评估流程复杂，控制和保管工作困难，极大地制约了银行参与供应链金融的热情。在实际操作中，银行往往会引入信托机构、供应链核心企业或者物流平台进行第三方监管，不仅大幅增加了业务成本，而且缺乏对第三方机构的有效控制，使得银行风险大幅增加。加之供应链环节众多、流程复杂，不同供应链之间的产品种类和生产流程、企业数量和质量、供应链的形式和稳定程度、市场的变化和发展方向等千差万别，而银行往往缺乏供应链的专业知识，并且供应链融资规模一般较小，商业银行供应链金融业务的投入和产出严重失衡，制约了银行发展供应链金融业务的积极性，也制约了供应链金融的进一步发展。

二、供应链金融利用大数据的必要性

我们正处于互联网和大数据时代，互联网和大数据得到了全方位的应用。高度依赖数据和信息支撑的供应链金融，可以借鉴互联网金融的经验和思路，在大数据和互联网的基础上，将供应链金融发展成为以数据流和信息流为手段、以物流和资金流为基础，具有资金融通、支付和信息中介等职能的综合性金融业态。这可以有效解决供应链金融信息不对称、交易成本高、风险控制不健全和模式单一等问题，使得供应链金融取得了更大的发展空间。

（一）大数据有助于解决供应链金融业务的信息不对称问题

大数据和互联网技术极大地缓解了供应链网络中参与各方的信息不对称问题，并大幅降低了信息获取与处理的成本。供应链是链上企业协作和交易的纽带，通过信息在供应链上的传递，可以将供应链建设成为信息资源的整合平台，以解决信息不对称问题，促进供应链金融的发展。将物联网技术引入供应链金融业务中，可以解决信息不对称带来的约束和风险，在控制业务成本与风险方面都会给供应链金融业务带来积极的影响。伴随着大数据和互联网技术的发展，以供应链的信息流和数据流为基础的信息管理系统的建设，以及物联网技术的广泛使用，供应链金融参与各方的信息共享逐渐成为可能。快速发展的搜索引擎和云计算技术，使得金融机构能够精准分析、定位和识别潜在客户群。大数据基础上的数据挖掘技术的广泛应用使得获取用户行为信息更加精准便利、快捷高效。网络和社交平台使得公众信息更加透明，并逐渐为金融机构所用。供应链中的上下游企业建立的各种内部信息系统可以提供大量的贸易和资金往来信息，物流企业通过物联网技术可以提供包括质押品在内的物流信息。所有这些准确有效、成本低廉的信息，都可以为供应链金融参与各方所用。

通过互联网和大数据及其相关技术的采用，整条供应链上的企业、金融机构和以物流企业为代表的第三方机构的信息化程度大幅提高，形成有效的信息收集、集成和管理系统，这可以有效解决供应链金融信息不对称的问题，促进供应链金融的进一步发展。

(二) 大数据有助于供应链金融进一步降低交易成本

大数据和互联网的应用为供应链金融各主体信号传递提供了有利的环境，有效降低了融资活动中信息展示、搜寻与解读的成本和难度。在互联网供应链金融阶段，各主体能够利用供应链平台进行资源汇集、资源分享、资源搜寻，整合的产业资源通过平台进行系统化的组织配置，进而创造价值，例如平台参与者通过联合库存管理、协同预测等活动，降低产业整体的运营成本、提高产业的运作效率。互联网和大数据有助于供应链金融从交易频率和交易的便利性等方面，通过供应链上相关企业的业务协作和信息共享，利用供应链外部的社交平台、通信平台和物流平台，快速、便捷、高效和低成本地完成与客户之间的沟通。在供应链平台上，只要能够提高交易频率和交易稳定性，确保资产专用性，就可以有效降低供应链金融的成本，提高供应链金融的运作效率。金融机构可以利用网络收集供应链企业的各类交易数据，通过数据挖掘来判断企业质量，大幅降低成本。

(三) 大数据有助于供应链金融强化风险管理

互联网和大数据使供应链金融能够从更多维度动态衡量企业的真实经营状况和其他各种行为，评估融资风险。一方面，能够对供应链企业的采购、订单、生产、销售、物流、资金、违约率等大量信息进行全面实时分析核实，对其研发水平、投资偏好、盈利负债、信用等进行评级，科学地构建风险评估模型，进而客观地做出授信等服务决策；另一方面，能够对行业发展、价格波动等信息进行实时、客观、综合的分析，尽可能提前预估行业风险，加强风控预警。由于供应链企业的交易行为具有长期性和稳定性的特点，而供应链金融的融资也有明确的特定交易用途的约定，所以金融机构可以利用信息系统对供应链上信贷企业的货物流和资金流进行实时监控，确保资金的安全合理使用。另外，借助搜索引擎技术，能够收集和分析关于供应链企业的经营环境、资金状况和信用水平等多方面信息，利用已有的信用评级和风险控制体系进行风险评估与管理。随着互联网和大数据的发展，在进一步数据挖掘的基础上，获取数据的效率与质量会得到有效提高，金融机构则完全有可能建立量化放贷模型，这在一定程度上可以代替人工审核，将风险评估与管理过程智能化和程序化，将风险评估和控制落实到供应链金融的各个环节，使供应链金融的风险控制由被动防御和事后处理升级为系统自动识别和过程控制，有效强化了供应链金融的风险识别和管控能力。

（四）大数据有助于丰富供应链金融模式

供应链金融插上互联网和大数据的翅膀后可以迅速培育市场和投资人，极大地拓宽了资金来源渠道。与互联网金融的结合成为供应链金融跨界创新的一个重要方向，线上线下结合，大数据手段控制交易场景，促进了供应链金融产品的创新。大数据和互联网技术的高速发展成为供应链金融业务的发展契机，一方面，互联网的最大优势是庞大的用户群体，而大数据技术可以实现信息的低成本甚至是零成本，供应链企业如果能够获取丰富而有价值的交易信息，就可以迅速扩大用户群体，实现供应链整体的快速发展；另一方面，互联网使参与交易的各方沟通和交易行为完全网络化。大数据技术的应用使供应链各方参与主体的信息被完整采集和利用，从而实现对供应链上下游企业信用的准确评价。同时，互联网金融的发展使供应链金融业务拓宽了资金来源渠道，借助互联网平台实现了供应链融资和投资的大部分功能，不再局限于自有资金和银行借款，资金来源除了大型核心企业自有资金和金融机构贷款外，也可以通过P2P和众筹等模式开发多元化的资金渠道。互联网平台会衍生出更加多元化、更为便捷的供应链金融产品。通过互联网吸引更多的参与者和投资人，加快供应链金融的产品和模式创新，从源头上带动供应链金融的业务发展和价值释放。

第四节　大数据背景下供应链金融的发展趋势

一、大数据技术在供应链金融风险管理应用中存在的问题

（一）大数据的获取及处理工作成本较高

大数据是供应链金融的显著特征，供应链金融是数字化的供应链金融。大数据技术的创新性在于将原先间断的数据获取转变为供应链上所有业务活动往来数据的实时监控，获取的数据具有持续动态的优势，从而通过对数据的分析，整体获取有用的市场信号，及时掌控风险，降低企业整体经营风险。

(二)大数据来源真实性有待提高

大数据技术助力供应链金融风险管理的基本保障是数据的真实有效性,互联网时代大数据的获取来源广泛,包括公共社交平台、企业内部交易数据、电子交易记录等。这些数据相较于传统的数据更加全面、更加及时、更加透明,但与此同时,大数据来源的广泛性使得大数据来源的真实有效性难以得到有效保障,从而导致基于大数据分析而做出的风险管理决策可能出现严重失误。

(三)用户隐私安全没有得到有效保护

大数据在帮助降低金融服务供给者的经营成本的同时,极易侵害金融服务消费者的隐私。供应链金融工作的大数据不仅包含用户的网上交易信息、银行账户信息,而且牵涉用户的沟通交流信息,这些严格来讲属于用户的私人信息,应该对数据进行脱敏处理才能进一步使用。但目前的大数据技术没有对属于个人隐私的数据信息做分类处理,使得用户的大量隐私被挖掘使用,个人信息随时随地都有可能被公开或提取,个人隐私难以得到有效保护。

二、大数据技术助力供应链金融风险管理创新型对策

(一)优化信息共享模式,削减数据的获取及处理成本

要削减数据的获取及处理成本,必须打破数据来源的渠道限制和边界限制,加强信息共享范围,提高数据处理能力。具体来说,在应用大数据加强供应链金融风险管控时,需要做到以下两点:

(1)通过加强供应链金融与社交网络之间的结合来降低大数据的获取成本,包括电子邮件、公共社交平台、商务社交活动等在内的一系列互联网行为。供应链金融风险管理的核心在于,及时掌握融资主体的全面动态信息来降低抵押或担保的风险。在对融资主体的多角度信息进行大数据采集时,要注重对融资主体细枝末节的把握,社交网络上有着丰富的与融资主体有关的各种行为数据,因此,供应链金融服务的供给者可以通过与各社交网络平台加强合作来打破数据来源的边界,促进供应链金融与社交网络平台的深度融合。

(2)通过提高大数据的核心处理能力来降低大数据的处理成本。对于外部采集获取的大数据,必须经过加工处理才能服务于供应链金融风险管理,在处理过程中应确定一个统一的格式和标准,并注意与内部数据的对接整合,采用专业的大数据分析工具,并加强新型高效处理技术的研发,将原料大数据转化成专业型、知识型资产,提高大数据的应用效率。

(二)运用区块链技术提高数据真实性

区块链技术是当前金融科技领域的重大创新,是在具体的金融市场应用中主要分

为交易、区、块、链四个部分,然后对这四个部分进行固定时间不同区域的总结,再将总结串联在一起的过程。通过运用区块链技术可以对整个供应链下的金融风险管理活动进行理性分割,结合不同部分活动进行有序串联,将金融合同的各要件进行有序整合,设计全方位、一体式的全智能合约,对所有合约交易都进行函数算法加密,并盖上时间戳储存在区块链当中。这样一来,区块链的可追溯性优势可以确保合约的精准追踪。另外,其不可篡改和加密的特点可以大大降低合约诈骗、虚假交易等风险,从而提高大数据的真实性。

(三)运用法律保护及技术脱敏保护好用户隐私

供应链金融服务供给者在进行大数据挖掘时往往容易忽视对用户隐私的保护,有效利用大数据的前提条件是用户隐私的安全性得到保障。从法律层面来说,供应链金融参与各方应明确各自的责任、权利以及限制条款,尤其是数据采集权限,应向客户完整地披露所采集信息的种类、使用目的以及可能与客户有关的利益关系,在征得客户的同意授权后再进行数据的处理,如果将数据用于其他事项,则应再次取得客户的授权。

从技术层面来说,保护用户隐私最有效的方法是进行数据脱敏处理。数据脱敏是运用设定好的脱敏规则对涉及客户的敏感信息通过数据变形的方式加以保护,在不违反系统规则的前提下都要进行数据脱敏,可以由系统内部人员手工完成,但效率较低、操作失误较高,也可以设计出专业的脱敏产品,运用统一规则,其效率较高、操作失误发生率较低。

三、大数据背景下供应链金融的发展方向

(一)建立信用评价体系,全面评估企业资信

在大数据背景下,数据的存储及处理能力得到极大提高,金融机构获取信息的成本有所降低,并且能够基于核心企业的信用状况对整个供应链上的其他企业进行信用分析和评价,并且各金融机构之间也将实现数据共享,信用评价体系将进一步完善。金融机构能够基于整个供应链对需要融资的企业乃至整个供应链进行一个全面的信用分析和评价,一方面是企业的财务数据,例如企业的现金流量、员工的工资水平、资产负债、投资偏好等;另一方面是经营数据,例如企业的订单数量、技术水平、研发投入、产品周期、库存、销售等。通过对企业财务数据和经营数据的分析,以及大数据技术处理,可以建立一套完善的授信企业的资信评估,从而客观地反映企业的状况,方便金融机构更好地去判断和决策,以提高金融机构对中小企业的资信评估和放贷速度。

(二)促进物联网与供应链金融的结合,建立供应链金融服务平台

传统供应链金融主要是"1+N"的融资模式,以阿里巴巴和京东为代表的互联网企业拥有得天独厚的数据资源优势,得以迅速发展。但是,其在金融方面的短板也值

得我们注意。相反,拥有雄厚资金和金融专业知识技能的银行却囿于数据收集与处理技术,不能更好地发展其供应链金融业务。因此,在大数据和物联网等技术的快速发展下,双方要加深合作、彼此促进,使供应链金融的融资模式向"N+1+N"模式发展,实现供应链金融与物联网的结合,使物联网成为交易的主要治理结构,建立供应链金融服务平台,通过平台可以提供物流、信息流和资金流的真实交易数据,在仓储和货运环节来控制交易过程,实现现代物流与信息系统的高度融合。

在大数据时代,企业会在其周围形成一个可以交叉验证、持续积累的360°全覆盖的真实交易数据集合,核心企业的作用会逐渐弱化甚至消失,取而代之的就是一个供应链金融服务平台,每个企业都是核心和节点,实现供应链和营销链全程信息集成与共享。

(三)构建风险预测模型,完善风控体系

供应链金融使得金融机构不再局限于单个企业,从关注企业的静态数据转向企业经营的动态跟踪。企业的各项动态数据,如财务报表、物流信息和生产数据等,可以从侧面反映出企业的经营情况,金融机构通过大数据技术,可以从网络平台获取这些数据,并进行分析,从而做出风险识别和风险控制,构建风险预测模型,提升供应链金融风险管理水平。这从根本上改变了银行业传统的风控体系,为智慧金融的发展奠定了基础。

供应链金融的风控体系主要包括三个层次:第一个层次是数据层,主要是获取数据和维护数据,并识别风险数据;第二个层次是实践层,在线审批更高效,并能进行精准及时的事中风控;第三个层次是技术层,利用先进的风险预测模型,将数据分析、IT技术与传统风控流程进行融合,从而提高供应链金融的风险管理水平,尽早预测到风险,并帮助金融机构和企业进行决策。基于大数据构建的风险预测模型和风控体系将逐渐被企业采纳,从而进行风险量化、风险预测和风险评估。

(四)推进垂直化和细分化,促使不同平台更好地发展

由于产业和产业之间供应链发展中的各项要求是不同的,再加上供应链金融被应用到不同的行业之中,所以一定会产生不同的行业特征,各具特色,这种现象也使得供应链的金融平台的发展更加专业,并且更加垂直细分。例如服装行业,现在的服装厂数量众多,供应商也多,而且随着潮流的不断发展,服装类产品也随之快速更新,因此融资主体比较分散、资金需求短平快,在安全性上也相对较差,但是收益非常高;而钢贸行业,资金需求大、应收账款的额度也大、收益率不高、利润相对较低,但是安全性比较高。通过上述两个例子可以看出,主体在参与供应链金融发展时,应该结合实际出发,根据行业的实际需求来制定符合自身发展的金融服务,根据外界的不断变化,对供应链融资产品做出合理的调整。因此,只有充分了解行业的属性和特征,并且结合自

身的专业进行综合的判断和分析,才能有效地对企业提供个性化的供应链金融产品服务,达到垂直细分的目的。

第五节 案例分析

案例一:中国农业银行研发数据网贷供应链金融融资平台分析

(一)案例背景

我国中小企业数量庞大,是国民经济中的重要支柱。长期以来,中小企业存在财务信息不透明、经营管理不规范、缺乏有效抵质押担保方式以及融资金额小、期限短等特点,在成本高和风险大的双重压力下,传统金融服务难以有效满足中小企业的融资需求。中国农业银行借助互联网和大数据分析技术,探索出一条普惠金融的新思路——数据网贷,该产品通过与核心企业信息系统对接以及数据挖掘技术对核心企业与其上下游中小企业之间的交易数据进行分析,运用创新的算法与模型进行智能化的信贷决策,向核心企业上下游的小微企业集群客户提供批量化、自动化和便捷化的融资服务。产品重信用、轻担保,以信用方式为主发放贷款,全流程网上操作,中小企业足不出户即可在线借款和还款,从发起贷款申请到贷款资金到账,仅需几十秒,与传统银行贷款耗时1~2个月相比,实现了中小企业融资"即需即贷"。

截至2018年4月末,中国农业银行通过与蒙牛集团、比亚迪、浪潮集团、上汽集团、新希望六和、伊利集团、中建八局、银泰百货、五征集团、衡水老白干、中衣网、全国棉花交易市场和金锣集团等16家大型优质企业的系统数据对接,将其上下游6 000余家中小企业纳入数据网贷服务范围;累计发放贷款11 974笔,累计发放金额37.53亿元。

(二)案例介绍

河北衡水老白干酒业股份有限公司(以下简称"老白干公司")是河北省优质白酒企业,产品系列丰富,省内市场占有率达到12%,销售量在省内名列前茅;是衡水辖内唯一在A股上市的企业,拥有良好的贷款信用。其上游供应商情况较稳定,下游经销商众多,经营发展形势良好。中国农业银行为了助力中小企业发展、加大金融支持实体经济的力度,以老白干公司为核心企业,与核心企业的内部管理信息系统(用友ERP系统)对接,采用云技术、云计算大数据分析技术研发了数据网贷供应链金融融资平台。

1. 数据网贷的业务流程

(1)符合中国农业银行信贷管理基本制度规定的基本条件。

(2)纳入老白干公司推荐的供应商、经销商客户名单。

(3)上游供应商与老白干公司合作年限在1年(含)以上,下游经销商与老白干公司合作时间在 2 年（含）以上且近两个年度年均订单总额不低于 200 万元，客户履约记录良好，未发生重大贸易纠纷。

（4）客户及其法人代表在各金融机构无不良信用记录。

（5）在数据网贷客户评价模型测算评级，原则上不得低于 R3；数据网贷授信模型测算理论授信不低于 10 万元。

（6）同意在农业银行开立结算账户，接受农业银行对该账户的监管，并指定该账户为农业银行发放贷款、客户还款账户。上游客户同意将该账户作为其与核心企业进行货款结算的唯一账户，下游客户同意将该账户作为其货款回笼账户；当申请贷款相关的订单发生退单、退货的，承诺向农业银行提前归还相应贷款资金。

数据网贷的业务流程见图 10-1。

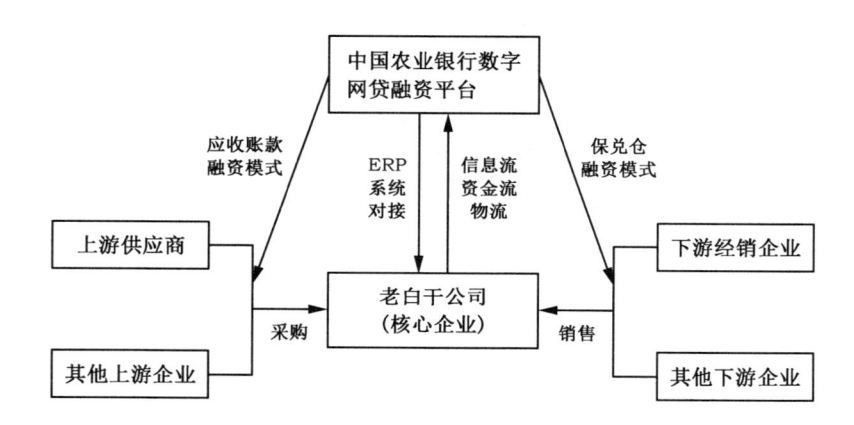

图 10-1 老白干酒厂数据网贷的业务流程

2. 主要办理流程

（1）上游供货商融资业务。老白干公司向供货商采购原料后，供应商基于应收账款进行贷款。老白干公司推荐的名单内客户登录农业银行互联网金融服务平台进行注册并完善贷款资料，农业银行客户经理审核相关信息，在线完善信贷相关信息。在农业银行对贷款客户核定的授信额度内，客户在线申请贷款，数据网贷平台对贷款进行自动审批，线上签订借款合同后系统自动完成放款。

（2）下游经销商融资业务。由老白干公司向农业银行推荐其下游经销商客户并提供其历史交易数据，农业银行根据数据分析后制定整体服务方案，并独立审核确定客户名单。下游客户大部分采用预付款形式进行交易，农业银行根据单笔订单金额的 70% 核定贷款额度。农业银行向名单内合格的借款人发送邀请码，借款人通过邀请码登录农业银行数据网贷平台，注册客户信息、完善贷款资料后在线进行贷款申请。系统自动调用交易数据、借款人征信报告数据等，按照系统预设规则自动对贷款申请进行调查、审查及审批,在授信额度内确定借款人贷款额度和贷款利率。借款人在线与农业银行签署相关电子合同及协议,农业银行按约定将贷款支付至指定账户。贷款到期时系统自动扣收账户资金结清贷款。在对贷款客户核定的授信额度内,客户在线申请贷款,数据网贷平台对贷款进行自动审批,线上签订借款合同后系统自动完成放款。申请贷款流程参见图10-2。

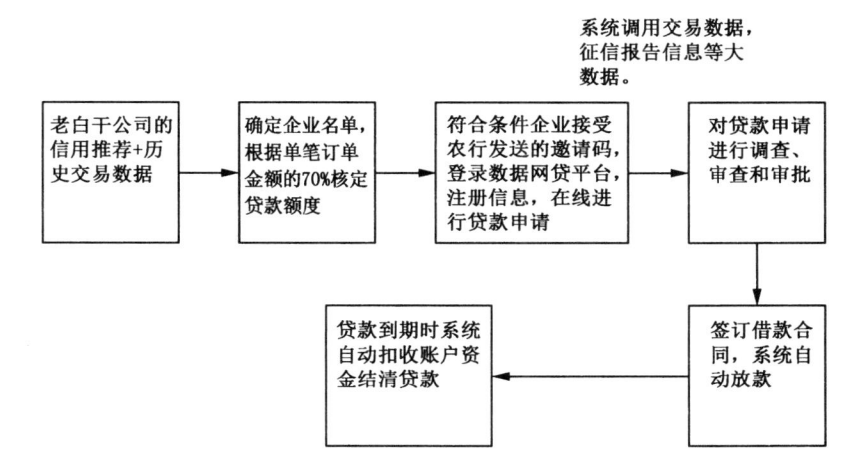

图10-2 老白干公司下游经销商在数据网贷平台申请贷款流程

中国农业银行衡水分行的数据网贷供应链融资平台自2017年12月上线运行以来,注册用户达两百多个,大部分为下游经销商客户。截至2018年10月底,贷款客户数33家,贷款笔数达45笔,累计发放贷款余额7 400万元,见图10-3。

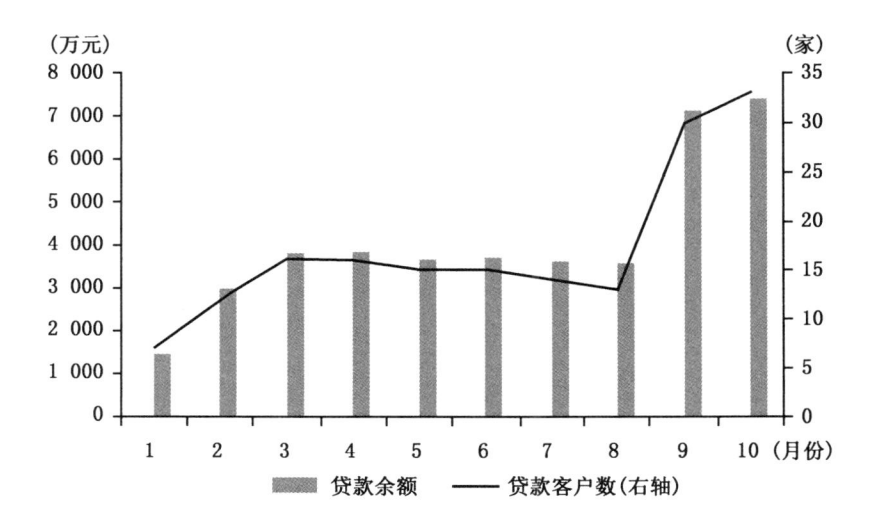

数据来源:中国农业银行衡水分行。

图10-3 2018年1—10月数据网贷平台上线后贷款余额明细

案例思考题

中国农业银行研发数据网贷供应链金融融资平台给银行和企业带来哪些启示？

案例二：大数据与供应链金融——以蚂蚁金服为例

（一）案例背景

对于蚂蚁金服的供应链金融，早在2016年，蚂蚁金服已宣布全面开启农村金融战略，并发布"谷雨计划"。蚂蚁金服携手国内数家农产品龙头企业，通过阿里生态圈中农村淘宝、天猫、阿里巴巴、菜鸟物流、阿里云等力量，从生产端为农户和企业提供强有力的资金与销售服务。

农村金融面临着客户量多但风险管控难度大的问题，很少能够得到金融机构的支持，所以蚂蚁金服从信贷切入农村金融服务，农户后续的支付、理财、保险等服务才会选择蚂蚁金服，也率先占据中国农村金融市场。

（二）案例分析

1. 大数据应用的主要优势

（1）蚂蚁金服基于阿里生态圈中完善的电商平台、云计算等服务系统，能够实现农产品供应链内部资金流形成闭环流动。

（2）蚂蚁金服所针对的农产品龙头企业是农户生产经营、收入来源的主要依托，其对农户风险的把控超过所有金融机构。蚂蚁金服通过以账户形式对农户授信，农户可将账户上的钱用于购买农资农具，农产品出售后的货款优先偿还贷款后给农户。这样三者之间形成的闭环可以大大降低金融风险。

（3）没有自建物流体系的阿里，联合"三通一达"，即申通快递、圆通快递、中通快递、韵达快递等共同组建了菜鸟网络。菜鸟网络以数据为核心，通过社会化协同，打通了覆盖跨境、快递、仓配、农村、末端配送的全网物流链路，提供了大数据联通、数据赋能、数据基础产品等，为整个供应链数据信息监控提供了良好的基础。

2. 存在风险

（1）虽然近年来农村金融日益火爆，但是仍面临着农村整体信用数据缺失、农村企业融资成本高、农民资产流动性差、农民文化程度和信用意识低等问题。

（2）在供应链中，农产品龙头企业是整个供应链的风险控制的关键点。但我国农业龙头企业的综合实力存在参差不齐的情况，供应链管理的经验和实力不是很强，对农户的控制力也不是很强。

3. 农村供应链金融

农联中鑫是中华保险和蚂蚁金服在共同的农村金融发展战略基础上强强联合的产物，经历了三个发展阶段，初步确立了"互联网＋融资＋保险＋农业供应链一体化"

的服务模式。农联中鑫作为第一家专门以"信贷＋保险"模式服务三农群体的公司,致力于为广大新型农业经营主体、职业农民提供"互联网＋融资＋保险＋农业供应链"一体化创新服务,助力农业供给侧改革。当前农村金融发展滞后特别是农业信贷短缺的一个重要原因就是农户抵押物缺乏,也缺乏官方的信用记录,而蚂蚁金服的优势在于海量数据的积累,既有淘宝交易数据、支付宝支付数据、蚂蚁信用积分,甚至还有一些与生活场景关联起来的便利。其只需要做的就是,结合自身优势禀赋,与产业链各方合作寻求金融解决方案。为此,蚂蚁金服农村金融方面开始了一些尝试。在农村要建立农村信用体系,真正实现将信用转化为财富,既需要数据采集和积累,更需要风控机制的支持。蚂蚁金服有海量数据、有强大的后台信息技术支持,而中华保险既有大量农村保险客户,还有风险分散和管控手段。

4. 蚂蚁金融 ABS 模式分析

蚂蚁金服旗下 ABS 产品基础资产主要涉及两类业务:花呗和借呗。在蚂蚁金服的体系中,花呗主要用于天猫、淘宝和部分阿里体系外的商户消费购物,其使用环节在支付中,没有预借现金的功能。借呗产品可申请放款到支付宝账户余额或者银行卡中使用,蚂蚁借呗通过发行 ABS,将大部分资产向表外转移,从而达到缩小贷款规模、缩减资产负债表、杠杆率表面合规的目的。简单来说,供应链金融 ABS 在不增加核心企业负债以及担保额度的基础上,实现了为小微供应商提供参与资本市场融资的机会。对于保理公司来说,供应链金融 ABS 为其提供了在发展早期参与资本市场活动的难得机遇。从供应链层面来看,处于供应链中上游的供应商对核心企业的依赖性很强,议价地位较弱,为获取长期业务合作而采用赊销交易方式。通过赊销交易,核心企业得以进行应付款的账期管理,缩短现金周期。但供应商账上形成大量应收账款,存在资产变现需求。对核心企业来说,由于制造和分销环节外包的需求增加,但是供应商和分销商融资瓶颈明显、财务成本上升,毛利下降导致代理产品销售的积极性减弱,同时核心企业为了推动销售增加信用敞口影响应收财务报表、大的供应商挤出小供应商导致核心企业的谈判地位恶化等不利因素会影响核心企业的有效资源配置,因此,核心企业有必要发展供应链金融来培育整个产业链的良性发展,实现产业整体资源优化配置。

案例思考题

蚂蚁金服如何应用大数据促进供应链金融创新?

本章小结

供应链金融产生于 20 世纪 80 年代,最初主要是以存货质押的贷款业务为主,随着银行、期货等行业的发展,以及物流业的高度集中,供应链金融参与的主体不仅包括商业银行,而且包括流通企业、第三方或第四方物流企业。供应链金融在我国的发展历经三个阶段,对我国社会经济的发展产生了巨大作用。我国供应链金融的模式主要分为三种:应收账款融资模式、保税仓融资模式和融通仓融资模式。在大数据背景下,供应链金融的发展日益增强,信息不对称、成本过高和风险管理等问题都得到了较好的解决。未来我国的供应链金融发展方向更加明确,包括建立信用评价体系、建立供应链金融服务平台以及构建风险预测模型等。

思考题

1. 简述我国供应链金融现存问题及解决措施。
2. 大数据如何赋能供应链金融发展?
3. 简述我国未来供应链金融的发展方向和趋势。
4. 供应链金融如何赋能我国产业发展?

第十一章 大数据与区块链技术

第一节 区块链技术概述

一、区块链技术的内涵特征

(一)区块链技术的基本内涵

作为比特币的一项基础技术,区块链是一个分布式公共分类账本,在该账本中,应用主体管理系统中所有的交易都包含在内。如今共识区块链是一种分布式数据库共享技术。一组或几组数据在计算机中建立仓库,且这些数据是以区块形式存在的,这些区块按照一定的数据模型存放一些记录,区块与区块之间按照密码学原理相互链接,即被称为区块链。在实际管理中,区块链未设置中央管理机构,这使得在验证和授权管理中,必须得到所有节点的一致共识,故而这种数据交互方式存在于实际用户和平等用户之间,实现了企业数据的分散式信任管理。与中心化数据管理系统不同的是,这种管理方式将中心权力移出系统,基于此,中间人处理数据的行为得以省却,有效降低了企业组织之间的交易成本,同时,使得交易不需要政府或担保机构,具有不可逆转性。

(二)区块链技术的主要特征

目前,区块链技术在大数据中的应用愈发普遍,因其能有效解决大数据场景中的管理难题。并且从应用过程来看,区块链技术的应用具有去中心网络、信任体系结构完善、数据管理机制可靠的特点。就去中心网络而言,其与传统大数据技术管理最明显的差异在于:整个管理系统中没有中心化的节点和管理结构,这使得在数据验证、存储、维护和传输过程中,实际用户和平等用户对于中心管理机构的依赖性降低,其采用数学方法进行管理,确保了大数据管理体系的效率性和安全性。而在信任体系结构管理中,交易数据会被存储于区块链的各个区块,在数据处理中,使用者会通过区块链调取全部数据,而且这些数据一经记录,就不可篡改、不能伪造,有效保证了数据存储的透明性。此外,区块链技术通过"智能合约"体系进行大数据技术管理,作为一个自动担保程序,在实际管理中,一旦使用者输入指令满足相关条件,则智能合约会自动释放和转移相关信息,完成数据的高效处理。从管理结果来看,区块化技术的应用为传统合约体系注入了火力,使得合约管理更加智能化、现代化,有效提升了数据处理的精度和效率,满足了现代工业生产的实际需要。

二、区块链技术的发展历程

(一)区块链 1.0 时代

早在 1976 年,Bailey W. Diffie & Martin E. Hellman 的设想就已经覆盖了未来几十年密码学包括非对称加密、哈希算法等所有新的进展领域,可以说对后来比特币的诞生和区块链技术的发展完善起到决定性作用。1977 年,哈耶克在其经济学专著《货币的非国家化》(*Denationalisation of Money*)中最早提出了非主权货币、自由发行货币等概念。1980 年,Merkle Ralf 提出了分布式网络中用于数据同步正确性校验的 Merkle 树的结构和算法。而 Adam Back 在 1997 年提出的哈希算法则被认为是第一代工作量证明方法(Proofof Work,PoW)。至此,区块链技术的前提准备几近完成。

2008 年,点对点的电子现金系统概念被首次提出;2009 年,第一个区块——创世区块被成功开采,成功发掘出第一批 50 个比特币。这标志着比特币网络正式进入人们视线,而作为比特币底层技术的区块链技术 1.0 时代正式开启,并即将引领一波时代热潮。

(二)区块链 2.0 时代

2014 年,以太坊在白皮书中宣称要打造一个去中心化平台来运行智能合约。这种基于金融领域的对智能合约的运用,标志着区块链 2.0 时代的到来。其核心理念是,利用区块链的可编程性建设分布式信用基础设施,以此支撑智能合约。在这个时期,区块链技术超脱数字货币范畴被广泛应用于金融领域的方方面面。可以说,区块链 2.0 时代从更宏观的角度对金融市场进行了去中心化尝试。

(三)区块链 3.0 时代

2015 年 12 月,由 Linux 基金会牵头,联合 30 家初始企业成员共同宣告成立超级账本项目,想要建立一个区块链技术的规范和标准,从而让更多的应用能够利用区块链技术建立起来。2016 年 12 月,中国技术工作组正式成立。这种将区块链技术推向"社会应用"的行为,标志着区块链技术进入 3.0 时代。

三、区块链的国际与国内发展态势

区块链作为点对点传输、分布式数据存储、加密算法、共识机制等技术的集成应用,已延伸至数字金融、物联网、智能制造、供应链管理和数字资产交易等经济社会多个领域,把握区块链发展态势、识别区块链安全风险是探索区块链顶层制度设计思路以及安全有序发展路径的重要前提。以下从技术的核心进展、国际发展态势和国内发展态势三个方面剖析区块链的发展态势。

(一)区块链技术的核心进展

区块链记载了从原始区块到最新产生区块的全部历史数据,是分散和开放的数据库系统。"区块+链+时间戳"形式的区块链结构可追踪溯源到任一交易,具有开放性、匿名性、难以篡改、难以伪造等特点。区块链技术的核心进展重点体现在四个方面:(1)点对点技术。实现任何节点均可发送有价值的交易信息,不仅有助于减少商业社会中的信息不对称,而且能促成商业社会交易主体的直接联动,提升经济运行效率。(2)分布式记账功能。在系统中节点足够多的时候能够有效避免信息被篡改,提高信息的安全性和可靠性。(3)非对称性加密技术。既保障节点参与人的隐私信息,又可使参与人无须事先建立信任即可直接交易,从而提升交易效率。(4)共识机制。共识机制是区块链技术的重要组件,能够强化区块链上记账的统一性和准确性。

与此同时,区块链技术的数据层和网络层均处于不断升级和完善过程中。在耗能方面,通过现有的共识算法,将计算哈希值改为计算特殊素数,并引入可验证随机函数实现结果的不可预测性,可以避免人为干预;在可扩展性方面,有向无环图的结构方式和分片技术可以提高链上数据吞吐量,闪电网络等双层网络构造可以提高链下数据吞吐量,形成多链协同的技术发展趋势。此外,区块链技术的应用层、区块链技术自身及其应用层级也将迎来高速发展。Python、JVM(Java Virtual Machine)等技术与智能合约的结合成为发展趋势,有利于提升技术处理效率。2020年,区块链3.0与5G技术的结合,将有效推进区块链具体项目的实施和服务产业的场景应用研发。

(二)区块链的国际发展态势

世界各国政府均高度重视区块链发展,纷纷出台区块链相关政策举措,并成立了区块链管理机构。

1. 各国推进区块链发展的政策举措(见表11-1)

Facebook等互联网巨头联合发布的Libra白皮书,致力于创造世界全新支付体系,对货币主权、传统金融、线性电子三方支付等均形成了挑战。区块链技术支撑下的法定数字货币可能带来新的区块链支付变革,重塑金融基础设施。美国、德国、韩国、日本等国家积极关注区块链发展趋势,纷纷制定产业战略规划,出台相关政策举措。在推进区块链发展的同时,它们还注重防范可能面临的风险。

表 11－1　　　　　　　　世界各国推进区块链发展的相关政策举措

国家	发布时间	区块链相关政策举措
英国	2016 年 1 月	英国政府办公室发布《分布式账本技术：超越区块链》报告，提出投资区块链技术，并应用于金融领域，创建高可信度平台
英国	2020 年 1 月	英国央行与加拿大央行、日本央行、欧洲央行、瑞典央行以及瑞士国家银行成立联合小组，共同探讨央行数字货币
德国	2019 年 9 月	德国联邦政府发布《德国国家区块链战略》，明确德国区块链产业的行动措施和多项具体举措
美国	2019 年 7 月	美国国防部发布《数字现代化战略》，利用区块链进行数据安全传输试验；美国国会批准《区块链促进法案》，要求成立区块链工作组，推动标准统一及应用
美国	2020 年 1 月	美国商品交易委员会联合全球最大上市咨询公司埃森哲启动数字美元项目
日本	2019 年 5 月	日本修订《支付服务法》和《金融工具与交易法》，对"加密资产"进行定义
澳大利亚	2019 年 3 月	澳大利亚政府发布《国家区块链路线图》，强调在监管、技术能力、创新、投资、国际竞争力与国际合作等方面促进区块链产业发展
韩国	2018 年 6 月	韩国科学技术信息通信部发布《区块链技术发展战略》，支持区块链行业发展
韩国	2019 年 4 月	韩国互联网与安全局同韩国科学技术信息通信部合作，扩大示范项目数量
新加坡	2020 年 1 月	《支付服务法案》正式实施，所有加密交易必须合规运营

2. 国际性区块链机构的组建（见表 11－2）

随着区块链技术的成熟与应用拓展，2017 年以来，各国政府、非营利性组织、研究机构、自然人等先后发起创立国际性区块链机构，致力于解决区块链发展的新生问题，推动区块链国际化的技术研究，制定区块链国际统一技术标准。

表 11－2　　　　　　　　国际性区块链机构组建情况

年份	名称	发起方	组建目的
2017	世界区块链组织（WBO）	世界自由贸易区联合会加勒比自由贸易区、加勒比区块链研究院	推动全球区块链技术、产业的发展和推广，打造全球领先的区块链产业生态圈
2017	区块链研究所（BRI）	唐·泰普斯科特、亚历克斯·泰普斯科特	定位于全球性智库，召集全球顶尖研究人员，对区块链技术进行开创性研究，引领区块链革命
2017	斯洛文尼亚区块链智囊团	斯洛文尼亚政府	建立欧洲区块链技术全面发展目的地，专注教育，增强意识，围绕区块链技术起草新法律

续表

年份	名称	发起方	组建目的
2018	国际区块链发展组织（IBDO）	国际数字经济发展组织、世界区块链发展研究院、北京大学创业投资研究会、中科华企信息技术研究院、世界区块链商学院	集聚全球创新资源，培育发展区块链产业应用，支撑传统产业转型升级，为全球各国经济建设服务，促进全人类共同发展
	克利夫兰区块链和数字期货中心	凯斯西特大学、克利夫兰州立大学	研究物联网、虚拟现实，增强区块链在公共和私营部门的应用；培训新开发商和启动新项目
	区块链智囊团	拉兹布洛克成员	解决代币管理、分布式记账和区块链一体化问题
	CRYSTAL中心	新加坡国立大学	帮助形成区块链、加密货币相关的新技术倡议
2020	区块链治理倡议组织（BGIN）	乔治敦大学、日本金融厅、斯坦福大学、剑桥大学、火币中国等23个机构和组织	致力于全球化的区块链生态建设和公开对话，针对其治理领域开展研究和讨论

（三）区块链的国内发展态势

1. 区块链相关政策制定情况（见表11-3）

2016年以来，我国高度重视区块链发展并将其定位为战略性前沿技术；国务院、国务院办公厅、工业和信息化部（以下简称"工信部"）、商务部、国家互联网信息办公室（以下简称"国家网信办"）、国家知识产权局、中国人民银行等发布了一系列政策文件，以引导、推进和规范区块链发展。

此外，广东、上海、重庆、浙江、北京等地也出台了各类地方性支持政策，用以扶持和激励区块链产业的快速发展。例如，广州市黄埔区工业和信息化局、广州开发区经济和信息化局于2019年10月联合发布《加速区块链产业引领变革若干措施实施细则》；上海市杨浦区于2018年印发《促进区块链发展的若干政策规定（试行）》；重庆市经济和信息化委员会于2017年出台《关于加快区块链产业培育及创新应用的意见》；等等

表11-3　　我国区块链相关政策制定情况

发布时间	发布机构	政策名称	有关区块链的内容
2016年10月	工信部	《中国区块链技术和应用发展白皮书（2016）》	阐述区块链概念、原理及发展应用前景
2016年12月	国务院	《"十三五"国家信息化规划》	加快区块链等技术研发和前沿布局
2017年1月	国务院办公厅	《关于创新管理优化服务培育壮大经济发展新动能加快新旧动能接续转换的意见》	突破院所和学科管理限制，在区块链等交叉领域构建产业创新中心和网络

续表

发布时间	发布机构	政策名称	有关区块链的内容
2017年1月	工信部	《软件和信息技术服务业发展规划(2016—2020)》	做强软件和信息技术服务业,要求区块链等领域创新达到国际先进水平
2017年1月	商务部	《关于进一步推进国家电子商务示范基地建设工作的指导意见》	推动示范基地创业孵化,促进区块链等技术创新应用
2017年3月	工信部	《云计算发展三年行动计划(2017—2019年)》	开展区块链等新技术和业务研发及产业化,拓宽云计算应用范畴
2017年5月	工信部	《区块链参考架构》	首部区块链标准,规定区块链参考架构
2017年6月	中国人民银行	《中国金融业信息技术"十三五"发展规划》	积极推进区块链等新技术应用研究,促进金融创新发展
2017年7月	国务院	《新一代人工智能发展规划》	融合区块链与人工智能,建立新型社会信用体系,降低人际交往成本与风险
2017年8月	国务院	《关于进一步扩大和升级信息消费持续释放内需潜力的指导意见》	鼓励利用开源代码开发个性化软件,开展基于区块链等新技术的试点应用
2017年11月	国务院	《关于深化"互联网+先进制造业"发展工业互联网的指导意见》	加强产业支撑,促进区块链等新兴前沿技术在工业互联网中的应用研究
2017年12月	工信部	《区块链数据格式规范》	对区块链数据格式进行规范性说明
2017年12月	工信部	《信息技术区块链和分布式账本技术参考架构》	为各行业选择、开发和应用区块链提供指导和参考,描述区块链产业生态
2018年1月	国家知识产权局	《知识产权重点支持产业目录(2018年本)》	明确急需知识产权支持的国家重点产业;其中,区块链创新发展获得保护
2018年3月	工信部	《2018年信息化和软件服务业标准化工作要点》	推动全国区块链和分布式记账技术标准化委员会的组建
2018年6月	工信部	《工业互联网发展行动计划(2018—2020年)》	推进区块链等新兴前沿技术在工业互联网中的应用研究
2019年1月	国家网信办	《区块链信息服务管理规定》	明确区块链信息服务提供者责任,规范和促进区块链技术及服务的健康发展
2019年11月	国务院	《关于推进贸易高质量发展的指导意见》	推动互联网、物联网、区块链等与贸易有机融合,增强贸易创新能力

2. 区块链产业园区建设情况

我国各地方政府从行业标准、资金资助、生产研发、人才培养和场地租用等方面制定优惠政策,促使一批区块链产业园于 2017—2019 年迅速落地建成。其中,广东、浙江、上海等的政策扶持力度较大,加之其已经拥有的产业集聚效应和科研人员优势,区块链产业园不仅数量多,而且影响力大。

3. 区块链服务平台搭建情况

"区块链+"是未来区块链技术脱虚向实、融入产业、服务企业的发展方向,企业间区块链服务平台成为企业未来合作的基础设施。Ethereum、Hyperledger Fabric 和 Corda 是 3 种较为主流的区块链智能合约框架,分别对应公有链、联盟链和私有链。BaaS(Blockchain as a Service,区块链即服务)是集链点搭建、应用开发、应用部署和运行监控于一体的服务平台,能够为企业用户提供创建、管理和维护企业级区块链网络及应用的服务。相较而言,BaaS 的安全性更高,可扩展性也更强。腾讯、百度、阿里云、京东、华为等具有较强实力的企业纷纷开发 BasS 项目,并相继推出各种区块链服务平台产品,使其成为加速区块链服务实体经济的重要服务形态。

4. 区块链项目落地实施情况

我国已初步形成区块链产业规模,产业链条涵盖上游的硬件制造、平台服务、安全服务和下游的产业技术应用服务,与产业发展相关的投融资、媒体、人才服务建设也在不断完善。2017—2019 年,涉及政府服务、司法鉴证、商业服务、医疗养老、社会公益、环境生态、食品安全等不同领域的大批区块链项目得以落地实施,区块链经济加速发展。

第二节 区块链技术的应用场景及制约因素

一、区块链技术的应用场景

由区块链独特的技术设计可见,区块链系统具有分布式高冗余存储、时序数据且不可篡改和伪造、去中心化信用、自动执行的智能合约、安全和隐私保护等显著特点,这使得区块链技术不仅可以成功应用于数字加密货币领域,同时在经济、金融和社会系统中也存在广泛的应用场景。根据区块链技术应用的现状,区块链目前的主要应用为数字货币、数据存储、数据鉴证、金融交易、资产管理和选举投票共 6 种场景,下文将概述除数字货币外的 5 种应用场景以及区块链的 3 种应用模式。

(一)数据存储

区块链的高冗余存储(每个节点存储一份数据)、去中心化、高安全性和隐私保护等特点使其特别适合存储和保护重要隐私数据，以避免因中心化机构遭受攻击或权限管理不当而造成的大规模数据丢失或泄漏。与比特币交易数据类似，任意数据均可通过哈希算法生成相应的 Merkle 树并打包计入区块链，通过系统内共识节点的算力和非对称加密技术来保证安全性。区块链的多重签名技术可以灵活配置数据访问的权限，例如必须获得指定 5 人中 3 人的私钥授权才可获得访问权限。目前，利用区块链来存储个人健康数据(如电子病历、基因数据等)是极具前景的应用领域。此外，存储各类重要电子文件(如视频、图片、文本等)乃至人类思想和意识等也有一定的应用空间。

(二) 数据鉴证

区块链数据具有时间戳、由共识节点共同验证和记录、不可篡改和伪造等特点，使得区块链可广泛应用于各类数据公证和审计场景。例如，区块链可以永久地安全存储由政府机构核发的各类许可证、登记表、执照、证明、认证和记录等，并可在任意时间点方便地证明某项数据的存在性和一定程度上的真实性，包括德勤在内的多家专业审计公司已经部署区块链技术来帮助其审计师实现低成本和高效地实时审计；Factom 公司则基于区块链设计了一套准确的、可核查的和不可更改的审计公证流程与方法。

(三) 金融交易

区块链技术与金融市场应用有着非常高的契合度。区块链可以在去中心化系统中自发地产生信用，能够建立无中心机构信用背书的金融市场，从而在很大程度上实现"金融脱媒"，这对第三方支付、资金托管等存在中介机构的商业模式来说是颠覆性的变革。在互联网金融领域，区块链特别适合或者已经应用于股权众筹、P2P 网络借贷和互联网保险等商业模式。证券和银行业务也是区块链的重要应用领域，传统证券交易需要经过中央结算机构、银行、证券公司和交易所等中心机构的多重协调，而利用区块链自动化智能合约和可编程的特点，能够最大限度地降低成本和提高效率，避免烦琐的中心化清算交割过程，实现方便快捷的金融产品交易。同时，区块链和比特币即时到账的特点可使得银行实现比 SWIFT 代码体系更为快捷、经济和安全的跨境转账；这也是目前 R3CEV 和纳斯达克等各大银行、证券商和金融机构相继投入区块链技术研发的重要原因。

(四) 资产管理

区块链在资产管理领域的应用具有广泛前景，能够实现有形和无形资产的确权、授权和实时监控。对于无形资产来说，基于时间戳技术和不可篡改等特点，可以将区块链技术应用于知识产权保护、域名管理、积分管理等领域；而对有形资产来说，通过结合物联网技术为资产设计唯一标识并部署到区块链上，能够形成"数字智能资产"，实现基于区块链的分布式资产授权和控制。例如，通过对房屋、车辆等实物资产的区块链密钥授权，可以基于特定权限来发放和回收资产的使用权，有助于 Airbnb 等房屋租赁或车辆租赁等商业模式实现自动化的资产交换;通过结合物联网的资产标记和识别技术,还可以利用区块链实现灵活的供应链管理和产品溯源等功能。

(五)选举投票

投票是区块链技术在政治事务中的代表性应用。基于区块链的分布式共识验证、不可篡改等特点,可以低成本高效地实现政治选举、企业股东投票等应用;同时,区块链也支持用户个体对特定议题的投票。例如,通过记录用户对特定事件是否发生的投票,可以将区块链应用于博彩和预测市场等场景;通过记录用户对特定产品的投票评分与建议,可以实现大规模用户众包设计产品的"社会制造"模式等。

根据实际应用场景和需求,区块链技术已经衍化出三种应用模式,即公共链、联盟链和私有链。公共链是完全去中心化的区块链,分布式系统的任何节点均可参与链上数据的读写、验证和共识过程,并根据其 PoW 或 PoS 贡献获得相应的经济激励。比特币是公共链的典型代表。联盟链是部分去中心化(或称多中心化)的区块链,适用于多个实体构成的组织或联盟,其共识过程受到预定义的一组节点控制,例如生成区块需要获得 10 个预选的共识节点中的 5 个节点确认。私有链是完全中心化的区块链,适用于特定机构的内部数据管理与审计等,其写入权限由中心机构控制,而读取权限可视需求有选择性地对外开放。

二、区块链的现存问题

作为近年来兴起并快速发展的新技术,区块链必然面临着各种制约其发展的问题和障碍。本节将从安全、效率和资源三个方面概述区块链技术有待解决的问题。

(一)安全问题

安全性威胁是区块链迄今为止所面临的最重要的问题。其中,基于 PoW 共识过程的区块链主要面临的是 51% 攻击问题,即节点通过掌握全网超过 51% 的算力就有能力成功篡改和伪造区块链数据。以比特币为例,据统计,中国大型矿池的算力已占全网总算力的 60% 以上,理论上这些矿池可以通过合作实施 51% 攻击,从而实现比特币的双重支付。虽然实际系统中为掌握全网 51% 算力所需的成本投入远超成功实施攻击后的收益,但 51% 攻击的安全性威胁始终存在。基于 PoS 共识过程在一定程度上解决了 51% 攻击问题,但同时引入了区块分叉时的 N@S 攻击问题。研究者已经提出通过构造同时依赖高算力和高内存的 PoW 共识算法来部分解决 51% 攻击问题,更为安全和有效的共识机制尚有待于更加深入的研究和设计。区块链的非对称加密机制也将随着数学、密码学和计算技术的发展而变得越来越脆弱。据估计,以目前"天河二号"的算力来说,产生比特币 SHA256 哈希算法的一个哈希碰撞大约需要 248 年,但随着量子计算机等新计算技术的发展,未来非对称加密算法具有一定的破解可能性,这也是区块链技术面临的潜在安全威胁。区块链的隐私保护也存在安全性风险。区块链系统内各节点并非完全匿名,而是通过类似电子邮件地址的地址标识(如比特币公钥地址)来实现数据传输。虽然地址标识并未直接与真实世界的人物身份相关联,但区块链数据是完全公开透明的,随着各类反匿名身份甄别技术的发展,实现部分重点目标的定位和识别仍是有可能的。

(二)效率问题

区块链效率也是制约其应用的重要因素。首先是区块膨胀问题。区块链要求系统内每个节点保存一份数据备份,这对于日益增长的海量数据存储来说是极为困难的。以比特币为例,完全同步自创世区块至今的区块数据需要约 60GB 存储空间,虽然轻量级节点可部分解决此问题,但适用于更大规模的工业级解决方案仍有待研发。其次是交易效率问题。比特币区块链目前每秒仅能处理 7 笔交易,这极大地限制了区块链在大多数金融系统高频交易场景中的应用(如 Visa 信用卡每秒最多可处理 10 000 笔交易)。最后是交易确认时间问题。比特币区块生成时间为 10 分钟,因而交易确认时间一般为 10 分钟,这在一定程度上限制了比特币在小额交易和时间敏感交易中的应用。

(三)资源问题

PoW 共识过程高度依赖区块链网络节点贡献的算力,这些算力主要用于解决 SHA256 哈希和随机数搜索,除此之外并不产生任何实际社会价值,因此一般意义上认为这些算力资源是被"浪费"掉了,同时被浪费掉的还有大量的电力资源。随着比特币的日益普及和专业挖矿设备的出现,比特币生态圈已经在资本和设备方面呈现明显的军备竞赛态势,逐渐成为高耗能的资本密集型行业,进一步凸显了资源消耗问题的重要性。因此,如何能有效汇集分布式节点的网络算力来解决实际问题,是区块链技术需要重点解决的。研究者目前已经开始尝试解决此问题,例如 Primecoin(质数币)要求各节点在共识过程中找到素数的最长链条(坎宁安链和双向双链)而非无意义的 SHA256 哈希值。未来的潜在发展趋势是设计行之有效的交互机制来汇聚和利用分布式共识节点的群体智能,以辅助解决大规模的实际问题。

第三节 大数据背景下的区块链技术

一、基于大数据背景的区块链技术应用

(一)个人数据管理应用

互联网背景下,个人数据管理的问题在于:个人的数据、行为和习惯被社交媒体收

集,这在一定程度上降低了用户对于隐私的控制权;甚至当发生一些不当操作时,用户没有后续操作的控制权,这严重损害了用户的实际利益。新时期,采用区块链技术能在一定程度上防止此类事件发生。即采用区块链技术建立访问控制管理系统,在该系统下,用户、提供服务的公司和区块链系统连成一个整体,用户能够控制和审核应用程序所收集的数据资料,并知晓这些数据要应用于哪些领域,同时,会根据自己的需要,创建一个共享的标识来配置应用的权限,或采用加密密钥对个人数据进行加密管理,这使得个人隐私保护更加全面,实现了社交网络的有效管理。

(二)数字财产保护应用

数字财产是一个现代化的概念,其基于大数据技术产生,包含了照片、视频、语音在内的多个信息资料。而这些数字财产具有极强的产权价值,对此,应合理化地进行加密保护。在实践中,借助区块链技术能实现这些数字财产的有效保护。具体而言,其主要是通过数字资产登记的办法进行管理的,在用户登记个人数据资产后,管理系统会从网络上抓取高度相似的内容,然后与创作者的内容进行比较,最后找到文本所在副本,并实施双向连接,由作者决定是否进行删减,以此来实现自身产权及数字资产的有效保护。

(三)物联网通信应用

物联网是基于社会发展需要而产生的一个全新的管理系统,在其运行过程中,系统连接的设备较多,而且设备运行所产生的数据量较大,这在一定程度上增加了物联网运行的压力,呆滞系统安全隐患较多。现阶段,物联网系统大多采用云服务器进行识别、验证和连接,这使得分散的网络难以得到有效发展,满足物联网生态化发展的实际需要。基于此,可在物联网系统管理中使用区块链技术。具体而言,在物联网管理中,用户可根据自己的需要,针对性地设置动作、命令和规则,以此来满足自身控制需要的同时,实现多个设备、多个方面的自动管理。从应有效果来看,区块链技术能实现数十亿连接设备、处理交易和协调设备的跟踪管理,并且其使得设备之间进行点对点传播,有效保证了消息传播、文件传递的自主性和协调性。

(四)医疗数据共享应用

区块链技术在医疗数据共享系统中还有广泛应用。现阶段,医院开始采用互联网设备开展网络办公,并且在实际办公中,临床病历、门诊就医情况、相关医疗检查结果等信息的增多使得医院网络管理系统数据规模不断扩大,增加了管理难度,就目前而言,医院数据共享和安全方面存在较大问题。对此,区块链技术应以患者为中心,建立一个平行结构的医疗关系系统,在该模式下,患者医疗数据的存储无须依赖中央存储设施,同时经过加密技术管理,患者能决定数据的共享对象,有效提升了数据管理的效率与安全。

二、区块链技术对大数据的影响

（一）区块链有利于通过数据确权打破数据"孤岛"，实现共赢

作为一种相对特殊的数据传输和数据存储架构，区块链这种特殊架构及其自身的发展将从根本上改写大数据发展格局，校正大数据的发展方向，并丰富物联网的体系架构形式。

区块链的本质意义，在于通过对数据进行全网一致性分发和冗余存储，降低所有节点在数据占有方面的不对等，进而使所有节点在平等占有数据的基础上，具有业务自组织权力和业务自组织能力。

区块链系统中的所有节点在数据全网一致性基础上实现了业务流程的自组织，也就是实现了业务流程的去中心化和去中介化。去中心化和去中介化的系统，较之前建立在数据中心化基础上的业务流程中心化和他组织结构，带来了更高的业务生产效率和更大的容错空间，同时节省了原来中心环节和中介环节占有的利润。

但区块链系统建立的前提一定是数据的对等分享，而不可能是数据的单方面分享。因此，在区块链系统和业务体系内，数据必须来自所有节点，才有可能实现数据对等占有、效率对等提升以及利益对等享有。

因此，区块链系统对数据的所有权进行确权就成为必需。大数据系统基本不考虑数据从哪里来、到哪里去，数据的所有权属于谁，数据产生的收益又应该由谁分享。区块链系统要求链上数据对所有人开放，因此就必须保证链上数据真实可信。由此，在区块链系统中，需要所有人都负责各自数据的写入，同时所有人要负责对其他人写入数据的真实性进行确认。在这些真实数据的基础上，才能够实现业务流程的优化和重构，进一步实现效率的提升和利益的重新分配。

（二）区块链技术架构有望提高数据质量

大数据是一种低价值数据。通过大量数据的聚合，找到数据之间的相关关系并发挥数据的作用，是大数据系统建设和开发的核心诉求。大数据系统中大部分数据的质量并不高，这种质量包括数据本身的真实性、数据自身蕴含的内在价值以及数据价值与其自身占用空间的比例等不同维度。

区块链数据是一种高价值数据，是稀缺数据。低价值数据或无价值数据没有在全网范围内进行一致性分发和冗余存储的必要，只有高价值数据和稀缺数据才有这种需要，并经过全网范围内的一致性分发和冗余存储，确保数据不可篡改、不可伪造，且来源可追溯。因此，可以通过区块链系统，对大数据系统中的数据去伪存真，保留必要的数据上链，而不是一股脑儿将所有数据上链。将所有数据上链既没有必要，现有的区块链系统也无法承载，更无法承受。因此，区块链系统的应用必须对大数据系统中的

数据进行筛选，提高数据的可用性和数据质量。

第四节　大数据与区块链技术的融合发展

一、大数据与区块链的未来融合创新之路

数据从古至今都是稀缺资源。让数据发挥更大的作用，是建设美好社会的前提和基础。区块链更大意义上是一种体系架构和新的业务逻辑结构。相对于中心化架构，区块链更强调节点在数据共享基础上的自治。大数据与区块链既有必须结合以提高效率和性能之处，也存在由于技术架构的局限性而不能或不易结合之处。

麦肯锡全球研究所给出的大数据定义是，一种规模大到在获取、存储、管理、分析方面大大超出了传统数据库软件工具能力范围的数据集合，具有海量的数据规模、快速的数据流转、多样的数据类型和价值密度低四大特征。而目前的区块链系统存储的数据，从体量上是小数据，从流转上是静态数据，从类型上是单一类型数据，从价值密度上是高价值数据。

按照麦肯锡全球研究所给出的大数据定义，是无法通过区块链系统在全网范围内进行分发和存储的。因此，必须对区块链系统的数据组织方式和数据存储方式重新进行结构，否则，区块链系统与大数据就无法融合。

区块链系统与大数据的融合，可以针对不同的业务场景，实现不同层级的数据共享。针对小体量的数据，可以直接将数据上链，实现全部数据的共享。针对体量略大的数据，则可以抽取出数据处理结果上链，而将原始数据存在链下，并通过区块链中的时间戳和哈希函数，保证原始数据不被篡改、不被伪造。如果是极大体量数据，则可以将数据所在存储区块的时间戳和哈希值上链，通过不同层次的云计算和边缘计算，实现不同层级的数据本地化或云化处理，从而发挥数据的作用。

同时，还必须将快速流转的数据静态化处理，或者直接静态化，或者将数据处理结果静态化；也必须将多样的数据类型进行类型单一化处理，以便于区块链系统可以分发和存储。此外，还必须从大量的低价值密度数据中抽取出数据的内在价值，否则，低价值密度数据也没有必要用区块链进行处理。

大数据与区块链的融合，在具体应用中会遇到各种各样的问题。但随着各种设施设备在存储容量、运算速度和传输效率方面的进一步提升，随着各种技术的发展，尤其是紧密结合各种应用场景所能开展的优化，大数据与区块链相互融合并共同服务于人类生产生活效率提升，共同创造人类社会美好的前景，是值得期待、值得努力付出，并一定会实现的。

二、大数据与区块链融合提高数据的真实性

区块链技术本身是一个分布式的存储技术，拥有去中心化、加密、可追溯、不可篡改等特点，这使得数据更加透明、真实。获得的数据可以直接清洗，而且行之有效。下面将从几个方面来探讨大数据与区块链融合如何提高数据的真实性。

（一）在数据来源上，区块链可以提高数据的真实性

公司通过应用区块链技术可以创建一个加密且不可篡改的分布式账本。在使用数据进行分析处理时，都会将数据源返回，通过在链上进行校验来保证数据的真实性。使用区块链，还可以在数据异常时跟踪该参与者。区块链校验机制可以激励提供真实信息者，惩处提供虚假信息者。当然，这种校验机制可以通过智能合约来实现。这样就从数据来源上保证了可信度。

（二）在数据传播过程中，区块链可以提高数据的真实性

区块链的可追溯性能够解决数据确权问题，能够为维权提供证据。在数据流通领域，数据透明度低且容易被伪造篡改，无法保证数据不被非法倒卖，当数据交易触及法律问题时，举证追责是难以进行的，维权将变得非常困难。利用区块链解决数据确权问题，使得有迹可循，能够为维权提供证据；也使得数据的交易和流通更加规范、更加可信，从而提高数据的真实性。例如，食品供应商可以利用基于区块链技术的跟踪系统对食品供应链进行追踪，一旦出现问题，可对源头进行迅速的精准定位，及时进行处理，防止事态进一步恶化。目前，一些商家已经开始投入使用此类平台，例如沃尔玛从农场到超市的蔬菜追踪系统；还有之前频繁出现的疫苗问题，都可以通过区块链技术找到其源头，利用问责机制对其制约，从而降低数据伪造的可能性，提高数据的真实性。

区块链的加密技术凭借现有的技术是无法破解的，从而能够保证数据在传播过程中的真实性。另外，对于大数据来说，可以将区块链技术与全同态加密技术相结合，在数据未解密的情况下进行计算，可防止数据在传播或解密过程中被恶意篡改。此外，还可以将数据的采集、存储和计算分析等信息都记录在区块链上，使得有迹可循，从而提高数据的真实性。

基于区块链可以实现大数据共享，可确保大数据的真实性。例如，对于不需要修改的存档数据，可以将其存放在区块链上。在将来，若需要验证相应数据的真实性时，可以利用哈希函数对数据进行处理后验证。

三、大数据与区块链融合对于共享经济发展的促进作用

（一）降低前期运营成本

共享经济能够在技术更迭的社会发展中占据主流的原因之一，是其能够利用低成

本的信息资源,创造大量的经济价值,使闲置的社会资源可以充分发挥价值。然而,在现阶段的共享经济发展中,人们逐渐意识到共享经济公司提供共享产品在前期推广阶段的预算远远超出经济共享给予企业的利益,无形中增加了共享经济公司的运营成本,以至于许多共享服务的创业公司难以匹配项目初期的资本输出,导致创业失败。在这种情况下,区块链与大数据的融合能够使公司根据账本式分配模型,结合大数据的用户使用规律,将共享产品分配到最具需求量的地段,大大降低公司的前期运营成本。

(二)加速全球经济信息共享

在现有的基于大数据的共享经济模型中引入区块链技术,并构建"大数据+区块链"的共享经济新模型,能够打破在区域和时间上对用户的权限限制,为世界各地的用户提供了一个共享信息的平台,使得跨行业的信息标准和信息安全交流成为可能;同时,也使大型公司难以成为控制信息数据市场的主导力量,实现在各个领域共享信息、促进全球信息产业繁荣的目标。此外,区块链技术的引入可以为经济模型构建基于比特币的加密货币交易系统,由于国际汇率的波动和国家立法的差异性所带来的交易问题得以有效解决,因此促进外企与国内私企的友好交流,实现我国信息产业的进步。

四、大数据与区块链的融合策略

(一)加强政府的支持和监督

为了加速建立基于"大数据+区块链"的共享经济模型,我国政府需要加强政策监控与管理,加大对有关共享经济发展的支持力度并帮助共享经济稳定健康地成长。政府机构应为共享经济中的先驱企业提供技术和财务支持,并为它们提供足够的人才输送,以先进的技术引领共享项目的研究,促进跨行业信息技术建设,制定共享经济的信息标准化。为解决我国产业信息化建设不完善的问题,政府机构需要大力支持我国基础信息的发展和统一标准的完善。同时,在大数据与区块链所带来的市场组成巨变的背景下,政府需要更加谨慎地加强对市场的监管与调控,通过对区块链技术有关的立法工作与共享经济的执行任务的督促,得以创造良好的法律环境,共享市场经济被进一步完善,可实现共享经济的新模式的发展。

(二)大数据与区块链的技术融合革新

促进"大数据+区块链"技术集成程度是建立共享经济新阶段的关键步骤。政府应当在根据现有的共享经济模型,开发一个将大数据与区块链技术相集成的工程平台,大数据与区块链的功能整合能够通过多接口的转换程序得以实现。同时,利用区块链技术数据的开源性的特征,能够不断优化区块链的底层技术,消除区块链潜在的安全隐患,进而为存储在区块链系统中的数据信息建立一个大型数据共享平台。实现在企业高信用价值度的前提下,能够在区块链每个节点中的企业可以自由访问,安全地进行数据交易与信息共享。

(三)落实企业实践观念

企业是共享经济模式的实践者和参与者,是推动大数据与区块链相融合的攻坚力量。一方面,企业应通过与高校的合作与联动,加强高校的前沿企业课程的学习,为企业的人才培养奠定基础;同时,企业应当加强大数据和区块链技术人员的引进和培训,提高企业员工的专业技能,引进海外优秀应届毕业生和高技术人才,促进区块链与大数据的技术整合。另一方面,企业应加强数据管理和建设,提高企业信息化建设水平,通过"共享经济"数据系列新模型对部分企业进行试验,不断积累实践操作经验,为共享经济创造新时代的融合发展平台。

第五节 案例分析

案例一:大数据与区块链——以我国银行应用为例

(一)农业银行:区块链技术解决征信单点故障

目前的征信系统存在单点故障问题,征信系统一旦出现服务异常以及数据损失、丢失等故障,将直接影响整个征信系统的正常运行。为此,农业银行发明一项基于区块链技术的征信系统,可通过联盟链避免中心化征信系统造成的单点故障问题,能有效降低银行风险管理成本。该系统由7个模块组成,分别是数据接入模块、信用报告生成模块、征信查询模块、权限管理模块、异议处理模块、数据归档管理模块和异常监测模块(见图11-1)。

其中,数据接入模块负责对上传的征信数据进行有效性检测和共识,对通过检测的征信数据进行预处理,补充缺失数据并存储到联盟链中;信用报告生成模块,通过智能合约计算信用等级,生成信用报告,并将共识后的报告存储到联盟链中;征信查询模块,主要接收用户征信查询请求,并将请求记录存储在联盟链上;异议处理模块,接收用户发送的异议处理请求,并进行数据纠错;数据归档管理模块,对过期的征信数据进行归档;异常监测模块,实时或定时统计用户行为数据,并将异常用户行为数据推送至监管部门。除此之外,该系统还可以支持支付机构作为节点加入联盟链,由支付机构将其业务数据上传至区块链征信系统,丰富银行的征信数据,提高征信数据的可靠性。

(二)中国银行:利用区块链技术解决网络交易欺诈问题

目前,网络电信诈骗越来越多,对用户的财产造成严重损失。由于银行和支付机构的反欺诈系统都是独立的,因此当遇到跨支付机构的网络交易欺诈问题时,银行很

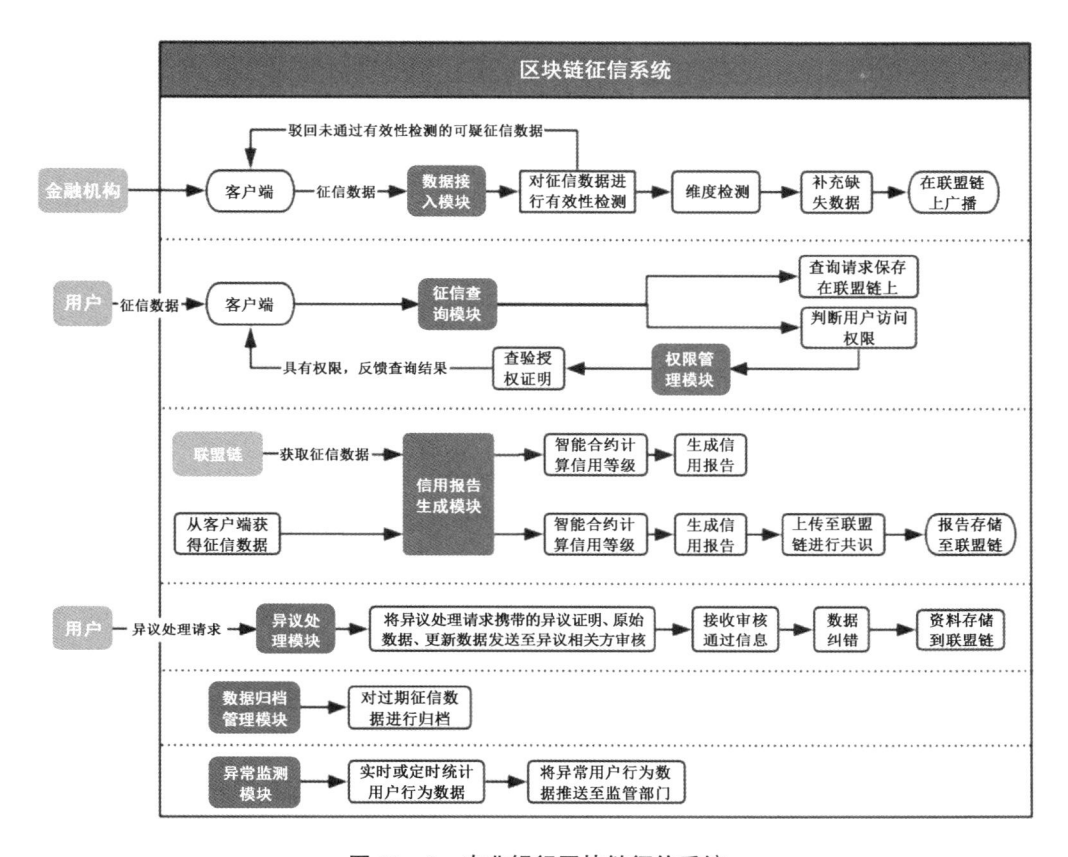

图 11-1 农业银行区块链征信系统

难进行有效识别,也无法及时对用户进行风险预警。

为此,中国银行利用区块链技术组建联盟链,通过联盟链对问题账号进行排查(见图 11-2)。具体步骤为:

(1)由公安机关、行业监管部门和支付机构筛选出问题账号,并制定问题账号判定标准。问题账号分为黑名单和灰名单两种:黑名单账号是曾经进行过欺诈交易的账号;灰名单账号是陌生账号和高危险账号。

(2)将这些问题账号打包成区块,并广播至联盟链网络中所有的支付机构节点。

(3)当用户请求跨支付机构进行交易时,银行利用联盟链对交易双方账号进行排查。如果账号为正常账号,可直接通过交易;如果账号为黑名单账号,则暂时冻结黑名单银行账号并向用户说明原因;如果账号为灰名单账号,则以短信或提示语的形式向用户进行预警,同时对用户进行第二次风险确认和身份认证。

(4)在第二次认证结束后,联盟链会对账号进行第二次判断,将灰名单账号转化为正常账号或黑名单账号。如果判断结果为正常账号,可通过交易,并将账号转化为正

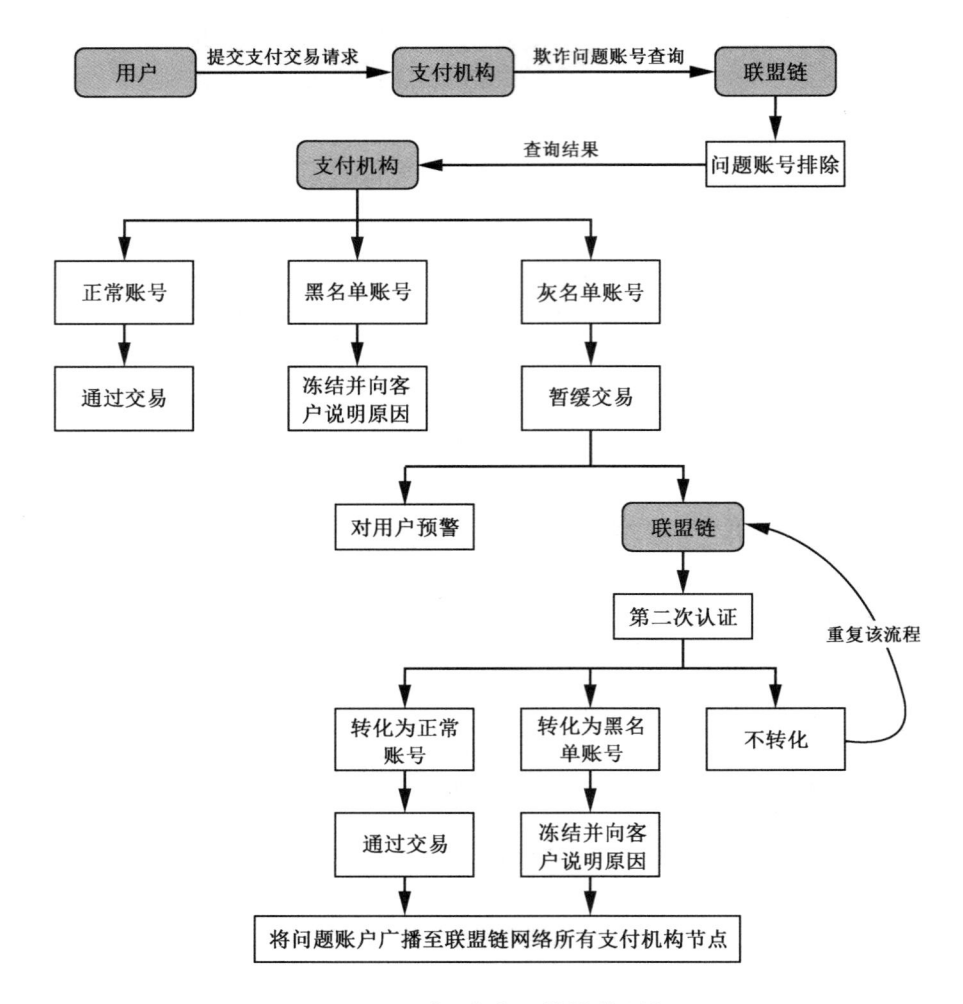

图 11-2 中国银行区块链联盟链

常账号;如果判断结果为黑名单账号,则冻结账号,将灰名单账号转化为黑名单账号,并向用户说明原因;如果判断结果仍为灰名单账号,则重复上述灰名单处理步骤。

(5)有灰名单账号转化为正常账号或黑名单账号,会将该信息广播至区块链联盟网络中所有支付节点。

该方法通过建立联盟链对问题账号进行排查,以提高银行反欺诈识别能力和风险管理能力。通过规则合约识别问题账号,提高欺诈事件识别效率,降低人为所导致的操作风险;将问题账号打包成区块并广播至联盟链网络中,促进数据和信息的共享,解决了支付机构之间数据"孤岛"问题;实时对用户进行风险预警,提高用户的风险防范意识。

案例思考题

大数据与区块链在我国商业银行的应用场景有哪些?

案例二:大数据与区块链——以易见天树为例

(一)案例背景

易见天树是可追溯的供应链金融服务平台,利用区块链技术刻画商流、物流,辅助金融机构提供贷前预审和贷后管理。

易见股份经过多年的研发,形成了一套基于区块链的可追溯供应链金融服务解决方案。该方案关注供应链金融中"信息闭环"与"资金闭环"两个核心风控逻辑;基于区块链作为底层技术,以不可篡改的方式刻画交易双方真实的贸易背景。

(二)案例分析

提供可视化贸易信息,体现从购销信息发布、货流实时监控、单据传递跟踪、结算快捷准确的特点;支持开放式的融资需求双向选择、融资随借随还等多样化流程设计;实现金融机构对贸易融资投放与回收的专户管理,解决资金闭环问题。

解决方案中包含企业与用户管理、资金管理、资金账户服务、电子合同服务、报表服务、通知服务等功能;还包含可信数据池、供应链融资平台以及供应链金融资产证券化平台三个组成产品(见图11-3)。

数据安全隔离: 贸易参与方拥有数据所有权并希望数据存储于企业可控区域。
数据授权访问: 金融机构获得数据访问授权后可获取可信数据。
数据可信: 使用贸易数据做融资数据支撑时,金融机构要求贸易参与方的数据应一致并可信。
数据可追溯: 所有贸易及融资数据应可以被追溯审计。

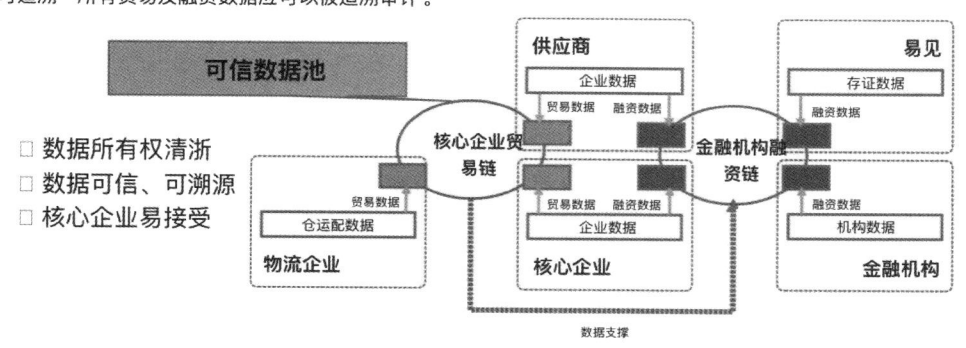

图11-3 易见股份可信数据池解决方案

案例思考题

大数据与区块链技术在易见天树的应用场景有哪些?

本章小结

区块链技术从20世纪80年代至今,经历了三个阶段,从世界各国纷纷出台相关政策举措不难看出,区块链技术在各国的发展过程中已经占有一席之地。区块链技术的应用较为广泛,主要包括数字货币、数据存储、数据鉴证、金融交易、资产管理和选举投票共6种场景。在新的时代下,区块链技术的应用大多与大数据相结合,两者相互促进、相互影响。一方面,区块链技术能够解决数据"孤岛"、提高数据质量等问题;另一方面,大数据的存在也使得区块链技术能够应用到物联网通信、医疗数据共享等多个方面。同时,两者的相互融合在提高数据的真实性和共享经济的发展等方面也发挥着重要作用。

思考题

1. 区块链技术目前主要的应用场景有哪些?
2. 简述大数据与区块链技术的融合方向。
3. 大数据与区块链技术在金融机构和企业的应用场景有哪些?

第十二章 大数据与跨境支付

近年来,国际贸易往来频繁,中国企业的跨境贸易、跨境投资需求和中国居民的留学消费、出境旅游需求与日俱增,推动着跨境支付业务进入新的发展时期。与此同时,随着大数据、人工智能、区块链等金融科技的不断发展,我国跨境支付体系日益完善,支付模式也日趋成熟。在快速兴起的互联网大潮中,全球支付产业经历了一场从线下到线上、从有形到无形、从有界到跨界的颠覆式变革。全球支付市场迈入了新时代,跨境支付也正在成为中国支付市场的新蓝海。可以预见,未来一段时期,在金融科技的助推下,我国跨境支付行业将实现支付方式、支付流程、支付服务的不断革新,为服务民生、提振消费、促进实体经济发展提供更加有力的支撑。

第一节 跨境支付概述

一、跨境支付的现状

(一)我国跨境电商交易规模

近年来,我国进口跨境电商不断发展,主要表现在以下两个方面:一方面,我国的跨境电商交易规模持续增长,且增速较快。2013—2018 年,我国跨境电商市场交易规模逐年上涨,增长率保持在 25% 以上。2018 年,跨境电商的交易规模高达 9 万亿元;2019 年,跨境电商交易额突破 10.8 万亿元。这说明我国跨境电商市场竞争激烈,对此,各类电商平台迫于竞争压力不断提升自身技术,进而用户体验得到改善。直邮和保税是目前我国跨境电商的两大模式,随着我国电商规模的扩大和逐步成熟,我国跨境电商的商业模式有望持续优化。另一方面,我国消费者跨境购物越来越常态化。2018 年我国海淘用户规模突破 1 亿,2019 年我国海淘用户达到 1.55 亿。虽然近年来我国海淘用户增速放缓,但是海淘用户对网络购物的需求仍在不断提升。

(二)跨境支付用户数明显增多

总体来看,我国第三方跨境移动支付发展态势良好,其发展潜力巨大。随着移动支付技术的成熟、跨境贸易的发展和海外旅游的普遍,跨境移动支付成为国内移动支付未来发展的重要趋势。为了使我国出境游用户能享受到便捷、普惠的金融服务,海外场景拓展成为当前我国跨境支付平台的首要任务。借助海外场景拓展,我国第三方移动支付平台在国内外市场都获得了较大水准的发展。

(三)支付宝等平台跨境支付业务量增速迅猛

从退税来看,我国在2017年通过支付宝退税的人均金额已经达到922元,相比2016年增长180%。数据显示,支付宝已在33个海外国家和地区上线,涉及行业种类丰富,包括零售、百货、餐饮等。同时,微信支付也在海外市场得到扩张。微信支付通过与境外伙伴合作进入了东南亚、北美等市场,支持10种以上的外币直接结算,覆盖全球境外商户超过13万。世界各国逐渐意识到中国第三方移动支付在世界的影响力。世界经济论坛发布的报告指出,中国已成为全球移动支付的领导者。

(四)商业银行跨境支付业务创新丰富

近年来,我国大部分商业银行针对跨境支付业务进行了一系列的改革和创新,目的就是满足电商企业和个人消费者在跨境支付方面的便捷性、安全性需要。例如,中国农业银行紧跟跨境电商客户的现实需求,在跨境、跨界、跨市场等方面不断提高银行业务水平。首先,中国农业银行在全球广泛分布点,目前已有18个境外机构和1家境外合资银行。为了贯彻落实国家"一带一路"倡议,近年来中国农业银行加大了对"一带一路"沿线国家和地区的支持力度,在"一带一路"沿线国家和地区设立了五个服务机构。截至2019年3月,中国农业银行已与全球近140个国家建立了总行级代理行关系,其金融服务网络基本实现了覆盖全球主要地区。

二、跨境支付的发展背景

(一)技术角度

互联网技术的发展和信息交互设备(如PC、Pad、手机)功能的不断完善是推动跨境支付发展的基础条件。

(二)经济发展角度

经济全球化的发展使各国经济日益密切,国家积极发展外贸产业,跨境电子商务交易规模逐步扩大,促进了跨境支付的发展。

(三)消费环境角度

当代年轻人是在互联网时代下长大的,并属于社会中的消费主力,生活习惯和消费习惯都带有很强的互联网特性,倾向于国际品牌的购买,这为跨境支付提供了庞大的市场需求。随着经济发展,人们收入增加的同时也伴随着消费升级,中国消费者对海外商品的需求日益上升,人们对国际奢侈品、高质量制品、母婴用品和化妆品的需求巨大,出境旅游和出国留学的市场也越来越大,消费市场日益丰富和扩大。

（四）战略支持

"一带一路"倡议为跨境支付提供了良好机遇。"一带一路"覆盖沿线65个国家和地区，涉及基建、国际贸易和旅游服务等多个合作领域，经济联系更加紧密将大幅度提高跨境支付的需求，支付服务内容也会越来越丰富。近年来，中国对"一带一路"沿线的出口占全球出口的比重逐年上升，顺差规模不断扩大，随之而来的跨境支付业务的需求也十分迅猛。

（五）政策鼓励

政策鼓励跨境支付发展。从2013年3月以来，共有30家支付机构获得跨境外汇支付业务资格、5家支付机构获得境外人民币支付业务资格。同时，广州、上海、安徽等省市也相继出台了鼓励跨境支付发展的相关政策。2013年3月，外汇管理局下发《关于开展支付机构跨境电子商务外汇支付业务试点的通知》（汇综发〔2013〕5号），首批共17家支付机构获得跨境电子收付汇和结售汇试点资格；同年9月，易宝支付完成国内首笔跨境外汇支付业务。2014年2月，中国人民银行上海总部制定了《关于上海市支付机构开展跨境人民币业务的实施意见》。首批获得跨境人民币支付业务资格的5家公司为上海银联电子支付、通联支付、东方电子支付、快钱支付和上海盛付通。2015年1月，下发《国家外汇管理局关于开展支付机构跨境外汇支付业务试点的通知》（汇发〔2015〕7号）将试点范围扩大到了全国，同时将跨境电商单笔限额由1万美元提升至5万美元。此外，国家还允许支付机构可轧差结算，极大地缩小了支付机构结算成本；外管局也不再对备付金合作银行和备付金账户的数量进行限制，令更多银行加入跨境支付贸易。2015年10月，CIPS一期上线，首批同步上线的有19家直接参与者和176家间接参与者，参与者范围覆盖50个国家和地区，具有实时全额结算、直接参与者一点与专线接入、清算高效、采用国际标准、运行时间覆盖广的特点。2018年1月，中国人民银行发布《进一步完善人民币跨境业务政策促进贸易投资便利化的通知》，提出要进一步完善和优化人民币跨境业务政策，服务"一带一路"建设，推动形成全面开放新格局；同年3月，CIPS二期成功投产运行，在一期成功的基础上，引入定时净额结算实现混合结算机制，运行时间延长，更加支持金融市场业务，引入更多金融市场基础设施类直接参与者。

三、跨境支付的贸易模式

全球跨境支付市场中的四大主导力量，分别是银行电汇、专业汇款公司、国际信用卡组织和第三方支付。

（一）银行电汇

银行电汇是指汇出行应汇款人申请，以加押电报、电传或者SWIFT（环球同业银行金融电讯协会管理的银行结算系统)形式给国外汇入行,指示其解付一定金额给收款人的汇款结算方式。银行电汇主要通过 SWIFT 系统进行报文传输,指示代理行将款项支付给指定收款人。SWIFT 连接超过 200 个国家和地区的 11 000 多家银行和证券机构、市场基础设施和公司客户。银行电汇需要客户去银行网点填写表格,也有部分银行开通了网上银行境外汇款的功能。由于涉及的中间环节较多,因此费用较高且到账时效性不高。电汇费用通常包括两部分:手续费和电报费。手续费通常为汇款金额的 0.05%～0.1%,电报费为 0～200 元。银行电汇的到账时间比较慢,一般为 2～3 天,手续费高,包含电报费和中转费等多项费用,手续费有上限,主要适用于 B2B 的大额交易和传统的进出口贸易。

(二)专业汇款公司

专业汇款公司通常与银行、邮局等机构有较为深入的合作,借助这些机构分布广泛的网点设立代理点,以迅速扩大地域覆盖面。收款人只需持身份证明和汇款密码即可收款,而且专业汇款公司代理网点众多,不限于银行办理。

专业汇款公司以西联汇款和速汇金为代表,汇款流程更加简便,到账时间更快。以速汇金为例,全球有 347 000 个代理点,覆盖 200 个国家和地区,汇款金额为 1 万美元以下,费用为 13～33 美元,到账时间为 10 分钟。与银行电汇相比,汇款人无需开设汇款账户,收款人也可凭身份证件和汇款密码取款。汇款公司之所以能做到快速到账,是因为在全球各地设立了资金池进行即时支付,再通过 SWIFT 电汇进行轧差结算。专业汇款公司的到账时间比较快,一般只需 10～15 分钟,手续费高昂,分档计费,主要适用于 1 万美元以下的小额支付。

(三)国际信用卡组织

国际信用卡是由国际发卡组织的会员(银行)发行的卡,在该组织的特约商户内都可以签账。通常国际信用卡以美元作为结算货币,国际信用卡可以进行透支消费(先消费后还款)。国际上比较常见的信用卡品牌主要是 Visa、MasterCard 等。

(四)第三方支付

第三方支付企业依靠自身技术和服务优势,通过提供行业解决方案或定制服务。高频次、小额化的中小企业和个人消费者对跨境支付产品提出了新的要求,需要安全便捷、简单易用、结算速度快、交易成本低的跨境支付产品。支持银行账户、国际信用卡、电子钱包等多种支付工具,满足小额高频的交易需求,进一步提高支付效率、降低成本。与国内的第三方支付类似,新型的跨境支付较传统方式的区别在于切入消费场景、优化 C 端的客户体验、针对不同行业的 B 端商户定制支付综合解决方案。在跨境电子商务、出国旅游等行业大发展的背景下,新型跨境支付将占据更多的市场份额。第三方支付的到账时间特别快,费率也较低,主要适用于小额高频交易和跨境电子商务交易。

四、跨境支付的主要盈利模式

跨境支付的盈利模式呈现多样化，主要来源于手续费、增值服务和非服务性收入。跨境支付作为第三方支出的海外市场应用场景的拓展，其盈利模式具备第三方支付的天然属性，增值服务收入是核心盈利模式，交易手续费是常规盈利模式，非服务性收入与外汇市场紧密相关。

（一）交易手续费

交易手续费是第三方支付机构在提供跨境服务时收取的服务费，主要包括三种模式：(1)按交易量百分比计算的手续费；(2)每笔交易收取一定金额的手续费；(3)同时按交易量百分比和定额收取的手续费。

（二）增值服务收入

增值服务收入来源于第三方支付为客户提供支付解决方案、提供支付系统以及其他增值服务，是最核心的盈利模式。第三方支付平台的核心竞争优势体现在增值服务方面，企业不断开发更多安全、高效、便捷和成本较低的支付解决方案来提升产品溢价，不断获取更多的客户，从而提升企业的核心竞争力。

（三）非服务性收入

非服务性收入主要是指货币兑换汇差收入。主要包括：(1)外币换汇过程中，离岸人民币外汇牌价与境内人民币外汇牌价的价差收入；(2)资金跨境支付进行委托时锁定的汇率与支付机构实时换汇时汇率的差别形成的损益；(3)支付机构在下发资金时采用的外汇零售汇率与其在外汇市场以中间价换汇的汇率形成的收益。

第二节　我国跨境支付面临的风险及策略

中国银联联合商业银行宣布推出首款银联跨境返现卡，开始大举抢占跨境支付市场份额。事实上，支付宝、微信支付等第三方支付目前已在跨境支付方面有了自己的市场。据统计，支付宝方面，其境外线下支付已覆盖超过 55 个国家和地区，涵盖几乎所有吃喝玩乐消费场景，在超过 35 个国家和地区的 85 个国际机场及 3 个国际码头提供实时退税服务。微信方面，其也在快速推进国际化进程。截至 2019 年 7 月，微信支付跨境业务已支持 49 个境外国家和地区的合规接入，发展了近 1 000 家合作机构，支持全球 85 个机场和 3 个国际港口实时退税。2020 年，国内第三方支付机构的跨境互联网支付交易规模超过 5 000 亿元。第三方跨境支付迅速发展，具有较好的外部环境。自2013年《支付机构跨境电子商务外汇支付业务试点指导意见》发布以来，监管层放开第三方支付机构跨境支付业务，已有30家第三方支付机构获得跨境电商外汇支付业务试点许可，跨境电商单笔限额增至5万美元，并建立人民币跨境支付系统。

一、跨境支付面临的风险

科技在带来各种便利的同时，也暴露出各种风险。跨境支付业务蓬勃发展所关联的各种风险，需要引起重视。

（一）个人信息泄漏风险

在我国，第三方跨境支付的准入门槛很低，这些企业中存在着大量的消费者信息，交易过程中有许多环节，所以，只要交易中的某个小环节发生问题都可能导致消费者信息的泄漏。很多企业对于消费者的个人信息不够重视，所以非常容易导致消费者信息的泄漏，对消费者的个人权益造成伤害。同样，由于第三方跨境支付的准入门槛很低，市场上出现了很多支付平台企业，这些企业良莠不齐，有些企业并不具备足够的经营资质和合法性；而且消费者也没有足够的能力去区分、辨别这些企业是否正规，因此很容易被这些企业骗取个人信息。此外，还有许多不法分子直接伪造第三方支付平台来骗取消费者的个人信息。

（二）跨境资金非法流动风险

现在，我国的《反洗钱法》等法律法规还不完善，《支付机构反洗钱和反恐怖融资管理办法》是国家针对此类现象制定的规章，但是在此规章中并未对第三方支付机构进行直接、具体的规定和规范引导，因此，许多第三方支付机构会利用国家的监管漏洞进行违规操作，使资金跨境、非法流动，不利于电子商务的发展。缺乏可靠、有效的手段甄别合法资金的流动。有的交易主体可能在国内注册成为第三方支付平台的客户，继而在海外注册成为商户，自己与自己交易，进行洗钱等非法资金流动的行为。信息的审核不完善。在第三方跨境支付的过程中，交易的购汇、结汇业务均通过第三方支付平台来完成，银行并不了解这些交易的具体过程，很难进行审核。同时，跨境支付贸易一般采用虚拟货币来完成，更是增加了信息审核、监管的难度。

（三）备付金风险

为了跨境支付交易的安全性，买方往往会先把货款打给第三方支付平台，待买家收到货后再由第三方支付平台把备付金转给卖方。在此过程中，资金不可避免地要在第三方支付平台停留一段时间，而在此过程中，备付金就会面临流动性或者被挪用的风险。所有客户都将自己的货款打到第三方支付平台的账户，由平台对这些资金进行调度使用，在此过程中，很有可能因为支付操作不当、资金被挪用等问题而造成资金调度不及时，导致缺乏足够的资金进行结算或者延迟结算时间。

二、跨境支付的主要挑战

(一)市场准入机制尚需完善

第三方跨境支付机构在跨境交易过程中,承担着外汇收支管理和担保支付职责,所以既是外汇管理政策的执行者,又是跨境交易的监督者,在跨境交易过程中的作用十分关键。为了保障跨境交易的安全,应建立健全第三方跨境支付机构进入市场的规则和规范。

(二)相关法律法规不完善

由于跨境支付是一项新兴业务,因此目前还缺乏对第三方跨境支付机构的监管法律。当前的相关法律法规中,并未明确跨境支付的详细管理要求,境内第三方支付机构与境外支付机构的合作监管也尚未明确。线上跨境支付买卖双方互不相识,也并不了解对方的信用状况,而第三方支付平台并不能对每笔交易都进行严格的审核,所以会滋生一些欺骗甚至违法的行为,该领域缺乏相关法律法规的管控更是助长了这种行为。第三方跨境支付平台具有资金清算、结算、融资等多重功能,因此会受到多重机构的监管,在此过程中不免会出现多个法律法规同时执行的混乱局面,缺乏专门的法律规定。

(三)国际收支申报困难

出于第三方担保交易和国际物流的需要,第三方跨境支付业务中的资金结算具有周期性和延迟性,且一次支付的金额可能包含多笔交易资金。这些情况使得我国现行规定中"国际收支需逐笔申报"的要求难以实施,跨境交易资金监管的难度加大。

三、完善跨境支付交易策略

(一)推进跨境金融支付安全建设

1. 继续壮大银联

已经发展成为中国乃至全球最大清算组织的银联,就是在对 Visa 的借鉴、学习、博弈中产生、成长、壮大的。到目前为止,银联已经建成了具有自主知识产权、全国统一的银行卡跨行交易清算系统,银联卡受理网络已扩大到中国境内外 160 个国家和地区。从最初的拜师 Visa,到摩擦不断,再到博弈升级和最终的分庭抗礼。欣喜的是,银联在 Visa 的施压下迅速成长。就当前的国内外形势来看,支付体系安全,银联功不可没。中国继续建设好银联,不仅是市场的需要,更是金融安全、国家安全的需要。

2. 积极推进人民币国际化及其结算体系

一方面,国际化体系性架构的核心点在于中国应构建自己的结算交易报文体系,作为 SWIFT 系统的替代,为人民币跨境交易中的商业银行之间和商业银行与中国人民银行之间的支付业务提供信息传递服务,以保证关键交易信息的安全;另一方面,就人民币跨境支付体系建设而言,当务之急是结合"一带一路"倡议,利用东连亚太经济圈、西接欧洲经济圈的地缘优势,分步骤、分区域、分时段推广人民币国际化及其支付结算体系。

3. 联合其他经济体,打破现行国际金融支付体系的垄断状况

就当前的金融支付体系来看,不仅存在中美之间的摩擦,而且存在美国霸权主义与全球多极化格局之间的摩擦。其他经济体也同样意识到结算支付体系的重要性,陆续开发自我主导的系统,如欧盟正在研发新的现收现付技术,希望能够打破 Visa 等机构的垄断地位。2019 年初,德、法、英三国联合推出了"支持贸易往来工具"INSTEX 系统,用于伊朗商贸结算机制,以避开美国制裁。中国可以联合上述国家以及欧盟、俄罗斯等大型经济体,开发构建美元系统以外的多极化结算制度系统,作为美元支付体系的替代和补充,以应对不时之需。

(二)完善市场准入机制,优化发展环境

由于第三方支付平台的市场准入门槛很低,所以市场上的机构良莠不齐、鱼龙混杂,许多机构并不具备经营能力,很容易危害到消费者的权益和市场的和谐。所以,监管部门需要提高市场准入门槛,并对此加强监管,最大限度地维护买卖双方的权益,适时修改并完善相关法律法规。有关部门需要对第三方支付平台做好充分的调查研究,了解市场现状,找准问题的方向,适时制定合适、具体、可操作的监管措施,制定、完善相关法律法规。要以支付安全为底线,强化跨境支付机构的准入审查和退出机制,同时完善信息安全保护、支付工具准入、反洗钱审核、跨境数据传输安全等方面的法律法规和规章制度,为跨境支付业务的发展创造公平有序的市场竞争环境。

(三)加强沟通协作,有效防控风险

市场各方要积极搭建"模型评分+规则引擎+实时处置"三位一体的互联网智能风险识别控制体系,加强在大数据分析、风控产品相互输出、跨行业联防打击诈骗等方面的合作。同时,跨境支付平台需要加强对信息的审核和甄别。在跨境支付业务中,交易双方的购汇、结汇均要通过第三方支付平台来完成,而银行对此无法进行细致的了解与监管,所以需要平台自身加强对客户双方以及交易的审核,例如要求双方实名制交易、提交相关材料,避免因此给不法分子留有漏洞。加强对客户个人信息的保护,在第三方跨境支付的平台上存有大量的用户信息,涉及许多个人隐私,所以,平台需要加强对信息的保护,维护买卖双方的资金安全和信息安全,防止信息被窃取而危害客户的利益。建立风险共享及合作机制,共同为跨境支付的可持续发展保驾护航。

(四)加快业务扩容,提升服务能力

客户需求的不断深化对商业银行个人跨境支付业务的平台化运营提出了更高要

求。商业银行一方面要充分发挥海内外机构的优势,搭建全球优惠商户网络,通过App平台开放多渠道跨境支付入口,为客户提供更丰富、更便捷、更安全的跨境支付服务;另一方面,要加强跨界合作,通过向支付链条上下游拓展,着力满足客户在除收付款外的其他境外业务需求,打造一站式跨境支付增值服务平台,不断提升客户体验。

第三节 大数据赋能跨境支付

一、大数据对跨境支付系统的重要性

(一)跨境支付系统获取的是大数据

基于大数据自身的特性,全样本的分析有其天然优势,大数据的简单算法甚至优于普通数据的复杂算法,大数据追求混杂性和相关关系,可能获得许多维度的宝贵信息,并据此做出预测。由于当前的科技发展尚未能完全分析出金融数据之间的因果关系,因此找寻关联关系并进一步抽象规律显得尤其重要,数据信息的价值就在于此。从本质上说,金融支付就是数据化的信息,一旦世界被数据化,信息的作用就被无限放大了。数据信息是决策的基础,谁能获得、拥有金融支付大数据,谁就占据绝对的优势地位。金融支付大数据将产生相关领域的垄断,难以克服、难以抵抗,构建自身的体系尤为重要,唯有自身掌控大数据,才是真正的解决之道。

(二)准确分析判断经济社会发展状况

由于数据自身来源分散,且单一交易具有隐蔽性,唯就金融大数据进行组合分析方能做出研判。支付大数据的价值不仅源于本身,更多的是源于它的二次利用。在数据的初始收集以后,支付系统往往还可能对数据进行深加工,尤其是针对消费大数据的综合分析,从中抓取大量关键趋势,能够准确分析判断经济社会发展状况。在国际政治经济格局中,各国掌握的海量数据库不仅使得隐藏在背后的资金转移无处遁形,而且可以顺藤摸瓜,挖掘各国之间微妙的政治生态平衡,如在各种国际角逐中使用,威慑力极强。

(三)科学预测经济社会发展趋势

金融支付数据对于预测经济社会的发展至关重要。如果以此数据为基础展开贸易战乃至金融战,无疑获得了战略性的优势,达到"知己知彼、百战不殆"的效果。中国台湾地区早年间全面开放了其金融系统,在支付领域允许外资进入,且相关金融安全问题未能引起官方的重视,时隔多年后,产生了Visa一家独大的局面。金融数据的流失导致安全隐患,相关机构甚至能比台湾早半年了解其经济运行状况,判断其是否会发生金融危机,以及金融危机具体的规模大小等。支付数据作为研判社会发展状况的

重要组成部分,事关国家安全,应构架一套自主的体系,预防大范围的数据流失。

(四)具备精准识别能力

以银行同业支付系统 CHIPS 为例,该系统是全球最大的私营支付清算系统之一,处理全球九成以上的国际美元清算交易。如果爆发金融争议,CHIPS 有权展开精准的金融制裁。与此同时,CHIPS 收集和处理数据的能力也相当惊人。只要当事方使用了跨境美元支付系统,CHIPS 就能获知交易具体信息,并加以分析和利用。同样,SWIFT 能够获得交易的时间、金额、有效期、出入银行编码、账户名称等有效信息,并将其加密传送至清算行以完成汇款。无论被交易对象如何隐匿资产和资金流向,都能透过 SWIFT 系统查出蛛丝马迹。

二、我国跨境支付发展迅速、前景广阔

跨境支付主要涉及跨境贸易和跨境消费两大领域。伴随科技革命与支付产业的深度融合,跨境支付经历了从传统支付方式到新兴支付方式的演变。如今,我国跨境支付行业呈现竞争日趋激烈、场景多维渗透、增值服务加速升级等特点与趋势。

(一)竞争日趋激烈

1. 从竞争格局来看

我国跨境支付行业的市场主体更为多元。早期提供跨境支付服务的机构以商业银行、汇款公司和国际卡组织为主,自 2013 年国家外汇管理局发布《跨境电子商务外汇在线支付许可》以来,第三方支付机构异军突起,发展迅速,目前获得跨境支付牌照的第三方支付机构包括财付通、支付宝、拉卡拉、汇付天下、银联电子支付等企业,业务范围主要集中在 B2B 跨境货物贸易等行业,也为 B2C 跨境电商提供个人支付服务。2018 年,我国第三方支付机构跨境互联网交易金额达 4 944 亿元,较 2017 年增长了 55%。

2. 从市场细分来看

银行卡跨境支付仍然占据个人跨境支付市场的主体地位,但第三方支付机构也在加快布局。2018 年,我国商业银行发行的银行卡通过银联、Visa、MasterCard 三大国际卡组织完成的境外交易额达 4 695 亿元,较 2017 年增长了 6.9%。与此同时,我国第三方支付机构正在加快"出海"步伐,例如支付宝已覆盖全球 27 个币种、30 多个国家和地区的应用场景,接入超过 12 万家海外线下商户门店。尼尔森报告显示,2018 年中国出境游客使用移动支付的交易额占总交易额的 32%,首次超过了现金支付(占 30%),与主流的卡基支付只相差 6% 的市场份额。

(二)场景多维渗透

1. 跨境旅游日趋兴盛

随着生活水平的不断提高,我国居民出境游需求日益强烈,出境游客数量快速上

升,2018 年我国出境游人数近 1.5 亿人次,出境消费总额达 1.79 万亿元人民币,未来还将保持 6.1%的复合年增长率,消费内容也由高档商品、日用品等向极限运动、户外运动、娱乐演出、医疗美容等个性化的旅游项目延伸。可以预见,跨境旅游领域的支付需求将不断攀升。

2. 跨境电商市场方兴未艾

近年来,海淘作为一种新兴的购物方式得到了年轻人的青睐,"足不出户、淘遍全球"的购物理念深入人心。2017 年,我国 B2C 跨境电商规模达 1.2 万亿元,商业银行纷纷推出针对海淘一族的专项促销活动,让持卡人通过 PC 端、平板电脑端、手机端等渠道享受便捷的线上支付体验。

3. 出国留学悄然兴起

近年来,我国出国留学人员稳步增长,2017 年出国留学人数首次突破 60 万人,增幅达 11.7%,留学市场规模达 3 800 亿元,成为跨境支付重点渗透的场景之一。

(三)增值服务加速升级

随着我国跨境消费市场的快速发展,单纯的支付结算功能已经无法满足消费者的需求,消费者对境外消费贷款、汇率风险规避、转运代理、退税清算,甚至出境签证、酒店预订、物流跟踪等平台化和增值化服务需求强烈,跨境支付的平台化运营成为大势所趋。多家支付机构通过搭建服务平台、深入分析客户消费行为、深耕精准营销、整合境外支付生态链等手段,为客户提供跨境支付一站式服务,实现跨境支付服务模式由单纯提供支付服务向以平台化运营的综合化服务升级。

例如,工商银行依托信用卡官方 App"工银 e 生活",为客户提供涵盖签证、机票、酒店、租车、优惠券、旅行不便险、账户安全险等境外出行及消费的综合化服务;部分第三方支付机构以跨境支付为入口,整合 C 端和 B 端需求,为客户提供境内收单、跨境人民币汇款、跨境收款、境外收单、实名验证、海关报关、跨境电商、国际机票、酒店预订、留学缴费、国际物流等一揽子综合金融解决方案,不断提升市场竞争力。

三、我国跨境支付的发展机遇

我国跨境贸易蓬勃发展,跨境消费风生水起,有效催生了跨境支付发展的内生动力;同时,金融科技的创新突破又为跨境支付的发展提供了有力支撑,我国跨境支付正迎来发展的黄金机遇期。

(一)有需求,跨境支付发展潜力巨大

从跨境贸易发展来看,伴随人民币国际化和"一带一路"倡议的深入推进,中国企业和个人"走出去"步伐加快,经贸关系的不断深化必将进一步促进跨境支付需求的增加和服务内容的完善。从跨境消费发展来看,目前我国消费型经济发展正在迈入"快车道",消费对我国 GDP 的贡献已高达 76.2%。2019 年的政府工作报告将促消费作为主基调,要求多措并举促进城乡居民增收,提高消费能力。出境消费已成为国人消费升级的重要方向,境外支付需求将极大增加。同时,粤港澳大湾区建设也为跨境支付提供了难得的发展机遇。2019 年 2 月,《粤港澳大湾区发展规划纲要》正式出台,预计未来 5~10 年湾区人口规模将达 1 亿,出入境人次也将不断攀升,粤港澳大湾区已成为我国跨境支付的重点突破领域。

(二)有支撑,跨境支付基础设施先进完备

2015 年,人民币跨境支付系统(CIPS)一期在上海正式上线,对现有人民币跨境支付结算渠道进行了整合。2018 年,投产的二期工程全面升级系统功能,通过丰富结算模式、延长服务时间、支持不同金融业务等手段,进一步提升了人民币跨境支付结算效率,为跨境支付的快速发展铺设了全新的"高速公路"。

(三)有能力,科技赋能激发动力、激活引擎

得益于近年来兴起的大数据、云计算、区块链、人工智能等技术的创新应用,跨境支付日益便捷、快速、低成本。未来,金融科技还将广泛运用于反洗钱、反欺诈、信息安全、信息透明、体验提升、产品创新等多个领域,推动跨境支付向更便捷、更高效、更安全的方向发展。

第四节 跨境支付的未来展望

一、跨境支付的未来市场空间广阔

当前,个人跨境支付场景以跨境电商、跨境旅游和出国留学为主。

(一)跨境电商

跨境电商替代传统的国际货物贸易,交易量持续上升。近年来,我国进出口规模增长乏力,出现了连续两年负增长,但跨境电商的交易额持续上升。跨境电商相比传统的国际贸易,能有效减少流通环节、提升交易效率,使买卖双方获益。2023 年,在全国已经设立了 165 个跨境电商综合试验区,覆盖了 31 个省市区,成为跨境电商发展的重要载体和平台。

出口跨境电商是我国跨境电商主体,进口电商占比不断提高。由于我国制造业在成本及规模上具有较高优势,同时受到"一带一路"倡议及资本市场推动,我国目前跨境电商主要以出口为主。在政策基本面保持利好的情况下,进口跨境电商市场仍将保持平稳增长。

(二)跨境旅游

我国出境旅游人次保持增长态势。居民收入增加和消费升级提升了出国旅游的需求,外交关系、签证政策以及新开航班等便利因素进一步促进了跨境旅游行业的发展。根据文化和旅游部2018年旅游市场基本情况统计,2018年全年国内旅游人数55.39亿人次,比上年同期增长10.8%;中国公民出境旅游人数14 972万人次,比上年同期增长14.7%。中国已连续多年保持世界第一大出境旅游客源国的地位。国家将旅游行业作为拉动经济的战略性支柱产业,产业规模和实力不断提升,旅游行业在未来数年仍将维持高景气度,跨境旅游的市场还有广阔的增长空间。

我国游客旅游消费意愿和消费能力较强。我国游客的出境旅游花费位居全球第一,随着居民收入水平的提高和消费需求的升级,旅游消费的内容和消费场景进一步丰富,消费内容也由高档商品、日用品等向极限运动、户外运动、娱乐演出、医疗美容等个性化的旅游项目延伸。我国游客境外游主要通过OTA(Online Travel Agent)平台、共享经济平台等进行机票、酒店、车票、景点门票、演出门票、保险、目的地服务的预定和支付。

(三)出国留学

近年来,我国留学生数量逐年增加,教育部数据显示,2017年我国出国留学人数首次突破60万大关,达60.84万人,同比增长11.74%,持续保持世界最大留学生生源国地位。其中,自费留学共54.13万人,占出国留学总人数的88.97%。目前,我国留学生的目的地较为集中,约九成的留学生集中在美国、英国、澳大利亚等国家,随着我国国际化战略的实施,对于留学目的地的选择或趋于多元化,尤其是非英语国家的潜力较大。近年来,"一带一路"沿线国家和地区的学生数量明显增长。

随着我国富裕人口和人均可支配收入的提升,国民教育意识转变促使国际化教育需求增加,国内优质教育资源紧缺,与留学相关的留学咨询、语言培训、国际学术课程、海外游学等业务快速增长等因素,预计未来国际教育产业仍将保持快速发展。

二、我国跨境支付行业的趋势

(一)人民币国际化

人民币国际化已经进入并行驱动的阶段,根据RII计算方法,贸易计价结算、金融计价交易和国际外汇储备中人民币的使用占比均会影响RII结果。在人民币国际化起步阶段,主要表现为人民币贸易计价结算推动RII上涨,伴随着人民币国际化进程,RII的驱动模式已经转变为贸易计价结算和金融交易计价结算并行驱动。2010—2013年,RII迅猛攀升;2014—2015年,RII增速回归理性平稳水平;2016年第一至第四季度,RII分别为2.65、3.03、2.78和2.26,在国内外双重压力下,RII首次出现负增长。2017年，人民币国际化逐渐消化前期负面冲击与预期，在波动中显著回升，在全球货币中保持稳定地位。

根据环球银行金融电信协会在电邮公告中发布2018年9月的数据，人民币全球使用量再上台阶，排名全球第五，占全球规模的2.12%，排名第四的日元占全球规模的3.43%，排名第三的英镑占全球规模的6.88%。毫无疑问，人民币国际化为我国跨境支付行业带来了机遇。

(二)多因素促进第三方跨境支付业务的加速

从政策、经济、社会方面分析，得出中国的环境利于第三方支付发展跨境支付业务。

一是政策方面。2014年2月18日，央行上海总部发布《关于上海市支付机构开展跨境人民币支付业务的实施意见》，上海银联等5家机构取得了首批资格。2015年1月，外管局出台了《国家外汇管理局关于开展支付机构跨境外汇支付业务试点的通知》，发放外汇支付牌照。2018年1月，人民银行发布《进一步完善人民币跨境业务政策促进贸易投资便利化的通知》，提出要进一步完善和优化人民币跨境业务政策，服务"一带一路"倡议，推动形成全面开放新格局；同年3月，CIPS二期成功投产运行，在一期成功的基础上，引入定时净额结算实现混合结算机制、运行时间延长、更加支持金融市场业务、引入更多金融市场基础设施类直接参与者。

二是经济方面。中国跨境贸易总量保持高位稳定，内需拉动进口回暖。统计数据显示，跨境进出口在经历了2015年的跌幅后，均呈现回暖态势，并保持高位稳定。2018年全年中国跨境进出口总额超过14万亿元人民币，贸易顺差正在逐步收窄。同时，跨境电子商务渗透率即跨境电商占进出口总规模比重已进入上升通道，对进出口规模做出了较大的贡献，预计未来该占比将继续提升。进口电商和出口电商的交易规模也呈现逐年提升的趋势，并保持在相对较高的增长率。而第三方支付是跨境电子商务跨境支付的最佳方式。

三是社会方面。根据麦肯锡提供的数据，在2017年各区域支付统计中，以中国为主的亚太地区信用卡支付金额仅占支付总额的8%，以美国为主的北美地区信用卡支付金额占支付总额的46%，以欧洲为主的欧洲、中东、非洲地区信用卡支付金额占支付总额的12%，拉美地区的信用卡支付金额占支付总额的35%。亚太地区信用卡支付占比最低的原因在于以中国为主的国家直接从银行借记卡时代跨越至第三方支付时代，省去了中间的信用卡支付时代。与此同时，以中国为主的亚太地区的跨境支付份额占全球的46%。综合亚太地区的跨境支付体量以及支付使用习惯，独特的行业背景非常有利于中国第三方支付发展跨境支付业务。

(三)新兴跨境贸易支付需求的多元化

跨境支付的需求已经产生了变化，传统B2B贸易增长停滞，新兴跨境支付场景正在崛起。

传统进出口贸易遭遇发展瓶颈,增长停滞。根据久谦咨询数据,传统进口贸易(资金出境)2012—2015年年均复合增长率为-1%。2015年传统出口贸易(资金入境)增长停滞并出现下滑迹象,2012—2015年年均复合增长率为-3%。传统货品及服务的进出口业务是跨境支付的主要交易内容,2015年传统进口贸易占比资金出境总额83.99%,传统出口贸易占比资金入境总额68.87%,传统进出口贸易的特点是大额低频,其跨境支付结算市场主要由商业银行占领,全球经济增长趋缓、需求不足、国内人口红利消退将使传统贸易逐步萎缩,这一市场面临规模停滞。新兴跨境场景崛起,第三方跨境支付业务迎来发展机遇期。

新兴跨境场景以跨境电商、跨境旅游、留学等为代表。传统进口贸易以外的新兴跨境场景2012—2015年年均复合增长率为25.75%,传统出口贸易以外的新兴跨境场景2012—2015年年均增长率为24.25%。根据久谦咨询预测,新兴交易场景资金出境规模占比将从2015年的16.01%增长至2020年的30.48%,资金入境规模占比将从31.33%增长至54.08%,增长潜力巨大,新兴跨境交易内容大多呈现小额高频特征,适应第三方跨境支付渠道。

跨境支付需求的变化也带动了跨境贸易模式的变化,在四大贸易模式中,第三方支付已经在服务除了传统B2B贸易模式以外的平台型B2C、小额B2B和自营B2C,为其提供多种高度定制化的行业解决方案。

数据显示,支付宝境外合作机构已经拓展至24家,有利于支付宝从多种渠道发展跨境支付业务。同时,支付宝正凭借强大的阿里系背后支持,从全球拓展合作伙伴,通过入股、并购等多种措施,持续输出资金和技术能力。合利宝跨境支付立足中国、服务全球,致力于为企业和个人提供极具竞争力的跨境支付产品,以境内收单、跨境人民币支付、国际卡收单、境外收单、跨境收款、供应链金融等为主营业务,通过合作银行受理资金收付、本外币出入境、购付汇、结售汇等跨境资金清结算服务,并为客户提供定制化、系统化的技术服务与综合金融解决方案。

三、跨境支付的展望

(一)人民币将成为跨境支付中的重要货币

人民币将成为跨境支付中的重要货币,有利于我国跨境支付企业发展。我国正逐步提升在国际经济活动中的参与度,加深与其他经济体的合作交流,在细分行业和领域提升中国的话语权。"一带一路"倡议的实施为跨境支付带来新的发展机遇,覆盖沿线65个国家和地区,涉及基础设施建设、国际贸易和旅游服务等多个合作领域。随着沿线经济体联系更加紧密,跨境支付的频率会越来越频繁,支付服务内容也会越来丰富。

(二)跨境电商替代传统的国际货物贸易

跨境电商替代传统的国际货物贸易,带动第三方跨境支付业务发展。跨境电商相比传统的国际贸易,能有效减少流通环节、提升交易效率,使买卖双方获益。考虑到第三方支付是最适合跨境电子商务的支付方式,同时以中国为主的亚太地区跨境支付规模全球占比接近50%,而信用卡的支付占比只有8%左右,从市场需求和供应综合来看,中国第三方跨境支付业务的快速发展是必然的。

(三)新兴跨境支付场景不断出现

新兴跨境支付场景不断出现,围绕B端需求提供多元化的跨境支付服务将成为核心竞争力。随着市场参与者的数量增加,行业竞争加剧,费率水平处于下降通道中。同时,随着国内消费需求的变化,跨境电商、国际机票、酒店预订、留学缴费、国际物流等新兴跨境支付场景也在不断出现。未来,占据市场领先的支付公司必将向支付链条上下游拓展,提升综合服务能力,从而进一步积累数据、提供增值服务、拓宽收入来源。

(四)行业竞争加剧,费率下降趋势明显

随着市场参与者的数量增加,行业竞争不断加剧。我国企业的市场占有率会逐步提升,互联网巨头的参与程度将影响行业格局,费率水平处于下降通道中。未来跨境支付的盈利模式将与国内支付行业趋同,通过营销和金融增值服务盈利。

从产业链的合作到上下游业务拓展及外延式并购。行业发展初期,跨境支付产业链的合作频繁,支付公司发挥各自优势,分别完成某一个支付环节的业务。展望未来,交易规模靠前的支付公司必将进行业务扩容,向支付链条上下游拓展,以提升综合服务能力,从而进一步积累数据、提供增值服务、拓宽收入来源。

(五)技术进步会推进跨境支付向更快更高效的方向发展

未来的跨境支付会更加便捷、快速和低成本。其核心在于技术升级和支付标准的统一。支付系统建立在银行的账户体系之上,与本地的支付习惯、法律法规、金融监管、征信体系紧密相关。跨境支付业务的拓展会受到市场差异的影响。区块链等新技术有望改变传统的支付方式,传统金融机构和科技创业公司都在积极探索。

第五节 案例分析

案例一:万事达卡挖掘数据分析潜力,助力跨境支付发展

(一)案例背景

新的需求为金融行业开展跨境业务带来了新的机遇,也提出了许多挑战。针对顾

客在跨境消费中对个性化与高品质服务的需求,充分挖掘消费者行为,提高数据分析能力,正成为从激烈的市场竞争中胜出的关键。

作为全球领先的科技公司,万事达卡(MasterCard)始终致力于通过技术创新推动全球数字支付的变革。在自身雄厚的创新实力以及全球 4 000 万家合作商户和每年超过 560 亿笔交易的基础上,万事达卡全面整合了顾问服务、实验学习分析平台以及忠诚度管理服务,组建了数据与服务团队,为银行在发展跨境支付业务上提供一站式服务:由战略顾问提出商业假说,实验学习分析平台验证假说并进行优化,专业执行团队确保举措得到有效执行,并借助以万事达卡全球商户网络为支撑的万事达卡环球赏奖励方案充实忠诚度计划。

(二)案例介绍

在过去几年间,万事达卡已为许多亚太地区领先企业提供服务,并为客户创造了不菲的价值。针对金融机构在开展跨境支付业务时的主要痛点,万事达卡致力于围绕以下三个方面帮助行业伙伴提升投资回报。

1. 提升决策自信

我国跨境支付市场潜力巨大,为了提升竞争力,国内金融机构往往会推出众多权益和优惠吸引消费者。但万事达卡与《哈佛商业评论》(*Harvard Business Review*)合作调查后发现,82%的企业和机构对于依据分析而形成的决策价值并不满意。银行通常会利用持卡人过去的行为建立模型,并预测其未来可能的反应。然而,持卡人做过什么,只能反映他们过去的行为习惯,并不足以判断他们对未来变化的反应。同时,由于跨境支付业务的变化较快,持卡人的交易次数可能也较少,据此建立的分析模型往往会有偏差。一旦涉及创新与未来,大多数高管往往要在状况不明朗的情况下依靠经验或直觉做出决策。进行商业实验是验证跨境支付业务创新策略的最佳方法,每一个新的商业创意都应该在一些特定顾客群体(实验组)内进行实验,并与相似的顾客群体(对照组)进行对比分析。通过实验,可以排除外部环境的干扰,准确衡量商业创意的实际效益。万事达卡实验学习平台通过准确匹配收到奖励活动的持卡人(实验组)与特征相似但未收到奖励活动的持卡人(对照组)进行数据分析,可以找出真正影响刷卡额的关键绩效指标,从而帮助银行锁定推广措施。举例来说,消费集中于奢侈品且账龄较短的持卡人可能就是该促刷奖励活动最应该关注的客群。

2. 提升风险管控能力

跨境交易的风险主要集中在两点:欺诈交易和持卡人坏账。由于跨境交易的特殊性,欺诈交易不易被立即发觉,往往造成银行损失。而持卡人坏账风险则源于我国的信用卡额度一般较低,因此银行常常选择在持卡人境外刷卡后再调整其信用额度。这样做虽然确保了持卡人在境外能正常消费,但也扩大了风险敞口。实验学习技术可以帮助银行从全行层面提升风险管控能力。通过选取正确的实验组与对照组并排除外部干扰因素,实验学习可以快速高效地找出哪些交易行为明显与正常交易行为不同,并将其标识为欺诈交易,从而将存在可疑交易的信用卡锁卡。事实上,万事达卡发现,大部分的可疑交易集中在少量卡片,只要能精准锁定问题卡片,就可以在很大程度上减少欺诈交易带来的损失。针对持卡人坏账风险,万事达卡则可以通过选取相似的实验组与对照组,对实验组调额后进行后续坏账分析,以确定具有哪些特征的消费群体在调额后,既不引发坏账,还能显著增加消费,进而锁定这一客群进行有针对性的营销推广。

3. 加强商户合作,提升客户忠诚度

与境外商户联系不畅,一直是国内银行在拓展跨境支付业务时的瓶颈。由于合作商户不够多元化,不少金融机构发现很难推行跨境交易奖励计划,而提升客户忠诚度则更难。为了帮助银行在跨境支付业务上引流,万事达卡推出了涵盖全球5 000多家商户门店的环球赏计划,银行只需加入该计划,就能立即与这些商户建立联系并展开合作。除了商户优惠外,在合作商户消费的持卡人还可以获得现金回馈。在一些案例中,持卡人在合作商户中的消费额提升了数十个百分点,外溢效果也让持卡人在非合作商户的交易显著增加。与此同时,万事达卡还能通过对匿名汇总的跨境交易的洞察,为银行提供自身与行业的对标服务,辅助银行调整战略。举例来说,银行如果发现自家的世界卡客户在星级酒店的消费比例明显低于行业平均水平,则可以先确定是不是在住宿等权益上落后于竞争对手,再决定是否调整卡片权益。此外,卡片对标服务也能被用于解决欺诈问题。如果银行发现某张卡片在特定地区或商店消费的欺诈率显著高于同类型卡片的行业平均值,便可进一步深入研究锁定问题、降低欺诈交易率。

案例思考题

万事达卡如何助力跨境支付?

案例二:工商银行勇做跨境支付先行者

近年来,工商银行把握我国跨境支付发展大势,通过不断创新跨境支付产品、拓展跨境支付场景、强化跨境支付风控等举措,积极打造用户体验好、市场口碑佳的跨境支付服务,努力践行服务实体经济、拉动消费、普惠民生的大行责任。

(一)跨境支付产品推陈出新

工商银行借助信用卡的多触角,深挖境内境外两个市场资源,打造特色突出、权益丰富的信用卡跨境支付产品体系。

(1)针对C端跨境商旅、留学等重点客群创新跨境支付产品。早在2015年,工商银行就在业内首家推出工银多币种信用卡,该产品配备10种常用的清算币种,支持客户在不同国家或地区刷卡时以当地货币清算,免除货币转换费。同时,根据客户需求的不断变化,推出多币种信用卡的升级版——工银环球旅行卡,为持卡人提供航空、酒店、购物休闲、名品返现、旅行、留学、机场贵宾、租车、退税、救援十大行业全球精选特惠服务,目前发卡量已超过1 300万张。2018年3月,在粤港澳大湾区正式落成之时,工商银行针对湾区内具有跨境商务、投资理财、旅游观光、购物消费等需求的客户发行了工银粤港澳湾区信用卡,该产品兼具"湾区内跨境交通一卡通"功能,可用于广东城市公交系统内拍卡支付、"深圳通"公交地铁支付以及广深高铁拍卡进闸等,并提供粤港澳三地跨境巴士和船票优惠,在提升湾区居民消费体验的同时也有力地促进了跨境经济合作交流。2018年7月,工商银行针对留学生群体推出了工银留学信用卡,并开通副卡线上极速办理渠道,客户提交申请后最快当日、最晚次日即可开卡成功,同时还上线了跨产品申请副卡功能,充分解决留学生群体办理信用卡时年龄和身份不符合主卡申请要求、办卡周期短、紧急申请多等痛点。

(2)针对B端商户升级境外收单服务。随着无卡支付、无感支付等新型支付方式的悄然兴起,传统POS的收单方式已经渐渐不能满足新时代的跨境支付需求。工商银行因时因需而变,在四大行中率先推出了工银智能POS,并通过迭代升级使智能POS具备了聚合支付(支持银行卡、工银二维码、微信、支付宝)和行业App应用(酒店、餐饮、零售等行业App)两大核心优势。目前,智能POS已在工银亚洲、工银澳门、工银泰国和金边分行顺利上线,并与香港周大福、澳门金沙集团、泰国Deevana和柬埔寨中国免税店等2 455家商户达成合作,累计收单额近10亿元。

(二)跨境支付场景遍地开花

工商银行充分发挥产品及系统的先发优势,聚焦客户跨境消费热点市场,打造了一系列线上线下支付场景。

(1)在拓展线下场景方面,工商银行与六大国际卡组织合作,于2017年5月推出"爱购"促销品牌,积极打造"爱购全球"促销活动,并开展了"爱购港澳""爱购泰国""爱购美国""爱购俄罗斯""爱购日本""爱购欧洲""爱购非洲"等主题突出、特色鲜明的区域性促销活动,覆盖十余个热门出境游国家和地区,渗透餐饮、购物、美容、运动等境外线下消费类场景,为工银信用卡持卡人提供当地特色商户优惠、境外消费返现等多重礼遇,其中"爱购全球"和"爱购非洲"相继荣获中国企业海外形象联盟"突出贡献奖"。

(2)在拓展线上场景方面,工商银行与滴滴打车就App线上外卡收单达成合作意向,尽快实现滴滴App受理境外发卡行发行的国际信用卡,满足海外消费者在中国境内出行的支付需求;紧抓广深港铁路投入运营契机,为深港铁路香港段提供线上收单服务,满足客户线上购票需求。

(3)在拓展O2O场景方面,工商银行积极推动境外二维码收单业务发展,加快工商银行 e 支付品牌"走出去",形成境外支付收单、跨境清算等一整套的服务方案,目前已在澳门地区成功推出微信支付收单业务和 RFID 无感支付停车服务。

(三)跨境支付风控水平不断提升

面对跨境支付新型盗刷和欺诈手段层出不穷的现状,工商银行秉持一切为了持卡人的理念,始终将客户用卡安全放在首位。近年来,通过对大数据、生物识别等新技术的广泛应用,工商银行构建起全天候、防欺诈、实时可干预的智能化跨境支付风控体系。

(1)持续提升产品安全性。为降低跨境支付伪冒风险,工商银行率先对传统磁条卡进行革新,并于 2017 年在同业中率先实现了全部信用卡产品的芯片化。在线上跨境支付领域,优化升级境外收单机构的 3D 认证交易机制,确保客户使用 3D 认证交易无障碍,同时针对外卡收单业务采取逐户审批制,严控商户准入,成功将外卡收单线上拒付率降至行业最低。

(2)不断优化风控策略。通过对机器学习、神经网络等大数据技术的应用,工商银行积极部署实时可量化的欺诈风险评分模型,同时动态跟踪风险模型的运行效率和风险覆盖范围,实现第一时间锁定风险商户和卡片,切实在事前阻断风险。

(3)积极引入先进的反欺诈技术。工商银行应用 IP、MAC 等设备指纹类信息提升设备类欺诈风控能力,积极探索移动位置信息、生物技术、关系图谱在反欺诈领域的应用,多维度比对客户交易行为和设备行为,及时锁定潜在风险。

(4)创新引导客户自主风控。为帮助客户有效管理个人用卡安全,工商银行推出了风控明星产品——账户安全锁。该产品具备"境外锁""地区锁""夜间锁""境外无卡支付锁"和"限额锁"五锁联控功能,客户可通过工商银行信用卡官方 App"工银 e 生活"或工商银行手机银行 App"融 e 行",随时随地对跨境支付银行卡进行账户安全锁开关及限额操作,并可根据自身的用卡习惯对信用卡用卡国家/城市、交易时段和交易渠道进行个性化设置,切实保障客户跨境支付的安全,全面构建起"银行专家引导+客户自主风控"的新型欺诈风险防控网。

案例思考题

工商银行勇做跨境支付先行者的经验有哪些?

本章小结

本章首先对跨境支付进行了简单的描述,主要涉及跨境支付的现状、发展背景、四大贸易模式以及三种主要盈利模式。在此基础上,说明我国跨境支付面临的风险和主要挑战,并给出相关建议。其次,详细描述大数据是如何助推跨境支付发展的,其中包括大数据对跨境支付系统的重要性,以及我国跨境支付的现状、大数据给我国跨境支付发展带来的机遇。当然,大数据的发展给跨境支付带来机遇的同时,也带来了一些挑战。本章最后对跨境支付的未来发展趋势进行了预测和展望。

思考题

1. 简述跨境支付四大贸易模式。
2. 简述跨境支付的风险。
3. 大数据如何赋能跨境支付?

第十三章　大数据与大宗商品交易

在"大数据""互联网+"建设浪潮的影响下,大宗商品交易平台也呈现爆发式高速增长。截至2018年底,我国大宗商品电子类交易市场共计2 461家,同比增长25%,实物交易规模超过30万亿元,且交易平台数量仍在递增。但是,这些交易平台始终与地方产业、企业经营产生不了联动,大宗商品交易平台要达到智能化发展的阶段,必须与传统产业相结合,通过对大数据的分析,发掘其对市场的发现和预测功能,将其对企业、平台、运营的价值充分利用起来。

第一节　大宗商品概述

一、大宗商品的概念

关于大宗商品的概念,业内基本上是把其与一般商品相区别而定义的,大宗商品是指进入流通领域用于工业、农业生产和消费使用的大批量买卖的物质商品。除具备一般商品属性外,还具有其本身的属性,一般位于产业链的上游,其生产、流通贸易、需求供给都会给下游的企业带来巨大的影响,进而对整个经济产生重要影响,这主要是因为大宗商品作为国民经济的基础,不仅流通量大,而且交易需要的资金量大,相比一般商品来说风险更高;大宗商品由于其本身所具有的特点,往往还被设计成金融产品用于投资,作为金融产品的大宗商品来说,一方面具有价格发现功能,另一方面可以套期保值、规避风险。

二、推动大宗商品发展的意义

(一)大宗商品在国民经济中占据重要地位

2019年消费品销售总额是41万亿元,据中物联中国物流信息中心统计,同年大宗商品的销售总额达到75万亿元,加上农产品,大宗商品销售总额达到80万亿元,其市场规模是消费品市场的2倍。大宗商品在我国国民经济中占据重要地位,从这个角度来说,大宗商品的供应链对我国供应链的创新发展具有重要意义,缺少大宗商品供应链的供应链体系都是不成熟的。大宗商品的供应链发展可以推动整个供应链体系的发展和成熟,甚至推动整个国家的转型升级。因此,对大宗商品供应链发展的定位,不仅是大宗商品市场模式的转型升级问题,而且是整个宏观经济发展模式转型升级的关键所在。

(二)大宗商品贸易是国际贸易的重中之重

从国际贸易方面来看,大宗商品贸易是国际贸易的重中之重,甚至影响和左右全球经济的变化。例如 20 世纪 70 年代世界经济危机,起因就是石油危机。中东地区将石油从几美元一桶的价格骤然提高到了十几美元甚至 30 美元一桶,引起了全球范围内的经济危机。

我国是全球大宗商品最大的买家,也是最大的生产者。我国在钢铁、煤炭、水泥等大宗商品的生产或消费方面均位居世界第一。因此,我国大宗商品贸易是我国国际贸易的重中之重,它的供应链更加关键。

三、大宗商品交易发展历程

(一)国际成熟大宗商品交易市场的发展历程

纵观国外成熟大宗商品交易市场,大多经历了"现货市场—中远期市场—期货市场"的发展历程。一般从非标准化的现货交易起步,然后逐渐形成产业规模之后,逐步形成标准化的产品交易,出现基于中远期合约的交易形态,而期货期权交易进一步使大宗商品交易金融化,是大宗商品交易的高级阶段。现货市场、中远期交易市场和期货市场三者并不是相互替代的关系,而是相互补充、相互促进、相互衔接的关系,三者共同构成完整的商品市场体系。只有立足现货市场,中远期合约交易和期货交易才有行业基础;只有期货交易的功能介入,现货贸易的套期保值和价格发现才能真正实现。

以芝加哥商业交易所(Chicago Mercantile Exchange,CME)、伦敦金属交易所(London Metal Exchange,LME)、洲际交易所(Intercontinental Exchange,ICE)为代表的国外成熟大宗商品交易市场,都实现了期货市场与现货市场、场内市场与场外市场、境内市场与境外市场的互联互通。LME 拥有全球布局的仓储体系,在欧洲、北美洲、亚洲近 20 个国家和地区,拥有 700 余个期货交割仓库,由其核心会员通过仓单交易平台实现仓单的交易、串换和流转,这是保证 LME 期货市场与现货市场紧密联系的关键环节。ICE 是近年来国际期货市场的后起之秀,通过不断地兼并收购期货、现货衍生品交易所,并引入中央对手清算机制,承担对场外衍生品的清算业务。CME 通过兼并美国纽约商品交易所(Commodity Exchange of New York,COMEX)、美国纽约商业交易所(New York Mercantile Exchange,NYMEX),成为全球最大的金融期货和商品期货与衍生品交易所集团,并通过 Clear Port 系统对场内业务和场外衍生品业务进行集中清算,形成了统一高效的期货与场外衍生品交易平台。

(二)我国大宗商品交易市场的发展历程

1. 初生阶段

大宗商品交易的初生与传统现货交易、期货交易之间密不可分,而在某种意义上,传统现货交易随着我国市场经济的发展,在批发市场、交易所的设立试点时期得到发展与变化,继而逐渐衍化成大宗商品交易这一特有领域。随着1990年10月郑州粮食批发市场的挂牌设立,传统现货交易正式开始探索性地走上了发展改革的道路。

几乎是同期,彼时的国务院发展研究中心和国家经济体制改革委员会(现主要职权由国家发展改革委行使)成立针对期货交易的研究领导组,提出"一个发展、两个改造"的探索计划,即通过大规模、大数量的批发市场活动带动传统现货交易,实现商品流通的最大化,也逐渐开始发展有保障、有相对固定期限的远期合同;同时,引进期货交易内容以及丰富远期交易的内容,使之在符合一定要求后再渐渐往期货市场转变。在这一环境下,其他城市纷纷效仿成立,全国涌现出众多同类交易所,期货交易如火如荼地成长。

1993—1994年间,《国务院关于坚决制止期货市场盲目发展的通知》《关于坚决制止期货市场盲目发展若干意见请示的通知》等几份文件先后出台,预示着对期货市场正式展开一系列治理整顿行动。至此,大宗商品在吸收远期交易模式后,正式以一种完全独立于期货交易以外的新生模式面世。

2. 野蛮生长时期

随着互联网技术的完善,大宗商品电子交易市场在借鉴了部分电子商务优势模式后也日益迸发。尔后由国家质检总局(现已改为国家市场监督管理总局)发布并经标准化委员会修订的《大宗商品电子交易规范》面世,该规范虽非一般意义上的法律文件,但也称得上是那一时期制定主体级别较高且具有相当指引作用的文件了,它也赋予了大宗商品电子交易的定义与范围基本框架,可以说是第一部也是长期以来唯一一针对大宗商品交易的规范性文件。但又恰恰由于它的法律效力及自身内容上的不足,大宗商品交易在几近空白的监管领域中横向发展,从2003年到2016年间,行业内称之为"野蛮生产时期"。据有关统计,2013年全国正式成立的大宗商品电子类交易所或平台超过500家,而到了2016年,全国同类型交易所已逾1 200家。

历经约13年的发展,大宗商品电子交易市场尝试了多种尤其是原期货交易模式的引进与融合,并不断得以完善。与此同时,部分交易所更是不加掩饰地以现货交易为名目进行非法期货交易;更有甚者,利用入市门槛、监管的空白将交易市场变成非法集资、诈骗等严重违法犯罪行为的舞台,而待交易所被整顿关停后,又使用同一种模式甚至同一套班子异地重操旧业。一时间,暴露出诸多交易所的诈骗事件,如轰动一时的兰生琼胶事件、华夏商品现货交易所诈骗事件等,众多投资者、代理商有苦难诉,面临巨大的经济损失,严重丧失投资信心,也为国家决心彻底大力击溃、整顿交易市场埋下了伏笔。

四、我国大宗商品市场发展现状

(一)逐步向良好方向发展

大宗商品电子交易市场数量与地方经济、行业发展相比,较为均衡。从地方经济发展来看,选取 2016 年 31 个行政区(港澳台地区除外)GDP 排名和大宗商品市场数量排名,可以验证两者完全正相关,且相关系数达到 0.774。从区域分布来看,大宗商品市场主要集中在东部沿海发达地区,总体较为均衡。2016 年,东部地区大宗商品交易市场数量占全国一半以上,西部、中部和东北地区占比分别为 22.2%、15.4% 和 8.1%。从行业分布来看,我国大宗商品交易主要集中在农产品市场和金属化工类市场,同时综合类市场发展预示着跨业发展成为重要趋势。2016 年底,农产品交易市场数量居多,达到 351 家,占全国市场总量的 28.5%;金属与化工类次之,分别约占 18% 和 8.5%。此外,综合性市场数量不断增加,同比增长 27.9%,这预示着跨行业、跨产业发展成为重要趋势。

大宗商品市场交易额稳步增加,市场集中度达到较高水平。根据国信证券经济研究所数据,截至 2015 年底,我国大宗商品现货市场总交易量达到 28.96 万亿元,而且 5 年内复合年均增长率高达 35.4%,2016 年成交额超过 40 万亿元。同时,大宗商品交易市场表现出较高的市场集中度。截至 2015 年底,国内成交额排名前五的现货交易市场包括上海黄金交易所、天津贵金属交易所、广东贵金属交易中心、江苏大圆银泰商品合约交易市场和天津矿产资源交易所,这 5 家现货交易市场成交额之和占全行业比重达到 69%。

(二)大宗商品市场相关政策逐步完善

1993 年,我国颁布《期货经纪公司登记管理暂行办法》,为大宗商品电子交易市场成立奠定基础。2003 年,国家质检总局颁布《大宗商品电子交易规范》,明确保证金制度和交易商资格要求,初步规范了大宗商品电子交易市场行为。2007 年,《期货交易管理条例》《关于大宗商品电子交易市场限期整改有关问题的通知》相继出台,自此大宗商品电子交易市场保证金必须调整到 20%。2010 年,《中远期交易市场整顿规范工作指导意见》《关于开展大宗商品中远期交易市场全面检查的通知》《关于加强农产品市场监管维护正常市场秩序的紧急通知》《关于规范和加强大宗商品中远期交易市场资金监管的通知》相继出台。2011 年,《国务院关于清理整顿各类交易场所切实防范金融风险的决定》出台,国家相关部门加强规范大宗商品交易市场,严厉整顿非法市场交易行为。2012年,国务院发布《国务院办公厅关于清理整顿各类交易市场的实施意见》,明确大宗商品市场清理整顿政策界限和监管责任。2013年注定成为我国大宗商品市场发展里程碑式的一年:一是商务部、中国人民银行和证监会联合发布《商品现货市场交易特别规定(试行)》,明确了市场管理和监管的主体,结束了我国仅凭一部《大宗商品电子交易规范》规范和引领行业发展的局面;二是证监会等6部委联合发布《关于禁止以电子商务名义开展标准化合约交易活动的通知》,强调集合竞价、匿名交易、做市商等进行标准化合约交易的风险,要求整改不合格的要依法依规坚决予以取缔或关闭;三是中国物流与采购联合会大宗商品交易市场流通分会正式成立,同时发布《中国大宗商品现代流通行业自律公约》,旨在加强大宗商品现代流通行业自律。2014年以来,证监会发布一系列相关文件,全面掀起大宗商品市场清理整顿风暴,加强大宗商品市场规范和监管工作。

在中国证监会强有力的监管指导和清理整顿下,国内大宗商品市场乱象频发的现状已经大为改善,以现货交易为基础的大宗商品现货市场将会逐步走向良性发展的道路。

五、我国大宗商品市场发展存在的困境

自我国大宗商品交易市场产生以来,我国大宗商品交易量迅猛增加,政府相关政策不断推进,市场行为日益规范和完善。但是,随着宏观形势不断发生变化,我国大宗商品市场发展在供需基本面、使用统计模型计算等方面都存在一定的困境。

(一)在大宗商品的交易价格方面

在大宗商品市场中,供需基本面决定着大宗商品的交易价格,这也是大宗商品市场与权益市场的明显区别。短期内,大宗商品市场虽然会受到各种热点炒作的影响,但从大趋势来看,基本面仍是大宗商品交易的决定性因素。在大宗商品市场中,无论是生产商、贸易商还是交易者,与基本面相关的数据对他们来说都尤为重要,而不同类型的数据对使用者来说,价值并不一样。

以往基本面相关数据的收集方式大多基于采样分析,数据有一定的滞后性。这是因为样本采集是以最少量的样本信息来获取整体的情况,数据精确性与采样随机性成正比。要实现绝对的随机性十分困难,一旦采样过程中存在任何偏见,数据分析结果就会相去甚远。但扩大样本容量,就要在时间和成本上做出很大让步。比如国家人口统计、GDP统计这类数据,虽然相对全面,但滞后时间很长,对金融市场的有效性很低。

(二)在使用统计模型计算方面

在使用统计模型计算时,传统的数据计算方式受制于成本、运算处理能力,计算时选取的因子比较少,每个因子使用的样本量也有限,导致样本量对整体数据的代表性不充分。而且各个因子之间的相关性可能无法从数据计算中体现出来,所以结果误差会比较大。如果增加样本量,成本就会呈几何倍数增长。

第二节　大宗商品交易平台运行模式分析

一、大宗商品的交易模式

(一)报价模式

报价模式是指在一定时期由卖方或者买方通过网络报价,买方或者卖方通过网络选择购买或者观望,这种模式可以突破时空的限制,实现同城或者异地用户的交易。按照卖方报价或者买方报价,可以分为两种基本形式:卖方挂牌和买方挂牌。

卖方挂牌是指卖方欲出售的商品详细情况(如货物名称、规格、产地、生产工厂、最小交易量等)录入交易系统,确认后发布挂牌要约,买方通过交易系统查询相关挂牌要约内容,选择全部购买或者部分购买,摘牌成交签订电子交易合同,买方和卖方达成交易后,在规定的日期内完成交收。

买方挂牌是指买方将其要出售的商品信息通过交易平台发布出来,等待需求方浏览该信息后,确定是否购买,如果购买,则摘牌通过交易平台与买方取得联系,经过平台达成交易。报价模式的特点为:在商品电子交易过程中,因为即便是同一种商品,也会由于其产地、品级、规格、提货地点等属性的不同,造成在交收过程中产生的争议和纠纷。而报价模式对每一种商品的各种可能的属性进行了准确的定义和描述,保证买卖双方在交易过程中真正实现所买和所卖正是自己所希望的,这种模式最大限度地避免了交收时可能产生的各种纠纷,而且商品信息公开、商品报价公开,一切程序透明公开,均在网络上完成,避免人为因素干预。

(二)竞价模式

竞价模式是指由交易一方或双方报价后,经过另一方或两方的竞价过程,最终达成交易的一种交易模式。竞买和竞卖交易模式可统称为竞价模式,是在传统拍卖交易或竞标交易的基础上,利用计算机网络技术在互联网上实现快速、简洁的竞价交易的新型电子商务模式。竞价模式是一种高效的交易模式,只要一方或者多方报价后,另外几方通过竞价就可完成,不用经过太多的环节,既节约了时间成本,又提高了效率,是电子商务模式下一种高效的运作模式。

竞价模式一般在很短的时间内就可以完成交易,不需要中间参与更多的人为因素,基本上实现的是买卖双方直接进行面对面的交易,双方均可受益,从而实现双赢。

竞价模式一般包括竞买、竞卖和双边竞价(撮合交易)等。

竞买交易是指买家通过竞争得到卖家的产品，又可称为拍卖，竞买交易的表现形式可以根据实际交易情况进行丰富。竞卖和竞买相反，是指卖家通过竞争出售自己的产品。在大宗商品交易市场中，属于竞卖的交易模式主要包括在线竞卖、招标等形式。双边竞价是指买卖双方均发出邀约指令，由交易系统根据一定规则自动撮合成交。

(三)议价模式

议价模式是在买方对卖方提供的商品或者服务满意的基础上，双方进行议价的过程，交易平台仅仅起到中间桥梁的作用，在双方达成交易后，平台负责合同签订的见证以及货款的结算，具体的货物交收过程，平台可以不实施监督，由交易双方自行处理。

在议价模式的整个过程中，交易平台的作用就是为双方搭建一个信息流通、充分沟通的平台，撮合双方达成交易，实现包括平台在内的"三方共赢"，有些交易市场为卖家和买家提供在线交流的平台，并且交易市场为交易商提供交易场所、匹配平台和见证服务。

议价模式与前几种交易模式流程相似，其特殊之处在于价格的确定过程是由买卖双方共同决定，交易双方通过协商最终确定交易价格，价格的产生需要双方达成共识，并非单方面确定。价格确定有一个往返交互的过程，类似于实际生活中的讨价还价。

(四)其他模式

大宗商品交易模式较为丰富，除了以上介绍的几种模式外，根据实际交易情况及交易商的需求，还有委托交易、特定专场交易等。

委托交易是指买方或卖方委托交易市场进行采购或销售货物，由交易市场组织货源，然后双方通过交易市场提供的交易系统完成交易。此时交易市场不仅提供了交易的平台，而且为交易商提供了货物来源或销售渠道，省去了交易商自行寻找货源或渠道的步骤，使得交易商的交易更加简单、快捷。

特定专场交易是指对某些商品或某批商品限定生产厂家、产地、交货地等相关条件进行交易，根据商家和消费者的需要采取任意一种或多种交易方式进行交易活动。

二、大宗商品交易平台运行模式分析

(一)我国大宗商品交易平台运营模式的现状

我国大宗商品交易市场的发展基本上是从 1997 年开始的，商务部 2003 年颁布的《大宗商品电子交易规范》中，将其定义为大宗商品的电子现货仓单交易，涉及中远期期货、期权期货交易，为期权期货培育新的品种以及更好地服务于现货市场，是一种新兴的电子现货交易模式。但是，从目前我国的大宗商品交易市场的发展情形来看，由于没有成熟的市场环境，运行机制缺乏效率，导致我国近年来虽然大宗商品交易市场发展速度很快,但是较为混乱,比如市场监管不严、市场进入门槛偏低、保证金制度松散、价格波动较大、盈利能力不稳定,这样就导致当这一行业刚起步时会有大量的企业涌入,但是中间又会有一些企业退出或者倒闭,究其原因主要在于没有稳定的盈利模式下的良好持续的运营模式。

(二)我国大宗商品交易平台运营模式中存在的问题

我国大宗商品交易市场经过几十年的快速发展,如今已初具规模,但是在发展过程中所暴露出来的问题也是显而易见的,反映在其运营模式上主要有以下三个方面:

1. 市场准入问题

大宗商品市场是基于互联网技术和信息技术的发展而发展起来的,但是由于我国在这一市场涉足较晚,没有相关制度的规范,因此引发一系列问题,且市场的进入门槛比较低,任何互联网企业都可以进入这一市场,以至于市场上有众多的大宗商品交易商,经营模式复制现象严重,欺诈投机,损害投资者的利益,虽然我国政府已经清理整顿过多次,但是问题依然广泛。

2. 监督管理制度问题

我国大宗商品市场基本上是按照期货市场的运营模式来管理的,市场上缺乏专门的监督管理部门来有效地监督这一市场的运营,以至于出现越来越多损害市场的行为,目前我国一直沿用的是 2003 年发布的《大宗商品电子交易规范》,该规范只是从宏观层面规定了大宗商品的交易行为,只能作为一个行业性质的指引,而不能作为具体的大宗商品市场的制度而真正实施其功能和作用。在大宗商品已经成为国家战略的时代背景下,我国有待出台更多的大宗商品的相关制度来更好地指引维护该市场健康有序地发展。

3. 法律法规健全问题

由于缺乏法律法规的有效监督,大宗商品交易市场上难免出现炒作投机现象,严重破坏了大宗商品交易的效率,而我国在这方面还缺少相关的法律法规。作为大宗商品法律性的规范,在这一领域我国仍沿用 2003 年颁布的《大宗商品电子交易规范》,这只是一部指引性的规范。2004 年通过的《电子签名法》和 2005 年出台的《关于加快电子商务发展的若干意见》虽然在一定程度上可以促进我国大宗商品市场交易的发生,但是与发达国家成熟的法律体系相比,仍然相去甚远,法律法规问题不清晰会直接导致相关企业经营模式不清、市场秩序混乱,更严重的将导致这一市场欺诈欺骗行为的发生;而国外关于大宗商品的法律法规,不仅在现货市场上规定明确,在中远期期货期权市场上也有相关规定。因此,基于以上分析,我国目前关于大宗商品市场法律法规的不完善导致了我国在该市场的体系不完善。

第三节　大宗商品交易市场发展存在的问题及发展策略

一、大宗商品交易市场存在的问题

(一)结构性发展方面

1. 产业结构

从产业结构来看,大宗商品市场发展与产业结构升级并不匹配。随着经济发展,我国传统的第一、第二产业比重逐步降低,第三产业比重不断提升。例如,2016年第三产业增加值比重为51.6%,比上年提高1.4个百分点。同时,我国推进供给侧结构性改革、"互联网+"行动以及"一带一路"倡议,要求产业调整和转型,产业结构优化升级。然而,我国大宗商品市场主要围绕着农产品、金属、化工等进行交易。例如,2016年农产品和金属交易市场数量,几乎占到全国市场总量的半壁江山。

2. 服务功能结构

从大宗商品市场服务功能结构来看,大宗商品市场发展未能切实履行其服务实体经济和金融的功能。目前,大宗商品市场一方面存在着"脱实向虚"倾向,实现不了服务实体经济功能;另一方面,又有着"变相(非法)期货"以及其他金融衍生品倾向,游离于金融监管之外,加剧了金融业整体风险。

3. 期货服务和现货服务结构

从大宗商品市场期货服务和现货服务的结构来看,存在着"期现分离"的瓶颈。目前,大宗商品电子交易市场主要从事现货交易和中远期现货交易,不准从事期货交易。同时,上海期货交易所等实物商品期货交易中心,主要从事大宗商品期货交易服务,基本上不提供现货交易服务。由于期货交易要以现货为基础,当存在现货交易服务不足时,整个期货市场就丧失了实体基础。因此,大宗商品市场如何应对产业结构调整与升级,如何更好地发挥服务实体经济和金融属性的功能,以及如何让期货市场和现货实现互补,将是大数据时代大宗商品市场发展所面临的重要挑战。

(二)运营管理方面

1. 风险管理

在运营管理上,大宗商品市场发展的困境首先体现在风险管理方面。目前,大宗商品市场尚未形成一整套风险管理机制,当遇到突发事件时,大宗商品市场交易频频遭遇损失。

2. 人才需求和培养

在人才需求和培养方面,大宗商品交易市场发展面临着专业人才匮乏难题。专业金融人才匮乏也是我国金融行业发展存在的主要现象,整个金融行业都在一定程度上存在"人才难求"的问题。由于历史原因,我国大宗商品市场起步较晚,人才培养和历练还需要一个过程。随着时代发展和技术进步,大宗商品市场朝着专业化、规范化和国际化方向发展,更需要一大批有专业技能、风险管控、职业操守的金融人才。

3. 国际竞争

国际竞争方面,缺少大宗商品定价话语权,竞争力较弱,很难抵御国际风险冲击。我国大宗商品市场起步较晚,虽然近年来发展迅速,行业集中度不断提升,但一时难以与国际市场相抗衡,赢得国际市场定价权。由于国外买家或卖家是联合起来的或者垄断的,因此当我国要从国际市场买入产品时遇到的是卖方市场,或者当我国要在国际市场卖出产品时遇到的却是买方市场。

(三)交易制度创新方面

互联网、物联网、大数据、云计算、人工智能等新技术的发展与应用,不仅为产业发展带来了革命性冲击力,而且为大宗商品市场交易模式创新提供了更多的可能性。事实上,电子商务、条形码、全球定位系统、地理信息系统等技术,已经对商品交易、库存、运输及货物追踪提供有效管理手段。相比二十多年前的设计看,我国大宗商品电子交易市场理论发展和交易方式的创新速度赶不上中国经济发展的速度。然而,如何将这些新技术综合运用于大宗商品市场交易模式创新,如何创新制度以满足我国实体经济发展和供给侧结构性改革要求,将是一个不小的挑战。例如,在价格发现功能上,大宗商品市场应以提高市场运行效率为目的,创新有利于价格合理形成的竞价模式。目前,我国大宗商品市场交易模式主要包括静态定价模式和动态定价模式。其中,协议式现货挂牌交易、网上商城交易和超市交易、团购交易等属于静态定价模式,撮合式现货挂牌交易、中远期交易、竞买(竞卖)交易等属于动态定价模式。《商品现货市场交易特别规定(试行)》要求大宗商品现货市场不得进行"集中竞价、做市商"等集中交易方式,并没有提及双向定价模式,然而撮合式现货挂牌交易、中远期交易等交易模式基本采用双向定价模式,这就使得双向定价模式处于一种尴尬的境地。

(四)监管方面

我国大宗商品市场出现诸多乱象,根源还是在于监管方面。当前大宗商品市场发展面临的监管问题,集中表现在至今没有形成一个长效机制,没有能够理顺地方政府、交易中心、投资机构、个体投资者四方利益关系,以及正确处理国家监管部门与以上四方的博弈关系。地方政府总是从本地区利益出发,扶植和袒护本地交易中心,甚至为了把当地建成区域性金融中心奠定基础和积累资源,默许或放任没有资质条件、没有被批准的个别交易中心进行违法期货交易及其他金融衍生品交易。交易中心本身应该是非营利性质的,但是在缺乏监管时又会表现出强烈的、本能的逐利动机。投资机构拥有更多资金、更多信息优势,是大宗商品市场的真正"玩家",个别投资机构往往不择手段,与交易中心勾结,钻法律法规空子,成为大宗商品市场的最大破坏者。个体投资者是最弱的一方,总是想通过高风险获取高收益,但更多时候遇到情况是风险极高,收益却没有保障,甚至本金也成了"玩家"的囊中之物。

目前,国内大宗商品现货交易市场建设在行政监管方面缺乏主管部门监督,也缺乏统一的监管主体,基本按照《大宗商品电子交易规范》设立,但该规范缺乏可操作性条款以及法律权威性。实际上,大多数大宗商品现货交易市场建设效仿了期货的相关机制,例如标准合约、保证金制度、集中撮合交易制度等,同时缺乏期货市场具有法律效应的管理办法来进行规范。

(五)其他方面

1. 尚未确立明确的业务模式定位

"自营还是撮合"业务模式,这恐怕是大宗商品电商平台争论最激烈的问题。撮合模式和自营模式,以交易甲乙方的开票主体进行区别:撮合模式是货主开发票,优点是不碰货、模式较轻、容易规模复制、能够体现平台的第三方公立身份;自营模式是平台开发票,优点是介入贸易环节、依托平台优势、更容易实现财务盈利。但是,从平台定位来说,电商交易平台的最终目的是要形成一个贸易商的生态圈,而不是要把自己变成一个更大的贸易商,否则就会利用自身的信息优势和其他的贸易商争利,让本来就已经竞争惨烈的电商交易平台更加恶化。

2. 产业配套不成熟

一个良性发展的大宗商品现货交易市场不是简单的交易各要素的堆积,而是要建立一个有机的生态圈,要能够将商品现货市场诸要素(如客户、商品、权益、产品、资金、价格、数据及交易、交收等)都系统、有机地纳入进来,而生态圈的建立需要全方位的产业配套才能够实现良性循环。国内大宗商品现货交易市场的建设,在仓储、物流、加工、金融、数据、技术、资讯等各个方面都处于摸着石头过河的阶段。

二、大宗商品交易市场发展策略

(一)明确定位,完善结构

我国大宗商品市场首要定位于服务实体经济,立足现货、提升现货、服务现货、回归现货,利用现代化的方式为大宗商品交易提供各种服务,提高交易效率,降低流通成本,是发展我国大宗商品市场的基本出发点。同时,需要完善我国大宗商品市场现货与期货交易结构,积极推进期货交易中心提供现货服务,并且引导期货交易中心渗透现货交易领域,通过期货企业与现货企业重组等形式,形成期货、现货企业优势互补或强强联合,实现大宗商品市场价值发现功能,切实服务实体经济。

(二)注重专业人才培养,规范管理

通过考核、录用、培养、晋升、淘汰等环节,不断提升专业人才素养,特别是要加强专业技术人才职业行为规范和职业道德教育。同时,要加强经营者自身约束和高级管理人员规范管理,避免蓄意违法违规行为,如吸收非法集资会员、违规挪用客户资金、操控市场价格、降低保证金比例、变相期货交易等。交易中心的主要任务是控制和降低非系统性风险,重点控制高管人员和技术人员违法违规产生风险以及会员错误操作产生风险。此外,要控制交易商的风险,如价格波动风险、流动性风险、套期保值风险和交易履约风险等。

(三)推动《期货法》立法进程,完善监管体系

积极推动《期货法》立法进程,明确期货交易所能够开展期现结合的大宗商品业务。《期货交易管理条例》于2007年开始实施,之后分别于2012年12月1日、2013年7月18日、2016年2月6日和2017年3月进行修订,至今仍为我国期货市场最高层级的立法,并建立了以《期货交易管理条例》为核心,以证监会部门规章和规范性文件为主体,以期货业协会章程、期货交易所章程和交易规则为补充的,具有中国特色且符合国际惯例的监管制度体系。随着我国期货市场的规范发展,期货市场法律法规体系日益健全,新品种逐渐增多,对外开放也逐渐扩大,期货业务涉及的领域将逐渐扩大,我国期货市场亟待出台全面性法律规范的《期货法》。为此,呼吁市场各方积极推动《期货法》立法进程,明确期货交易所能够开展与期货市场相关的大宗商品业务,促进期现结合。

完善监管体系是市场运行的有力保证,可以借鉴发达国家多元化、多层次的监管体系,如最常见的政府监管、行业监督以及交易市场自我管理的三层监管体系。为此,一方面要明确监管主体部门,依法履行监管部门责任,严惩和取缔企业违法违规行为;另一方面,积极推进企业自我管理、行业监督和社会舆论监督相配合,保证大宗商品市场监管到位、监管充分。

(四)引导和推动建立行业发展配套体系

从国家层面制定大宗商品市场发展的相关规则制度体系框架,以国内期货交易所和大型国有企业下属运作规范的商品交易平台为导向,积极引导国内相关大宗商品交易规范发展,引导和推动建立行业发展配套体系。例如,协调包括银行在内的金融机构设计支持交易市场建设的融资配套产品体系;协调仓储物流行业设计一整套支持交易市场建设的仓库布点、仓储规则和物流运输模式;结合最先进的信息技术(如区块链、大数据、云计算等)开发建设与大宗商品交易相关的平台交易体系、结算支付体系和货物交收体系;建立平台形成行业权威的产品价格指数体系,进而利用权威价格指数体系积聚市场的交易参与者、投机者和配套服务者,推动行业发展;利用国家信用建

设大宗商品场外衍生品产品体系,为整个行业提供风险对冲和结算工具等,从而建立包括大宗商品交易市场诸要素齐备、良性发展的商品市场生态圈。

(五)推动产业升级,优化资源配置能力

在国家政策引导大宗商品交易市场朝着"规范、公开、透明"方向发展的前提下,亟须利用市场自身的力量,自下而上自发地去探索适合行业良性发展的平台运作模式。从国内外发展趋势来看,大数据技术与供应链大规模整合已成为大宗商品市场发展的最新趋势,即围绕大宗商品产业链进行信息、技术、采购、生产、销售、仓储、物流、支付、金融等全流程协同,涉及 OTC、物联网、区块链、仓储物流、供应链金融、第三方支付和场外衍生品等诸多领域。由此可见,大宗商品交易市场的运作规范与效率将促进产业发展聚变和整合,推动整个产业链的升级,优化大宗商品市场配置资源能力,提高大宗商品市场国际竞争力。

即便目前我国在数据收集、分析等设备方面的技术不一定能站在世界领先之列,但是影响世界金融市场形势的各种数据大多源于中国。未来,我们可以利用大数据做更多的事情,对数据本身的掌握程度将会转化为经济价值的来源。

正如维克托·迈尔-舍恩伯格(Viktor Mayer-Schönberger)与肯尼斯·库克耶(Kenneth Cukier)合著的《大数据时代》一书中所说:"大数据时代的早期,思维和技术是最有价值的,但是最终大部分的价值还是必须从数据本身来挖掘。"近年来,国内已经有越来越多的投资者注意到大数据的潜在价值,拥有大数据或者能够轻松收集大数据的公司,股价受到投资者的追捧。

第四节 大数据赋能大宗商品交易

大宗商品交易在中国的历史有三十多年,中国大宗商品交易规模在全球数一数二,期货等工具也逐渐被成熟运用。随着互联网在中国的迅猛发展,大数据产业蓬勃兴起,大宗商品交易已经逐渐将大数据作为一种辅助工具。

一、大宗商品市场悄然走进大数据时代

(一)大数据助力大宗商品交易

近年来,中国经济连续多年保持高速增长也促使形形色色的大宗商品电子交易呈现爆发式发展,各类现货交易市场应运而生。据中国物流与采购联合会大宗商品交易市场流通分会不完全统计,截至 2020 年底,我国大宗商品电子类交易市场共计 3 680 家,实物交易规模超过 20 万亿元,且交易平台数量仍在不断递增。

随着信息技术和大数据传播方式的发展,许多之前只有生产商才能掌握的数据,其他人也可以通过大数据收集到。例如,你不知道一个地区的农场养了多少头牛,但是你可以查询当地防疫机构发出了多少支疫苗;你不知道后天广州现货市场会有多少鸡蛋,但是你可以通过运送生鲜鸡蛋的物流公司,根据前一天公司接到多少到广州的鸡蛋订单进行推测。

大宗商品交易进入了大数据时代,现在数据服务商已经可以将非结构化数据汇集起来,将其量化处理为结构化的信息,并对这些信息、数据进行重组和扩展之后,再针对不同终端需求重新打包发出。

其实,相比于现货市场,期货市场更多的是参与者对未来期货价格的判断,所以未来的供需情况才是最关键的因素,而大数据的核心就是预测。如今在生产、经营、快消物流、运输中已经实现了信息化管理,大数据也可以从海量实时更新的数据和各方数据之间,提炼出即时数据和先导数据。

随着计算机技术的飞速发展,我们不仅可以收集到海量数据,而且可以使纳入计算的因子数量从几个增长到十几个,甚至几百个。更重要的是,这些因子彼此之间的关联变化也可以纳入其中。所以,传统的因果关系分析已经不再是重点,通过多因子之间的关联变化,进行多方位的判断才是大数据时代的关键所在。

事实上,在大宗商品市场中,大数据能够更及时、更准确地预判未来的供需关系,对未来价格的判断也会更准确。这将为交易机构、现货贸易商、生产方、消费方的经营和决策提供很大的帮助。

(二)大数据与大宗商品交易结合的阶段

大数据与大宗商品交易发展的结合分为三个阶段,即物理阶段、化学阶段和智能阶段。物理阶段很简单,就是软硬件都齐备了,该有的有了,"电"通了,"网"上了,各类信息和数据只是处于简单采集状态;化学阶段就上了一个台阶,两者不仅是物理层面上结合了,而且有化学反应了,要么是反应一方为另一方带来性质上的变化,要么是两者反应成为新的"物种";智能阶段就是最高级也是终极阶段,生态化、智能化,在系统一体化的基础上具备智能,自我会科学调整、理性发展。

目前,大宗商品产业还没有建立起真正意义上的大数据,主要原因在于:一是对大数据了解不够,目前只有阿里巴巴等几个大平台在做,多数平台对大数据的理解还不充分。二是很多企业认识态度上不端正,有些中小平台认识不到大数据的重要性,中国已开始进入信息时代,但许多人的思想还停留在工业时代。大数据、移动互联网、社交网络、云计算、物联网等新一代信息技术构成的 IT 架构"第三平台"是信息社会进入新阶段的标志。但目前有些中小平台很难将大数据真正利用起来,很多还没有充分认识到大数据的重要性。三是外部环境不具备,信息数据对我们来说是海量的,那就需要有人来引导和推动大数据利用。但在某些地区和领域，信息化推进就会较为缓慢，实际被利用起来的条件也有限。

二、大宗商品交易市场发展大数据的必要性

若能得到正确的处理，大数据可以成为窥探世界第二大经济体经济轨道的有力工具。大宗商品交易与数据有着天然的联系，把大数据用于大宗商品交易成为必然手段。在数据日益增长变化的今天，面对瞬息万变的期货交易，只有掌握大数据工具才能发展得更好。

（一）政府支持

2015年全国"两会"期间，国务院总理李克强在《政府工作报告》中指出，要"推动移动互联网、云计算、大数据、物联网等与现代制造业结合，促进电子商务、工业互联网和互联网金融健康发展"。我国大宗商品交易市场应该抓住机遇，加快发展大数据业务，实现传统形态向互联网信息化的转变。

发展大数据业务的关键是要加强顶层设计，形成数据合力，在国家的统筹规划下，有效整合数据资源，建立国家、行业、企业三级数据库体系，组织推动数据应用的发展。

大宗商品交易市场居于商品现货市场的中心，直面产业客户，处于生产、贸易的第一线，既是市场各方进行价格博弈、商品买卖活动的平台，又是实体企业对接金融产业的重要纽带，在数据收集方面具有巨大的优势。其不但能获得整个产业链的数据资源，而且能获得丰富的金融数据，是国家大数据战略中的重要一环。此外，市场参与者也存在对信息数据的需求。因此，做好数据的挖掘和分析，增强风险把控、业务创新和客户服务能力，已成为摆在大宗商品交易市场面前的紧迫工作。

（二）环境有利

2016年1月26日，由国家信息中心、中国产经新闻报社、青岛市大宗商品行业协会联合主办，青岛华银商品交易中心协办的"大数据时代大宗商品交易所创新论坛暨华银商品交易中心战略合作发布会"在青岛盛大开幕。国家信息中心、中国产经新闻报社、青岛市、临沂市等政府机关的各位领导、专家学者、行业同仁和媒体朋友们等300余人应邀出席了该次论坛。

未来，华银商品交易中心将携手国家信息中心中经网、中国产经新闻报社，充分发挥各自资源优势，利用大数据相关技术，升级电子交易平台、完善交易标准规则、改进风险防控措施、整合线上线下活动、创新配套服务模式，全力引领大宗商品交易所及其全产业链实现大数据时代的转型升级。

我国是全世界网民最多的国家，在网络技术方面已经走在世界前列，华为成为5G技术的领导者，而且我国政府也极力推动互联网产业的发展，所有的一切都利好于大数据产业的蓬勃发展。另外,虽然大宗商品的期货工具在我国还很"年轻",但我国是大宗商品多个品类的全球最大消费国,大宗商品贸易蓬勃发展,而大宗商品交易需要海量数据的支撑。

(三)时代要求

价格指数是大宗商品市场中最重要的指标,其权威性取决于数据采集的全面性。商品价格的波动除受到市场供求关系影响外,还受到国内外宏观经济形势、国家政策乃至气候、地震等自然灾害和恐怖袭击等突发事件等多重因素的影响,数据量庞大,运算复杂,传统技术难以胜任。而且传统采集手段无法精确统计每一家工厂、每一个产业链节点的详细情况,因此迫切需要大数据技术对数据进行全面的挖掘与分析。

服务实体经济、促进现货交收是大宗商品交易市场的立身之本。现货市场由于大量非标商品的存在,以及物流、仓储方面的管理良莠不齐,导致现货交收成本高、风险大,因此迫切需要大数据技术帮助大宗商品交易市场节省成本、降低风险。

三、大数据是大宗商品交易的重中之重

在数据已成为国家基础性战略资源的大背景下,大数据产业的发展正受到我国政府的高度重视。

(一)为市场监管提供武器

2015年初,上海证券交易所首次运用大数据进行内幕交易打击,为其进行市场监管提供了新工具。在大宗商品交易领域,大数据同样能为大宗商品交易市场进行市场监管提供有力武器。大宗商品交易市场可以运用大数据对日常活动中获得会员单位的资金流水、投资者投诉、财务状况和交易数据等庞大的企业信息数据进行研究分析,建立数学模型,通过对其信用、违规、异常交易等数据的综合比对、分析、监测,科学筛查,及时发现涉嫌违法的行为,实现精准打击的信息化监管模式。各大商品交易市场可以合作建立会员单位及投资者征信系统,实现数据共享、共同打击违法违规行为。

(二)使价格指数更准确

随着网络技术的不断发展,我们能更快地收集并分析更多的数据,不再依赖随机采样。这是自动化技术发展给人类带来的福利,也是大数据时代变革的基础。在稳定数据采集对象的同时,使数据具备良好的连续性。除了实时数据具有交易价值,连续数据处理后得出的同比、环比以及预估数据,对金融市场也有很强的有效性。同时,那些你觉得无法找到的数据,其实可以从一些意想不到的地方提取出来,文字、方位、沟通都可以量化成为结构化的数据。运用大数据技术,可实现对数据全面、深入、详尽的收集和分析,使价格指数更加精确。

（三）降低成本，优化体验

运用大数据技术可实现对各类商品从生产、运输、仓储、交收全流程的跟踪，使大宗商品交易市场、商品买方能全程掌握标的物的各类数据指标，清楚每一件商品的质量、性能，帮助买卖双方规划交收的最优时间和最佳交收对象，降低交收风险，减少仓储时间，节省物流成本和交收成本，优化交收体验。

（四）解决贸易融资难的问题

通过大数据技术，以仓单为核心，建立围绕仓单信息的企业信用数据库，能从根本上转变因仓单信息不透明所导致的贸易融资难的问题。银行只需联网大宗商品交易市场的数据库，就可查询贷款企业的全部贸易信息和仓单信息，大幅度减轻银行尽调成本，真正变"存"为"通"，解决企业融资难的问题；并可在仓单质押的基础上开发多种基于商品的融资产品和金融衍生品，实现商品资产的证券化。

（五）挖掘产品信息，降低风险

信息对金融产品的开发、流通及风险控制非常重要。美国之所以爆发次贷危机，很重要的一点是肇事者信用违约掉期的信息不透明，经过多重转让后，买者无法知道该资产包实际蕴藏的风险，卖方也不知道买方是否有足够的现金来履行信用违约掉期中的条款。而大数据技术可以尽可能多地挖掘出产品信息，帮助投资者分析潜在风险点，使市场变得更透明，有效降低风险的发生、提高金融产品的开发效率以及增强产品的抗风险能力。大宗商品交易市场还可以利用自身优势，将服务交易交收过程中积累的海量数据进行分析、整理，为投资客户提供信息服务和数据分析服务；并可通过与国家、行业层面的数据库共享，形成更全面的数据汇总分析。

伴随着中国经济发展进入新常态，无论是保持中高速增长还是面向中高端水平，以及打造大众创业万众创新发展环境，大数据、云计算、移动互联网等新一代信息技术及其相互作用发展都将充当越来越重要的角色，并且已经成为世界发达国家科技和产业界竞相发展和竞争的焦点，在社会发展中具有基础性、先导性和战略性地位。

当前国家间和企业间的竞争焦点正从资本、土地、人口、能源等转向数据资源，一个国家拥有数据的规模和运用数据的能力必将成为未来综合国力的重要组成部分，能不能抓住这一重大战略机遇，将直接影响国家安全、社会稳定、经济发展和民生幸福等诸多方面。

从目前的发展情况看，大数据很有希望成为中国信息技术领域，由"跟跑者"向"领跑者"转变的突破口。中国发展互联网比美国晚了不少年，但发展大数据几乎与美国同步，大力发展大数据产业，主动掌握新一代信息技术产业发展的主动权，推动整个国家和社会可持续发展，是以大数据为代表的新的产业革命带来的历史契机。

第五节 案例分析

案例一：上海钢联引领大宗商品的大数据时代

（一）案例背景

上海钢联（Mysteel）原名上海钢联电子商务股份有限公司。上海钢联从最初创业时的十几人飞速发展到如今海内外员工近 3 000 人，成为国内领先的大宗商品综合服务商。

大宗商品产业蓬勃发展的 21 世纪初，我国爆发式的城镇化和工业化引领了以钢材为主的大宗原材料消费增长的强劲动力，钢材作为放开经营较早的大宗原材料品种，一大批民营流通企业涌入钢铁贸易领域，随之带来了巨大的流通额。同时，"大宗原材料交易量大、物流成本高，交易方式局限为'一对一'，没有形成集中的公开市场，市场缺乏透明度"。当时我国钢铁行业存在市场价格不透明、资讯获取渠道不畅、信息不对称等现象。

具备冶金领域和互联网行业双重经历的朱军红发现了这一现象所带来的市场需求，于是他把企业定位成一家为大宗商品的市场参与者提供资讯服务的公司。上海钢联通过呼叫中心及行业采集团队，要求所有的资讯都要从市场第一时间采集，钢联提供的交易价格、市场库存、市场分析等都是原创的信息，强调通过人工采集的过程增进同客户的双向沟通，依托先进技术和工具等手段以及标准化采集体系的打造，进一步提升管理能力和原创资讯的质量，现在，钢联的资讯体系可以自动从样本库中调取采价对象，记录采价过程，并在统一的表单中进行加工发布。通过"信息化＋标准化"手段，才有了一套有条不紊的资讯体系，能够在第一时间发布信息供客户浏览，解决了广大行业用户的痛点，迅速抢占市场，建立了平台在行业中的知名度。

（二）案例介绍

以钢铁为代表的大宗商品，不同于日用消费品，具有体量大、金额大、价格波动大等特点；同时，交易周期长，商务的诚信受到市场波动影响，买卖双方都急需第三方公正权威的基准结算价格作为参照。作为 Mysteel 资讯服务模式的缔造者，朱军红深知数据的客观性、权威性对于公司的价值。大宗商品价格每一个数字的小小波动均牵扯到客户几百万甚至上千万元的资金变化，提供及时全面、真实准确的市场信息是流淌在每个上海钢联员工血液里的执着与尊严，因为这个价格不仅是客户交易结算的价格，而且是海关、法院和仲裁机构经常处理贸易纠纷参考的价格，这也是上海钢联发展历程中所义不容辞的社会责任。

为此，Mysteel 不断完善自己的采集体系、扩充采集样本库、提升员工的专业能力，并不惜重金建设现代化的呼叫中心，实现了信息采集的定岗定编以及采集过程的标准化与全程可追溯。

基于 Mysteel 长期坚持中立第三方，提供公平、公正、及时、准确、全面的市场信息，其网站发布的商品价格得到了客户的普遍认可，网站每天发布的全国各地的钢材价格被国内大部分钢厂、钢铁贸易商、钢材采购商作为合同结算的基准价格。金融机构、研究机构也将 Mysteel 视为权威的数据来源。上海钢联所开发的"我的钢铁中国价格指数"还登上中央电视台、第一财经的节目，向社会发布。

2006 年，上海钢联成立了大宗商品研究中心，从事行业分析和调研工作，公司由基础数据采集向数据的二次加工、数据建模、分析报告、咨询研究延伸。同时，相比国外研究机构的指数编制，上海钢联更客观公正地选取样本不受外界因素干扰，通过科学的采集方法和编制体系，我们的指数更能真实地反映市场的运行情况以及价格形成机制。上海钢联通过自身的努力，不断地让中国自己的大宗商品指数被国际接受与认可，提升"中国因素"在国际大宗商品定价中的作用和地位。

2012 年 10 月 15 日，全球最大衍生品交易所 CMEGroup（芝加哥商业交易所集团）旗下的交易平台 NYMEX 挂牌交易"中国螺纹钢 HRB400（Mysteel）掉期期货"合约交割基准价，开创了中国钢铁资讯行业向境外输出指数产品的先例，迈出了"中国制造"的商品价格指数获得国际认可的非常重要的一步，标志着中国企业与普氏等国际大牌商品资讯机构同台竞争。

2013 年 1 月，新加坡环球铁矿石现货交易平台（GlobalORE）开始尝试与市场现行的铁矿石价格指数结合，推出指数定价。"Mysteel 铁矿石价格指数"作为唯一由中国国内机构发布的指数，正式入围该平台标准铁矿石交易合约（SIOTA）的指数定价试用。

2015 年 9 月，四大国际铁矿石之一的必和必拓（BHP）以私下议标方式，对两船铁矿石采用了上海钢联的 62% 大洋洲粉矿指数进行定价，这意味着中国定价铁矿石迈出了第一步，也是四大国际铁矿石第一次在定价时采用中国指数。2015 年 11 月，四大铁矿石之一的淡水河谷（VALE）也加入了以 Mysteel 铁矿石价格指数为结算依据的供应商行列。其后，国内外两大现货平台北铁中心和 GlobalORE 也开始采用 Mysteel 指数进行定价，另外两个国际铁矿石巨头力拓和 FMG 也在积极沟通中。Mysteel 钢材价格指数和铁矿石价格指数一直在央视财经频道、第一财经滚动发布。2016 年，Mysteel 价格指数直连彭博终端，在全球商品指数领域正式站立起"中国制造"。

有了资讯与大数据的依托，以及公司培养的大量行业专家和技术研发团队，行业研究分析科学方法体系，让公司顺利地实现从行业信息服务向交易服务的延伸。传统钢贸方式在钢铁行业整体产能过剩的情况下难以为继,公司响应国家提出的"互联网+"战略以及供给侧结构性改革号召,以"平台+服务"的理念打造钢铁电商闭环的生态圈,创新性地利用物联网、云计算、大数据分析等技术提升钢铁供应链整体服务能力和价值。

2017年10月5日,国务院办公厅印发的《关于积极推进供应链创新与应用的指导意见》指出,以供应链与互联网、物联网深度融合为路径,以信息化、标准化、信用体系建设和人才培养为支撑,创新发展供应链新理念、新技术、新模式,高效整合各类资源和要素,提升产业集成和协同水平,打造大数据支撑、网络化共享、智能化协作的智慧供应链体系,推进供给侧结构性改革,提升我国经济全球竞争力。

其控股子公司——上海钢银电子商务有限公司,是我国领先的第三方钢铁电子商务平台公司。钢银电商经过前期不断地探索实践,逐渐形成两大交易模式:钢材集市(撮合交易模式)和钢材超市(寄售模式)。为满足具有多样性和复杂性特征的大宗商品现货交易的需求,在推进钢银平台建设的同时,积极推进集现货交易、仓储物流、在线融资、交易结算及配套服务于一体的闭环交易平台。

案例思考题

上海钢联如何引领大宗商品的大数据时代?

案例二:乾朗大宗商品交易中心打造大宗商品交易大数据生态圈

(一)案例背景

乾朗大宗商品交易中心成立的初衷,是以乾朗电子交易系统为核心,搭建第三方大宗商品交易市场,向交易会员提供钢材、建材、煤炭等网上交易等服务。同时,对整个钢贸等大宗商品行业进行重塑,改变传统贸易商盈利模式,助力贵州从资源大省转变为经济大省。在这一思路下,乾朗大宗商品交易中心主要利用简单、便捷、高效、低成本的电子交易方式,搭建现货挂牌交易、竞价交易和专场交易三种交易模式平台,满足钢厂、大中型贸易商、采购企业的业务需求。同时,结合乾朗物流园的仓储物流资源,逐渐形成"信息、金融、仓储、物流"四位一体的商业模式,为大型建筑单位提供"集中采购和集中供应"服务方案。

(二)案例介绍

自2015年3月正式运营以来,乾朗大宗商品交易中心短时间内就积累会员企业1 000多家。依托银行对电商平台的支持,实现200多万吨钢铁交易量,交易金额达60多亿元。

"向第三代互联网'大数据生态'服务公司转变"的思路很快被提上日程。中心实际就是大数据服务实体经济的具体应用,依托乾朗智慧物流园区及大宗行业交易数据,逐渐实现向大数据生态运营商转变。很快,乾朗大宗商品交易中心以平台形成的庞大数据库信息资源为基础,通过商业理解、进行数据建模分析和用户特征刻画等数据精准服务,为钢厂等用户按月制订有效的月排产计划,为终端客户提前两周锁定货物资源,保证施工进展。

客户在线完成交易后,交易信息将会自动发送到物流进行配送。所有配送车辆均安装GPS,可随时掌握所有货物的最新动态。数据显示,乾朗大宗商品交易中心已完成30多亿元的交易额,注册会员1 386家。通过启动与萍钢、万钢、柳钢等的合作,连接上游钢厂,并与中铁贵州工程公司等下游大型终端采购商紧密合作,乾朗大宗商品交易中心大数据生态战略已取得阶段性成果。

案例思考题

乾朗大宗商品交易中心如何打造大宗商品交易大数据生态圈?

本章小结

本章首先提出大宗商品的概念及推动大宗商品发展的意义,并对国际成熟大宗商品交易市场的发展历程和我国大宗商品交易市场的发展历程进行了简单介绍。其次,描述了大宗商品的交易模式,并提出我国大宗商品市场逐步向良好方向发展,相关政策也在逐步完善,但是我国大宗商品市场在交易价格方面以及在使用统计模型计算等方面还存在一些困境。当然,运用于大宗商品交易市场的大数据技术还不太成熟,存在一些问题,本章对这些可能存在的问题进行简单的陈述,并根据实际情况提出可行性建议。在此基础上,详细描述了大数据给大宗商品交易市场带来的深刻影响,大宗商品交易市场发展大数据刻不容缓。最后,通过具体的案例分析,让我们更深入地思考大数据给大宗商品交易带来的影响。

思考题

1. 简述我国大宗商品市场发展存在的困境。
2. 大数据如何赋能大宗商品交易?

第十四章 大数据与征信

征信行业的发展对于金融业至关重要,征信系统的应用和推广有效解决了金融机构信用管理的诸多信息问题,整个行业的良序发展有利于推动消费金融的发展和信贷市场的健康发展。与此同时,征信行业的发展也可以进一步提高企业和个人的信用意识,在全社会形成有效的激励约束机制。与此同时,大数据等诸多金融科技的发展为传统的金融行业带来了利好和变革,一方面,可以最大限度地解决用户的信息需求、加速数据的处理速度、提高数据的处理能力;另一方面,大数据行业的应用可以有效地跟踪客户行为,进一步提升广大居民的消费体验,同时防止金融诈骗等事件,有效评估金融风险。

在大数据技术下,新的征信行业走向是当前诸多市场主体未来所面临的格局,如何合理运用大数据技术来进一步完善和塑造企业征信及个人征信的发展,将在很大程度上决定征信中心可持续发展能力和水平的提高,有利于进一步建设征信系统,涌现出更多优质高效的征信产品和服务,推动我国金融体系的稳定和社会信用环境的改善。

第一节 大数据征信概述

一、大数据征信概念

大数据征信是指将大数据、云计算等新一代信息网络技术运用到征信系统的数据收集和信用评估等环节,利用 IT 技术优势、风险控制模型等,将个人在不同信贷机构、消费场景、社会活动留痕的海量数据整合起来,经过数据清洗、分析、校验等一系列挖掘分析流程后,加工融合成评估分数,用于预测还款人的还款能力、还款意愿、欺诈风险以及其他评估场景,用于证明一个人或企业信用状况的一种活动。通过深层次、综合性、全方位的信用信息采集和整理,获取多元化的数据资源,重新设计征信评估算法和模型并对数据进行分析,形成对个人、企业和社会团体较为准确的信用评估结果。

二、大数据征信的产生背景

在过去的二十多年,伴随着我国经济体制改革,我国企业信贷体系由以大型企业为主要需求的群体逐渐转变为中小微企业为贷款主力军,银行等大型金融企业贷款资金供应不足造成"中小微企业贷款融资难困境",小微企业即使获得贷款资金,也会由于竞争压力大、经营管理不善等原因导致贷款难以偿还。另外,由于信息不对称和社会信用评价体系不完善,资金供给方无法很好地评估小微企业的信贷风险,故采取回避小微企业贷款政策,形成"逆向选择",小微企业融资难恶性循环。此时,如果有国家政策的支持,且资金方能设计出成本较低且能准确识别小微企业信用的评价体系,再辅以其他风控措施,小微企业贷款便可以成为炙手可热的"香饽饽"。2013 年 3 月,国务院发布《征信业管理条例》,奠定了我国征信法治建设的基石。2015 年 7 月,央行等 10 部门发布《关于促进互联网金融健康发展的指导意见》,提出推动信用基础设施建设、培育互联网金融配套服务体系,鼓励有条件的机构依法申请征信业务许可;同年 7 月,国务院印发《促进大数据发展行动纲要》;同年 9 月,国务院办公厅印发《关于运用大数据加强对市场主体服务和监管的若干意见》。这些法律、法规、条例及制度的制定无疑为大数据征信发展创造了良好的政策环境,再加上互联网技术的成熟,企业找到了解决问题的方法和途径,大数据征信在这种背景下应运而生。

三、大数据征信的数据来源

大数据技术能为征信业提供海量数据,获取更为全面、详细的信用信息,降低信用风险、缓解信息不对称的情况、提高交易效率。征信大数据来源主要涵盖四个方面:(1)电商平台、互联网企业等商品交易信息,如支付宝,里面详细记录了个人的资金往来、收支明细、出行住宿、文娱活动、理财产品、好友情况,花呗和蚂蚁借呗等记录了个人借贷情况,京东白条通过授权获取用户内部信息;(2)获取第三方服务机构的信息,如医院、通信公司、物业、水电公司等第三方服务机构,各机构内部系统记录和收集客户的资料与信息,既便于提高自身服务质量,又有益于增强竞争实力;(3)金融机构在与客户的业务往来中,积累的大量规范、准确的个人资产信息、负债情况、身份信息和职业信息等,以商业银行、证券机构、信托公司和保险公司为代表,这些信息对于判断信用情况可利用价值最高;(4)政府部门、公共事业单位记载的信息,如婚姻状况、单位信息、违法记录、工商注册情况和缴纳税款情况等,由于这些信息较为私密,一般不予以公开,所以获取的难度最大,但是仍然具有信用评级的价值。

第二节　大数据在征信业中的应用及影响

一、我国征信体系的建设现状

在经济活动中,信用作为市场经济的"润滑剂"能降低交易成本、提高交易效率,减少由于信息不对称而带来的交易风险。征信体系是经济稳健运行的基石。我国征信体系的建设较之于其他发达国家起步较晚,从无到有发展的速度较快,但整体水平不高,与发达国家之间存在着一定的差距。

(一)征信的立法保护尚不健全

首先,我国首部信用领域的法规《征信业管理条例》于2013年颁布实施,同年还出台了《征信机构管理办法》,终于让征信行业摆脱了无法可依的尴尬境地,但依然存在立法层级不够高、法律效力较低、过于原则化、欠缺可操作性、相关的制度规定还没有形成一个健全的法律框架等问题。其次,缺乏专门的信息主体权益保护法律。虽然有些规定散见于民法、商法、合同法等其他法律中,但对个人信息主体权益的保护不够明确、边界不够清晰,容易出现信息滥用影响信息安全。再次,由于法律对征信的管理范围界定得不够清晰和具体,导致一些信息是否应该被纳入信息采集范围存在社会争议,甚至存在一种误解,即以为征信是万能神药,所有难以根治的社会问题都可用它解决,反而使征信丧失了应有的权威性和有效性。最后,缺乏对征信数据安全的立法保护,没能明确征信机构在其中的法律责任。

(二)征信的数据质量尚待提高

征信的数据是制作征信产品的原材料,数据质量的高低直接决定了出品质量的好坏,对于征信数据的质量应从以下三个方面考察:(1)征信数据的覆盖面。我国目前践行的是政府主导的征信模式,以央行征信中心运行维护的金融信用信息基础数据库为主,其他市场化的征信机构为有效补充。有关数据显示,央行征信系统已采集9.9亿人信息,仍有4.6亿自然人没有信贷记录。除这9.9亿人之外,国内还有数以亿计的自然人信息未被纳入央行征信系统,有效覆盖人群偏少。(2)征信数据的共享度。信用数据的开放程度不高,存在部门垄断和条块分割等现象,使信用数据封闭和分散于各个部门,既造成了资源的浪费,也不利于征信的发展。(3)征信数据的标准性。当前的现实问题是征信数据在政府部门和各机构之间由于缺乏统一的格式技术标准而无法共享,导致信息无法整合、数据质量降低、社会的征信成本提高。

(三)征信的商业模式尚未清晰

完整的征信产业链条包括数据的采集、整理、保存、加工和对外提供产品。在成熟的征信市场,数据的加工和对外提供产品是最为关键的环节,这直接体现着征信机构的核心技术以及与其他征信机构的差异性。而目前处于初步发展阶段的我国征信行业,各家征信机构仍将业务重心和关注焦点聚集在对数据资源的抢夺上,聚集在产业链的初始环节。有媒体报道,腾讯和阿里作为国内获得个人征信牌照的百行征信的 8 家股东中的两家,均拒绝向百行征信提供客户的信贷信息。是否对接数据虽然属于市场主体的自愿行为,但这些机构对于数据的争夺与保护足以见得征信行业的竞争尚处在源头的初级阶段,还远未到建模阶段。目前,企业征信机构的整体盈利能力较弱,企业征信市场的商业模式还没有完全架构起来,服务方向也不明确,同质化倾向严重。主要的竞争集中在基础征信服务上,对于利用技术深挖数据价值提供丰富和多元化的产品上还有待加强。

二、大数据对征信的影响

大数据为征信活动提供了一个全新的视角,基于海量的、多样性的数据,征信机构可以获得信息主体及时、全方位的信息,大数据为征信发展提供了新的图景,使征信业务在数据来源、数据存储和数据处理、产品和服务等方面发生了非常大的变化。

(一)大数据的数据来源多元化、立体化

大数据的特征对于信息主体的实际信用状况的反映更加全面和客观,真实度和丰满度也可以达到一个新的水平。(1)信用信息数据来源的广度和深度不断延伸。如电商平台积累了客户和供应商双方的交易数据和行为数据,还会存储企业和个人的一些基本信息,这些杂乱无章的海量信息经过分析和处理后,就可以变成有价值的数据。(2)信用信息数据在细分度上不断发展。不仅包含信息主体的静态数据(如财务数据),而且包含行为数据。行为数据由于是动态数据,因此相比静态数据具备更强的描摹性,对于信息主体未来状况预测的描摹也会更为精准。(3)信用信息数据的采集范围越来越多样化。大数据时代,从政府部门、金融机构到互联网采集的信息主体的信息,不仅包括信贷交易等标准数据,还包括多种形式的非标准化的更为立体和多样的数据,而且这类数据占比也越来越高。

(二)大数据使征信数据存储和处理方式多样化

高效、便捷地汇总分析多层次数据是如今征信技术需要突破的一个问题。大数据的一个关键点就是数据流速快、处理速度快和时效性强。(1)改变传统的存储方式。大数据时代,由于数据量已经是海量状态,因此存储在本地的方式已经不能满足大数据的存储,征信机构可以通过整合服务器、存储器和网络形成大规模的"云",这样就可以极大地扩充存储能力,提高计算能力。(2)处理方式更加多样化。一是推动挖掘技术的进步;二是量化分析能够更准确地识别个体或组织的行为。

（三）大数据使征信产品更丰富、服务范围更广

满足不同客户群体的定制需求，一些征信机构利用大数据平台收集、分析客户的交易行为数据和社交网络数据，从而实现完整的客户信用评估。美国的三大征信机构已经向大数据分析平台转型，其服务范围已超出金融领域，面向经济和社会领域提供服务。

三、大数据在征信业的运用

近年来，随着大数据技术的飞速发展，国内不少地区大力发展大数据征信，拓展应用场景，其中台州、厦门、苏州三地的经验非常具有代表性。

（一）台州模式

2014年7月29日，台州市金融服务信用信息平台正式投入运行，平台基本架构为"一平台、四系统、三关联"。"一平台"是指台州市金融服务信用信息平台，"四系统"是指基本信息系统、综合服务系统、评价与培育系统、风险预警与诊断系统。"三关联"是指实现融资、投资、企业与企业法定代表人三关联。

台州市全面推广平台应用，为企业融资服务。目前，台州各银行将平台的信息查询融入贷前调查、贷中审批和贷后管理各个环节，有效缓解了信息不对称。但也存在一些问题：一是缺少规范的法律规定，为试点工作带来了难度；二是如何建立一个长效机制还有待探索；三是信用产品使用状况不够理想，参考价值也不高；四是企业的信用等级评定成果权威性不足。

（二）厦门模式

厦门于2014年6月启动建设信用信息共享平台，已建成"两网、两库"。"两网"即内网和外网，内网为厦门市信用信息共享平台，对各职能部门开放；外网即依托"i厦门"门户网站，开通"i诚信"模块，面向社会公众开放。"两库"即自然人数据库和法人数据库，归集了39家单位185个信息条目，共计230余万条信息。企业信用信息共享平台纳入全市统一的社会信用信息共享平台，实现部门间信用信息数据的互联互通。

厦门模式建设过程中也存在一些问题：一是缺乏信用数据标准，严重影响了信用数据归集质效；二是门户网站功能不健全、信用产品单一、应用程度较低；三是守信激励失信惩戒机制不健全，信用服务机构发展滞后，信用管理人才缺乏。

（三）苏州模式

2014年，苏州先后建成两个征信平台：公共信用信息服务平台、苏州企业征信服务有限公司。

苏州市公共信用信息服务平台的建设理念是"一网、两库、一平台"。"一网"是指"信用苏州"网站，"两库"是指个人信用库和企业信用库，"一平台"是指苏州市信用信

息共享平台。目前,信用产品主要运用于公共服务领域。苏州企业征信服务有限公司建成了"一库三用"征信平台架构体系,即征信数据库、基础应用系统、增值应用系统和移动端应用系统。平台打通了与72个部门和公共事业单位的信息通道,主要征集企业经营和营运类信用信息,累计入库数据近亿条。平台上线了信用评分、宏观分析、风险预警等产品,实现了征信平台在金融机构的广泛应用。

截至2018年,征信平台接入金融机构95家,征信产品累计查询量52万余次,与10家银行开展了深度合作;平台累计推荐了8 000余家中小微企业,解决了4 015亿元融资,其中,新增首贷企业1 700余户,首贷金额116亿元。

苏州模式的成功主要在于建立了信用建设领导机制,持续推动信用体系建设;统一了信息采集目录和采集方式,提升信息采集质效;以可靠的第三方征信平台,深化了产品在金融领域的应用。但也暴露出一些问题,例如两个平台共享不足,存在与政府各部门的重复对接,造成了资源浪费;征信平台的信用信息价值在金融机构的认可度有待提高;信息安全性尚有待加强。

第三节 个人信用评估体系建设和评估模型构建

一、基于大数据的个人信用评估体系构建

传统个人信用评估体系的设计较为简单,虽然操作方便,但是未利用动态信息,如消费数据,因此具有时滞性。互联网信用评估则刚好相反,能够实时获取海量消费行为数据,但是缺乏重要的收入信息,如银行账户资金往来、固定资产以及历史信贷等数据。

(一)传统信用评估体系

按照构建主体不同,可以将传统信用评估体系分为银行信用评估体系和互联网信用评估体系。现通过列举某银行和芝麻信用的实际案例进行分析。

1. 银行信用评估体系

传统个人征信评估体系主要由银行构建,其中所包含的信用信息包括个人特征、职业和收入情况以及信用记录。信用评估指标通常可以划分为偿债意愿和偿债能力两个方面。偿债意愿指的是个人历史信用记录,如历史贷款信息、历史偿债记录等。偿债能力可以用收入信息(如月收入、金融投资、固定资产等)以及个体特征(如职业学历等)进行评估。

2. 互联网信用评估体系

芝麻信用作为国内较大的互联网征信机构,对于个人信用评估体系的构建具有标志性和借鉴意义。芝麻信用的个人征信评估体系借鉴了国外FICO评估模式,评估方

法是传统的"5C"模型。与银行相比,芝麻信用独特的优势在于其信用数据的来源更加丰富,阿里巴巴旗下的电商业务、云计算业务、互联网金融业务、娱乐业务等都是芝麻信用进行信用评估的数据来源,因此其评估体系所涉及的指标范围更广,具备多样性。具体来说,芝麻信用的评估体系主要包括个人特征、支付历史、网购偏好、人脉信息以及黑名单等。

个人基本信息与银行评估体系基本一致,主要包括性别、年龄、职业、地区等。

人脉信息是其不同于银行评估体系的一大特点,其中涉及好友信息,特别是好友的信用情况、用户网络活跃程度和社交影响力。通过周围朋友同事的信用信息评估个人信用是互联网征信体系中所独有的,可以对用户所处的社会阶层和财富情况进行间接判断。

由于没有个人银行存储和借贷记录,所以芝麻信用关于个人支付信息主要来自网购支付记录,其中包括支付金额、账户余额、信用卡额度和信用卡时长等。这些信息能够反映个人在银行方面的信用情况以及个人的还款能力和消费习惯。

由于阿里巴巴旗下有淘宝、天猫等多个电商平台,拥有海量的个人网购记录,因此对于网购偏好的分析也更加准确。通过对网购记录进行分析,能够较为清晰准确地判断个人的消费层次和品牌偏好。通过对消费场景的分析,如预定的酒店星级、出行工具选择等,能够了解个人的经济状况。

黑名单信息指的是个人的历史信用记录,包括被公检法公布的不良记录、信用卡逾期情况、花呗和借呗逾期情况以及网络借贷平台的欺诈信息等。

3. 对比分析

通过对银行个人信用评估体系与当前互联网信用评估体系进行对比,传统银行的信用评估体系存在以下缺陷:(1)动态指标缺失。银行关于个人信用数据的信息多为静态信息,个人特征、职业信息、家庭信息等均不会在短期内得到改变,并不能反映个人的收入波动和信用波动情况。(2)评估覆盖面窄。银行所能够获取的个人信息只是本行的客户数据,这部分评估样本具有很大的选择性偏误,导致信用模型评估结果出现偏差,评估结果并不具备代表性。(3)数据真实性不能保证。银行大部分信息均由客户自己填写,真实性无法得到保证。

以芝麻信用为代表的互联网信用评估体系主要存在两个问题:(1)依赖间接评估。由于缺乏储蓄、贷款等直接信息,只能通过消费数据如购买记录逆向预测收入,间接评估信用情况,评估结果的准确性不能保证。(2)维度依赖。互联网信用评估主要依赖后台所收集的用户数据,如历史消费记录,信息源单一导致评估过程中个别维度权重设定过高,无法有效利用全部信息。

传统信用评估体系缺乏动态性,互联网信用评估依赖间接评估,并且由于数据源单一导致维度依赖。基于大数据的个人信用评估体系需要综合利用上述两种信用评估体系的优势，弥补各自缺陷，方能得到科学合理的评估结果。

（二）基于大数据的个人信用评估体系

综合传统银行信用评估体系和当前互联网信用评估体系，充分考虑数据丰富的线上、线下获取途径，提出更具合理性和实践性的信用评估体系，所提出的信用评估体系共有六个维度，包括个人特征、经济能力、消费偏好、社交网络、信用情况和风险信息，分别由不同的数据源获取，评估系统更加完善和科学。主要具有以下三个特征：(1)评估动态性。以芝麻信用为例，其评估体系中除个人特征等静态信息外，还具有支付记录、人脉信息和网购偏好等动态信息，动态指标使得个人信用评估具有动态时变性，个人收入情况和信用情况的动态性能够得以体现，信用评估结果具有时效性，更加准确和科学。(2)指标全面性。除包含银行信用评估所涉及的如个人收入和资产信息外，人脉关系是大数据信用评估引入的一个重要指标，能够从侧面反映个人经济状况和信用记录。(3)场景丰富性。接入互联网平台的用户使用数据，如购买记录、网贷信息等，涵盖多种使用场景，可以客观反映并动态检测用户信用状况。

1. 个人特征

个人特征具体包括年龄、性别、家庭、受教育程度以及工作情况等，这部分信息需要用户自己填写，进行定期核实。

2. 经济能力

收入和资产可以准确判断个人的经济能力，因此需要获取月收入、固定资产（房产和汽车）以及金融投资（如股票和债券）信息。月收入信息可以通过社保和公积金网站获取，房产和汽车信息可以通过房管局和车管所获得。金融投资（如股票和债券）信息可以通过证券公司、基金公司获取。

3. 消费偏好

消费偏好主要包括消费层次和购物习惯。这部分信息可以通过电商渠道获得，也可以通过信用卡、储蓄卡途径获得。消费层次指的是月消费额度，购物习惯指的是线上和线下的购物偏好、购物价格和购物时间等。

4. 社交网络

社交网络能够反映人脉信息，可以利用其对个人信用进行间接性评估。社交网络包括社交范围和影响力。通过社交平台获取个人的微博、微信和QQ相关数据。

5. 信用情况和风险信息

信用情况指的是历史信用数据，包括信用卡的数量、逾期信息以及互联网征信产品的使用情况等。风险信息指的是违法违规记录，其中包括公检法记录、行业记录以及社交记录等。

二、基于大数据的个人信用评估模型构建

建立信用评估模型的主要目的是将各个评估维度中的诸多指标按照权重进行加总,最后汇总为单个评估结果,通常称为信用评估得分。按照信用评估体系中所涉及指标的主客观性,分别选取合适的评估方法。

(一)定性数据评估方法

定性数据具有主观性,因此需要采取层次分析方法进行评价。

步骤1:建立层次模型。

通过将复杂的问题层次化,形成由目标层、准则层和指标层组成的递阶层次结构,从而明确各影响因素之间的关联关系和隶属关系。其中,目标层为一个元素,是问题的最终目的;准则层是影响问题决策的几个大方面;指标层是准则层的细化,其中的元素均隶属于准则层中的一个或多个元素。

步骤2:构造判断矩阵。

判断矩阵的实质是一个主观判断的过程,由决策者或者有关专家以上一层次的某一因素为准则,将本层次与之相关的因素进行两两比较,确定其相对重要程度。对于两个指标的重要程度,可采用两两比较,相等的取 5/5,相对较强的取 6/4,相对强的取 7/3,相对很强的取 8/2,绝对强的取 9/1,介于两者之间的分别取 5.5/4.5、6.5/3.5、7.5/2.5、8.5/1.5 等。

步骤3:层次单排序权重及一致性检验。

层次单排序是根据判断矩阵,计算针对上一层次中某元素、本层次与之相关的元素的重要性的权重。它由本层次判断矩阵的最大特征值所对应的特征向量做归一化处理后的分量得出:

$$CW = \lambda_m$$

其中,λ_m 和 W 分别表示判断矩阵的最大特征根和对应的特征向量。

对特征向量 W 的各分量做归一化处理:

$$w_i = \frac{w_i}{\sum_{i=1}^{n} w_i}$$

其中,w 就是该层次对应元素单排序的权重。

接下来计算满意一致性指标 CR,用于检查判断矩阵的一致性:

$$CR = \frac{CI}{RI}$$

其中,n 为样本个数,$CI = \frac{\lambda_m - n}{n-1}$ 表示一致性指标,用于衡量判断矩阵偏离一致性的程

度,越小说明判断矩阵一致性程度越好。但是,并不是要求判断矩阵具有完全一致性($CI=0$),只要在合理范围内(CI 略大于 0,保证满意一致性)同样可以接受。因此引入满意一致性的判断指标:随机一致性比率 CR。若 $CR<0.1$,则可以认为判断矩阵具有满意一致性。

步骤 4:层次总排序权重及一致性检验。

以同一层次所有层次单排序权重为基础,用上一层次元素的组合权重加权,即可计算出针对上一层次、整个层次而言本层次所有元素重要性的权重。层次总排序需要从上到下逐层顺序进行,对于最高层,其层次单排序即为总排序。同样,还需要对总排序进行一致性检验。

(二)定量数据评估方法

信用评估体系中大部分指标属于定量数据,因此可以采用客观的熵权法。熵权法根据各指标观测值所提供信息量的大小来确定权重。熵权法的评价步骤如下:

步骤 1:设有 m 个待评价个体、n 个评价指标,则有原始数据矩阵 $X=(x_{ij})_{m\times n}$ 对 X 矩阵做正向化和无量纲化处理得到矩阵 Y。当第 j 项指标 x 为正指标,即越大越好时,对它做如下变换:

$$y_{ij}=\frac{x_{ij}-\min(x_{ij})_i}{\max(x_{ij})_i-\min(x_{ij})_i}$$

其中,$i=1,2,\cdots,m;j=1,2,\cdots,n$。

当第 j 项指标 x 为逆指标,即越小越好时,对它做如下变换:

$$y_{ij}=\frac{\max(x_{ij})_i-x_{ij}}{\max(x_{ij})_i-\min(x_{ij})_i}$$

其中,$i=1,2,\cdots,m;j=1,2,\cdots,n$。

当第 j 项指标 x 为区间指标时,即在区间 $[m_1,m_a]$ 为最佳,且距离此区间越近越好时,对它做如下变换:

$$y_{ij}=1-\frac{m_1-x_{ij}}{\max[m_1-\min(x_{ij})_i,\max(x_{ij})_i-m_2]} \quad \min(x_{ij})_i\leqslant x_{ij}\leqslant m_1$$

$$y_{ij}=1-\frac{x_{ij}-m_1}{\max[m_1-\min(x_{ij})_i,\max(x_{ij})_i-m_2]} \quad m_2\leqslant x_{ij}\leqslant \max(x_{ij})_i$$

$$y_{ij}=1,m_1\leqslant x_{ij}\leqslant m_2$$

步骤 2:计算 p_{ij},即第 j 项指标下第 i 项指标值的比重:

$$p_{ij}=\frac{y_{ij}}{\sum_{i=1}^{m}y_{ij}}$$

步骤 3:计算第 j 项指标的熵值 h_j:

$$h_j = -k \sum_{i=1}^{m} p_{ij} \ln p_{ij}$$

设定 $k = \dfrac{1}{\ln m}$，保证 h 位于 0 和 1 之间，另外设定若 $p_{ij}=0$，则 $p_{ij}\ln p_{ij}=0$。

步骤 4：计算第 j 项指标的差异系数 g_j。

对于第 j 项指标，h_j 越小，指标值的变异程度就越大，该指标在评价中所起的作用也相应越大；反之，h_j 越大，指标值的变异程度就越小。定义变异系数：

$$g_j = 1 - h_j$$

可获得第 j 项指标的权重 w_j：

$$w_j = \frac{g_j}{\sum_{j=1}^{n} g_j}$$

其中，$0 \leqslant w_j \leqslant 1$。

步骤 5：计算个体 i 信用状况的综合评价值 v_i：

$$v_i = \sum_{j=1}^{n} w_j p_{ij}$$

上述个人信用的综合评估公式，采用基于权重的线性加总方法，此方法表明各指标之间具有权衡特征，例如由于一个指标偏低导致信用得分较低，则可以通过增加其他指标值进行弥补。

（三）汇总评估方法

对于各子维度的评价方法已经给出，最后需要计算个人的综合信用得分，可以采用综合指数法对个人信用进行综合性评价。综合指数方法是各个指标的加权平均，优点在于概念明确、方法简单以及具有较强的可操作性。具体步骤如下：

步骤 1：选择评价目标。

即确定评估目标。不同的评价目标，涉及和运用的指标不同。个人信用评估的综合评价包含六个维度，均将其转化为正指标，即指标越大竞争力越大，因此我们选用单指标的最大值作为其目标值：

$$z_j = \max(x_{ij}), i = 1, 2, 3$$

步骤 2：设计指标体系。

基于前文关于个人信用评估的六个维度：个人特征、经济能力、消费偏好、社交网络、信用历史和风险信息，分别构建每一维度的二层或三层子维度。如果维度并无太多经济含义，只是简单的分类，则可不进行二层、三层构建，只需要尽可能选择能够全面度量第一维度的指标即可。

步骤 3：确定目标值。

可运用行业平均水平或者所选样本的最优值为目标值。

步骤 4：赋值指标权重。

指标值的重要性权数总计为 1 分，可根据在综合评价中的作用分别赋予权重。权重的确定可采用主观赋权法或客观赋权法，或者两者结合。

步骤 5：计算综合评价值。

$$y_i = \sum_{j=1}^{n} \frac{x_j}{z_j} w_i$$

其中，y_i 为个体 i 的总评分，x_i 为单项指标实际值，z_i 为单项指标的目标值（标准值或最大值），w_i 为子系统权重。

基于大数据的个人征信评估体系和评估方法汇总如表 14-1 所示。

表 14-1　　　　　大数据背景下个人信用评估体系和评估方法

评估维度	指标维度	数据来源	评估方法
个人特征	性别、年龄、家庭情况（如子女、配偶）、父母特征、受教育程度、工作（如工作性质、岗位、职称）等	个人填写，定期核实	层次分析方法
经济能力	月收入、家庭经济情况：固定资产（如房产、车辆市场价值）以及其他投资（如股票、债券、基金等）	社保公积金网站，房管所，车管所，证券公司，基金公司等	熵权法
消费偏好	消费层次：月消费额度；购物习惯：产品种类、价格	电商平台、线下银行卡、信用卡、支付宝、微信等	层次分析方法
社交网络	社交范围：QQ、微信、微博、今日头条等好友或粉丝数量、浏览内容等；社交影响力：转发数量、评论数量等	各大社交平台	层次分析方法
信用历史	信用卡数量、逾期信息和借贷平台信用等	银行、金融平台	熵权法
风险信息	公检法违法违规记录；社交平台不良记录以及其他银行、金融平台违约记录等	公检法、社交平台、银行、其他金融平台和机构等	熵权法

第四节　大数据时代征信业发展分析

一、大数据时代征信业发展优势

大数据与征信有着天然的契合点。首先，征信数据具备大数据特征，本身具有高度数据化的特点；其次，大数据征信将分散的信息进行加工，最终呈现信用主体的全局信用画像，解决信息不对称问题。大数据的优势就是运用技术和计算能力，分析分散的数据，形成结果，业务逻辑与个人征信业务高度契合。

传统征信的弊端阻碍了征信在网络借贷业务中发挥出其应有的贡献,大数据作为新兴的信息采集、整理、加工和分析技术,其与征信行业相结合并运用于网络借贷业务,可以有效解决"薄信用"记录的问题。传统的征信方式无法有效解决首次进入信贷系统的陌生人和信用记录缺乏的"薄信用"者的征信问题。互联网和大数据的发展使得征信机构可获得的信息日趋丰富,涌现出许多可替代数据源,为信用评估提供了更多的维度,扩大了征信人群的覆盖面,也提升了这部分人群授信的可获得性。

(一)覆盖人群广泛

随着互联网、移动互联网和物联网的普及,互联网成为个人生活的重要组成部分,衣食住行、医疗、工作、教育、养老等各个领域,几乎都与互联网技术密不可分。中国的网民数量远超有个人征信记录的人口数量,这当中有相当一部分信息可作为征信采集对象,这就使得征信数据的来源渠道呈现多样化,覆盖人群得到极大提升。

(二)应用场景丰富

在网络借贷业务中,信用评价的核心围绕借款人履约能力和意愿两方面,但大数据征信的数据来源不再局限于金融行为,应用场景也从借贷行为拓展至日常生活的多方面。

(三)信息维度多元

大数据征信的信息来源包括网上公开的数据,第三方合作伙伴、政府机构、用户提交授权的数据;同时,电商平台、社交平台记录了大量用户的行为轨迹(如消费、交友、阅读、娱乐、旅游等),不再局限于个人身份、银行账户、工作、社保等信息,增加了对借款人网络行为分散信息的综合分析能力。随着抓取的数据源日益广泛,借款人造假成本也不断提升,网络借贷平台因负有对借款人信息审核的义务和权力,数据选择权和强大数据挖掘能力的提升,为最终的授信决策提供了翔实的信息支持。

(四)信用评估精准

大数据征信的信用评估模型不仅关注信息主体的历史信息,而且关注信息主体实时、动态、交互的信息,这是传统征信所无法比拟的优势。基于实时、动态、交互的信息收集,可有效获取借款人履约能力及其稳定性的信息,拓展个人信息获取的时间维度,使得征信产品在借贷全生命周期中有更广泛和更深入的运用。

二、大数据给征信带来的机遇

目前,大量行业在积极应用互联网和大数据。征信的本质就是对数据的采集、整理和加工,大数据正是利用技术对海量数据进行收集和分析。可见,征信天然地就与大数据有着极高的契合度。

(一)征信数据来源更广泛

传统的征信更多地集中在信贷数据,对于没有信贷记录历史的信用"白户"可能有些为难。而大数据的使用令征信不仅仅停留在结构化的信贷数据,对于那些在其他场景下形成的非结构化的音频、视频、图片、浏览历史、购物记录、搬家或换手机号码的频次、在线时长、网络交友、水电缴费等行为数据和生活数据,同样可以被整理加工读取为信用数据。央行主导的征信系统主要对接的是金融机构的信贷数据,而大量没有被传统金融机构覆盖到的长尾客户可能转而寻求网络小贷、消费金融等互联网金融公司的服务,从而留下信贷记录。这些互联网金融公司利用自身的大数据资源以及风控技术,可能做出更为切合实际的信贷决策,让原本不存在的信贷交易切实发生以后又形成了新的信用数据,从而进一步丰富了征信数据库。

(二)征信数据更具时效性

传统的征信很大一个问题是数据更新有时滞,不能做到实时更新,原则上每个月更新一次。由于关注的是信用主体的借贷历史记录,导致得出的结论也是滞后的,不利于信用风险的及时管理。大数据的优势在于能够在线实时更新数据,通过全方位的数据采集、计算、自我学习,得出计算结果,从而提升对于信用风险的量化评估能力。大数据通过互联网实时抓取客户的各种信息,以更有效、更及时的信用指标实时勾勒出信用主体最新的信用画像。

(三)为信息处理提供强大支持

通过分布式计算、云计算等大数据技术,不仅降低了征信成本,而且提高了数据处理的效率,同时云技术的使用又大大扩展了数据库的容量。大数据的核心并不在于"大",而在于"有用",挖掘成本和价值含量比数量更重要。海量的数据只是表象,经过技术处理后得出的结论所带来的经济价值才是宝贵的资源,也正是大数据技术应用的意义所在。如何快速地从海量结构化数据及碎片式的非结构化数据中提取有价值的信息从而为信贷决策服务,这在以前是很难想象的,不仅劳神费力,而且格式不同的数据互相也不兼容。但大数据的使用为动态数据的处理提供了技术基础,带来的不仅是量的扩大和速度的提高,更是深度的价值挖掘,而且避免了主观判断,确保了结果的真实可靠,最终实现一切皆可量化和预测。

三、大数据给征信提出的挑战

(一)对隐私保护和信息安全提出更高要求

个人隐私保护与信息安全已经成为社会普遍的焦虑,公民个人信息遭侵害的违法行为屡屡发生。如何在数据的开发利用和隐私保护间寻求一个平衡点,在大数据爆炸的时代显得至关重要。海量数据的存储以及安全防护需要与之相匹配的安全防护手段,如果安全防护手段的升级速度赶不上数据几何级增长的速度,就会暴露出大量的漏洞,导致信息泄漏的风险大大增加。大数据不仅意味着海量的数据,而且意味着更复杂、更敏感的数据,数据的高密度聚集会吸引更多的网络攻击,加之大数据交互验证的特性,使得风险进一步增加。

(二)对征信的监管提出更高要求

为了适应大数据背景下的征信业的发展,征信监管的技术和水平需要进一步提升,要能跟上大数据的发展水平。首先,大数据背景下海量无序的数据如何定义它的边界,哪些算合理使用,哪些算侵犯隐私,这需要监管给出界定。其次,不同的互联网征信机构都在各自的商业版图中按照各自的标准开展征信活动,它们各自的数据既不愿意共享,又没有规范统一的标准,使得监管的有效性大打折扣。再次,按照大数据的技术特性,如何在信息采集之前获得信用主体的有效授权,如何在信息采集之后避免将决策结果用于其他目的,这是需要考虑的。最后,当前的监管框架是围绕《征信业管理条例》构建的,但其能否满足新的征信模式的要求尚无定论,一些监管方面的细则也相对缺乏。

(三)对征信的从业人员提出更高要求

大数据强调的是对数据的抓取、挖掘、分析等处理能力,因此对相关的数据处理人员也提出了更高的要求,数据分析和系统研发类大数据人才以及与之相对应的大数据监管人员均成为新兴的紧缺型人才。之所以紧缺,是因为在大数据背景下相关的征信从业人员需要具备的是复合型知识、经验和能力。既要懂计算机通信技术,又要懂征信;既要懂经济学,又要懂互联网。而实际上能完全满足以上要求的高技术综合人才却是少之又少。另外,我国目前的大数据技术尚不成熟,需要不断加强对核心技术的学习,这就对相关的从业人员提出了更高的要求。

四、运用大数据推进征信业发展的路径

(一)健全大数据征信相关政策法规

大数据征信在金融风险控制上有着便捷高效的特点,但是当下的互联网金融存在风险大和管理弱的问题;同时,与国外发达国家相比,我国在相关法律法规上要薄弱得多,因此,政策上的支撑是大数据征信稳健发展的前提基础和根本保障。首先,将大数据征信在政策上摆在优先位置,强调其优势,推进其互联网金融风险评估中的应用。其次,在用户大数据征信信息安全方面制定相关细则和合同保障,保障客户的数据信息不被泄漏,从而使得大数据征信更具权威性和公信力,也让客户对大数据征信的信赖程度更高。最后,激励大数据征信在互联网金融中实践,在实践中逐渐提升大数据在互联网金融征信领域的高效性,不断丰富风险监控方法,健全网络平台的功能,线上线下做到同步,更好地满足互联网金融企业的要求。

(二)构建大数据征信保障机制

目前,我国约束互联网金融和大数据征信的法律法规仍不完备,客户对于自己的数据安全与否存在担忧,渴望有完善的保护机制来维护自身的数据安全。客户的隐私保护是关键,要想实现大数据的功能、凸显其优势,就必须做好用户的数据隐私保护,建立健全大数据保护系统。西方发达国家同样也将用户的数据安全作为最核心的要求,并已经在这方面颁布了相关法律法规来加以保障。放眼我国当下,在此方面还有所欠缺,《网络安全法》及相关法规和条例尽管对网络信息安全做出了规定,然而奖惩方式却没有说明。大数据已经是大势所趋,信用信息的来源者、运用者和征信单位都有着各自的目标,信息的来源主体希望能够在保障自身数据安全的前提下,享受到金融服务;信用信息的运用者希望获取有效的征信信息,帮助企业做出准确的决定;征信单位的目的是获取海量的多种来源的数据,并通过进一步分析得到准确有效的信用报告,从而将其出售盈利。这三者相互依存、相互制衡、相互竞争。所以,在大数据广泛推广的背景下,不仅要注重用户数据的保护,而且要使三者的利益达到均衡,进而降低不稳定性产生风险的概率。因此,在数据安全保护方面制定相适应的法律法规是监管部门的重要任务。

在大数据不断发展的大背景下,个人数据的获取已经较为简单,难点在于对数据进行整合、处理,在这些过程中,信息往往更容易被窃取。政府可以将个人隐私信息按照私密等级和信息的关联度进行划分归类,同时指明企业运用个人信息的权限加以明确的界定并制定标准,在法律层面对大数据征信公司的权利和义务进行明文规定。对于违反客户信息保护条约的要依法严惩,以增强警示作用。除了法律上的保护,在技术上也要做出努力,要创建更加安全有效的数据保护机制和系统,在数据收集、传递和运用的全程提供完备的保护。

针对互联网金融大数据安全,监管部门也需要设立专门的隐私监管部门,对客户数据从采集到运用的每个步骤进行深入的分析研究,进而针对每个流程制定保护方案,进一步保障数据的安全。与此同时,行业自律对于数据安全也十分重要,需要加大相应的投入。

(三)强化社会对大数据和征信的认知

首先,提升金融管理部门的权威性。对于金融监管机构来说,一方面要对相关的法律法规进行宣传,另一方面对于自身的权威性也需要进一步提升。基于大数据的征信风险控制模式,使得传统征信模式存在的信息不对等的问题得以改善,使得资金的借贷更加安全合理,使得道德风险的大小显著降低。大数据征信还有助于加强对失信行为的发现和惩处,方便了金融管理部门的工作。因此,金融管理部门应当制定相关政策来促进大数据征信的推广和进步,鼓励金融企业开展大数据征信。同时,可以在提升金融管理部门自身权威性的基础上，在官方网站对大数据互联网金融征信进行宣传，使得大数据征信的风险控制获得更广泛的群众认知基础，促进大数据征信业务的开展。其次，通过互联网金融企业加大宣传。近年来，信息技术的巨大进步不断推动着互联网金融在全球范围内快速发展，在当下的信息时代，大数据在互联网金融风险控制中的运用实践越来越多，相关企业和产品的数量和品质也在不断提升，被广大群众所关注和使用。然而，大数据征信的对象不仅仅是互联网金融企业，还包含传统金融相关单位以及广大人民群众生活的方方面面，在信息量和种类上已经不局限于互联网金融行业，所以要想广泛地推进大数据在互联网金融征信中的运用，就必须加大宣传力度，让广大群众切实了解大数据征信的意义和作用。

（四）增强政府对大数据征信业的监管

首先，传统的监管制度已经不能满足大数据征信的要求，需要开拓和制定新的监管制度和标准，要准确把握大数据征信的特点，制定与之相适应的规章准则，从而更好地规范大数据征信行业的服务。

其次，一方面要在大数据的采集、筛选、分析上加大监管力度；另一方面，还要重视对大数据征信最终信用评估的监管，对违约行为进行明确的暴露，准确掌握征信对象的行为特性和变化过程，判断其信用趋势和特征，进而在短时间内对其信用水平进行准确的评估，从而降低风险发生概率。此外，大数据征信监管人员也被时代赋予了高标准和严要求，需要拥有扎实的互联网金融和大数据的知识功底，强化监管的同时还要不断培养相关人才，保证今后监管工作的持续高效开展。

最后，要努力将对互联网征信的监管者扩大到所有群众，促进全民监管的氛围，这样一来，一方面可以使得相关数据资源得以共享，让数据透明化程度更高、监管更加有效；另一方面，也会增强市场的活力，使得互联网金融参与者、媒体、人民群众成为监督者，充分发挥社会监督的优势。要使大数据征信又好又快地发展，除了正面的激励和扶持之外，还需要监管和惩戒的约束。

征信行业的发展对于金融业至关重要，征信系统的应用和推广也有效解决了金融机构信用管理的诸多信息问题，整个行业的良序发展有利于推动消费金融的发展和信贷市场的健康发展。征信行业的发展还可以进一步提高企业和个人的信用意识，在全社会形成有效的激励约束机制。与此同时，大数据等诸多金融科技的发展为传统的金融行业带来了利好和变革，一方面可以最大限度地解决用户的信息需求，加速数据的处理速度、提高数据的处理能力；另一方面，大数据行业的应用可以有效地跟踪客户行为，进一步提升广大群众的消费体验，同时防止金融诈骗等事件，有效评估金融风险。

在大数据技术下，新的征信业走向是当前诸多市场主体未来所面临的格局，如何合理运用大数据技术来进一步完善和塑造企业征信和个人征信的发展，将在很大程度上决定征信中心可持续发展能力和水平的提高,有利于进一步建设征信系统,涌现出更多优质高效的征信产品和服务,推动我国金融体系的稳定和社会信用环境的改善。

第五节 案例分析

案例一:大数据背景下我国互联网征信问题研究——以芝麻信用为例

(一)案例背景

随着互联网金融业的快速发展,传统征信在数据来源、应用场景、覆盖面上明显滞后于互联网征信,互联网征信以数据来源广、采集成本低、覆盖面广、评估结果动态等受到市场主体的青睐。此外,互联网金融的快速便捷使得越来越多的市场主体参与其中,但互联网金融行业尚处于初步发展阶段,在数据合规性、技术实力、标准业务模式等方面难以达到央行征信体系的基础性要求,因此,只能通过市场化的渠道获取急需的征信数据资源,由此催生了大量的互联网征信需求。

2015年末,我国网贷行业总体贷款余额约4 300亿元,行业坏账规模达645亿~860亿元,不良率达到15%以上。在互联网金融快速发展的背景下,为了降低不良贷款率和信贷市场的交易成本,对互联网征信的需求将不断扩大。此外,为了刺激和引导消费,许多商家所提供的优质优惠服务仅针对达到标准信用分的用户,倒逼用户增强对信用的关注,使用户对互联网征信的需求不断增加。

(二)案例介绍

芝麻信用是阿里巴巴蚂蚁金服旗下的征信机构,其通过采集大量互联网信息,并运用大数据及云计算技术进行数据处理,客观表现个人信用状况,提供的信用产品主要有芝麻信用评分、芝麻认证、芝麻信用报告、风险名单库和芝麻评级等。

1. 数据收集

芝麻信用拥有较为丰富的数据来源,主要可分为阿里体系内数据、外部数据和用户提交的数据(参见表14-2)

表14-2 芝麻信用数据来源

阿里体系内数据	电商平台:淘宝、天猫、聚划算等电商平台拥有3亿多用户信息; 互联网金融:蚂蚁金服旗下的支付宝、余额宝、保险和理财以及阿里小贷; 娱乐业务:影视、游戏、音乐等
外部数据	与阿里达成合作协议的公共机构所提供的数据,如公安网、酒店等; 同意与芝麻信用交换信息的国内主流P2P平台,其提供自身网络信贷信息
用户提交的数据	个人信息完善,包括实名认证、资产证明和工作证明收入等

从表 14－2 可知,芝麻信用的数据来源不仅拘泥于用户的个人财务信息,而且涵盖了海量的网络信息,例如电商数据、社交平台数据以及网贷平台的大量碎片化数据,有效补充了传统征信的单一信息采集渠道。通过对这些数据进行分析处理,能够预测用户的信用交易风险和偿还能力,对个人的信用状况做出更加全面的评价。

2. 技术处理

芝麻信用的数据从采集到生成结果,使用的是阿里巴巴通用的大数据平台,该平台通过多维度的因子和数据分析,建立复杂模型进行综合计算,得出芝麻信用分。该平台主要由以下三个层次的业务组成:(1)阿里云业务。阿里云是阿里巴巴的核心技术平台,提供数据采集、储存和处理的基础设施服务,它有着规模庞大的服务器;(2)数据平台事业部,提供对收集的数据进行结构化处理的"数据清洗"工作,使收集的数据可以被用来分析;(3)商业智能部,对清洗后的数据进行分析,供各个业务部门使用。

3. 评价模型

信用评价结果是以芝麻信用分(以下简称"芝麻分")来直观呈现的,芝麻分是根据用户互联网行为信息进行加工、整理、计算后得出的信用评分。芝麻信用参考了国际通用信用评级模式（如美国著名的 FI-CO 评分）,将海量的个人用户征信数据经过模型的分析计算得出芝麻分。芝麻分的区间是 350～950,分数由高至低共分为 5 个信用等级,具体信用等级划分见表 14－3。分数越高,代表用户的信用风险越小。

表 14－3　　　　　　　　　　　　芝麻分的信用等级划分

评分区间	信用等级
700～950	极好
650～700	优秀
600～650	良好
550～600	中等
350～550	极差

基于互联网行为的"5C"模型（品质、能力、资本、社交、条件）,芝麻信用结合自身信息采集渠道,将芝麻分的评分依据分为五大维度,分别为信用历史、行为偏好、履约能力、身份特质和人脉关系。每个维度的权重和具体内容见表 14－4。

表 14－4　　　　　　　　　　　　芝麻分评分依据

维　度	权　重	内　容
信用历史	35%	以往的履约记录,用户在以往发生的债务活动中的表现,主要是以往信用卡的还款记录及信用账户历史

续表

维度	权重	内容
行为偏好	25%	用户消费、交款、转账、理财等活动中体现出来的特点及偏好
履约能力	20%	综合考虑用户的资产信息和各类信用服务来判断用户履约能力,此信息包括社保公积金缴纳、动产及不动产、预订酒店后是否按时到店等
身份特质	15%	用户的年龄、性别、职业、家庭状况、收入水平等基本信息,以及用户实名消费行为(如酒店、机票、保险等消费)
人脉关系	5%	综合考虑用户在人际往来中的影响力、好友的信用等级和用户与好友的互动度

用户的芝麻分通常会作为阿里产品与合作伙伴对用户某种资质的审核参考,只有在用户芝麻分达到一定分数时,才能享受特定服务,所以用户可以通过坚持"芝麻习惯"、完成"芝麻任务"来进行信用提升。芝麻评分模型会根据用户的累计消费、信用情况每月更新一次,并给出提升芝麻分的建议。

"芝麻习惯"包括:(1)与生活缴费息息相关,包括按时缴纳水、电、气、物业等费用,充分体现个人信用;(2)多交信用好的朋友,以用户的人脉圈作为参考,间接判断用户的信用;(3)量入为出,花钱有计划,从用户的花钱方式来判断其是否能及时还款。

"芝麻任务"包括:(1)提交学历学籍,包括学校所在地区、院校名称、当前状态、学历和入学时间,以此获取用户的基本信息;(2)绑定企业邮箱,绑定用户所在单位的个人邮箱,以此评估用户是否有稳定的工作以及对用户收入进行估计,输入邮箱地址后系统会自动发一封校验码邮件,输入校验码才能完成绑定操作;(3)录入车辆信息,将个人用户车辆品牌、车型和车牌号信息输入系统,以此粗略评估用户的消费水平和资产状况;(4)绑定职业信息,这项任务是将个人用户的芝麻分与部分商务社交软件进行绑定,以此获取用户的职业和人脉信息,这类软件有领英、钉钉、名片全能王、脉脉和赤兔等;(5)查看公积金,通过用户所缴纳公积金的情况,反映用户的履约能力。

综上所述,信用不可能在一日之间迅速提升,而是需要一朝一夕的数据积累,所以芝麻信用的标语是"点滴珍贵、重在积累"。

案例思考题

简述芝麻信用成功的经验。

案例二:大数据与征信——以山西省为例

(一)案例背景

征信行业的发展对于金融业至关重要,征信系统的应用和推广也有效解决了金融机构信用管理的诸多信息问题,整个行业的良序发展有利于推动消费金融和信贷市场健康发展。与此同时,征信行业的发展也可以进一步提高企业和个人的信用意识,在全社会形成有效的激励约束机制。大数据等诸多金融科技的发展为传统的金融行业带来了利好和变革,一方面可以最大限度地解决用户的信息需求,加速数据的处理速度、提高数据的处理能力;另一方面,大数据行业的应用可以有效跟踪客户行为,进一步提升广大群众的消费体验,同时防止金融诈骗等事件,有效评估金融风险。

在大数据技术下,新的征信业走向是当前诸多市场主体未来所面临的格局,如何合理运用大数据技术来进一步完善和塑造企业征信和个人征信的发展,将在很大程度上决定征信中心可持续发展能力和水平的提高,有利于进一步建设征信系统,涌现出更多优质高效的征信产品和服务,推动我国金融体系的稳定和社会信用环境的改善。

(二)案例介绍

2003年以来,山西省围绕建设"信用山西",成立了"信用山西"建设领导组,出台了信用体系建设的若干政策措施,这对提高全省信用意识、建立信用奖惩机制、创造良好的信用环境和投资环境具有重大意义。

1. 征信体系建设取得一定成效

(1)构建了全省社会信用体系制度框架。2014年,依据国家《社会信用体系建设规划纲要(2014—2020年)》,以省发改委和人民银行太原中心支行为牵头单位,山西省建立了涉及公检法、教育、科技、环保、交通等41个部门和机构的山西省社会信用体系建设联席会议制度,形成了以山西省社会信用体系建设联席会议办公室为主办单位,以山西省信用信息管理中心为承办单位的征信组织架构。先后推动出台了《山西省社会信用体系建设规划(2014—2020)》《山西省人民政府关于加快社会信用体系建设的指导意见》等10余部政策性指导文件,为全省社会信用体系建设构建了制度框架。

(2)搭建了信用信息服务平台。依托省级信息共享平台和"信用山西"网站,建立健全了全省"守信激励、失信惩戒"的社会信用管理机制,实现了部分部门之间社会信用信息的互联互通和共享,基本建成了集采集、加工和查询服务于一体的信用信息系统,涵盖个人和企业的基本信息、金融信贷信息、证券和信托投资信息、外汇信息、投保信息、融资租赁信息、为他人或企业提供担保的信息、社会保险信息、公积金信息、企业环保信息、缴税欠税信息、公检法的民事裁决与执行信息等,较完备的信用信息库为建设山西社会诚信体系提供了基础支撑。

(3)推动了农村信用体系的建设。山西作为一个农业大省,其农村地区的信用体系建设也是全省信用体系组成中非常重要的一部分。山西省已建成中小微企业和农村信用信息平台,依托该平台,创新了农村地区的信贷模式,信用主体凭借个人或企业信用即可进行免抵押、免担保模式的贷款。农村信用体系建设促进了农村金融体系的发展，缓解了农村地区融资难、融资贵和融资慢的问题，对农村普惠金融和精准扶贫也起到了促进和支持作用。

2. 征信市场发展日益规范

山西省针对征信业务和征信市场的发展制定了严格的监管制度，如《山西省企业征信机构管理办法》《山西省企业征信机构备案办理工作流程》《山西省征信管理突发事件应急预案》等，规范和完善了征信机构与征信企业从事征信活动的行为条例。对地方性金融机构提交到征信查询管理系统中的数据质量进行动态监督，对违规查询个人信用报告进行监控，对泄漏信用数据等违法行为依法追责。针对信用主体对信用信息可能存在的异议情况，完善了征信异议处理机制，为信用主体提供了个人征信异议处理方法。对银行系统开展征信业务中存在的问题，如合法合规获取、加工和使用信用数据以及在使用中保障信用数据安全等，进行专项培训，明确岗位职责，提升人员素质。针对信用评级，修订了与信用评级有关的章程，如《山西省评级机构总经理联席会议章程》《行业自律公约》和《收费标准公约》等行业自律文件，号召信用评级行业加强自律管理，公正合法执业。

山西省打出这一系列的征信监管"组合拳"，为维护地区金融稳定、防范金融风险、保护信用主体权益、规范征信市场发展奠定了坚实的基础。

3. 征信查询服务快速发展

信用信息在越来越多的场景中得到应用，无论是银行信贷、消费贷、网络信贷等贷前贷中管理，还是政府机关、社区招聘等，都可能查询信用信息。山西省提供的基于互联网的信用报告查询服务于 2015 年 6 月开通，拥有山西省居民身份证的个人可凭借身份证在网站（https://ipcrs.pbccrc.org.cn）上查询个人信用报告。人民银行太原中心支行统计显示，2017 年 1 月到 2018 年 7 月，全省的征信查询服务统计为：企业累计查询 28.54 万次，个人信用报告累计查询 1 600 万笔。

为进一步提高征信查询的便利性，自 2019 年 1 月 28 日起，山西省个人信用报告自助查询代理服务正式启动。自此，市民可以通过刷身份证或"刷脸"，即可在太原新设立的 12 个首批自助代理查询网点查询、打印个人信用报告。

2020 年 1 月，随着央行二代征信系统的上线运行，山西省一百多个查询网点开始提供二代信用报告查询服务。

本章小结

本章首先简单描述了大数据征信的含义、产生背景和数据来源等一些理论知识，通过阐述我国征信体系在大数据时代的建设现状，指出大数据对于征信产生的影响。其次，通过介绍台州、厦门、苏州三地经验来说明大数据在我国征信业的应用已经取得相当成果。大数据时代的来临使得我国征信数据来源更加广泛且具时效性,给征信业的发展带来了一定的促进作用,但同时大数据的存在对于信息安全、隐私保护以及征信的监管也都提出了更高的要求。本章还通过定量和定性两种方法来说明个人信用体系评估模型是如何构建的,并且就大数据如何推动征信业发展提出了相应的对策。最后,通过具体的案例分析来更好地理解大数据给征信业带来的影响。

思考题

1. 简述大数据对征信业的主要影响。
2. 如何利用大数据不断地促进我国征信业的发展?
3. 简述大数据在我国征信业的未来发展方向和趋势。

第十五章　大数据与金融监管

随着互联网、大数据和人工智能等新兴信息技术在金融行业的广泛应用,金融新业态、新模式层出不穷,传统的金融监管模式已经难以满足及时性、有效性和穿透性的要求。与此同时,新技术的快速发展也为金融监管发挥更大效能提供了一个良好的契机,信息技术尤其是大数据,将会重塑未来金融监管。为此,本章对大数据原理在金融监管领域的实践进行了深入分析,提出了大数据在金融监管中的应用思路。

第一节　金融监管概述

一、金融监管的定义

金融监管是政府通过特定的机构(如中央银行、证券交易委员会等)对金融交易行为主体做出某种限制或规定。本质上是一种具有特定内涵和特征的政府规制行为。金融监管可以分为金融监督与金融管理。金融监督是指金融主管当局对金融机构实施的全面性、经常性的检查和督促,并以此促进金融机构依法稳健地经营和发展。金融管理是指监管部门在企业的市场准入原则、业务范围、组织架构、风险防范及管理等方面对其进行相应的约束,倡导积极引导和规范监管,目的是降低市场信息不对称、保护市场运营者利益、减少垄断、为经营者提供改善业绩的激励措施以及促进市场交易的公平竞争等。

金融监管部门的监管工作一般可以围绕三个经典话题展开,即维护金融稳定性、保护消费者利益和警惕垄断行为的威胁。关于监管的理论基础,各国学者有许多不同的想法。监管模式是监管机构控制金融市场的有效执行手段,监管机构显然也受到既定的法律环境的约束。此外,监管机构因各国法律被赋予了一定的监管权力。作为金融市场基础设施的一部分,为了维护金融市场的正常运作,实施了一系列手段,包括实行合同法、规范执法程序、统一会计做法和估值标准、推行审慎监管、有效监督、适当披露的监管原则和建立运作良好的支付和结算系统等。

二、金融监管的对象及监管内容

金融监管的传统对象是国内银行业和非银行业金融机构,但随着金融工具的不断创新,金融监管的对象逐步扩大到那些业务性质与银行类似的准金融机构,如集体投资机构、贷款协会、银行附属公司或银行持股公司所开展的准银行业务等,甚至包括对金边债券市场业务有关的出票人、经纪人的监管等。实际上,一国的整个金融体系都可视为金融监管的对象。

金融监管的主要内容主要包括:对金融机构设立的监管;对金融机构资产负债业务的监管;对金融市场的监管,如市场准入、市场融资、市场利率、市场规则等;对会计结算的监管;对外汇外债的监管;对黄金生产、进口、加工、销售活动的监管;对证券业的监管;对保险业的监管;对信托业的监管;对投资黄金、典当、融资租赁等活动的监管;等等。

其中,对商业银行的监管是监管的重点。目前较为普遍的分类是将银行监管分为市场准入监管、市场运营监管、市场退出监管等。

(1)市场准入监管。市场准入监管是指银行根据法律、法规的规定,对金融机构进入市场进行管制的一种行为。按照经济学的含义,一个行业机构数量的变化对行业的发展有着重要的影响。市场准入监管主要有以下几个方面:对机构的审批、对注册资本的审批、对高级管理人员任职资格的审批以及对业务范围的审批。

(2)市场运营监管。市场运营监管是指对银行机构日常经营进行监督管理的活动。目前,市场运营监管任务更重、责任更大。概括来说,市场运营监管的内容主要包括:银行机构资本适度和资本构成、资产质量状况、支付能力和盈利状况等。

(3)市场退出监管。市场退出监管是指对有问题的银行进行兼并重组、救助,或者进行倒闭清算,对经营管理有问题的银行以及发生支付危机、倒闭或破产的银行机构,监管机构就要采取一定的措施。

三、金融监管的本质及意义

一个国家的金融体系是由各种机构、市场、工具和经营者组成,它们在同一个经济体中相互作用,提供金融服务。同样,这个体系也是一个由各种机构组成的集团,并将金融服务交到合适的客户手中,这些服务包括资源调动、分配、金融中介、外汇交易等。综上所述,金融体系只是在一个经济体的金融基础上的一种系统安排,为各机构、市场、工具和经营者之间提供金融服务的互动铺平了道路。金融监管是一个棘手的问题,没有一套普遍接受的理论或原则能够定义它,它是由政府或监管机构实施的具体规则或商定的行为,以控制和指导金融活动、实现预期目标。

金融监管的本质可以从上述定义中分解为以下几个部分：确保金融机构提供的产品和服务与现行法律和监管框架保持同步；使每个金融机构都能在监管部门的指导下，在法律和法规所界定的范围内进行活动；保护投资者和存款人免受金融机构的剥削；在市场运营商之间创造和维持公平的竞争环境。虽然银行等金融机构在日常经营中以盈利为目的，但金融服务普遍被视为公共利益问题。从这一阶段开始，金融监管成为金融体系效率和稳定（货币体系稳定）的枢纽。金融机构在调动储蓄、将国民储蓄转化为实际投资资本等方面发挥着关键作用。

金融监管成为缓解外部冲击、内部风险和信息不对称问题所导致的市场失灵问题的法宝，以树立人们对动荡环境下的金融体系的信心。为了实现预期的目标，可以通过稳定性、效率和公平性来评估金融监管手段和模式的效力。金融体系的稳定取决于结构和资本水平。而效率参数是金融市场集中度和金融服务范围扩张的函数。公平性的评估不仅涉及金融服务使用者能否从金融机构的市场操控行为中安全撤退，而且包括为行业中的参与者创造公平的竞争环境，使金融服务的客户或用户免受不法金融机构的侵害。虽然多年来金融体系的规模和复杂性都在增加，但其核心目的一直很简单，即在资本提供者和资本用户之间进行调解。

四、我国金融监管的改革方向

随着金融业的不断发展以及金融科技的发展，为了使我国的监管体制更好地适应金融业的需要，我国的金融监管改革有以下四个方向：

（1）更新金融监管理念。在世界金融全球化、集团化趋势日益明显的背景下，我国传统的金融监管理念应该有所更新，也就是要由严格限制金融机构的经营业务和经营行为向促进金融业竞争、促进金融混业经营的方向转变，由限制金融机构的合并转向鼓励金融机构之间的联合。特别是在从金融分业经营到混业经营的转变过程中，必然出现许多的金融创新，所以，金融监管当局应该早做准备、未雨绸缪。

（2）改进金融监管方式。这方面的重点是要实现由静态监管向动态监管的转变，时刻关注、控制、防范和化解金融机构的风险。首先，要将金融监管的重心由合规监管转向合规与风险并重监管。其次，监管机构应改变过去那种只注重事后化解或者只注重特定时点上的资产状况的做法，逐步做到注重事前防范、随时化解风险。再次，鼓励金融机构改善其内部控制体系，消除经营中存在的违规违纪现象，提高其防范风险的意识；同时，提高员工的素质，尽快掌握现代化的监管技术和方法，提高整体风险防范能力。最后，加强信息披露，监管当局应该按照市场原则监督金融机构，在审批的基础上，加强信息披露，强化对金融机构的市场约束力。

（3）完善金融监管体系。一方面，要进一步加强中国人民银行、国家金融监督管理总局、证监会的独立性,加大对违规机构及时发现、查处的力度;另一方面,在当前"分业经营、分业监管"的背景下,进一步强化监管机构之间已经建立的高层定期会晤制度,经常就一些重大问题进行磋商、协调;再一方面,对业务交叉领域和从事混业经营的金融集团,实施联合监管,建立监管机构之间的信息交流和共享机制。

(4)加强跨境金融监管的合作。根据《巴塞尔协议》的相关规定,对于跨境银行,母国监管当局和东道国监管当局应该进行合理的监管分工和合作。因此,我国应积极参加金融监管的国际性组织,广泛开展与相关国家的监管机构的双边及多边合作。我国可从国际交流与合作中学习国际上有效的监管经验和具体方法。

第二节 利用大数据加强对金融市场的监管策略

一、国内外监管经验分析

英美等国的大数据金融发展源于中小企业融资需求,因此对于P2P网贷、众筹融资等在立法时就充分考虑其存在风险,对此类大数据金融创新模式持鼓励和支持态度。英美等国的大数据金融监管体系主要是通过增补法律条文来完善现有金融行业监管法律体系,实现对大数据金融业态监管的目的。

(一)国外监管经验分析

1. 美国监管经验分析

通过对美国大数据金融监管体系框架分析发现,美国是最为典型的分业监管体制,其金融监管的覆盖面及深入程度是其他国家和地区所不能及的。美国现在的金融监管体系完善于2008年金融危机之后,金融危机的出现暴露了美国在金融监管法律及监管体制方面存在的弊端。美国于2010年通过了《金融监管改革法案》,该法案涉及美国金融业的多个方面,包括建立金融稳定委员会和消费者金融保护局。在互联网金融这一新业态出现之后,美国将互联网金融纳入现有金融体系中进行监管,并根据形势发展,创新监管理念,及时调整政策和法规,增添新的法律条例,以弥补互联网金融监管可能存在的漏洞,实现了传统金融监管与互联网金融监管的系统结合。

2. 英国监管经验分析

与美国大数据金融监管方式不同,英国是最为典型的金融统一监管体制。大数据金融业态中的P2P模式最早起源于英国,2008年金融危机之后在英美国家之外的市场上得到快速发展。大数据金融这一新型业态在2011年之前尚未引起英国金融监管官方的足够重视,因此英国的大数据金融监管最早一直由行业协会进行自我管理。2013年英国官方监管机构——金融行为监管局成立,正式开始了对大数据金融的监管,并将P2P网贷与众筹纳入金融监管范畴。行业自我管理在英国的监管体系中发挥着重要作用,行业管理与官方监管有机结合,共同实施监管。中国在进行大数据金融监管时,在一定程度上可以借鉴英国健全监管规章条例、完善信用体制建设、实行行业协会与政府监管相结合的监管方式。

(二)国内监管经验分析

1. 国内监管政策梳理

(1)互联网金融行业。2015年1月,中国人民银行发布《关于做好个人征信业务准备工作的通知》;2015年7月,中国人民银行等10部门联合发布《关于促进互联网金融健康发展的指导意见》;2015年7月,国务院发布《关于积极推进"互联网+"行动的指导意见》;2016年10月,国务院办公厅发布《互联网金融风险专项整治工作实施方案的通知》;2017年6月,互联网金融风险专项整治工作领导小组办公室发布《关于对互联网平台与各类交易场所合作从事违法违规业务开展清理整顿的通知》;2018年3月,银监会(现已改为银保监会)发布《关于加大通过互联网开展资产管理业务整治力度及开展验收工作的通知》;2018年6月,中国互联网金融协会发布《互联网金融协会营销和宣传活动自律公约(试行)》;2018年10月10日,"一行两会"联合发布《互联网金融从业机构反洗钱和反恐怖融资管理办法(试行)》。

(2)第三方支付。2010年,中国人民银行发布《非金融机构支付服务管理办法》;2014年4月,银监会、中国人民银行发布《关于加强商业银行与第三方支付机构合作业务管理的通知》;2015年8月,中国人民银行发布《非银行支付机构网络支付业务管理办法(征求意见稿)》;2017年12月,中国人民银行发布《关于规范支付创新业务的通知》《中国人民银行关于印发的通知》;2018年1月,中国人民银行发布《关于对非银行支付机构发起涉及银行账户的支付业务需求进行调研相关文件的通知》;2018年5月,中国人民银行发布《支付机构客户备付金集中存管账户试点开办资金结算业务的通知》;2018年11月,中国人民银行发布《云计算技术金融应用规范技术架构》《移动金融基于声纹识别的安全应用技术规范》。

(3)P2P借贷。2015年12月,中国人民银行发布《网络借贷信息中介机构业务活动管理暂行办法(征求意见稿)》;2016年8月,银监会发布《网络借贷信息中介机构业务活动管理暂行办法》;2016年10月,银监会发布P2P网络借贷风险专项整治工作实施方案;2017年2月,银监会发布《网络借贷资金存管业务指引》;2017年11月,中国人民银行发布《关于立即暂停批设网络小额贷款公司的通知》;2017年12月,银监会发布《网络小贷专项整治方案》《关于做好P2P网络借贷风险专项整治整改验收工作的通知》;2018年8月,中国互联网金融协会发布《关于报送P2P平台借款人逃废债的通知》;2018年9月,国家互联网金融风险专项整治工作领导小组办公室发布《关于进一步做好网贷行业失信惩戒有关工作的通知》。

（4）股权众筹。2014年12月，证监会发布《私募股权众筹融资管理办法（试行）（征求意见稿）》；2016年10月，证监会发布《股权众筹风险专项整治工作实施方案》。

（5）互联网保险。2014年12月，保监会发布《互联网保险业务监管暂行办法（征求意见稿）》；2016年10月，保监会发布《互联网保险风险专项整治工作实施方案》。

2. 国内监管政策分析

2013年，中国大数据金融行业开始兴起，大数据、云计算等技术的快速发展为诸如第三方支付、众筹、P2P网贷、互联网理财等大数据金融创新业态迅速发展提供了技术支撑。与大数据金融行业繁荣相对应的是，原有的监管模式无法满足大数据金融监管需求，无法对整个行业实施有效监管，缺乏监管的大数据金融行业乱象横生，并积累了大量的风险。为了防止出现局部系统性金融危机，从2015年起，国家及地方监管部门出台相关管理与约束政策，开始了对互联网金融行业长达5年的整治期。

2013年首次将互联网金融行业纳入监管范畴，2014年对互联网金融平台定性并实施监管，在接下来的两年里，中国人民银行和国务院又发布了鼓励互联网金融创新发展与加强征信体系建设的文件，体现了政府对于互联网金融所持的谨慎态度。2017年和2018年又多次发布关于清理整顿违法违规业务和加大资产管理业务整治力度的通知，以及提出互联网金融从业机构反洗钱和反恐怖融资管理办法，充分体现了政府对于互联网金融的重视程度。

与其他互联网金融业态相比，第三方支付由中国人民银行监管，监管思路清晰、经营业务范围明确，因此第三方支付的监管较为成熟。面对第三方支付的不断创新，中国人民银行通过及时调整政策，发布相关通知，达到了有效监管。P2P行业是互联网金融业态中风险最大的领域，该行业的监管政策集中发布于2016—2018年。正是由于前期行业监管缺失，缺乏道德风险约束，违法成本低，机会主义盛行，当行业监管政策出台之后，加速了P2P行业问题的爆发，整个行业问题平台数量暴涨，大量中小投资者损失严重。股权众筹融资作为中小企业融资的创新模式。一直游走在灰色地带，2014年出台相关管理办法之后，对于股权众筹融资的立法等监管措施基本处于停滞状态，不利于股权众筹融资的良性发展。

现有的互联网监管体系是于2015年发布的《关于促进互联网金融健康发展的指导意见》，该意见提出了监管主体"依法监管、适度监管、分类监管、协同监管、创新监管"的原则。现有的互联网金融监管体系，监管主体仍有待明确，监管力度不统一，监管效果参差不齐，不同监管主体发布的监管办法缺乏系统联系，一定程度上阻碍了互联网金融行业的健康发展。大数据、云计算、人工智能等技术的运用，将会带来新一轮互联网金融创新浪潮，监管部门需要利用这些技术提升自身监管能力与水平，不断完善我国互联网金融监管体系。

二、大数据监管的优势和局限性

大数据的特征使得其应用于金融监管时的精确性、完整性和时效性远远高于传统的监管手段,为金融监管和风险预警提供了全新的手段。

(一)大数据监管的优势

1. 大数据的数据体量能够提高金融监管的精确性

传统的数据分析受数据量较小和处理能力不足的限制,通常只抽取总体数据的一部分(数据样本)进行分析。由于数据样本容量与数据总体容量存在差异,因此会造成样本的统计特性与总体的统计特性呈现一定的差异性,通过样本分析得出的结果未必符合总体的特征,准确度不高,一般需要采用多次采样。在金融行业,上述方法变得不再现实,而金融行业对分析结果的准确度要求极高。相关研究表明,即使数据分析的错误率在8%以下,对于投资决策、监管分析而言,该错误率仍然不可接受。

大数据的一个典型特点是样本即总体,分析基础即为总体数据,这将大大提高数据分析结果的准确性,提高了依靠数据分析作为投资分析、监督管理的可靠性。

2. 大数据的数据维度能够提高金融监管的完整性

在传统的数据时代,数据往往只能刻画一个主体的某一部分。以监管为例,银行领域的监管部门只掌握被监管主体在银行体系中的活动数据,证券领域的监管部门只掌握其在证券体系中的活动数据。传统的金融监管受制于数据资源有限、信息不对称等因素,只能依据几个主要指标对金融行业进行监管,监管措施存在片面性。而大数据提供的高效分析手段及数据整合理念,使得跨领域的数据共享常态化,再结合其他诸如互联网、移动互联网、物联网等产生的数据,使得金融监管部门能够刻画出一个主体完整的金融行为活动图,进而能够准确地定位风险。

3. 大数据的处理能力能够提高金融监管的时效性

当前信息技术广泛应用于金融行业,金融市场的相关数据无论是产生还是变化都很快速,对金融监管的时效性提出了很高的要求,必须在短时间内完成监测和预判,有些领域甚至要求实时动态监管。受制于监管成本高昂、监管技术有限等因素,传统的金融监管能够获得的数据存在一定的滞后性,导致传统金融监管难以及时开展。而借助于大数据,金融监管部门将实现监管渠道电子化,能够随时随地获取金融数据,及时监测金融行业的经营活动,实时快速地处理分析金融数据信息,大幅提高金融监管的时效性。

(二)大数据监管的局限性

1. 金融数据统计标准的不一致限制了大数据方法的运用

众所周知,规范一致的数据标准是对数据进行处理的首要前提,标准不一的同类数据之间是无法进行合并与比较的。在现行金融统计体系下,各国金融数据的统计口径存在较大的差异,使得诸如"短期债券""流动性资产"等同类统计数据无法进行合并与比较,进而也无法度量金融风险的跨国传递。在各国内部,传统的金融统计体系都是以问题为导向,并以监管当局提供的格式固定的表格为基础进行分类统计。以美国为例,各州以及联邦层面的不同监管部门的报表格式、统计口径以及数据涵盖的范围千差万别,这其中存在大量的交叉统计和重复统计。为此,如何按照规范、统一的标准对金融数据进行整合,是一个非常棘手的问题。支离破碎的金融统计体系限制了大数据方法的应用,使得各国监管部门目前尚无法从全球金融体系的高度分析和监测系统性风险。

2. 私人金融机构使用金融数据基础设施的激励不足

美国自20世纪90年代率先进入信息时代以来,大数据的理念和相应的技术便逐渐在公共管理、市场营销、物流运输等各个行业广泛应用。美国很多大型跨国金融机构很早便开始探索数据库建设以及相关方法的开发与运用,以便在激烈的市场竞争中占得先机。因此,美国的大型金融机构大多建有较为完善的内部数据库和相应的数据标准,如花旗银行的内部数据库涵盖了近百年的微观金融数据。由此产生的问题是,美国金融监管当局出于加强宏观审慎监管的需要而大力推动数据基础设施以及相关数据标准的推广,使得传统的金融机构面临着自身数据库与数据基础设施的对接以及数据标准的转换问题,这不仅需要大量的人力物力投入,而且涉及大量复杂的技术细节。这意味着各大金融机构可能需要放弃沿用已久的分析范式和方法,或者对正在使用的信息系统进行升级改造。由此可见,如何通过市场化的方式弥补私人部门需要付出高昂的沉淀成本,进而提高其使用公共数据基础设施的积极性,是美国金融监管当局在改革金融统计体系和推广大数据方法过程中面临的一项挑战。

3. 大数据方法的运用面临着隐私保护与信息安全问题

大数据技术在其他行业的运用所反映出来的一个重要问题是,使用事无巨细的海量微观金融数据很容易越过保护个人(机构)隐私权的法律边界。美国在探索大数据监管的实践过程中同样面临这一问题。以金融市场法人实体识别码(LEI)的推广为例,美国金融研究办公室认为LEI的信息报送准则中应包含金融机构的股权结构信息,以便于金融监管当局和金融机构更好地研究金融风险的网络效应和识别交易对手风险。然而,从法律上看,股权结构是对冲基金等非上市金融机构的内部信息,现行公司法支持非上市金融机构保护内部信息隐私权。如何解决这一矛盾目前尚无良策。维护信息安全是金融数据基础设施建设和使用大数据方法的前提,目前的大数据管理主要依托云技术,即海量的微观金融数据被分别存储在不同的服务器并通过云服务共享,一旦云端服务器被攻破或被病毒入侵,将对金融市场产生难以估量的负面影响。

因此，目前美国在进行大数据技术开发和测试时，对于微观金融数据的使用是相当谨慎的，并不对外开放。消除信息系统的安全隐患是应用大数据技术需要突破的一个技术难题。

4. 大数据分析的自身局限性

（1）数据本身的局限性。将大数据技术应用于监管的根本限制在于，数据分析只能告诉我们一些有关生成数据的环境的信息。为了使用可用的数据来分析不同的环境，监管人员需要借助理论，将实际观察到的数据与可能在不同环境中观察到的数据联系起来。这一限制对宏观审慎监管尤其重要，因为宏观审慎监管将会影响金融体系面临的激励措施，监管部门得到的仅仅是数据，如何进行政策、如何规划仍需要理论研究。

（2）数据质量参差不齐。即使在大数据时代，数据质量也很重要。大数据的最大问题来源于数据质量的影响。由于数据生成、获取的过程与方法各不相同，因此得到的监管数据和信息真假难辨。同时，由于监管工作的业务复杂，因此监管工作人员在构建数据存储平台时，难免产生数据质量问题。有些数据平台由于数据来源不可靠，或者获取手段有问题，因此导致用户对数据的质量（包括有效性、准确性、及时性、合理性、完整性）产生怀疑。

三、大数据运用于金融业风险监测的实践

（一）大数据运用于金融业风险监测的国际实践

金融系统具有信息化程度高、数据维度多、数据质量好和应用场景多等特点，其涉及的账户、交易、价格、投资、风险防控等都是重要的数据源，是大数据的生产者。金融风险监测作为金融行业发展的永恒主题，是大数据在金融系统应用的重要领域。各国金融监管机构高度重视大数据的采集，积极采用大数据相关应用监测风险。国际清算银行金融稳定研究所（FSI）将金融风险监测分成两个部分：数据收集和数据分析。在数据收集阶段，通过大量数据初步整理自动生成监测报告；在数据分析阶段，利用大数据等技术进行紧急风险识别、重大风险预测等。

1. 监管主体对金融系统的风险监测

对于资本市场风险监测，美国金融业监管局（FINRA）建立 SONAR 系统收集资本市场、新闻舆论数据，用于检测内幕交易和误导交易者行为；美国证券交易委员会（SEC）建立 MIDAS 系统，每天从全美 13 家股票交易所收集约 10 亿条微秒量级的交易记录，并具备对数以千计的股票在过去 6 个月甚至 12 个月内的交易情况进行即时分析的能力；澳大利亚证券投资委员会（ASIC）建立 MAI 系统，收集澳大利亚一级、二级市场实时数据，提供市场异常监测和实时报警；英国金融行为监管局（FCA）利用机

器学习的监督学习工具,对每天接收到的超过 2 000 万笔市场交易信息进行大数据处理,以发现市场操纵行为。

对于金融系统及业务风险监测,欧洲中央银行、美联储、英格兰银行等使用热图技术(HeatMap)分析潜在的金融风险。热图是在大量被监督机构日常数据和其他数据整理、分析基础上自动生成的辅助判断信息系统,充分使用了大数据可视化技术。

2. 金融企业对自身业务的风险监测

例如,恒丰银行建立了基于大数据的信用风险预警系统,在其自身业务数据基础上,从不同渠道收集诸如海关进出口数据、企业税务数据、统计局数据等多元化数据,运用机器学习完善风控体系。意大利银行通过汇总包括中央信用系统数据、非金融企业资产负债表数据等,探索使用机器学习进行贷款违约预测。荷兰银行以实时结算系统支付数据为基础,使用抓取主要特征的无监督学习方法,以检测银行流动性问题。

3. 基于国外经验存在的问题

基于外部监管的视角与国外应用经验,金融大数据风险监测也存在一定的问题需要解决。(1)信息噪声,各系统收集汇总的海量数据存在噪声,尽管大数据分析重相关性、重方向性,但是冗余、错误数据的存在使大数据分析的精准度受到较大影响,对监管部门的数据挖掘与清洗提出更高要求;(2)数据安全,金融的很多数据涉及隐私数据,大数据汇总、积累、挖掘有效解决了信息不对称的问题,但是也极大地影响了隐私保护,容易造成隐私数据泄漏。以上问题都需要从制度设计和完善法律体系的角度进行解决。

(二)大数据运用于金融业风险监测的国内实践

党中央、国务院高度重视我国大数据的发展和应用,将数据作为国家基础性战略资源,上升到国家战略层面。2015 年,国务院印发《促进大数据发展行动纲要》,旨在全面推进大数据的发展和应用,加快建设数据强国。大数据在监管方面的潜力也受到高度重视,2015 年,国务院办公厅发布《关于运用大数据加强对市场主体服务和监管的若干意见》,指出要"构建大数据监管模型,进行关联分析"。金融系统监管部门、市场主体积极践行,使用大数据加强监督管理、强化风险防控以及进行业务拓展。

1. 金融监管主体积极利用大数据开展科技监管

2017 年,中国人民银行专门成立金融科技委员会,强化监管科技(RegTech)应用实践,积极利用大数据、人工智能和云计算等技术丰富金融监管手段,提升跨行业、跨市场交叉性金融风险的甄别、防范和化解能力。2017 年,中国证监会启动监管科技 3.0 相关工作,旨在利用金融科技、监管科技,完善和提升监管手段。

2018 年,证监会在通过大数据等科技手段加强市场监管方面取得了四大成果:(1)正式印发了《中国证监会监管科技总体建设方案》;(2)组建了证监会科技监管专家咨询委员会;(3)进行监管科技3.0技术攻关工作;(4)启动了上市公司、拟上市公司、私募公司画像系统建设。2018年开始全面实施科技监管,利用大数据等科技监管方式对被监管金融主体进行实体画像、行为跟踪和风险分析。2018年,中国银保监会发布《银行业金融机构数据治理指引》,要求银行金融机构将数据应用嵌入业务经营、风险管理和内部控制的全流程中,以实现有效捕捉风险、优化业务流程、实现数据驱动银行发展。2019年,贯彻落实国家大数据战略、大力推动数据资源共享,集中力量建设监管大数据平台。

运用大数据技术改革我国证券监管方式是新一轮证券体制变革的重要题义,证监会目前已基本建成监管科技3.0的规章制度体系,这一监管体系的建立充分说明我国的证券监管方式已经初步完成了由传统向现代互联网大数据平台的过渡之旅。大数据监管科技的实现不仅体现了与金融科技的互融互通,更是证券监管机构应对证券违法违规行为的"亮剑之举"。

对于互联网金融等新金融模式,使用传统监管方式往往出现发现难、研判难、决策难、控制难和处置难的"五难"现象。有关专家建议利用互联网上公开的多元化数据源,包括工商数据、招聘数据、舆情数据、法院行为信息数据、客户反馈数据、投诉举报数据和监管机构数据等,使用大数据技术进行互联网金融业务风险监测,实现针锋相对的监督管理。人民银行、国家金融监督管理总局等相关单位积极推动利用大数据开展互联网金融风险监测。

据证监会相关人员介绍,截至2019年4月26日,证监会已经公布了40宗违法违规案件,这反映出大数据证券监管的系统性威力。在为大数据证券监管机制鼓掌的同时,我们也必须认识到,按照党的十八大以来"重大改革必须于法有据"的法治要求,这一监管机制的构建与实施应当遵循法治的轨道进行。

2. 金融企业积极利用大数据进行自身业务风险监测

工商银行积极探索大数据在风险管理领域的应用,基于大数据平台,建设统一的风险监控平台框架,形成客户风险画像,提供风险模型、计算引擎等风险服务,将风险管控和业务流程紧密结合,应用于各渠道及业务领域,并逐步拓展向行外提供风险信息服务。平安集团建立大数据仓库,将旗下证券、保险、信托等公司数据汇总起来,对诉讼、专利、舆情等重要信息进行量化,为其信用风险评估提供了坚实的数据分析基础。

3. 基于国内经验存在的问题

基于外部监管的视角和国内应用经验,金融大数据风险监测出现了一些与国外相比不同程度的问题。在信息噪声方面,由于国内数据治理的基础较弱,因此国内比国外面临更大的技术挑战;在数据安全方面,国内的数据安全相关制度建设比西方发达国家相对滞后;在数据开放方面,国内比西方发达国家,尤其是美国保守,因此,监管与辅助监管主体对金融企业业务数据的掌握不充分、监管数据相互不开放以及部门数据相互不共享,造成数据的多维性受到影响,限制了大数据分析作用的充分发挥。

4. 为大数据证券监管提供法制支撑的建议

(1)将大数据监管方式纳入《证券法》修订内容。2019年4月20日,《证券法》修订草案提请全国人大常委会第三次审议,三审稿的重点是根据股票发行注册制改革试点的进展情况,增加关于科创板注册制的相关规定。发行注册制的改革,其本质是放松证券领域的事前监管,但事前监管的弱化也会降低证券违法违规行为的门槛,因此强化以投资者保护为中心的事中事后监管措施必须同步而行,故大数据监管方式作为事中事后监管的重要手段和途径,应当在《证券法》修订中得到明确。

具体建议如下:①在国务院证券监督管理机构的职责中增加"依法采用大数据方式监测并防范、处置证券市场风险"的规定;②在监管机构有权采取的措施中纳入"电子数据取证"的内容;③在监管信息共享机制中明示"建立大数据监管平台"的制度目标。

(2)明确大数据证据的司法认定标准。在司法层面,此前的证券类行政案件中曾出现过证监会以"证券交易监控系统数据"为证据的情形,一时间引发司法实务界对于大数据证据性质的热议。根据现有的法律规定和司法实践,可以将大数据证据区分为以下两种类型:

第一种是基于大数据手段获得的电子数据证据,这些数据证据虽然依赖大数据方式获得,但本质上并没有改变证据电子化的性质。电子证据在我国修订后的三大诉讼法中均明确为独立的证据类型,因而其在诉讼法上的证据地位不存在争议。

第二种是利用大数据分析工具获得的分析报告,此类报告的基础来源于海量的电子数据,但与电子证据不同的是,这些报告往往是借助一定的机器算法运算形成的分析结论。对于这种大数据报告,现有的诉讼法并未做出独立的界定,但基于此类报告的专业性,将其归类于鉴定意见是比较合理的做法。这样既可以引导司法人员采取鉴定意见的审查标准认定证据效力,也能通过鉴定人出庭接受质询等方式保障当事人的诉讼权利。

(3)制定证券执法的大数据使用规范。在证券监管的执法领域,由于电子数据天然所具有的易篡改性,因而需要从数据收集和分析角度规范监管机关行政行为的合法合理性。①转变为执法依据所依赖的数据必须是完整的和全面的,而用于处理数据的技术、模型或算法也应当是普遍认可的,这样的大数据分析结果才具有充分的证明力和科学性;②监管机构对涉案数据的取证、保管、移送等步骤应当严格按照法律或相关规定的程序形成全程留痕的证据链条;③在监管数据的收集、利用、公示等方面,还必须合理限定大数据监管和个人数据保护之间的边界,防止过度监管给个人信息带来的不当损害。

第三节　大数据监管模型

一、大数据风险监管模型应用

(一)宏观监管模型

在2008年9月爆发的全球金融危机的推动下,以美国为代表的主要发达国家纷纷对本国的金融监管体制进行大刀阔斧的改革,强化宏观审慎监管进而监控和防范系统性金融风险成为改革的重点。

2010年美国颁布的《多德-弗兰克法案》将加强宏观审慎监管确定为美国金融监管改革的主要目标之一,而全面强化对微观金融数据的收集和分析则成为一项重要议题。根据该法案的授权,美国成立了金融稳定监管委员会(FSOC)以及金融研究办公室(OFR),并明确了金融研究办公室的主要职责是向金融稳定监管委员会和社会公众提供高质量的金融数据、统一的数据标准以及深入的研究,以维护美国金融体系的稳定。在金融研究办公室的主导和推动下,美国在微观金融数据整合以及大数据技术的应用方面进行了一系列的探索与尝试。

1. 金融机构识别方案的提出与推广

2010年11月23日,美国财政部金融研究办公室发布了一份题为《关于金融合约中的法人识别问题的声明》的文件,首次提出为金融市场构建一个标准化的法人实体识别码(Legal Entity Identifier,LEI)系统的设想:为每一家参与金融市场交易的法人实体分配一个独一无二的身份识别码,并制定一套标准化的数据报送准则;在美国境内参与金融交易的各方须严格按照这一准则及时提交并更新相关信息。这一身份信息的报送、识别和共享系统被命名为LEI系统。2012年以来,美国借助G20平台大力推动全球金融市场LEI系统的建设。

全球金融市场LEI系统的特点可以概括为以下几个方面:

(1)全球化。如前所述,美国最初的设想是率先在本国建成这一系统。但实践证明,由于各国的金融市场和金融交易已经高度全球化和一体化,因此LEI系统作为一种公共产品,只有实现对参与全球金融交易的法人机构的全覆盖,才能真正发挥身份识别和监测系统性风险的作用。因此,2012年以来,美国利用G20平台大力推动全球金融市场LEI系统的建设。LEI系统将成为一个真正意义上的全球金融信息收集和分享平台。

(2)一体化。由于任何参与金融市场交易的法人实体都将被纳入LEI系统,因此该系统打破了银行、证券、基金和保险等传统金融的各个子部门之间的界限。这将使得跨部门的风险管理在技术上变得可行。例如,在LEI系统下,一家商业银行可以准确地计算自身在不同金融部门以及与不同交易对手的风险敞口;而金融监管部门也能够比较清楚地评估不同子部门之间的资产和负债关系,并对系统重要性金融机构单独实施审慎监管。

（3）公开化。LEI 系统一个显著的特点是其公开性和透明性,即任何获得 LEI 编码的法人机构都可以通过该系统获取其交易对手的相关信息,如公司名称、地址、工商注册信息特别是所有权结构等。公开性和透明性确保 LEI 系统成为一项重要的金融公共"基础设施",而不会成为某国或某个私人组织谋取私利的工具。

LEI 系统作为一个真正意义上的全球金融信息收集和分享平台,涵盖了参与金融市场交易的全部法人实体,从而打破了银行、证券、基金和保险等传统金融的各个子行业之间的界限,使得跨行业的风险管理在技术上变得可行。由于任何获得 LEI 编码的法人机构都可以获取其交易对手的相关信息,因此该系统具有显著的公开性和透明度。全球金融市场 LEI 系统的建设得到了主要发达经济体的支持。目前,该系统的运行中枢——监管监察委员会（ROC）共有 66 个成员机构,有 26 个国家地区已经建成了与 ROC 对接的本地运行体（LOU）,并开始进行编码申请受理和数据维护工作。截至 2022 年 3 月,全球发码总量超过 205 万个。美、欧主要发达国家和地区已经开始在相关领域的金融监管中推广 LEI 编码的应用,新加坡、日本以及中国香港也在酝酿类似的制度安排,见表 15－1。进一步扩大 LEI 编码的应用将成为未来国际金融监管领域的重点工作。

表 15－1　　主要发达经济体 LEI 系统建设的进展

	监管当局	生效日期	新数据规则的适用范围
明确要求使用 LEI 编码	美联储	2014 年 11 月 3 日	美国和外国金融控股公司向美联储提交的年度报告和组织结构变动报告
	美国保险监督官协会（NAIC）	2013 年 3 月 31 日	美国保险公司提交的季度和年度投资报告
	美国商品期货交易委员会（CFTC）	2012 年 3 月 13 日	所有向数据中心报备的互换交易记录
	欧洲保险与职业养老金管理局（EIOPA）	2014 年 12 月 31 日	向该机构提供的全部报告
	欧洲证券与市场管理局（ESMA）	2014 年 2 月 12 日	所有向数据中心报备的互换交易记录
		2014 年 1 月 1 日	另类投资基金（AIF）提交的年度报告
	加拿大证券管理委员会（CSA）	2014 年 10 月 31 日	所有向数据中心报备的互换交易记录
	澳大利亚证券和投资委员会（ASIC）	2013 年 10 月 1 日	所有向数据中心报备的互换交易记录
	新加坡金管局（MAS）	2013 年 10 月 31 日	所有向数据中心报备的互换交易记录

续表

	监管当局	生效日期	新数据规则的适用范围
建议使用LEI编码	美国证券交易委员会（SEC）	2015年6月15日	信用评级机构的信息披露报告
		2014年10月14日	货币市场基金提交的月度N-MFP报告
		2012年3月31日	私募基金提交的季度和年度报告
		2011年9月19日	投资咨询公司提交的ADV年度报告
	美国市政证券规则制定委员会（MSRB）	2014年8月10日	市政证券相关交易方提交的A-12注册报表
	美国商品期货交易委员会（CFTC）	2012年6月26日	商品期货交易相关方提交的年度报告
		2012年3月31日	私募基金提交的季度和年度PQR报告
		2014年2月18日	期货交易的清算商、各清算方以及外国经纪商提交的所有权结构报表
	欧洲银行管理局（EBA）	2014年1月29日	所有欧盟国家的银行提交的监管报告
即将推广	欧洲证券与市场管理局（ESMA）	—	信用评级公司提交的报告 市场交易数据报告
	美国消费者金融保护局（CFPB）	—	依据《住房抵押贷款信息披露法案》提交的相关材料
	美国证券交易委员会（SEC）	—	所有向数据中心报备的互换交易记录

资料来源：根据美国金融研究办公室2014年年报以及各监管当局官方网站提供的资料整理。

2. 金融产品识别方案

自2013年以来，美国金融监管当局开始探索金融工具（产品）的编码与识别的可行性和具体方案。众所周知，条形码等标准化编码技术早已被成功地运用于物流管理和企业质量监控等众多领域。理论上，如果能够建立一个标准化的金融机构和金融产品编码系统，那么就能够在金融市场中构建一个金融机构之间相互联系的网络；同理，也能够在极其复杂的衍生金融链条中，追踪衍生金融产品的原生资产，从而实现对金融风险的跨行业乃至跨国的监控和动态管理，进一步提高金融市场的透明度和有效性。2013年11月，美国联邦储备银行费城分行以工作论文的形式探讨了从宏观和微观两个层面构建一个标准化的金融工具数据库的可行性和具体步骤，并阐明了金融工具识别的重要意义，从而为金融产品的识别问题提供了比较清晰的分析框架。同年12月，美国金融研究办公室提出了构建一个标准化的住房抵押贷款识别码（Mortgage Loan Identifier）系统方案。具体来看，住房抵押贷款市场在美国金融体系中具有特殊而重要的地位，其一端为美国家庭部门70%的负债——原生的房地产抵押贷款；另一端则为资产证券化后的各类衍生金融产品。为这一市场构建一个统一的、"从摇篮到坟墓"式的识别码系统，将原生信贷合约与各级衍生金融产品一一对接，能够极大地提高该市场的透明度,有助于金融监管当局和各类机构识别和管理金融风险。当然,这一系统的建立是相当复杂的,大量技术细节有待进一步敲定。例如,如何确保贷款人的个人隐私不被泄漏、不同阶段的识别码如何对接、哪些机构有权力使用数据库资源等。

3. 数据可视化分析技术的开发与应用

金融机构识别和金融产品识别系统是美国金融数据基础设施建设的重要组成部分。其意义在于将主要以文字形式表现的金融机构名称和金融合约信息转换为结构化的、能够被计算机识别和处理的数据,从而为大数据分析方法的应用创造条件。美国金融监管当局在不断完善金融数据基础设施的同时,也加大了对大数据技术应用的开发和研究——数据可视化分析技术便是一个典型代表。可视化分析是一门通过具有交互功能的视频界面实现分析推理的科学,在与信息处理相关的众多领域有着广泛的应用。其强调人类的认知能力和计算机软件处理海量数据的能力相结合,并以前者为主、后者为辅。借助可视化分析技术,研究者能够从类别庞杂、数量巨大的微观数据中以图片的直观形式迅速、有效地获得所需的信息,并通过互动界面对数据进行过滤、分割以及组合等操作,将这种信息转化为可应用的知识,从而更好地为政策制定提供参考。

2010年《多德-弗兰克法案》颁布后,美国金融监管当局全面加强了微观金融数据的收集工作——以货币市场基金的交易头寸以及信用违约互换等衍生金融交易数据等为代表的大量微观金融数据通过美国证券交易委员会和负责中央清算的数据中心得以收集。这为使用大数据方法研究金融机构之间真实的交易网络和系统性风险的发生机制创造了条件。

2014年,美国金融研究办公室使用证券交易委员会的月度交易数据,对美国大型基金的交易网络进行了大数据分析,并采用可视化分析方法展现了这一分析结果。使用该方法能够便捷地对海量数据进行概览和过滤等操作,从而厘清任何一只基金的交易对手方以及交易金额。该方法还可以应用到商业银行和其他金融机构,从而能够为金融监管当局认定系统重要性机构和实施宏观审慎监管提供重要依据。

(二)微观监管模型

1. 大数据风控

金融是经营风险的行业,风险控制能力是金融机构的核心竞争力。金融机构通过信用评分模型来定量计算贷款违约的可能性、确定违约的损失分布,以规避风险损失,并根据预测的风险水平进行利率定价。传统的信用评分模型主要使用历史借贷数据和财务数据来预测和判断借款人的违约风险,采用传统的统计方法进行分析,这种方法最大的缺陷就是无法对那些缺乏历史借贷数据的借款人进行信用风险评估。在征信体系不完善的经济体中会存在信贷供给不足的现象。我国央行征信系统虽然覆盖了8亿多人,但只有3亿多人具有信贷历史,传统的风控技术对这部分信贷历史记录空白的群体是无效的。即便是在征信业高度发达的美国,美国个人消费信用评估公司(FICO)评分也被批评信用评价标准过于单一、评估结果具有片面性以及在时间上表现出严重的滞后性。

大数据风控是基于互联网大数据,将数据挖掘、机器学习等大数据建模方法运用到贷前信用评审、反欺诈等风控管理环节。与传统风控模型相比,大数据风控具有以下三个基本特征:

(1)处理的数据种类多,更加多维度。大数据风控模型除了重视传统的信贷变量之外,还纳入了社交网络信息等,为信贷记录缺失的群体获取基本金融服务提供了可能性。数据收集包括:①客户在社交媒体上的行为数据(光大银行建立了社交网络信息数据库)。通过打通银行内部数据和外部社会化的数据可以获得更为完整的客户拼图,从而进行更为精准的风险管理。②客户在电商网站的交易数据。建设银行将自己的电子商务平台和信贷业务结合起来。③企业客户的产业链上下游数据。如果银行掌握了企业所在的产业链上下游的数据,可以更好地掌握企业的外部环境发展情况,从而可以预测企业未来的状况。④其他有利于扩展银行对客户兴趣爱好的数据。如网络广告界目前正在兴起的DMP数据平台的互联网用户行为数据。

借鉴国外大数据在银行信贷的实践:Zset Finance的数据来源非常广泛,既包括传统的信贷记录等金融机构收集的结构化数据,也包括法律记录、交易信息、电子商务、社交信息等非传统的数据和非结构化数据。

(2)关注行为数据,而不仅仅是历史财务数据。传统的信用评分模型变量均与反映被评价主体债务状况和资金延付状况等资金活动相关,但大数据信用评估更关注被评价主体的行为数据,在互联网大数据时代,电子商务、社交网络和用户的搜索行为等大数据都映射着经济主体的教育背景、工作经历、社交圈子,这些信息与信用水平可能存在某种联系。大数据技术是在充分考察借款人借款行为背后的线索和线索间的关联性基础上进行数据分析、降低贷款违约率。

(3)模型的建立是不断迭代和动态调整的结果。大数据风控模型的输入端是成千上万的原始数据,然后基于机器学习等技术进行大数据挖掘,寻找数据间的关联性,在关联性基础上将变量进行整合,转换成测量指标,每一种指标反映借款人某一方面的特点,比如诈骗概率、信用风险和偿还能力等。再将这些指标输入不同的模型中,最后将模型结果按一定的权重加总,最终输出的就是信用评分。在整个过程中,原始数据转换成指标需要进行不断地迭代,不同模型的权重值可以根据样本进行动态调整。

2. 大数据征信

风控与征信都是管理风险的活动；不同的是，风控一般是某一公司依靠企业自身的数据和资源进行风险管理，而征信则是第三方机构"依法收集、整理、保存、加工自然人、法人及其他组织的信用信息，并对外提供信用报告、信用评估和信用信息咨询等服务，帮助客户判断、控制信用风险，进行信用管理的活动"。

传统的基于信贷历史数据的风控技术背后是社会征信体系的建设。美国是世界上征信业较为发达的国家之一，一个重要原因是美国信用卡产业非常发达。美国的征信体系主要由三类机构组成：第一类是商业银行和贷款机构，这些资金的贷出方在业务开展过程中积累了大量的关于客户借款、还款和违约的历史数据，这些都属于信用的强相关变量。这些机构都会将这些信用历史记录传给第二类机构——征信公司。美国有三家主要的征信公司，即 Experian、Equifax、Trans Union，它们主要负责收集和存储征信数据，包括从地方法院收集公共记录信息和贷款机构收集逾期债务信息，并将数据进行清洗和处理后输出标准化的数据产品，提供给银行和其他金融机构，征信公司也会开发出一些信用评分产品。第三类机构就是专注于信用评分的公司，最著名的是 FICO 评分，主要作用是根据征信公司的信用报告，找到变量与违约概率之间的关系，即构建信用评价模型。银行和其他金融机构可以根据 FICO 评分进行放贷决策。

中国的征信机构由中国人民银行征信中心和其他民营征信机构组成。在互联网时代，大数据在征信行业的应用带来了大数据征信，指的是通过采集个人或企业在互联网交易、从事互联网业务以及使用互联网服务过程中留存下来的信息数据，并结合线下渠道采集的相关信息，利用云计算等技术手段进行信用评估和评价的活动。传统个人征信的分析维度包括：(1)个人基本数据，如年龄、性别、职业、收入、婚姻状况、工作年限和工作状况等；(2)信贷情况，主要是信贷和信用卡相关数据；公共数据，包括税务、工商、法院、电信和水电煤气等部门的数据；个人信用报告查询记录。

国内从事大数据征信的机构主要有以下四类：

(1)电商类平台，将平台上积累的用户行为数据进行采集、整理和加工，并经过深度挖掘和评估，为合作的金融机构信贷审批提供风险定价服务；从芝麻信用所构建的信用体系来看，芝麻分根据当前采集的个人用户信息进行加工、整理、计算后得出的信用评分，分值范围是 350～950，分值越高代表信用水平越好，较高的芝麻分可以帮助个人获得更高效、更优质的服务。芝麻分综合考虑了个人用户的信用历史、行为偏好、履约能力、身份特质、人脉关系共五个维度的信息，其中来自淘宝、支付宝等"阿里系"的数据占 30%～40%。

①信用历史。过往信用账户还款记录及信用账户历史。目前,这一部分内容大多来自支付宝,特别是支付宝转账和用支付宝还信用卡的历史。

②行为偏好。在购物、缴费、转账、理财等活动中的偏好及稳定性。例如,一个人每天打游戏 10 小时,那么就会被认为是无所事事;如果一个人经常购买纸尿裤,那这个人便被认为已为人父母,相对更有责任心。

③履约能力。包括享用各类信用服务并确保及时履约,例如,租车是否按时归还、水电煤气是否按时交费等。

④身份特质。在使用相关服务过程中留下的足够丰富和可靠的个人基本信息,包括从公安、学历学籍、工商和法院等公共部门获得的个人资料,未来甚至可能包括根据开车习惯、敲击键盘速度等推测出的个人性格。

⑤人脉关系。好友的身份特征以及与好友互动的程度。根据"物以类聚、人以群分"的理论,通过转账关系、校友关系等作为评判个人信用的依据之一。其采用的人脉关系、性格特征等新型变量能否客观反映个人信用,但目前尚未将社交聊天内容、点赞等纳入参考。

(2)P2P 网络借贷类,通过自建客户信用系统,用于自身平台撮合的投融资业务。

(3)以网络金融征信系统、小额信贷行业信用信息共享服务平台为代表的同业信息数据库,通过采集 P2P 平台借贷两端客户的个人基本信息、贷款申请及还款等信息,向加入该数据库的 P2P 机构提供查询服务。

(4)互联网大数据公司,通过收集、整理、保存来源于第三方的互联网数据,运用分析模型和信用评分技术,形成符合客户需求的征信报告、评级报告等产品,提供给第三方客户。例如,聚信立主要是基于互联网大数据,综合个人用户运营商数据、电商数据、公积金社保数据、学信网数据等,形成个人信用报告。聚信立通过借款人授权,利用网页极速抓取技术获取各类用户的个人数据,通过海量数据比对和分析,交叉验证,最终为金融机构提供用户的风险分析判断。

聚信立以报告形式展现,报告主要由四个维度构成:①信息验真。通过交叉比对验证用户是否为真实存在的人、是否有欺诈风险。②运营商数据分析。分析用户生活、工作及社交范围,与家人朋友的联系频率等。③电商数据分析。分析用户消费能力和消费习惯,以判断用户是否有能力还款。④其他数据分析。包括公积金社保数据、学信网数据、全国高法执行名单、黑名单等数据,以判断用户是否存在欺诈风险。

聚信立的底层 IT 架构为丰富的技术线提供了稳定支持,对所有数据源网站进行实时监控,人工智能自动排错,可用率超过 90%。

二、大数据在金融监管中的作用

(一)大数据在微观金融监管中的作用

2008年国际金融危机的一个深刻教训便是存在数据缺口,尤其是风险数据采集的缺失。危机发生后,主要经济体将加强金融数据整合与分析,进而弥补数据缺口,作为强化宏观审慎监管的核心。在此背景下,体量巨大、类型庞杂且彼此关联的微观金融数据不断地汇集到监管当局,给金融监管带来积极变化。

1. 提高金融监管的全面性

利用大数据规模优势,建立包括银行、信托、证券、保险、基金等在内的金融业综合统计体系,实现数据共享。同时,还可以将监测范围扩大至金融消费者,迅速观测到货币政策调整后企业和消费者行为的变化,金融监管的全面性大大提高。

2. 加强金融监管的有效性

在大数据技术条件下,实现非现场监管和现场监管的有效结合。例如,通过构建具有易用性、便捷性的大数据金融监管平台,金融数据的报告频度和时效性得以不断提高,通过可视化、移动化、智能化和集成化的大数据分析结果,能够为现场监管提供准确、翔实的信息,增强金融监管的有效性。

3. 增强风险防范能力

大数据重在通过技术手段发现与系统性风险高度相关的变量,进而实现对系统性风险的监测与预判。通过收集不同金融机构、金融产品、金融市场间以及跨境交易的微观数据,对风险实时监测,进而提升监管部门的风险监测能力。

(二)大数据在宏观审慎监管领域的作用

2015年,欧文·费雪委员会(Irving Fisher Committee,IFC)针对各国央行使用大数据情况进行了相关调查,在69个中央银行成员中,有57个成员参与了在线调查。调查显示,只有1/3的中央银行已定期使用大数据咨询或已经开始相关研究计划。接受调查的中央银行普遍认为大数据对中央银行制定政策是有用的,期望使用大数据来进行经济预测、商业周期分析和金融稳定分析等。目前,大数据在中央银行的应用主要体现在以下五个方面:

1. 金融政策评估

目前,学术界普遍认为大数据将提升政策评估能力,政策评估既包括事前评估也包括事后评估。事前评估方面,可以通过大数据挖掘和分析,判断是否有必要推出新的政策,以减少甚至避免政策失误,提高政策执行效果和效力;事后评估方面,可以通过大数据评估市场各类主体对政策出台后的反应。通常情况下,通过对监管对象进行动态监控来获取政策变动后的最新数据,与原有数据或目标数据进行对比来了解监管对象对政策的反应,以便做出进一步的回馈。

在实践中,英格兰银行建立了一个包括抵押贷款在内的大型数据库,英国在实施新的房地产限制政策中,就发挥了该数据库在政策评估方面的作用。

2. 金融风险分析

中央银行可以利用资料与资料间的关联性来进行金融风险分析。大数据不太关注因果关系,而是更加注重信息之间的关联性,这为风险分析提供了便利。金融风险评估的一个前提条件是掌握的信息要足够全面、详细、及时和准确。大数据所收集的大量微观数据、机构对机构数据能够较好地刻画金融机构、金融产品与金融市场间错综复杂的网络关系,可以用来追踪风险的来龙去脉,可以跟踪潜在的传导路径和在所有轮次传导结束后,某个机构的信用和流动性事件触发的全网络机构的资本损失和破产数量,大量微观数据的整合有助于防范风险在金融网络中的传播。

在实践中,国际金融危机后,世界各国更加注重数据标准化、数据共享和数据整合,强化大数据整合分析系统协助金融监管体制已成为国际金融危机后全球金融改革的基本方向与核心内容。例如,美国金融稳定监督委员会推动数据的收集与共享,使金融研究办公室加强金融部门的数据收集,以掌握全面的数据资料,提前察觉并降低风险。包括中国在内的世界主要经济体普遍建立了包括证券、保险在内的金融业综合统计体系,实现资料共享,提高监管部门对金融形势的把握和分析能力,以防范系统性风险和促进金融稳定。

3. 经济金融形势预测

大数据正在帮助一些国家的央行更准确地预测经济金融形势。自2013年起,日本央行已开始使用大数据来分析多达500个经济统计指标,帮助货币政策寻找干扰经济的因子。在日本,GDP增长率通常依据工业生产指数和第三产业活动指数来预测得到,大数据技术已经可以即时处理这些统计数据并比官方提前一个月预测出季度GDP。例如,10—12月的GDP可以利用10月和11月的数据以及现有的大数据来预测。

自2015年开始,英格兰银行成立了一个特别小组,负责实时捕捉互联网及社交网络中的非结构性数据并加以分析,洞察英国经济起伏的早期迹象。例如,分析互联网上找工作的频率或者网上商品的价格,就可以在一定程度上预测失业率和通货膨胀的前景。

4. 为宏观审慎金融工具设定参数

英国监管当局执行宏观审慎监管政策的主要工具包括逆周期资本缓冲工具、部门资本金要求、系统性风险缓冲要求、杠杆率监管框架以及住房市场工具等。这些金融工具的参数由英国金融政策委员会根据大数据对市场的反应来设定。

以逆周期资本缓冲工具为例。通过大数据综合分析投资者的风险偏好和银行杠杆情况,涉及长期实际利率、全球公司债市场利差和股票市场波动性、银行体系的风险加权资本比率、非加权杠杆率、平均风险权重、息税前资产收益率、存贷比、短期批发型融资比率、市价/账面价值比、境外风险敞口等多项指标。

5. 可视化分析

大数据最具有想象力的发展方向是将不同行业和领域的信息资源整合起来,提供全方位、立体的资料视觉化。可视化分析技术是以图片的直观形式从海量的微观数据中迅速获取信息,并通过互动界面对数据进行过滤、分割以及组合等操作,将这种信息转化为可应用的知识,从而更好地为政策制定提供参考。美联储曾将20世纪20年代遭遇危机的商业银行的地理位置数据集中在一张地图上(风险地图),结果清晰地表明1929年大萧条爆发之前美国的银行业危机集中在中部地区,而大萧条爆发后的银行业危机则主要集中在东部地区。

2014年,美国金融研究办公室使用证券交易委员会的月度交易数据,对美国大型基金的交易网络进行了大数据分析,并采用可视化分析方法展现了这一分析结果。

此外,欧美等发达国家或地区金融监管机构投入大量资金用以支持大数据技术的研发与应用。美国财政部下属的金融研究办公室通过美国大数据项目计划,进一步加大对大数据技术的研发与应用,包括金融网络分析、金融稳定性风险评估方法与算法、金融数据和信息的表达与标准化以及用于量化不确定因素和风险的金融风险管理技术(如压力测试、风险和漏洞预测、统计分析建模、程序、结构)等,进而服务于金融政策。

第四节 大数据在金融监管中的问题及策略

一、大数据在我国银行系统中的监管

(一)大数据金融监管存在的问题

1. 缺乏大数据监管依据和法律法规

金融科技已处于快速发展期,人民银行于2017年5月成立金融科技委员会。然而,人民银行现行"三定"方案已制定多年,赋予的金融业信息化监管职责已无法跟上金融科技时代发展需求。人民银行现行金融大数据应用监管职能缺乏相关法律法规监管依据和履职手段,如针对金融业的大数据应用指导与监管只有《银行经营管理指标数据元》《证券期货业数据分类分级指引》这几部行业指引和规范。

同时,人民银行尤其是省会中支以下分支机构对辖内证券、保险、第三方支付等行业缺乏可行的行业监管依据和行业指导准则,这些都极大地限制了人民银行金融业行

业指导、协调与监控职能的发挥,存在制度不健全、管理不到位、监管不全面、效果不明显等问题。因此,人民银行在金融科技时代下对金融大数据应用监管存在明显的真空管理现象,导致基层人民银行辖内金融业的大数据应用监管漏洞有机可乘,部分金融机构借金融科技之名行规避监管之实,未建立金融大数据应用监管与安全技术防范体系,存在监管风险。

2. 未形成大数据监管制度化和常态化

人民银行及其分支机构因监管依据的缺失导致缺少对金融行业指导的制度化和常态化。人民银行对金融业的大数据应用指导大多局限于按照上级单位的部署和协助其他对外业务部门开展相关工作,如主要针对辖内地方性商业银行开展专项应用系统(包括大数据应用系统)信息安全检查;协助对外业务部门开展辖内金融业数据合规和数据保护等方面的专项安全检查。基层人民银行对金融大数据应用指导和监管处于被动执行状态,缺乏主动性和经常性,导致对辖内金融大数据应用工作缺乏指导实践与监管经验。与高速发展的金融业信息化相比,人民银行行业指导难以跟上现实需要。

3. 缺乏与时俱进的监管框架

现阶段银行业所应用的监管框架主要是根据新的《巴塞尔协议》制定的,该协议主要是针对传统银行中所出现的传统风险。同时在《巴塞尔协议》中要求了三大支柱,即市场约束、最低资本要求和外部监管。但是这三大支柱对于互联网金融监管的约束力是非常薄弱的,容易造成互联网金融出现监管缺位状态。另外,由于互联网金融属于新型行业,因此相关法律条文对其约束力较弱。

4. 监管的广度和覆盖面仍有欠缺

由于省会以下城市金融经济的快速发展和金融业务需求范围的不断拓展,很多大型证券公司和保险公司等非银行业金融机构已纷纷在省会以下地级市或县城设立分支机构。目前,省会以下除人民银行外,银监部门只设立到地级市而未到县域级,而证监部门、保监部门等均未设立相关分支监管机构。因此,人民银行需承担对省会以下的保险、证券等非银行业金融机构的金融大数据应用监管职能。然而,人民银行对地市级及以下金融大数据应用监管工作中关于非银行业金融机构的监管力度存在短板和不足。金融大数据应用监管体系还不能有效覆盖保险、证券及第三方支付等非银行业金融机构,缺乏有效的监管和防范,存在金融大数据应用监管风险隐患。

5. 监管部门之间分工不明确

《国务院办公厅关于印发中国人民银行主要职责内设机构和人员编制规定的通知》(国办发〔2008〕83号)印发了人民银行"三定"方案,其中,"指导协调金融业信息化工作,组织制定金融业信息化发展规划,负责金融标准化的组织管理协调工作,指导协调金融业信息安全工作"是人民银行金融业信息化管理工作职责。因此,指导协调金融大数据应用工作也是人民银行监管辖内金融业工作的一项重要职能。

与此同时,其他行业监管部门也具有相关监管职能。例如,各地银监部门具有商业银行信息科技监管职责,对银行业信息科技"十三五"发展规划监管指导,要求商业银行建立和实施信息分类和保护体系,落实大数据应用相关监管职能;并对商业银行执行大数据行业应用工作进行审计或相关检查,其职能与人民银行实施的金融大数据应用指导、监管内容大部分是重合的。人民银行与同行业监管部门的重复管理,造成金融机构监管口径的不一致,形成都监管但监管混乱的局面。

(二)大数据金融监管策略

遵循贯彻金融科技安全发展理念,做好金融科技风险防范工作,推动辖内金融大数据应用工作可持续发展。针对以上问题,本书基于人民银行行业指导视角,通过对问题深入剖析,提出了以下人民银行金融大数据应用监管职能完善建议:

1. 明确人民银行大数据金融监管职责

人民银行应结合金融业大数据时代监管需求,加快制定新"三定"方案,进一步明确人民银行及其基层分支机构对辖内金融业大数据应用工作具有指导协调和行业监管的职责,并详细说明与其他行业监管部门的职责区分和协同关系。一是确立人民银行金融大数据应用工作组织架构、工作范畴以及对金融机构落实金融大数据应用工作向人民银行定期报备等工作规范;二是明确金融机构履行人民银行金融大数据应用监管职责的具体要求,如按制度要求辖内金融机构开展金融大数据应用风险排查、风险评估、应急演练以及应用系统等级保护等指导工作。

2. 拓宽对金融业大数据应用监管范畴

针对省会城市以下部分金融机构监管缺失情况,人民银行需加大金融业金融大数据应用监管范围,确保金融业大数据应用监管无死角。人民银行将证券、保险、第三方支付等非银行业金融机构的大数据应用监管职能纳入金融业信息化监管范畴,逐步将金融大数据应用监管工作延伸至非银行业金融机构。运用"两综合、两管理、一保护"等金融信息化监管手段,定期开展非银行业金融机构关于大数据应用的综合执法检查和消费者权益保护检查,形成金融行业金融大数据应用监管的全覆盖和行业整体合力。

3. 建立健全金融大数据监管制度与法规

《网络安全法》的实施让网络安全有法可依,也对企业机构,尤其是金融行业的信息化和网络信息安全工作提出硬性要求,金融业的金融科技工作不再仅停留于合规层面,而是要为结果负法律职责。针对人民银行金融科技监管职能的法律法规缺失,人民银行需要制定和完善相关金融科技监管职能的法律法规、部门规章等制度。根据

《网络安全法》《个人信息保护法》等规定,制定金融大数据应用等具体相关法律法规,规定对人民银行的金融大数据应用监管职责做出更加明确的界定,建立健全各项金融大数据应用工作管理制度。

4. 利用"两综合、两管理"加强金融大数据监管

人民银行应通过"两综合、两管理"加强金融监管,对新设立金融机构开业前金融科技落实工作管理。金融大数据应用监管可以依据科技人员落实、信息安全制度、安全措施、网络及机房环境、应急演练等多个方面对金融机构落实人民银行金融科技工作进行综合评价,并对金融机构开展全面的现场审核。运用"日常管理、业务评价、综合评价、统一反馈、结果运用"的评价流程,建立执行人民银行金融大数据应用工作考核标准。加大对金融大数据监管执法的检查力度,并将执法检查结果纳入存款保险评级和机构设置审批。

5. 大力推进金融业信息标准化建设

贯彻落实金融信息标准化工作是人民银行提高金融业信息化水平的一个重要手段。人民银行通过制定和实施金融大数据应用标准化工作,制定金融大数据应用技术规范等行业标准,有效防范和化解金融大数据应用工作落实过程中出现的问题。加强金融大数据应用标准工作的统一管理和协调,建立起结构合理、层次分明、重点突出的金融大数据应用标准化体系框架。基层人民银行要积极落实相关大数据规范与标准工作,及时向辖内金融机构转发技术规范和标准,推进金融业大数据应用标准建设,提高辖内金融业信息标准化建设整体水平。

(三)大数据金融监管展望

在金融科技时代,大数据与金融行业已深度融合,推动了商业银行金融科技创新。随着商业银行对大数据技术的不断探究,大数据应用更加常态化,大数据在金融科技创新中面临的挑战不断加剧。大数据等前沿新兴技术在金融领域的应用,极大地促进了金融业数据的共享,改变了金融数据的业务运行模式和技术应用方式,给整个金融行业的金融大数据应用工作带来更大的挑战,也对人民银行基于开放性的金融大数据监管工作提出严峻的挑战。因此,加强人民银行对金融大数据监管的指导、协调和监督,形成分工合理、职责明确、相互制衡的金融大数据治理组织体系架构。制定长期的金融大数据监管工作方针和安全风险防范策略,落实金融大数据应用责任制和问责制,形成由人民银行、国家金融监督管理总局、证监部门、金融机构等相关部门共同参与、协调统一、齐抓共管的金融大数据监管机制工作局面。

二、互联网金融发展存在的问题与监管途径

作为大数据时代的主要媒介,近年来,互联网金融依托中国经济强劲的发展势头

取得了突破性进展,并借助信息化和大数据,在提升金融服务质量、提高业务办理效率、满足投资融资需要等方面展现出较强的优势。互联网金融的发展得益于网络的普及应用,根据艾瑞数据显示,2018年中国网络理财用户规模达到6.3亿人,而网络信贷用户规模也有2.4亿人;到2021年,中国网络理财用户规模已达6.3亿人。如此庞大的互联网金融用户,为移动支付、网络信贷、资金融通提供了群众基础。与此同时,互联网金融的重要性也日益增强,在2019年举行的"第四次全国经济普查"培训动员活动中,明确提出将互联网金融纳入全国经济普查的范畴中。当然,在我国互联网金融不断发展的同时,其存在的问题也逐渐凸显,2016年累计停业或出现问题的互联网金融平台数量达到1 741家。在网贷方面,根据网贷天眼的数据,截至2018年底,网贷行业平台数量降至1 789家,同比减少19.73%。针对暴露的问题采取相应的监管措施,并构建全方位、多层次和高安全的金融体系势在必行。

(一)互联网金融发展的监管问题

1. 在监管机制方面

现行的主要监管依据是2015年颁布的《关于促进互联网金融健康发展的指导意见》,其中按照"依法监管、适度监管、分类监管、协同监管、创新监管"的原则,明确了中央银行、银监会和证监会的监管职能,但是这一指导意见并没有上升到法律层次,对互联网金融的监管缺少了法律体系的强制性。而且,该意见对互联网金融的监管没有细化,例如没有提及数字货币和虚拟货币的监管。2016年,银监会联合4部委发布的《网络借贷信息中介机构业务活动管理暂行办法》虽然对互联网金融的网络借贷做出了细致规定,但忽略了一些问题,例如对网贷资金的第三方存管方法、监管职责与存管条件等都需要细化补充。因此,虽然互联网金融涉及的领域和范围较多,但从我国当前对互联网金融监管所颁布的法规制度来看,监管机制仍不全面,监管水平有待提高。

2. 在监管立法方面

我国互联网金融起步较晚,发展时间也不长,虽然互联网技术日新月异,极大地促进了金融行业的整体发展和变革,但我国互联网金融法律体系一直不够健全,即使不断完善,如今也很难跟上互联网金融发展的步伐。与此同时,由于互联网金融监管涉及互联网方面和金融方面的分别监督与整体监管,而这两方面又有较多的程序和环节,并且各个地区的实际情况也不相同,建立统一的互联网金融监管体系并不能解决所有问题;再加上人们对互联网金融的法律监管体系仍然不够重视,执行力度较差,因此,互联网金融监管立法一直存在缺陷,不适应当前的发展趋势。

3. 在征信体系方面

互联网金融的发展主要依靠社会征信体系而发展,但是相较于中国社会发展现状,社会征信体系不健全,从而导致互联网金融监管举步维艰。就当前而言,虽然在中国人民银行的主导下我国已经初步建立起个人征信体系，一定程度上方便了金融机构对个人征信的应用，但是在中国人民银行主导下的个人征信体系缺少对非银行客户的信用信息的收集，不能满足互联网金融的第三方支付需要或者金融服务机构的需要，由此给互联网金融的监管带来极大不便，如2017年全面爆发的"校园裸贷"事件和2018年频发的"套路贷"。这一方面说明各种网贷问题是由于社会征信体系不完善而引起的，另一方面也说明互联网金融在监管上存在漏洞。此外，互联网金融的基础设施不能满足监管需要，多数中小型金融机构尚未接入国家金融信息数据库，经营信用状况游离于国家金融统计体系之外。

4. 在监管主体方面

我国互联网金融主要分为第三方支付业务、P2P网上借贷平台和证券基金销售业务三大模块。而这三方本应有专门的监管机构，分别是银行金融机构、国家金融监督管理总局和证监会。然而，现实的互联网金融监管中，仅依靠这三个监管主体无法对网络上所有的金融机构和平台进行全方位监管，因为网络金融平台的注册和建立过程仍然存有漏洞，很多属于非法经营，但是监管机构无法查询也就无法进行相应的管控，再加上网络存在一些跨市场交易，涉及的监管主体众多，在互联网金融监管制度尚未明晰的情况下，监管机构就会出现推脱责任、无人监管的问题。

5. 在监管取证方面

互联网作为一把"双刃剑"，在金融监管方面的缺陷就在于其监管难度大、监管取证较难。互联网金融交易属于在线交易，其交易过程、交易货币几乎是虚拟的，并且交易地点容易改变，即使交易过程中提供的相关信息和证件也可能是虚假的，根本无从考证，违法犯罪的成本很低。一旦出现金融交易问题，监管机构很难从网上虚拟的信息中得到真实有用的证据，从而严重降低监管力度和效率，在互联网监管取证法律尚未完善前，采用传统的金融监管法律制度的难度会大大提高。

（二）大数据时代互联网金融的监管策略

在大数据的基础上，互联网金融正处于高速发展时期。但是因为互联网金融监管系统本身存在的问题，很容易出现一些技术和信用上的风险，再加上行业的标准入门要求较低，这些都降低了互联网金融应对风险的能力。因此，在当前的大数据时代中，互联网金融风险的监管工作还需要不断完善。

1. 健全金融监管法律框架，推进大数据金融监管立法

大数据技术在互联网金融行业的运用，使得互联网金融得到创新发展，虽然政府相关部门已经陆续出台关于大数据法治的文件，但是大数据立法建设仍相对落后，这种情形不利于互联网金融监管体系的完善。互联网金融快速发展以来，国家及地方政府均印发了行业监管文件，通过对现有的关于互联网金融法律条文的研究发现，关于

各种互联网金融模式的监管条例详细度不够,各业态监管条例缺乏关联度,尚未构成统一的体系。现有的监管体系是依据 2015 年 7 月发布的《关于积极推进"互联网+"行动的指导意见》构建,尚未考虑未来互联网金融创新模式的出现。因此,应结合大数据发展趋势,参考美英国家的监管体系,构建全套的互联网金融监管法律体系。

需要建立互联网金融基础法律法规,内容涉及互联网金融范畴、监管主体、行业准入机制、市场交易行为规范等多个方面。在对互联网金融监管法律的框架进行完善时,要先对监管的边界进行确定;要在法律基础上对互联网金融实际业务标准进行划分,进而明确监管的范围和尺度;要对违法犯罪行为进行严厉打击,比如非法倒卖信息以及网络黑客等,同时也要激励一些实力强和专业水平高的互联网企业。然后就是监管主体的明确,在我国的《网络借贷暂行管理办法》中指出,在线金融安全是由多个主体进行协同保证的,其中有证监会、国家金融监督管理总局以及网监会等。但是,在互联网金融的实际发展中,这些监管制度的监管主体不明确,同时监管效率也比较低。在这种情况下可以建设综合性的监管体系,在中央银行的管理统筹下,证监会对网络金融平台进行直接监管,比如提供信息上的服务或者是专业培训等相关工作;而国家金融监督管理总局是对投资双方进行间接管理,比如身份证认证以及信用评级等;网监会则是进行金融监管的工作,主要是对网站安全进行维护,打击一些非法平台。最后就是加强地方金融监管权责,为了能够保障地方金融的稳定,地方金融监管部门要积极主动,通过对实际问题的分析来加强监管权责。

同时,推进大数据金融监管立法,内容涉及互联网金融安全、隐私保护、知识产权保护、电子签名、消费者权益保护等多个方面;建立统一的国家监管标准与监管部门规章条例,在已经出台的规章制度上,进行现有监管标准及规章制度的细化与完善,比如互联网金融法律涉及《银行法》《证券法》等,应在原有的法律基础上进行修正和补充。

2. 利用大数据实现协同监管

互联网金融行业与传统金融不同,采取的监管措更为复杂,传统的现场监管方式已经无法满足互联网金融的监管需求,应该注重发挥大数据技术监管与非现场监管的重要作用。互联网金融行业交易主体涵盖多个区域与行业,且交易形式较为零散化,提升了监管难度。大数据技术的出现给监管主体提供了一种较为有效的途径,但是由于政府部门对于数据资源利用不够规范、数据挖掘能力有待提升,造成现有互联网金融行业监管效率低、监管主体之间有效沟通不足。政府可通过开展数据开放与共享工作,加强各监管部门、互联网企业数据之间的共享与交流,协调各个主体之间的利益关系,构建统一的监管机制。大数据信息时代,互联网拓宽了金融行业的空间领域,面对众多的数据信息,单一的监管主体无法应对互联网金融带来的风险与危机。应在现有监管框架之内,明确各监管主体职责,厘清中央和地方、各监管部门之间的监管职责。

而互联网金融本身所具有的混业经营的特点，需要各监管部门合作监管，加强信息方面的沟通与共享，并在某些业态中形成协同监管。

3. 引入大数据人工智能监管

人工智能的出现为互联网金融创新带来了新的发展机遇，互联网企业巨头通过开拓人工智能应用场景，提升大数据信息收集与风险控制的能力。人工智能技术在互联网金融行业的应用，有助于提升互联网金融平台大数据的风险控制能力，降低运营风险和成本，为互联网金融行业的健康发展提供新的路径。金融创新与金融监管一直处于动态博弈的状态，人工智能带来高效率的同时，也增加了金融行业监管的难度。监管对象复杂、责任主体无法确定、违法行为难以判定，在一定程度上为监管部门带来了新的挑战。监管主体要深刻意识到人工智能的重要性，并将其运用到互联网金融监管领域，实现人工智能监管与传统监管手段的有机结合；增加对人工智能研发、投入、使用等过程中的有效监管，保证人工智能是在有效监管的框架下发展，降低因其发展所引发金融风险的概率。

4. 构建和完善开放性征信系统

大数据技术的出现有助于降低互联网金融交易的成本，提升互联网金融监管的效率，降低社会总成本。目前，互联网金融企业与政府监管部门之间关于大数据管理、开发、共享等方面的联系有待进一步加强。在互联网金融市场上，数据信息是分散的，各机构之间的数据缺乏联通渠道，央行拥有最权威的大型企业信用数据，而互联网金融企业积累了大量个人客户数据，如果两者之间能够以某种方式进行合作，对于全国个人征信体系的构建与互联网金融风险防范有着重大的促进作用。

要对互联网金融风险进行监管，必须构建开放共享型的征信系统，在此过程中首先要做的是行业准入监管的工作，当前的互联网金融平台有很多，而部分平台存在着一些问题。互联网金融企业市场规模的准入标准要以传统金融与互联网利益均衡为主，并在此过程中吸引和培养一些具有金融与网络知识的综合性人才，这样才能够保障技术准入标准。通过对这个标准的制定和控制可以预防技术风险与漏洞，为了能够控制互联网金融平台的市场风险，还需要制定资金准入门槛，以此保障相关企业的稳定发展。其次就是建设风险监测与预警机制，互联网金融正处于快速发展时期，但是最近几年中互联网金融风险逐渐增多，并且更多样化，使得风险的监测和预警机制建设工作更有必要，在建设过程中可以使用云计算和大数据等相关技术建设征信系统的数据库。此外，要在预警机制基础上根据互联网金融的发展基础制定系统规范的风险预警指标，对各种警戒指标进行计算，以此对互联网金融中的风险进行提前预测和预警。通过对互联网金融的在线安全进行风险监控，预防黑客恶意攻击，确保互联网金融安全，提升网络金融平台的可靠度。

2015年1月,中国人民银行出台《关于做好个人征信业务准备工作的通知》,将网络征信纳入国家征信范畴,并对征信做了进一步规范。但是,由于各方诉求不同,需要政府部门牵头,联合金融机构、互联网企业协调利益,共享共建,建立完善的中国大数据征信体系。金融行业本身也要进行自律管理,要提前做好应急处理的工作,对互联网金融中的一些突发事件进行预防和解决。

5. 加强国际互联网金融监管合作

央行行长易纲在2018年博鳌亚洲论坛宣布扩大中国金融业对外开放力度,同时强调在对外开放时提升应对金融风险的综合能力和监管水平。互联网金融作为目前中国金融业的重要业态,开展跨国业务经营是必然趋势,因此加强与业务经营国家的互联网金融监管合作是必经之路。我国互联网金融监管主体必须具备超前意识,对互联网金融业务国际经营可能存在的各类风险建立预警机制,同时积极与业务经营国家或地区金融监管机构进行信息交流,在一定程度上建立跨国金融监管机制。由于互联网金融跨境业务开展双方在文化意识、法律法规等方面有所不同,很容易产生业务冲突,因此需要金融监管部门协商制定国际条例,规避可能的政策风险。在国内监管较为完善的第三方支付业态中,开展跨境支付业务时就存在黑客、套利、洗钱等风险,加强互联网金融监管境外合作,能降低风险带来的社会成本。

6. 完善金融消费者保障体系

互联网金融主要服务于长尾群体,因此互联网金融具备了长尾风险这一特点,尾部聚集了大量弱势投资者,投资者的权益保障始终是互联网金融监管的重中之重。大数据技术的快速发展也增加了个人信息泄漏的风险,通过建立金融消费者保障体系,加强对互联网数据信息的保护,有助于提升互联网金融平台的违法成本,保障消费者的正当权益。与国外相比,我国在保障金融消费者权益方面有所欠缺,现有的《消费者权益保护法》已经无法覆盖大数据金融所带来的问题。效仿英美国家设立专门的消费者权益保障机构,将有助于完善我国现有的消费者权益保障体系。

第五节 案例分析

案例一:美国 SONAR 系统违规交易预警的示例

(一)案例背景

早在2001年,美国国家证券交易商协会(NASD)就迈出了股票市场大数据监管的第一步。在安然事件、斯图尔特事件等一系列华尔街丑闻相继爆发之后,NASD意识到仅凭人力已无法从海量的交易记录中有效筛选出可疑信息并实施监管。因此,该机构开发并采用了名为 SONAR(The Securities Observation, News Analysis, and Regulation System)的自动化监管系统,对美国 NASDAQ 市场、OTC 市场和 NASDAQ-Liffe 市场的内幕交易和欺诈行为进行监测。在实际运用中,SONAR 系统表现出强大的监测能力。该系统的早期版本只能够处理 8 500～18 000 个新闻事件和美国证券委员会的相关报告,并对 25 000 只证券进行"价格—交易量"模型的分析,提供 50～60 个预警给分析员进行审核。经过审核,部分预警将传输给美国证券委员会或美国司法部用于对违法行为进行起诉。

相比之前的系统,基于大数据的 SONAR 系统大幅提高了监管的覆盖面和监测的准确度。在违规行为预警方面,SONAR 的准确度是旧系统的 3 倍。更重要的是,SONAR 为分析人员更准确、快捷地提供了监测信息,减少了 50% 以上的人工分析时间。采用 SONAR 系统之后,NASDAQ 能够以更少的人力实现更加全面的股票市场监管。目前,NASDAQ 正计划将 SONAR 系统引入债券市场,使其发挥更大的功效

SONAR 系统科学的数据处理流程为其强大的功能奠定了基础。其监管功能通过下面四个数据处理环节依次实现:(1)利用文本挖掘技术从新闻网络和美国证券委员会的相关报告中收集违规行为的证据;(2)通过"价格—交易量特征"模型,监控市场行为,搜寻是否有交易出现了违规行为的典型特征;(3)将以上两个环节提取的证据进行有机整合,并对可能出现违规行为的事件进行评分,估计违规的可能性;(4)一个图形用户界面将以上环节的结果实时记入预警和举证管理系统中。

值得注意的是,在以上流程中,SONAR 系统对内幕交易和欺诈行为的监测重点各有不同。针对内幕交易,SONAR 系统会重点观测上市公司发布的重大消息。系统会监测股票市场是否对这些信息做出了反应,并根据价格和交易量特征判断是否出现了内部交易。如果发现有可疑情况,SONAR 系统会迅速锁定"内部交易者"的身份,并监控其交易记录。针对欺诈行为,SONAR 系统监控上市公司网站、电邮广告和关注度较高的证券论坛等,搜寻股票交易的欺诈信息,并将其与公司的财务信息进行核实。一旦发现有哄抬股价等欺诈行为,SONAR 系统会联系股票交易商、上市公司和其他机构进一步收集证据,并依据证据采取相应的强制措施。

(二)案例介绍

2006 年 10 月 15 日,一家交易商 ABCD 公司从另一家交易商 HIJK 公司处,以 70.40 美元的价格购买了 XYZ 证券。HIJK 公司以前购入 XYZ 证券的成本为 69.625 美元,即从该交易中赚取了 1.11% 的利润。从 HIJK 公司购入 XYZ 证券的同时,ABCD 公司向客户以 73.40 美元的价格出售了 XYZ 证券,从而获得了 4.26% 的利润。这两笔交易都发生在 11:04:00,因而对 ABCD 公司而言形成了一个无风险的套利交易。

这一对"奇怪"的交易被 SONAR 系统检测出来。对此,ABCD 公司宣称,"由于 XYZ 证券交易量较小、市场不活跃,所以在两次交易间形成了悬殊的价差"。然而,这一理由被监测系统轻易驳回。据统计数据显示,在这一对交易发生的前一周,有 260 单关于 XYZ 证券的交易。在这一对交易发生的当天,仅 ABCD 公司就对 XYZ 证券进行了 62 单交易。这显示 XYZ 证券具有良好的市场流动性。随后,ABCD 公司给出了另一种解释,"XYZ 证券的价格波动比较特殊,需要长时间的分析才能正确定价"。针对这一解释,监测系统显示 HIJK 公司买入 XYZ 证券的时间点是 10:52:00,距 HIJK 公司向 ABCD 公司出售 XYZ 证券有长达 12 分钟的时间。这一时间足够 HIJK 公司对 XYZ 证券进行准确的定价。因此,SONAR 系统认定这一对"奇怪"的交易违反了美国的相关法律,可能存在非法的利益输送,进而将证据提交给司法部门以做进一步的研究。

案例思考题

分析 SONAR 系统的优缺点。

案例二:冒烟指数监测互联网金融风险

(一)案例介绍

1. 冒烟指数指标体系与建模流程

冒烟指数作为互联网金融监测指标体系,其最初构想来源于"森林着火要冒烟警示",通过烟与火的形象比喻来推断冒烟指数与集资类企业从事非法集资程度的关系,创新性地把非法集资风险预警与大数据技术结合。冒烟指数在金融风险监管中运用了大数据、人工智能、机器学习、知识图谱、自然语言处理等技术,应用逻辑主要是导入大量相关数据,利用机器学习形成知识图谱或者建立模型,通过不同算法和神经网络应用预测互联网金融风险,以达到识别风险、量化风险和把控风险的目的。

具体来说,冒烟指数使用工商数据、招聘数据、舆情数据、法院行为信息数据、投诉举报数据、客户提供风险企业数据、监管机构数据和网络爬虫数据等多源异构数据共 150 个数据项,从中提取 320 个变量,形成非法性指数、收益率偏高指数、投诉举报指数、传播力指数和特征词命中指数等多角度学习、可增可减的风险分析子模型,最终通过机器学习模型和专家研判模型共同赋权,得到信用风险评分。每一个子模型都从不同的角度预测集资类企业的信用风险状况,克服了传统信用风险评估中单个模型考虑因素的局限性,使预测更为精准。

冒烟指数风险模型目前已经应用到许多实际项目中,并且获得了金融监管领域的广泛认可。冒烟指数作为量化集资类企业非法集资风险的标准,根据目标企业非法集资风险大小的不同,将其分为 5 个等级,每个等级呈现不同的风险特征。这为监管机构界定其非集界限、辅助决策提供了差异化处理策略的依据。

依据互联网金融风险特征,针对不同的业态构建一套完善的互联网金融风险指标体系,是量化评测、监测预警金融风险的关键环节。冒烟指数拟从以下六个方面挖掘金融企业风险。

(1)重点区域/领域风险排查。利用定量模型,针对重点地区或行业进行大规模风险排查,准确挖掘出高风险企业,同时对主要风险点、企业类别分布等进行可视化展示。

(2)集群风险挖掘。针对特定园区、交易所等内部企业成员间的关联关系进行挖掘,可有效识别风险团体和关键人员企业,及时杜绝集群内部的风险传递。

(3)关联风险挖掘。通过分析目标企业完整关联图谱,精准锁定核心人员企业,同时根据其关联结构及关联企业类型挖掘其潜在自融、关联担保等风险。

(4)人员分析。通过对受害人(投资人)的投资金额、所在地及职业等进行多维度的统计分析,辅助相关部门完成事后联动处置工作。

(5)资金流风险分析。识别企业各类重点核心账户,锁定重点参与人员,同时准确计算出实际非法集资总金额以及资金最终流向。

(6)运营风险分析。对企业集资金额、利率、待还金额等每日变动情况进行实时监测,及时发现企业运营中的异常状况。

2. 大数据监测系统思维业务逻辑

基于当前国家有关部门对地方政府落实属地监管责任、加强互联网金融监管的要求,结合各地目前所面临的互联网金融发展的形势和传统监管手段存在的不足,以冒烟指数为核心技术的大数据监测互联网金融风险,系统解决监管机构面临的"发现难、研判难、决策难、控制难、处置难"的痛点,通过运用互联网、大数据和机器学习等技术手段,构建以"人""资金""业务"为要素的风险分析模型,建立风险评价指数,实现发现风险、评估风险、固化证据、判断趋势、及时干预和联合打击等联动工作,推动互联网金融治理由传统被动监管、粗放监管、突发式应对向主动监管、精准监管和协同监管模式转变。

以冒烟指数为核心技术的大数据监测预警系统是以"数据驱动、追根溯源"为指导思想,在加强微观金融数据收集的基础上,通过统计分析,利用数据挖掘等技术手段强化对互联网金融风险的识别,并监测跟踪风险产生的根源及传导路径,从而提高风险的识别和捕获能力。

以冒烟指数为核心技术的一体化大数据系统平台,基于统一的云基础设施、云服务支撑平台和大数据管理平台,构建各应用子系统,确保系统的灵活性和可扩展性。

(1)建立地方金融业态的动态信息数据库。通过建立数据采集与交换系统,动态收集各监管部门、新兴金融业机构、投资者、公众等数据信息,重点收集 P2P 网络借贷平台、小额贷款公司、股权投资机构、交易场所以及非法外汇交易、非法集资、金融诈骗等各类金融基础数据信息,建立全省(市)地方金融信息数据库,掌握新兴金融的基本情况。另外,通过政府购买服务的方式(如腾讯、北京奇虎科技有限公司、网贷之家等相关第三方金融征信信息数据),补充完善本地金融信息数据库。

(2)构建"人""资金""业务"风险分析模型。目前,通过多渠道采集的数据信息,构建以"人""资金""业务"为要素的分析模型,建立模型评价和风险评价指数。发挥"网在看"对互联网金融新业态的主要风险点设置预警指标的作用,实现动态监测。以"人"为主线的模型包括:企业股东和核心高管人员,关联工商、公共安全、税务部门及有关征信机构的个人和机构的信用信息,形成人的全息画像,并建立风险评估模型。以"资金"为主线的模型,即针对大额资金的异动情况,系统与中国人民银行系统对接,或收集各类金融机构定期提供给总部或中国人民银行的系统监测的异常企业和个人名录,掌握大额资金的账户异动情况,收集资金流数据信息,然后通过从相关数据中提取的非法集资行为资金模型特征,构造资金分析模型。以"业务"为主线的模型包括对公司经营业务数据的文本抓取。通过政府购买服务与自建舆情搜索平台的方式,收集第三方数据机构反馈的业务数据信息和其他资源进行数据处理,根据非法集资犯罪案件的特点分别进行模型建设。

(3)引入大数据非法集资监测技术。通过各类舆情信息收集、风险指数、企业全息画像和关联方拓扑图等,对本地线上非法集资行为进行监测预警。另外,针对隐蔽度高和监测难度大的"线下"非法集资行为,借鉴北京市金融工作局"随手拍"软件技术,网格化发动各区、街道办事处、社区进行逐一筛查,同时建立非法集资举报奖励制度,广泛发动社区和群众的积极性,检举揭发非法集资活动,一旦出现风险苗头,根据问题的级别和种类划分,及时将预警信息直接报送给相关职能部门。

(4)提升并优化日常监管的手段和效率,为政府决策的制定提供统计分析报告。利用信息化手段对 P2P 网络借贷平台、小额贷款公司和要素交易中心的设立、变更和注销以及日常经营活动等实施日常监管,充实监管力量和手段,进一步优化政府服务效率。依托系统提供的对宏观经济金融形势、金融运行状况、行业发展的统计、分析等,为决策的制定提供参考。

(5)建立完善的信息披露,不断拓宽系统的对外应用功能。信息的及时有效披露是防范金融风险的重要环节,也是新兴金融业态特别是 P2P 借贷平台监管的重要政策取向,因此,系统应具备完备、及时的信息披露。此外,本系统不仅是政府部门内部使用的系统,而且是面向大众的系统,未来将随着系统的不断完善,拓宽各类应用模块(如投资者教育、宣传等)。

3. 基于大数据冒烟指数的优势

冒烟指数基于大数据管理工具和分析方法，能有效构建互联网金融风险监测预警系统，可先验性地识别互联网金融中的潜在风险，从而为监管机构提供互联网金融行业风险监管和治理依据，有利于保障互联网金融行业可持续健康发展和社会经济的稳定。

（1）解决互联网金融监测的标准化问题。互联网金融监测缺乏权威的、统一的指标体系，不利于互联网金融监测业务走向标准化、规范化和成熟化。推广冒烟指数在P2P网贷行业非法集资风险监测中的应用、构建互联网金融风险监控统一的指标体系是当前开展相关业务的重中之重，以防出现不同监管机构之间无法共享分析模型、无法共享分析成果、各自为政的局面，从而解决了互联网金融监测的方法论问题。

（2）实践大数据金融监管成功落地。冒烟指数以大数据为驱动，利用机器学习和数据挖掘等技术实时处理多源风险信息，建立风险预测监测分析模型，以达到及时、有效地识别流动性风险的目的，从而帮助金融机构规避流动性风险，解决了传统金融监管方式和飞速发展的金融服务及产品之间的矛盾。

冒烟指数目前已经成功为数十家省市区级地方监管部门服务，获得了各级政府的认可，有效实现了对互联网金融风险的监管，在未来的金融监管模式发展中走出了新的方向，是一种有效的、及时的和低成本化的大数据金融监管方式。

（3）解决地方金融监管资源有限的问题。以冒烟指数为核心建设的大数据非法集资监测预警平台在监管报告自动生成、客户或员工资质审核等方面大幅降低人员工作量，借助技术手段提升信息采集和分析能力，取代原来耗费更多人力的现场检查和书面调查方式，很大程度上缓解了地方监管人手明显不足和专业人才匮乏的困境，大大降低了传统监管方式中运营成本的需求。与此同时，以冒烟指数为核心的大数据平台还提高了监管覆盖面和效率，弥补了县级及以下区域出现的严重的监管真空，在很大程度上解决了地方监管部门因行业监管手段严重不足、缺乏必要的执法权而只能采取较多的准入监管和行政性监管的难题。

（二）案例应用

冒烟指数作为互联网金融风险"穿透式监管"的利器，是互联网大数据监测预警平台的核心技术之一，已成为非法集资风险监测领域内的评测标准，并逐步应用于金融监管。

2015年，北京市金融工作局率先利用大数据技术建设了"大数据打击非法集资监测预警云平台"，应用于打击非法集资专项整治行动工作中，加强对非法集资的监测预警。该平台以冒烟指数为核心技术，利用互联网思维和先进技术手段对非法集资信息进行高效、全方位的实时监测，快速发现企业的非法集资线索，为政府制定决策提供事实依据和数据参考,目前正在使用并在实践中发挥了良好效用。

2016年,为有效监测预警新金融业态风险,深圳市人民政府金融发展服务办公室全力开发建设了深圳市非法集资监测预警平台,建立深圳市早发现、早预防的监测预警系统和工作机制,推动深圳市金融治理由传统被动监管、粗放监管、突发式监管转变为主动监管、精准监管和协同监管,维护金融稳定。目前,该系统已经成功上线,实时监测深圳市20余万家新金融企业的非法集资风险,及时预警高危企业,辅助监管决策的制定。

案例思考题

冒烟指数如何监测互联网金融风险?

本章小结

本章首先讲述了金融监管的定义、对象和监管内容及其本质等理论知识。其次讲述了大数据在国内外的金融监管经验。罗列出大数据监管的优势和局限性,分别列举了大数据运用于金融业风险监测的国际实践和国内实践。接下来,详细描述了大数据风险监管模型,包括宏观监管模型和微观监管模型,以及大数据给微观、宏观金融监管带来的影响。在此基础上,列举了大数据在我国银行系统的监管,并且提出大数据给金融监管带来的新挑战。在前文的基础上,深入探讨大数据时代互联网金融发展存在的问题,并针对相关问题提出适合我国国情的监管途径。最后,通过具体的案例分析,更好地理解大数据对金融监管的影响。

思考题

1. 简述国内外金融监管经验。
2. 简述大数据给金融监管带来的机遇与挑战。
3. 简述大数据时代互联网金融监管的主要路径。

第十六章　大数据与金融安全

毫无疑问，我们已经迎来了一个海量数据的时代。鉴于大数据产业在经济、国家安全、社会、科研等方面的巨大价值和对经济发展的适应性，各级政府和社会各界也纷纷制定相关政策以推动大数据深入发展，我国已于 2015 年将大数据发展纳入国家战略。但是，方兴未艾的大数据技术也是一把"双刃剑"，对于中国金融市场，大数据在推动金融创新的同时，也给金融安全带来了新的挑战。金融安全事关国家安全，是网络安全的重中之重。

第一节　金融安全概述

一、金融安全的定义

金融安全指的就是货币资金融通过程和整个金融体系的安全和稳定。从金融业务的性质来看，可以将金融安全划分为银行安全、股市安全和货币安全等。金融安全的反面即金融不安全，其中比较明显的表现有金融风险和金融危机。金融风险是各种金融机构在金融交易过程中，由于信用风险、市场风险和国家风险等原因所导致遭受风险的不确定性。事实上，金融风险是金融行为偏离金融结果的可能性，是存在于一切金融活动中的经济运行常态状况。因此，虽然金融风险的产生随时会对金融安全构成威胁，但是只有金融风险的积累和爆发才会对金融安全造成损害。金融危机指的是一个国家的金融领域已经发生了严重的混乱和动荡，并且在事实上已经对该国的银行体系、货币金融市场、对外贸易、国际收支甚至整个国民经济造成了灾难性的影响。从一定意义上说，金融危机是金融风险长期积累的结果，也是金融不安全状况积累和爆发的结果。金融安全的维护，在很大程度上就是对金融风险的防范和避免金融危机的发生。

二、维护金融安全的必要性

（一）金融安全对经济安全的影响

在当代社会，经济安全在国家安全中具有举足轻重的地位和作用，包括国内和国外两个方面,指的是一国经济在国内处于稳定、均衡和持续发展的正常状态,同时在国际社会中所依赖的国外资源和市场保持稳定与持续。随着经济全球化和信息化的不断加剧,在新的国家安全观中,非传统安全领域的国家经济安全像传统的军事安全一样越来越受到各国的重视。现代经济的核心是金融,因此国家金融安全是经济安全的重要组成部分。由于现代社会经济增长的重要因素是资金,而金融可以最有效地实现资金的积聚与集中,因此,金融在经济活动的资源配置中起着十分重要的作用;同时,随着社会经济向后工业化不断推进,以及金融日趋成为国民经济的重要产业,金融业本身也日渐成为新的经济增长点。邓小平同志在 1991 年视察上海时就指出:"金融很重要,是现代经济的核心,金融搞好了,一着棋活,全盘皆活。"正因为整个经济的运行都依赖于资金的流动和融通,并且金融体系本身也面临着金融高风险性的威胁,金融危机往往还会对经济其他领域产生多米诺骨牌效应,因此,金融安全在国家经济安全的全局中处于核心地位。事实上,在近现代经济史中,由于金融危机所引发全面经济危机的例子并不鲜见。

(二)金融安全对国家安全的影响

由于经济全球化的不断发展,作为非传统安全的经济安全在国家安全中的作用和地位日趋凸显,而在经济安全的全局中处于核心地位的金融安全在国家安全中的重要作用也越来越明显。事实上,金融安全的维护不仅有利于提高国家在金融发展过程中抵御国内外各种风险的能力,而且有助于确保国家金融体制不遭受破坏、国家金融主权不受到侵犯、国家金融体系可以正常运行。美国在 1999 年发布的《新世纪国家安全战略》中,列入国家"生死攸关的重大利益"的项目就包括银行和金融系统的安全。同时,在现代社会,金融问题不仅是纯粹的经济问题,而且常常交织着复杂的政治、外交甚至军事等问题,并且,由于金融危机常常也会向其他领域,如社会领域、政治领域扩展,从而引发社会危机和政治危机。

(三)金融安全对国际安全的影响

随着全球化进程中各国之间互动关系不断加快,相互依赖的关系不断加强,一国在追求国家安全的同时也越来越多地受到国际安全的制约。由于国际社会的无政府状态,各国相对于追求"国际安全"来说,往往更注重国家安全,因此,国际安全常常面对更多的不确定因素。与国家安全一样,国际安全同样面临传统与非传统安全威胁。由于金融资本具有国际性和流动性,因此金融风险和金融危机也常常具有国际传递效应。随着经济全球化尤其是金融全球化的不断发展,各国之间的经济金融联系越来越密切,一国的金融风险常常由于金融传递渠道、贸易传递渠道和信息传递渠道等而形成国际金融风险。而金融危机的爆发不仅使得发生国受到创伤,而且会使输入国遭受更严重的损失,不论是 1929 年的金融危机引发西方经济大萧条,还是 2008 年 9 月爆发的金融危机引起全球经济危机,都是金融危机这种国际传递效应最典型的体现。

金融安全对国际安全的影响不仅体现在非传统安全的经济安全领域,一定条件下也会向非传统安全的其他领域甚至传统安全领域延伸。金融危机向其他领域(如社会领域、政治领域)扩展的现象同样存在于国际社会,甚至在一定时期会与全球政治和安全局势密切互动,并产生深层次的重大影响。一方面,金融危机会导致全球消费需求的改变,引发各国经济、贸易甚至外交政策的变化,贸易保护主义有所抬头,传统大国和新兴大国之间的矛盾也会有所增加;另一方面,金融危机会对国际体系中的核心国家的国际战略取向、互动关系、议程等产生直接的重大影响,原先侧重于传统安全注意力也会转移到维护国际金融稳定、促进全球经济复苏为中心的经济安全方面。在某些特定时期,个别国家甚至会使用极端方式来转移金融危机所引发的社会危机和政治危机,例如1929—1933年金融危机所引发的大萧条直接导致德国走上纳粹道路。

三、大数据背景下金融安全要求

(一)数据相关法律监管日趋严格规范

与全球不断收紧的数据合规政策相类似,我国在数据法律监管方面也日趋严格规范。

目前,我国数据方面的立法呈现以个人信息保护为核心,包含基本法律、司法解释、部门规章、行政法规等综合框架(见表16－1)。一些综合性法律中也涉及个人信息保护条款。

表 16－1　　　　　　　　　　　我国数据相关立法

法律层级	主要相关法律
基本法律	《中华人民共和国网络安全法》《全国人民代表大会常务委员会关于加强网络信息保护的决定》等
司法解释	《关于办理侵犯公民个人信息刑事案件适用法律若干问题的解释》《最高人民法院关于审理利用信息网络侵害人身权益民事纠纷案件适用法律若干问题的规定》等
部门规章	《电信和互联网用户个人信息保护规定》《中国人民银行关于银行业金融机构做好个人金融信息保护工作的通知》等
行政法规	《征信业管理条例》等
综合性法律	在《民法总则》《刑法修正案(九)》《侵权责任法》《消费者权益保护法》《反恐怖主义法》等综合性法律中,也有涉及个人信息保护的相关条款

资料来源:中国信息通信研究院。

2019年以来,数据安全方面的立法进程明显加快(见表16－2)。中央网信办针对四项关于数据安全的管理办法相继发布征求意见稿,其中,《儿童个人信息网络保护规定》已正式公布,并于 2019 年 10 月 1 日起施行。一系列行政法规的制定,唤起了民众对数据安全的强烈关注。

表 16—2　　　　　　　　　　2019 年数据安全相关立法进程

时　　间	主要内容
5 月 24 日	网信办发布《网络安全审查办法(征求意见稿)》
5 月 28 日	网信办发布《数据安全管理办法(征求意见稿)》
5 月 31 日	网信办发布《儿童个人信息网络保护规定(征求意见稿)》(已于 8 月 23 日正式公布,自 10 月 1 日起施行)
6 月 13 日	网信办发布《个人信息出境安全评估办法(征求意见稿)》

资料来源:中国信息通信研究院。

(二)数据安全技术助力大数据合规要求落地

数据安全的概念来源于传统信息安全的概念。在传统信息安全中数据是内涵、信息系统是载体,数据安全是整个信息安全的关注重点,信息安全的主要内容是通过安全技术保障数据的秘密性、完整性和可用性。从数据生命周期的角度区分,数据安全技术包括作用于数据采集阶段的敏感数据鉴别发现、数据分类分级标签和数据质量监控;作用于数据存储阶段的数据加密和数据备份容灾;作用于数据处理阶段的数据脱敏、安全多方计算和联邦学习;作用于数据删除阶段的数据全副本销毁;作用于整个数据生命周期的用户角色权限管理、数据传输校验与加密以及数据活动监控审计等。

目前,我国数据安全法律法规重点关注个人信息的保护,大数据行业整体合规也必然以此为核心。而在目前的数据安全技术中,有为数不少的技术手段瞄准了敏感数据在处理使用中的防护,例如数据脱敏、安全多方计算、联邦学习等。

在《数据安全管理办法(征求意见稿)》中明确要求,对于个人信息的提供和保存要经过匿名化处理,而数据脱敏技术是实现数据匿名化处理的有效途径。应用静态脱敏技术可以保证数据对外发布不涉及敏感信息,同时在开发、测试环境中保证敏感数据集本身特性不变的情况下能够正常进行挖掘分析;应用动态脱敏技术可以保证在数据服务接口能够实时返回数据请求的同时杜绝敏感数据泄漏风险。

安全多方计算和联邦学习等技术能够确保在协同计算中,在任何一方实际数据不被其他方获得的情况下完成计算任务并获得正确的计算结果。应用这些技术,就能够在有效保护敏感数据以及个人隐私数据不存在泄漏风险的同时完成原本需要执行的数据分析、数据挖掘和机器学习等任务。

未来伴随着大数据产业的不断发展,个人信息和数据安全相关法律法规将不断出台,在企业合规方面,应用标准化的数据安全技术是十分有效的合规落地手段。随着公众数据安全意识的提升和技术本身的不断进步完善,数据安全技术将逐渐呈现规范化、标准化的趋势,参照相关法律法规要求,进行相关产品技术标准制定,应用符合相应技术标准的数据安全技术产品,保证对于敏感数据和个人隐私数据的使用合法合规,将成为未来大数据产业合规落地的一大趋势。

(三)数据安全标准规范体系不断完善

相对于法律法规和针对数据安全技术的标准,在大数据安全保护中,标准和规范也发挥着不可替代的作用。《信息安全技术个人信息安全规范》是个人信息保护领域重要的推荐性标准。标准结合国际通用的个人信息和隐私保护理念,提出了权责一致、目的明确、选择同意、最少够用、公开透明、确保安全和主体参与七大原则,为企业完善内部个人信息保护制度及实践操作规则提供了更为细致的指引。2019年6月25日,该标准修订后的征求意见稿正式发布。

一系列聚焦数据安全的国家标准近年来陆续发布,包括《大数据服务安全能力要求》(GB/T 35274-2017)、《大数据安全管理指南》(GB/T 37973-2019)、《数据安全能力成熟度模型》(GB/T 37988-2019)、《数据交易服务安全要求》(GB/T 37932-2019)等,这些标准对于我国数据安全起到了重要的指导作用。

第二节　国外对大数据与金融安全问题的处置经验

一、应对大数据带来的金融信息安全问题

近年来,国外因大数据技术导致的信息泄漏事件屡有发生。各国政府对此均高度重视,并相继出台措施以保护国家的信息安全。简言之,这些措施主要包括软防护和硬防护两个方面。

(一)软防护

软防护是指通过制定行业标准、设置行业门槛等制度措施,规范数据服务商的行为,限制国外信息产品的使用,从而降低遭到信息滥用和信息监听的可能性。针对信息滥用的威胁,2012年11月,英国信息委员会办公室率先出台一系列信息保护指导条例,要求数据服务商通过规定的技术流程滤除用户的身份信息,以保护用户的信息安全;新加坡也于2012年颁布了《个人资料保护法》,旨在防范对国内数据及源于境外的个人资料的滥用行为。针对信息监听的威胁,2008年以来,美国政府以国家安全为由,设置行业准入门槛,多次阻止中国华为等国外制造商参与美国国家应急网络项目等重大项目的建设。

(二)硬防护

硬防护是指通过发展本国的信息技术产业,振兴民族品牌,从而在本国关键的信

息系统中,提高软件和硬件的自主化水平,减少使用国外产品产生的信息监听风险。在 2013 年的"棱镜门"事件中,欧洲多国领导人的日常通信遭到美国的监听。造成这一恶果的重要原因在于欧洲企业在信息技术领域的科研创新明显滞后,核心技术过度依赖美国。面对严峻现实,德国总理默克尔等欧盟国家领导人及一些欧盟官员、专家呼吁,在欧盟及其各成员国政府的主导下,以多国合作的模式建立具有竞争力的信息技术企业,重建欧洲的"技术自主权"。

二、应对大数据带来的金融市场风险

金融市场在一国的经济活动中发挥着重要的枢纽作用。因此,虽然全球范围内金融与大数据刚刚兴起,但是各国政府控制相关风险的方案和措施已经层出不穷。根据着力点的不同,这些方案和措施主要可分为以下三个方面:

(一)建立第三方审查机构

为了消除数据风险对金融市场的危害,多年前美国商品期货交易委员会等监管机构就曾考虑是否由金融监管机构直接对企业的数据处理方法和交易算法进行认证。但是,此类行为可能导致另一个困境,即政府的直接管制干扰金融企业的正常运营,并导致数据和算法的知识产权遭到侵害。对此,国外许多学者指出,可以参照目前的财务审计制度,设立第三方的大数据审查机构。就像会计师事务所审计公司财务信息一样,第三方大数据审查机构凭借其专业能力,在商业协议的框架内对金融企业的数据准确性、分析合理性以及算法安全性进行审核,促使其达到政府规定的安全标准。大数据审查机构和大数据审查师由政府按照特定程序进行考核,并授予其执业资格。

(二)实现市场监管自动化

虽然大数据给金融市场的安全带来了新的挑战,但是大数据技术也可以应用到市场监管领域,通过监管的自动化,提升监管效率和监管力度,从而增强金融市场的安全性。自动化的监管系统也能通过一系列的实时指数对一些行为进行准确监控,并及时预警以阻止损失的发生。从 2001 年开始,美国国家证券交易商协会采用 SONAR 自动化监管系统,对美国多个证券市场的内幕交易和欺诈行为进行监测。截至 2012 年,该系统已经向美国证券委员会和司法部提交了 180 起违规案例,准确度达到了原有监管系统的 3 倍,同时减少了 50% 以上的人工分析时间。采用 SONAR 系统后,美国国家证券交易商协会能够以更少的人力实现更全面的证券市场监管。

(三)发展大数据产业链

大数据给金融市场带来的风险隐患与大数据现阶段的技术不成熟密切相关。因此,推动大数据产业的发展和成熟,以产业发展解决风险难题,成为消除各类隐患的根本途径。一方面,大数据产业链的整体发展能够提高行业的数据收集和分析能力,为大数据在金融行业高效安全的应用奠定技术基础;另一方面,产业链的发展也能够降低金融大数据的技术门槛和资金门槛,加速数据资产的交易和利用。这将打破大型企业对数据的垄断,维护金融市场的高效竞争,并为金融创新提供持续的动力。

近年来,多国政府相继出台具体措施,推动大数据产业链的发展。新加坡政府较早地提出"将数据作为资源"的国家战略。新加坡经济发展局资讯通信与媒体业执行司长吴讷刚认为,"对于新加坡,数据就是未来流通的货币,而我们目前所做的就是将新加坡打造成全球数据管理中心,从而有能力与企业合作,将数据的潜在价值转化为可见的商业利润"。2011年,新加坡政府资助成立了德勤数据分析研究所,以引领政府和企业对大数据的研究与应用。此后两年,Visa、IBM、埃森哲、联想等国际知名企业的数据分析中心相继落户新加坡。同时,新加坡政府还资助了多所大学的大数据研究活动,并在数据分析领域开设了4门硕士课程和5门本科课程,以大力培养新一代的数据人才。

除了新加坡政府外,美国政府也将大数据视为"新世纪的石油",并将大数据的发展上升至国家战略的高度。2012年,美国政府正式启动了"大数据研究和发展计划",投资2亿多美元形成政府、产业界与学术界的研究互动,以充分发挥大数据对国家安全、经济发展和社会管理等方面的积极作用。受此影响,美国Splunk等大数据服务公司迅速兴起,信息租售等商业模式蓬勃发展,相关科学研究也逐步升温。

第三节 大数据对中国金融安全的新挑战

一、金融信息安全面临的挑战

大数据和信息化的进程日益加快,在数据治理体系创新能力落后于大数据技术创新能力的背景下,数据信息暴露于社会的危险系数也日益增加,在核心技术、安全标准、重要设备受制于人的情况下,对重要金融信息的应用与保护必须依靠我国技术水平的不断进步。现阶段,我国金融信息安全面临的主要问题有以下几个:

(一) 数据库遭受攻击造成安全隐患

大数据最核心的价值在于对海量数据进行存储和分析。其复杂程度与敏感程度随着社会的进步逐渐显现,作为重要技术,大规模并行处理(MPP)数据库、数据挖掘电网、分布式文件系统、分布式数据库、云计算平台和可扩展的存储系统经常被作为攻击目标。

首先,随着数据的增多,网络黑客对大数据信息的获取更加容易。其次,在金融信息安全架构设计中,信息系统的架构更为复杂,数据维度明显变多,信息体量广泛增加，金融信息数据遭受攻击更加频繁。最后，在网络科学及其系统应用方面，我国对于国外的技术依赖性较强，缺乏核心安全框架，数据库遭受攻击的隐患难以在短时间内消除。

(二)智能化的终端设备带来安全隐患

智能化数据终端作为大数据运用的重要部分，包含大量的信息存储。我国作为世界上最大的智能终端市场，数据在进行存储与分析的过程中，一旦受到侵犯和攻击，金融信息泄漏的概率将会显著增加。

金融信息被互联网加以融合，通过网络设备将计算机连接到一起，进行信息采集和传输工作，每次系统与外部终端设备进行相应的数据交换或统计分析时，网络黑客通过数据交换的信息漏洞进行系统入侵，导致智能化的终端设备对系统造成严重的安全隐患。通过互联网泄漏个人信息后，被犯罪分子加以利用，会产生严重的后果。例如2016年的"徐玉玉事件"。2016年8月，刚收到大学录取通知书的山东临沂市高三毕业生徐玉玉接到诈骗电话，被告人以发放助学金的名义，骗走了徐玉玉全部学费9 900元，徐玉玉在报警回家的路上猝死，造成了恶劣的社会影响。山东省临沂市人民检察院指控，2015年11月至2016年8月，被告人交叉结伙，通过网络购买学生信息和公民购房信息，分别在海南、江西等地，冒充教育局、财政局、房产局工作人员，以发放贫困学生助学金、购房补贴为名，以高考学生为主要诈骗对象，拨打电话，骗取他人钱款，金额共计人民币56万余元，通话次数共计2.3万余次，并造成山东省临沂市高考学生徐玉玉死亡。

(三)虚拟化数据信息泄漏引发的安全隐患

虚拟化世界的出现，使人们更加依赖数据化社会，人们对于大数据的依赖明显提高。如果说大数据是财富，那么大数据中心就是承载财富的宝库，通过对虚拟技术的运用和挖掘，使人们的生活更加便利。在数据逐步虚拟之后，信息的存储与管理已成为大数据时代的重要问题。在电子信息渠道的获取与构建过程中，我们清楚地发现金融信息中心越来越复杂。对于互联网数据的攻击及侵犯使其虚拟化信息泄漏是常见的金融犯罪现象，因此，这也成为金融信息风险的重要诱因之一。

二、金融机构安全面临的挑战

(一)数据收集制度仍未完善

大数据应用的前提条件是已经收集相当数量的数据资源，若是没有尽可能全面、真实有效的数据资源作为分析基础，那么大数据应用价值便难以实现。金融机构数据的收集主要来自内部和外部两个方面：内部数据主要是金融机构在平时业务活动中所积累下来的历史数据以及由用户提交的数据信息。外部数据的收集就呈现多样性，其中一部分是来自公共部门的公共数据,但是目前我国政府有关数据开放的法律法规尚未出台,仍有大量数据资源掌握在政府和公共机构手中并没有得到有效利用,这部分数据的收集利用相对金融机构来说获取难度大,目前较容易获得的主要是基于人民银行征信中心数据库、司法公开下的司法裁判文书等相关数据。另一部分主要是第三方非公共机构对数据的收集,由于法律未对收集主体做出明确的范围和资格规定,也未对收集方式和收集对象范围进行限制,因此如何保证数据收集的规范化进行需要制度予以完善。

(二)数据安全管理难以保证

大数据背景下金融机构收集到的大量数据很多涉及用户的隐私信息,但是目前对于大数据安全保护具体法律制度的缺失极易增加用户数据被这些机构滥用或者泄漏的可能性,这对用户个人来说使其遭受诈骗、垃圾信息骚扰的情况不断发生,而对企业来说也会造成因数据泄漏而给经营活动带来风险,若是金融机构的数据被境外获得,则对我们国家的金融安全乃至国家安全带来潜在风险。对金融机构来说,数据安全问题一方面是其内部机构管理不善所造成的数据泄漏、数据倒卖风险,例如2018年中国人民银行郑州中心支行向社会公布的行政处罚信息显示,河南省范围内47家金融机构收到716万元的行政处罚,这些金融机构的处罚原因中就存在瞒报虚报数据、泄漏数据的情形。相比于银行等传统金融机构,互联网金融机构中的数据安全还有可能是由技术缺陷所致,传统金融机构基于雄厚的实力,技术人才引进、数据安全维护并不容易受到网络黑客的入侵,但就新兴互联网金融机构而言,除了少数大型成熟的互联网企业外,中小型的互联网金融机构在数据安全上的技术维护能力不足,若遭受外部网络攻击,大量数据遭到窃取对机构和客户来说都会造成损失。

(三)数据利用界限需要明确

金融机构应用大数据技术的目的就在于充分利用数据中所蕴含的价值信息,从上述应用情形来看,主要是业务发展创新和风险防控两个方面。在大数据的背景下,金融机构收集的信息范围来自传统机构数据以及这些传统数据与来自其他机构和互联网下的网络数据共同组成一个巨大的数据集合。也许金融机构从单独的一项数据信息中并不能够将某一用户进行特定化的分析,这对用户权利的侵害并不显著,但通过这个数据集合加之大数据技术强大的数据分析能力,很容易就对某个特定用户做出特定化的分类,了解用户的最新动态、兴趣偏好和资信状况。这虽然使金融机构能够很好地进行精准化的营销和风险评价,但也使得用户个人信息在这些机构面前过度暴露。对金融机构来说,这些数据的利用应当有一个确定的界限,使其在利用过程中应防止过度挖掘分析用户数据和滥用用户数据情形的出现。超越必要合理限度的利用就会侵犯用户的隐私权,如何在利用大数据对用户情况进行分析和保障用户隐私权之间进行平衡,需要法律予以明确保障。

三、金融市场面临的风险

(一)数据应用侵犯客户个人隐私

大数据技术的应用和隐私保护的价值的争议由来已久,随着技术的高速发展,信息传递技术与超强的计算机系统使得数据高速分析成为可能。交叉检验技术和"块数据"技术的广泛应用,使得基于大数据的身份识别日益简单且难以察觉。近年来,大数据金融需要对客户信息进行全方位的分析与应用。但是,这些应用也容易跨越"雷池",挖掘过多的私人信息,造成对客户隐私的侵犯。

(二)大数据监听威胁国家金融安全

2013年曝光的"棱镜门"事件,引起全球一片哗然。"棱镜门"事件表明,"海量数据+数据挖掘"的大数据监听模式可以进行精确监听,因此,欧洲因"棱镜门"威胁停止了与美国共享金融数据。而我国目前的大数据发展,无论是软硬件设施还是数据服务,都过度依赖国外厂商,这为大数据监听和数据泄漏埋下了隐患,威胁我国的国家金融安全。

(三)虚假数据导致金融市场异常敏感

由于信用信息是互联网金融的纽带,是驱动业务的核心因素,因此,基于信用信息数据的金融决策对信息非常敏感,从而导致金融市场敏感。如果数据不准确,就可能导致错误的交易行为,并进一步引发金融市场风险。2013年4月23日,美联社Twitter账号出现"白宫遭袭"的假新闻,受此影响,众多基金公司的交易程序自动抛售股票,美国股市随即暴跌。

(四)法律监管缺失存在风险

由于我国大数据金融发展时间较短,因此现有的法律法规并不完善,不能有效地适用于这一新生事物的需要。除此之外,由于大数据金融涉及面广泛,与现有的监管体制并不能完全重合,因此,由哪个部门管辖很难有定论。从目前的情形来看,地方政府的银保监局、金融办、证监局、工商局等都与之有关联,究竟由谁实施有效的监管并没有明确的定论。

2019年中央电视台"3·15"晚会上曝光了多家科技公司非法获取个人信息进行牟利。例如,声压科技有限公司,有全国6亿人的信息和手机号码,只要与后台大数据进行匹配,利用打开的无线局域网,探针盒子就能迅速识别出用户的MAC地址,转换成IMEI号,再转换成手机号码。不仅能识别出手机号,而且能识别出性别、大致年龄、收入、手机设备、常用的App。易龙芯科技人工智能有限公司利用智能机器人拨打骚扰电话,专门为营销公司研发的机器人语音几乎与人工客服一样。易龙芯机器人一天拨打5 000多个电话,一年多打出去40亿个电话。为了逃避监管,打出去的号码不是该公司的号码,即使被客户投诉,监管部门也无处可查,查不到任何通话信息和数据来源。这些大数据主要来自用户手机上所安装的软件,在安装软件时,第一步需要我们填一个用户服务条例,只有点击同意这个服务条例才能安装;安装之后,软件会要求我们开权限,是否允许访问通讯录、手机文件夹、电话、短信,点击允许之后才能使用软件。萨摩耶互联网金融服务有限公司把探针盒子放在人流大的区域,获取大量用户的信息,精准找到客户为其推荐贷款。智能信息科技股份有限公司探针盒子日活跃量为5 000~10 000台,璧合科技有限公司在全国已经有3万多台设备在采集数据这块使用。通过用户使用软件所产生的用户数据,用于商业营销用途,个人信息变成企业的牟利工具,目前主要集中在金融、房地产、汽车、教育培训这几个行业。

第四节　我国应对大数据与金融安全问题的措施

目前,基于大数据的金融创新在我国金融市场备受关注,并迅速发展。随着大数据与金融的联系不断深化,大数据对金融安全的挑战也悄然而至,成为未来金融行业必须面对的难题。面对这些挑战,我们应当借鉴国际经验,立足自身国情,科学应对,从而趋利避害,充分发挥大数据对金融的积极作用。

一、完善大数据时代金融信息安全的重要措施

(一)完善信息安全治理体系与系统的建设

我国技术创新主要以信息化和工业化作为数据处理中心,大数据的存储和信息的摄取就是其中比较重要的一部分。因此,对于大数据的建设与发展,需要进行一定的规划与管理。

首先,将信息安全放在首要地位,对信息安全有正确的认识;同时,还应加大对大数据信息安全和风险隐患的宣传力度,以及对重要数据的监管力度,保证大数据存储安全,降低数据泄漏等安全风险。其次,把加大数据信息安全的研究与管理力度作为大数据时代提高信息安全的关键,全面培养信息安全专业人才,通过提升技术和能力实现支撑与保障大数据信息安全的目标。最后,在对大数据发展进行合理规划时,重视金融信息安全在其中的主导地位,着手对信息安全环境开展高质量的防范工作,将信息安全纳入全面风险管理框架,有效提升信息安全的管理力度。

对于危险事件(如网络攻击、信息泄漏)发生的模式、时间、空间等情况进行定性分析和定量分析,归纳出一套有效的模式,并运用于金融信息的日常管理工作中。通过加大对数据安全体系的监控与管理,完善大数据时代金融信息安全的系统体系建设,保证金融信息的安全性。

(二)开展信息安全方面的技术创新

传统的信息安全技术已被时代所摒弃,这成为大数据时代对信息安全技术提出的最主要的发展要求。从海量数据中"提纯"出有用的信息,对网络架构和数据处理能力而言也会构成巨大的挑战。在网络技术迅速发展的今天,大数据信息的收集运用遭到极大的安全威胁。

1. 在进行大数据的保护与管理过程中

应着手对关键技术进行进一步的研发与控制管理,促进大数据信息安全技术得到全面的提升,通过对软件技术的开发,提升网络黑客对于网络信息的追踪与入侵的难度,使大数据的信息安全得到进一步保障。在金融行业,要对现有的数据安全工作进行深入研究,例如在金融信息数据对外发布或与其他平台进行信息交互和信息共享时,可以使用匿名安全保护的信息追踪技术,对信息数据进行安全防护。

2. 在金融领域工作人员方面

应加强对金融信息数据安全管理人才的教育管理,保障大数据中心能够在安全的条件下平稳运作。在进行数据传输与交互时,针对当前技术研究工作中不完善的方面,进行专门的数据系统漏洞的修复与完善,提升系统漏洞相关的安全技术,保证金融信息数据应用的可靠性,在对数据进行研究的过程中,对金融信息安全技术相关的设计进行多次验证与操作,并对数据进行反复检测,在保证数据应用安全性的前提下,提高其运行的平稳性。此外,针对实际生活中出现的数据安全隐患,还可以使用自主防护的风险防控模式,进而帮助用户降低信息数据泄漏的风险。

(三)加强重要数据的监控管理工作

伴随着大数据的收集与管理过程的持续,重要金融信息系统数据被入侵的可能性逐渐上升。究其原因,主要是大数据超过一定规模与频次的使用,会导致有害信息增多,这些有害信息进一步增加了数据泄漏的风险,从而产生严重的安全隐患。

根据我国政府的相关规定,应加大对重点数据的管理与控制,完善数据的相关操作与管理制度,加强对大数据运用的监管。针对目前大数据的发展现状和信息技术发展现状,进一步改进信息安全监管的措施,加强针对移动设备的安全规范流程的管理,从而进一步规范大数据的应用,以此保证金融信息数据的安全性。

(四)合理恰当地运用大数据信息技术

当大数据中心遭受暴力攻击时,传统的安全抵御办法并不能及时应对和防御安全风险,所以在进行数据分析管理时,最主要的是要及时发现恶意的工作流程与正常活动流程的区别,进而在金融信息数据及其网络信息遭受泄漏攻击后,及时采取应急措施，从而减少信息泄漏的危险系数。

通过建立危险数据入侵数据模型，对数据信息进行全面管理，在进行数据验证时，为了使数据遭受入侵的特征显示得更加充分，在进行数据安全的模型构建时，需要花费大量的财力和时间成本，所以在进行资源的统计与分析时，通过对重点数据库及数据库之间的共享，减少可持续性攻击的危险。

在数据量不断提升、信息技术蓬勃发展的今天，有着鲜明时代特点的大数据应用快速向我们走来，大数据信息使人们在社会发展的进程中发现了很多机遇。智能化终端设备及其数据传感器作为重要来源，在有效促进金融行业发展的过程中，也使金融信息安全面临着极大的信息威胁，致使大数据金融信息安全风险逐步增大。为了对信息安全进行强有力的保护，需要开展新的技术研发、完善相关信息安全治理体系等措施，以此保障大数据时代下的金融信息安全。

二、应对金融机构保障安全面临的挑战

（一）完善数据开放程度，规范数据收集行为

一方面，要进一步加强政府和公共机构的数据进行开放使用，通过立法手段促进公共数据资源的开放，进而为金融机构大数据应用提供可靠的数据来源。目前，我国有关政府数据开放的法律主要就是《中华人民共和国政府信息公开条例》，该条例所能公开的信息无论是规模还是类型上都与大数据应用所要求的数据差距很大，需要立法进一步完善。同时，因为政府和公共机构本身在其工作过程中收集的大量社会生活数据资源有的涉及私人隐私、有的涉及国家安全，所以数据并非全部开放，需要通过立法明确数据开放的面向主体以及开放的数据类型，考虑在促进数据开放的同时避免对私人权益和国家安全的威胁。另一方面，面对目前第三方非公共机构对数据收集的法律制度的缺失，应通过立法首先明确数据收集主体的范围和资格，不应是所有的第三方机构都能收集，收集主体应当具有法律的明确授权，同时收集的手段应在不侵害用户知情权的情况下进行，收集的目的应是符合本行业正常生产经营的用途，以此防止目前社会中存在的为谋取利益擅自收集用户大量数据进行倒卖的情形。对于一些需要数据资源却没有收集资格或能力的机构来说，数据资源交易平台是其获取数据资源的重要途径，因此对数据交易机制和交易标准、交易行为的规范也需要法律保障。

（二）明确数据安全责任，提升安全技术能力研究

目前，我国还没有一部统一的大数据安全保障立法，2019年10月1日贵州省出台我国首部大数据安全保障地方性法规——《贵州省大数据安全保障条例》，这为我国之后大数据安全立法工作起到了推动作用。该条例提出大数据安全责任，在数据收集、使用、交换环节分别确定安全责任人承担各自的职责。而就金融领域而言，各类金

融机构是数据的收集和存储者，自然对数据安全负有安全保障责任，可以通过立法确定各类金融机构安全责任人，明确其应承担的相应责任，有利于其在机构管理过程中认真负起自身责任，加强内部管理从而防止机构内部工作人员泄漏数据的风险，同时金融机构应当建立统一的大数据安全监管制度，实时对金融机构大数据安全状况进行预警监测，防范数据安全风险从一个金融机构向整体金融行业的扩张。责任的确定使得传统机构的内部管理力度得以加强，同时也有利于互联网金融企业注重对数据安全保障和数据安全技术的投入；与此同时，针对外部技术安全问题，政府也可以通过提出相关鼓励措施，例如通过设立大数据安全技术创新研发专项资金来支持技术安全的研发。同时，大数据应用的安全规范和安全标准的制定也需要政府通过立法予以完善。

（三）区分数据来源类型，推动数据合理使用

金融机构对用户数据利用和隐私保护之间并非没有协调的可能，利用的数据应是合法获得的数据，在用户数据的收集阶段，数据的获取应是已经得到用户同意或是经过其他合法途径得到，比如数据交易平台和数据共享平台，若非如此，金融机构私自利用则是对用户信息的侵犯。要严格禁止使用以窃取、恶意访问等非法手段获取的数据。在使用过程中，对于收集的数据的使用范围和用途应由法律予以限制，不能应用于某种非法目的和用途。同时，对于用户数据，我们可以进行具体划分为涉及个人敏感信息的数据和个人一般信息数据，针对这两类数据我们应当进行不同程度的利用和保护，只有通过这种分类保护与利用，才能协调数据利用与隐私侵害之间的冲突，更好地明确数据利用的界限范围。对涉及个人敏感信息的数据因其具有高度的私密性，故应予以加重保护，加强金融机构对这类数据利用的监管力度，从而为个人的隐私生活创造一个安全的环境。但是，对涉及个人一般信息的数据，基于经济的发展和风险防范的需要，金融机构可以进行充分的利用，但利用中也要注重数据的安全保护，以免给用户带来不利影响。

三、应对大数据带来的金融市场风险

（一）大力完善大数据金融监管和法律体系

大数据金融的快速发展已经突破了传统的银行业、保险业、证券业、信托业和基金业等业态的经营边界，对如何监管提出了严峻的挑战，完善大数据金融的监管和法律体系已显得十分重要和迫切。要在现有的金融法律法规的基础上，充分考虑大数据金融发展实际，尽可能拓宽法律法规适用的边界，将其有效纳入其中。并且，法律监管不应仅局限于金融领域，而且应在数据收集、数据处理、数据交易和数据发布过程中都设立法律保护数据安全，对个人及企业的数据隐私安全提供切实的保护。目前，工信部正在制定国家大数据交易标准、大数据技术标准、大数据安全标准和大数据应用标准，

推动大数据领域规范监管。

(二)构建全国性的金融大数据交易平台

金融监管部门应借鉴贵阳大数据交易所模式,构建全国性的金融大数据交易平台,规范并促进数据资产的流通。一方面,该交易平台可以对入市交易的数据资产进行合法性和真实性审查,并对违规会员进行处罚。这将在源头上降低侵犯隐私权、发布虚假信息等数据风险,提高数据安全性。另一方面,规范的交易市场也能够提高数据资产配置效率,使大数据为金融行业的创新提供持续动力。贵阳大数据交易所交易并非底层数据,而是通过数据清洗、数据建模等技术处理之后的可交易数据,它只是一种商品,不存在侵犯任何人的隐私问题。目前,贵阳大数据交易所正在准备纳入证监会的监管,严防死守确保数据安全。

(三)加快国产化进程

我国金融行业和大数据行业需加快软件和硬件设施及数据服务的国产化进程。近年来,思科、彭博社等国外厂商纷纷卷入信息安全丑闻,我国建立独立自主不依赖于国外的金融数据通道刻不容缓,以尽可能减少对国外设备的依赖,降低金融风险。我国金融行业应学习欧盟的经验,稳步减少在银行数据中心等关键领域对国外设备和技术的依赖,支持建立基于本国技术自主权之上的金融数据中心,促使大数据技术更加安全地服务于金融创新,实现金融领域的大数据安全。

目前,我国经济已经随着互联网、移动互联网和物联网的发展而飞速发展,毫无疑问,我们已经迎来了一个海量数据的时代。鉴于大数据产业在经济、国家安全、社会、科研等方面的巨大价值以及对经济发展的适应性,各级政府和社会各界也纷纷制定相关政策推动大数据深入发展,并于2015年将大数据发展纳入国家战略。但是,方兴未艾的大数据技术也是一把"双刃剑",大数据在推动我国金融创新的同时,也给金融安全带来了新的挑战。金融安全事关国家安全,是网络安全的重中之重。

第五节 案例分析

案例一:苏宁金融打造大数据反欺诈平台保障金融安全和业务发展

(一)案例背景

近年来,随着互联网金融的崛起,为用户带来了更为便捷的支付、理财等服务,但同时也面临着如信贷风控风险、虚假用户裂变、渠道虚假流量等风险,让金融机构的反欺诈成本不断增长。作为国内四大金融科技集团之一的苏宁金融,依托集团资源和金融科技优势,构建了大数据反欺诈平台,有效地保障了金融安全和业务发展。

（二）案例介绍

苏宁金融大数据反欺诈平台主要围绕智慧零售核心和金融业务开展服务，主要分为反支付欺诈、反营销欺诈和反信用欺诈。

为防止支付欺诈，苏宁金融打造了"寻迹"位置画像模型、"识器"设备指纹识别体系和风险特征库解析系统；针对信用欺诈，打造了资金饥渴度模型、"笛卡尔"中介拦截系统和"石出"消费贷评分体系；为预防营销欺诈，打造了"极目"黄牛识别系统、"晓身"防盗账户系统和反欺诈图谱系统等。

其中，"寻迹"位置画像模型通过给 IP 打上不同的标签，如代理、基站、IDC、企业网、教育网、住宅区、商场、公共设施等，并建立黑白灰特征库，为各种风险预测项目及甄别黑产机器账户提供基础。目前，已经拥有 10 万个企业 IP 标签，IP 身份识别准确率高达 95.65%。"识器"设备指纹相似性模型，从用户信息、设备信息、购物记录和行为模式四个大类数据出发，采用 GBDT 算法，结合苏宁体系多维度数据，对全量用户的 WAP 端、PC 端设备进行识别，计算两两设备间的相似性，用于发现群体性金融欺诈团伙，捕获率达 95% 以上。"极目"黄牛识别系统于 2018 年上线，累计评估风险用户和行为超过 10 亿次，充分挖掘苏宁体系生态数据，可精准识别养账户、垃圾注册账户、行为异常账户、设备异常账户、黄牛账户和高危风险账户等，准确率达 92.7%。"晓身"防盗账户模型，从用户身份、设备环境、高危节点、消费习惯、行为轨迹和关系网络六大维度深挖欺诈特征，广泛适用于账户风险管理系统及支付反欺诈场景，识别不法分子通过撞库、木马、钓鱼、破解、社会工程学诈骗、银行系统漏洞等手段获得账户使用权限。"石出"消费贷评分体系，通过深入挖掘苏宁生态圈内数据，结合少量外部数据参考，聚焦用户还款意愿、团体欺诈、个人异常行为、个人稳定性和消费能力等维度，识别造假骗贷和行为异常用户，并预测用户还款意愿，可用于门店消费贷风控。

在与零售业务息息相关的消费金融方面，苏宁金融还打造了欺诈风险威胁感知模型体系，在提升客户交易安全的同时，减少了短信对客户用户体验的打扰，发送短信比之前降低了近 80%。在反欺诈准入防护体系中，部署可以精准识别客户群体和客户行为的风控模型，加强对各种黑灰产人员和欺诈行为的精准识别。

此外，还有 50 万数据级的幻识反欺诈关系图谱以及"伽利略"信用风险模型矩阵、风险特征库解析系统（RCDS）、"风声"金融黑产舆情监控系统、"千寻"智能催收系统等，为消费金融全面保驾护航。

在服务小微金融方面，苏宁金融为供应链上末端的小微企业（如零售云商户、物流承运商、售后服务商）提供服务。乐业贷以零售云平台加盟店（如小微企业、个体工商户）的法定代表人作为目标客群，依托零售云平台的交易流、物流、资金流、数据流，建立系统性风控模型，实现准入、授信、放款、还款的线上化操作。与此同时，苏宁金融还建立了双层微商风控模型,从行业、企业、个人的八个维度对小微企业风险进行预警,并提供从低到高的五个风险标记,有效保障微商的金融安全。

案例思考题

苏宁金融如何防范金融风险?

案例二:平安金融安全研究院荣获全国十佳"大数据安全优秀案例奖"

(一)案例背景

为贯彻国家大数据战略,推动大数据安全技术的进步和产业发展,大数据协同安全技术国家工程实验室设立了大数据安全优秀案例奖,这是我国在大数据安全领域设立的第一个专门奖项。由平安金融安全研究院牵头,联合平安集团旗下互联网投融资平台陆金所申报的"大数据业务安全风控系统"项目,荣获2018年度"大数据安全优秀案例奖"。

(二)案例介绍

"大数据业务安全风控系统"是综合平安集团金融业务、大数据和AI技术、安全能力等各方面资源的创新成果,符合技术创新性突出、经济效益或者社会效益显著、推动行业科技进步作用明显的奖项申报要求,该系统已完成建设并投入陆金所业务的实际运营中,产生了不错的实际应用效果。

在金融业不断加入AI、大数据等新元素后,业务模式发生了巨大变化。同时,网络空间安全威胁和黑色产业链进一步升级扩大,在此背景下,由平安金融安全研究院牵头,联合平安集团信息安全运营、平安集团安全专家服务及陆金所业务安全团队,以融合业务与安全,围绕资金、数据和交易,运用大数据和人工智能等新技术,搭建大数据业务安全风控系统。该系统能够有效发现、预警、响应和处置业务风险,增加业务安全风控能力,提升客户信赖度。

该系统的创新主要体现在以下三个方面:一是在技术创新方面,大数据业务安全风控系统通过围绕账户权限、交易欺诈和异常业务逻辑等风控关键节点,全面地记录、采集行为数据,高效地匹配规则,并通过精准的模型分析,将风控措施前置到业务流程中,及时有效地发现和处置风险。二是在经济效益方面,大数据业务安全风控系统满足安全和金融监管合规要求,综合运用数据、规则、模型分析等多维度、多视角、多层次的控制措施,有效应对欺诈风险,大大降低人工成本和风险处置时间。该系统用于防控业务欺诈、"羊毛党"、账户资金盗用、业务层自动扫描等多种安全威胁,降低市场和产品营销活动被"薅羊毛"、账户资金被盗用、业务被攻击导致不可用等风险,提升相关市场营销活动费用的效率和价值,从源头上减少资金损失,保障财产安全,从而提高客户及相关方的满意度,促进业务开展和收入增加,带来直接的经济效益。三是在应用推广方面,大数据业务安全风控系统是大数据在金融安全领域的技术创新,具有应用示范效果,可为行业通用,能够整体提高保险、银行、投资等金融业务场景的风控水平,为金融行业提供稳定、可靠、安全的环境和成长空间,促进业务更专注地聚焦金融行业发展,形成良性循环的金融安全良好局面。

案例思考题

简述大数据业务安全风控系统成功的经验。

本章小结

本章首先讲述了金融安全的定义、维护金融安全的必要性以及大数据背景下对金融安全的要求不断提升,即数据相关法律监管日趋严格规范、数据安全技术助力大数据合规要求落地以及数据安全标准规范体系不断完善。其次,简单介绍了国外应对大数据带来的金融信息安全问题和金融市场风险的处置经验。接着从金融信息安全、金融机构安全以及金融市场面临的风险来描述大数据给中国金融安全带来的新挑战。再次,通过借鉴国际经验,立足我国国情,科学提出完善大数据时代金融信息安全、金融机构安全以及应对大数据带来的金融市场风险的举措。最后,通过苏宁金融和平安金融两个案例,更好地说明大数据给金融安全带来的挑战和应对措施。

思考题

1. 简述大数据给中国金融安全带来的新挑战。
2. 简述如何利用大数据加强金融安全。

参考文献

[1] Black. F. 1972. Capital Market Equilibrium with Restricted Borrowing[J]. Journal of Business.

[2] Deloitte. RegTech is the New FinTech：How Agile Regulatory Technology is Helping Firms Better Underst and Manage Their Risks[R]. 2016.

[3] Fama，E. ，French，K. Common Risk Factors in the Returns on Stock and Bonds[J]. Journal of Financial Economics,1993(33),pp. 3—56.

[4] FCA. Call for Input on Supporting the Development and Adopters of RegTech[R]. 2016.

[5] Herry Goldberg，Dale Kirkland，Dennis Lee，et al. The NASD Securities Observation，New Analysis and Regulation System(SONAR),2003,pp. 11—18.

[6] Henry Goldberg. Research Challenges and Needed Resources for Data Mining in Financial Market Regulation. Oct. 11,2007.

[7] Ludwig B. Chincarini. The Crisis of Crowding：Quant Copycats，Ugly Models，and the New Crash Normal[M]. Wiley Press,2013.

[8] Mark M. Carhart. On Persistence in Mutual Fund Performance[J]. Journal of Finance，Vol. LII,No. 1,March,1997.

[9] J. Lintner. The Valuation of Risk Assets and the Selection of Risky Investments in Stock Portfolios and Capital Budgets[J]. Review of Economics and Statistics,1965,47,No. 1.

[10] J. Mossin. Equilibrium in a Capital Asset Market[J]. Econometrica,1966,34,No. 4,pp. 768—783.

[11] NSA Slides Explain the PRISM Date—Collection Program[N]. The Washington Post，July 10,2013.

[12] W. F. Sharpe. Capital Asset Prices：A Theory of Market Equilibrium under Conditions of Risk[J]. Journal of Finance,1964,19,No. 3,pp. 425—442.

[13] 白巧兵. 大数据——突破小微企业融资问题的新路径[J]. 当代经济,2017(23):30—31.

[14] 博迪默顿. 金融学(第二版)[M]. 北京:中国人民大学出版社,2018.

[15] 蔡海涛. 大宗商品电子交易法律监管研究[D]. 长沙:湖南师范大学,2019.

[16] 蔡汶甫. 我国税收信息化现状及发展趋势探析[D]. 郑州:河南大学,2017.

[17] 曹红欣. 国外反保险欺诈经验及其对我国的启示[J]. 今日科苑,2008,2(21):118.

[18] 曹鸿英.运用大数据推进征信业发展的路径选择[J].行政事业资产与财务,2020(10):117—119.

[19] 曹剑涛,贺瑛,焦刚.我国大宗商品市场发展瓶颈与对策[J].现代管理科学,2017(12):118—120.

[20] 曾业.2014年中国量化对冲私募基金年度报告[R].华宝证券:对冲基金专题报告,2015.

[21] 陈谙忆.刍议我国第三方支付的发展及监管[J].福建金融,2018(11):70—73.

[22] 陈健,宋文达.量化投资的特点、策略和发展研究[J].时代金融,2016(29):245—247.

[23] 陈蕾,周艳秋.区块链发展态势、安全风险防范与顶层制度设计[J].改革,2020(6):44—57.

[24] 陈胜,方婧姝.互联网金融监管寻路——借鉴英国发展经验[N].金融时报,2013—11—11.

[25] 陈伟忠.金融经济学教程[M].北京:中国金融出版社,2015.

[26] 陈晓昕.大数据环境下供应链金融在小微企业中的运用研究[J].企业改革与管理,2020(9):128—129.

[27] 陈云.金融大数据[M].上海:上海科学技术出版社,2015.

[28] 程美英.探讨第三方支付发展趋势[J].财会学习,2019(21):201—202.

[29] 中国支付清算协会金融大数据应用研究组,中国信息通信研究院云计算与大数据研究所.大数据在金融领域的典型应用研究[R].2018.

[30] 大宗商品交易市场发展大数据刻不容缓[J].贸易金融,2015—03—25.

[31] 中国互联网信息中心.(第43次)中国互联网络发展状况统计报告[R].2019—02—28.

[32] 丁海防.移动支付的实践探索——以电信"翼支付"为例[J].科技经济市场,2018(7):134—135.

[33] 丁鹏.量化投资:策略与技术[M].北京:电子工业出版社,2012.

[34] 丁芸,赵冬玲."大数据"背景下对我国税收征管的挑战[J].纳税,2019,13(14):6—7+12.

[35] 董杰.第三方支付发展现状及对策浅析[J].纳税,2019(3):194—196.

[36] 董志阳.金融机构大数据应用中的风险及其防范[J].延边党校学报,2020,36(1):84—88.

[37] 窦盈盈.大数据背景下互联网金融发展问题及创新监管研究[J].企业科技与发展,2019(5):80—81.

[38] 杜欣苗.跨境支付现状、风险与建议探析[J].国际商贸,2019(6):71—72.

[39] 2019年全球跨境支付报告[R].

[40] 2020—2025年中国第三方支付行业市场需求预测与投资战略规划分析报告[R].

[41] 冯耕中,卢继周,赵绍辉.大宗商品电子交易市场理论与实践[M].北京:科学出版社,2016.

[42] 冯娟,原春芬.大数据背景下供应链金融风险管理创新研究[J].商讯,2019(33):82—83.

[43] (美)弗雷德里克·S.米什金.货币金融学(第十一版)[M].北京:中国人民大学出版社,2016.

[44] 葛淑颖,王茂超.我国第三方支付发展现状及改进对策研究[J]市场周刊,2018(8):118—119.

[45] 巩海滨,王洪伟,华龙.大数据在我国证券行业风险监测上的运用问题研究[J].证券法律评论,2019:102—114.

[46] 郭喜才.量化投资的发展及其监管[J].江西社会科学,2014(3):58—62.

[47] 郭学勤.实现征信业高质量发展的问题探究及路径选择[J].财会学习,2019(8):195—197.

[48] 郭正彪,王圆圆,黄振森.长江证券数字化营销引擎与应用[J].金融科技时代,2020(7):13—18.

[49] 胡超平.揭秘美国"棱镜"计划.[N].南方都市报,2013—06—14.

[50] 胡一波.共享经济中"大数据+区块链"融合发展的研究[J].企业科技与发展,2020(5):8—9.

[51] 黄壁,陈勇.以自主创新维护数据主权[EB/OL].新华网,2013—10—27.

[52] 黄国平,方龙.全球大宗商品市场前景展望及应对策略[J].财经问题研究,2017(8):30—36.

[53] 黄吉平.大数据时代量化投资:功能、挑战与解决路径[J].金融纵横,2015(5):10—15.

[54] 黄洁莹.大数据在证券行业的应用探究[J].现代商业,2020(15):120—121.

[55] 黄劲文.大数据将掀起大宗商品市场的变革[EB/OL].搜狐网,2015—12—21.

[56] 姜家才.基于LightGBM算法的量化选股策略方案策划[D].2019.

[57] 蒋良德.建设起真正意义的大数据促大宗商品行业智能化发展[EB/OL].搜狐网,2018—09—03.

[58] 金宇峰.试析大数据征信与小微企业融资[J].科技创新导报,2017,14(12):235—236+238.

[59] 金宇晴.第三方支付发展情况与风险概述[J].全国流通经济.2019(11):128—130.

[60] 九次方大数据研究院.全球大数据案例汇编:行业篇[R].

[61] 赖维彬.基于大数据运用的小微企业线上融资业务分析与思考——以C银行业务创新与实践为例[J].现代商业,2020(12):99—101.

[62] 兰虹,熊雪朋,胡颖洁.大数据背景下互联网金融发展问题及创新监管研究[J].西南金融,2019(3):80—89.

[63] 黎攀.跨境支付需完善风险监管[N].中国城乡金融报,2019—07—26.

[64] 李崇纲,许会泉.冒烟指数:大数据监测互联网金融风险[J].大数据,2018(4):76—84.

[65] 李国杰,程学旗.大数据研究:未来科技及经济社会发展的重大战略领域——大数据的研究现状与科学思考[J].中国科学院院刊,2012(6):647—657.

[66] 李弘熙.浅析大数据背景下保险业发展[J].中国集体经济,2020(21):98—99.

[67] 李凌.论如何加强完善反洗钱调查工作[J].福建金融,2020(5):72—75.

[68] 李秋霞.大数据背景下小微企业融资模式创新之道[J].中国统计,2018(3):37—39.

[69] 李绍,王能翔.互联网旅游金融及未来发展趋势探讨[J].度假旅游,2018(4):67−68.

[70] 李诗鸿.积极推进跨境支付系统的安全性建设[N].学习时报,2019−06−26.

[71] 李伟.大数据与金融监管[J].中国金融,2018(23):93−94.

[72] 李晓萌.大数据背景下纳税服务创新模式研究[J].现代经济信息,2019(1):156−157.

[73] 李雪林,李雪华,李佳辉."大数据时代"第三方支付平台赢利模式突破[J].中国市场,2014(29):24−25.

[74] 李杨.基于XGBoost的基本面量化模型[D].济南:山东大学,2019.

[75] 李永华,熊吉利.大数据时代小微企业融资新模式[J].金融经济,2019(18):18−19.

[76] 李勇,许荣.大数据金融[M].北京:电子工业出版社,2016.

[77] 李展宏.挖掘数据分析潜力,助力跨境支付发展[J].中国信用卡,2019(4):22−26.

[78] 连育青.运用大数据破解小微企业融资难题的探析[J].财务与金融,2018(1):35−38.

[79] 廖凡.金融科技背景下监管沙盒的理论与实践评析[J].厦门大学学报(哲学社会科学版),2019(2):12−20.

[80] 刘斌,邱华勇.证券公司客户综合分析系统的设计与实现[J].计算机系统应用,2010,19(10):126−130.

[81] 刘德红,田原.供应链金融内涵与风险管理研究进展及展望[J].经济问题,2020(7):53−60.

[82] 刘丽洪,朱彤.大数据技术在反洗钱可疑交易分析监测领域应用探析[J].北京金融评论,2019(3):39−44.

[83] 刘心田.大数据与大宗商品交易发展结合分为三个阶段[EB/OL].搜狐网,2018−06−26.

[84] 刘新海.基于企业关联关系的信用风险分析新思路[J].征信,2016(3):16−20.

[85] 刘旭.监听丑闻凸显美国网络信息"技术霸权"[EB/OL].中国新闻网,2013−10−30.

[86] 刘妍慧.大数据技术在证券交易中的应用分析[J].现代商贸工业,2018(18):152−153.

[87] 刘羽萱.基于互联网大数据平台的小微企业融资模式研究[J].企业改革与管理,2018(9):102−103.

[88] 刘兆露.我国的第三方电子支付模式——以支付宝为例[J].现代商业,2018,39(33):56−57.

[89] 刘铮.大数据技术在商业银行的应用研究[J].金融科技时代,2018(5):19−23.

[90] 柳莉娟.基于大数据背景下的反洗钱监管问题研究[J].时代金融,2018(2):23.

[91] 娄飞鹏.商业银行应用大数据优化经营管理策略研究[J].南方金融,2014(5):92−95+96.

[92] 娄飞鹏.互联网金融环境下的供应链金融发展——基于信息不对称的视角[J].西南金融,2017(1):10−13+20.

[93] 鲁玉祥.美国互联网金融监管及对我国的启示[J].吉林金融研究,2014(10):27−29.

[94] 罗春玲.信息化时代税收征管面临的挑战及对策[J].现代营销(下旬刊),2019(11):179−180.

[95] 罗元义.运用大数据推进税收征管现代化的研究[J].税收经济研究,2020,25(2):45—52.

[96] 马建光.大数据的概念、特征及其应用[M].北京:国防科技出版社,2013.

[97] 马宗保.面向大数据应用的区块链解决方案[J].计算机产品与流通,2020(4):133.

[98] 孟小峰,慈祥.大数据管理:概念、技术与挑战[J].计算机研究与发展,2013(1):146—169.

[99] 年有愚.雅虎继Facebook、微软之后发布透明度报告[EB/OL].创见网,2013—06—18.

[100] 聂磊.第三方支付平台赢利模式的分析[J].电子商务,2012(6):76—77.

[101] 聂尚君,曹际涛.大数据时代保险业的发展[J].中国金融,2017(14):41—43.

[102] 庞继成.区块链与大数据对大数据真实性的影响[J].信息与电脑(理论版),2020,32(6):148—149.

[103] 戚建军.大数据背景下供应链金融发展前景[J].商业文化,2020(14):42—43.

[104] 前瞻产业研究院.2018—2023年全球大数据金融行业发展前景预测与投资战略规划分析报告[R].

[105] 钱立宾.金融大数据监管存在的问题与建议[J].黑龙江金融,2019(2):39—41.

[106] 乔乔.我国第三方支付的发展历程、现状与趋势研究[D].大连:辽宁师范大学,2014.

[107] 邱牧远.国际反洗钱监管最新趋势及中资银行应对建议[J].金融论坛,2020,25(5):15—21.

[108] 屈有明,李江鑫,张克勇."一带一路"战略下山西省生态旅游发展策略研究[J].林业经济,2018(9):61—64.

[109] 零壹智库.银行区块链应用与案例分析报告[R].2020.

[110] 融合大数据发展大宗商品交易[N].国际商报,2016—08—03.

[111] 申黎明,乔冰琴.关于山西省大数据征信体系建设的建议[J].山西财税,2020(4):32—35.

[112] 时小侬.大数据时代互联网金融发展存在的问题与监管路径[J].经济论坛,2019(6):67—71.

[113] 税收大数据破解供应链困局 复工企业踏实"转"起来[EB/OL].中国经济网,2020—03—03.

[114] 帅青红.现代支付系统概论[M].成都:西南财经大学出版社,2010.

[115] 苏汝劼,特木钦.大数据背景下拓展供应链金融的思路与途径分析[J].内蒙古大学学报(哲学社会科学版),2018,50(3):86—91.

[116] 孙军.大数据时代互联网金融风险预警及监管研究[J].时代金融,2018(30):37—38.

[117] 谭军,杨慧.信托在供应链金融中的应用探讨[J].东岳论丛,2013(3):167—170.

[118] 谭中明,钱珍,王书斌.新监管体系下我国P2P网贷风险管控现状的检视及改进对策[J].西南金融,2019(4):21—28.

[119] 汤俊,王妍,车奕蓉.大数据技术在反洗钱工作中的应用前景[J].海南金融,2016(2):28—30+46.

[120] 唐坚.征信体制建设对市场经济的影响[J].中国市场,2020(1):8—11.

[121] 田洪涛,刘俊涛,姜岩. 探索大数据背景下供应链金融发展新趋势[J]. 华北金融,2019(3):40—45+52.

[122] 土锡俊. 国内现有主要电子支付模式比较分析[EB/OL]. 中国电子政务网.

[123] 王便芳,周燕. 从数字到数据:征信系统数据化转型研究[J]. 征信,2019,37(8):21—25.

[124] 王都富. 以新理念新技术开启跨境支付新时代[J]. 中国信用卡,2019(4):9—14.

[125] 王宏伟. 税务部门大数据治税的实践与探索——益阳市政府综合治税平台运用的经验借鉴[J]. 湖南税务高等专科学校学报,2020,33(1):3.

[126] 王玫,陈慧广,张苗. 大数据在征信业的应用与思考——以陕西省宝鸡市为例[J]. 征信,2019(11):47—49.

[127] 王伟丞. 浅析大数据在证券公司业务中的应用[J]. 时代金融,2018(24):128+132.

[128] 王祥峰,张新建. 第三方支付领域大数据技术应用论[J]. 金融科技时代,2017(11):53—55.

[129] 王晓蕾. 大数据背景下供应链金融发展前景[J]. 合作经济与科技,2020(10):84—85.

[130] 王艳. 浅谈大数据背景下互联网金融对中小企业融资的影响[J]. 现代商业,2020(5):127—128.

[131] 王英姿. 基于互联网金融背景下第三方支付的发展研究——以微信财付通为例[J]. 时代金融,2019(31):62—63+66.

[132] 维克托·迈尔-舍恩伯格,肯尼斯·库克耶. 大数据时代[M]. 杭州:浙江人民出版社,2013.

[133] 温从华,王佳林,林岳龙,吴秀玲. 基于大数据技术的量化交易策略及金融监管[J]. 财税金融,2016(29):36—38+40.

[134] 邬维奇. 大数据在保险营销中的应用[J]. 改革与开放,2013(13):47—53.

[135] 吴晓光,王振. 金融大数据战略的关键[J]. 中国金融,2018(7):58—59.

[136] 吴晓辉,刘欣,卫森生. 基于云计算的中国机动车辆保险信息共享平台[J]. 计算机系统应用,2012,21(3):24—29.

[137] 吴晓求. 证券投资学[M]. 北京:中国人民大学出版社,2016.

[138] 吴旭莉. 大数据时代的个人信用信息保护——以个人征信制度的完善为契机[J]. 厦门大学学报(哲学社会科学版),2019(1):161—172.

[139] 伍旭川. 大数据在金融领域的应用与作用[J]. 黑龙江金融,2018(8):16—18.

[140] 谢倩雯. 大数据环境下证券领域的数据研究与分析[D]. 长沙:湖南大学,2016.

[141] 徐莉莉. 量化投资在中国的发展现状[R]. 渤海证券研究所·金融工程专题研究,2012—09—21.

[142] 徐天誉. 大数据技术在证券行业的分析[J]. 信息通信,2018(9):148—149.

[143] 许诗诗. 跨境电子商务与第三方支付管理途径[J]. 管理观察,2018(5):147—148.

[144] 燕丽华. 告知同意制度:大数据时代隐私保护的屏障[N]. 人民邮电,2019(003).

[145] 闫帅锋. 大数据时代的税收征管问题研究[D]. 郑州:河南财经政法大学,2020.

[146] 杨恺. 维护国家金融安全的意义、挑战和对策[J]. 时代金融,2017(29):16—17.

[147] 杨龙. 借力大数据技术证券行业迎转型契机[J]. 清华金融评论,2017(8):32—34.

[148] 杨青,黄俊杰,肖立伟. 互联网金融创新及监管政策发展探索[J]. 上海金融,2018(2):62—66.

[149] 杨青坪,李佳山,罗少华. 反洗钱调查方式创新研究[J]. 西部金融,2018(10):90—92.

[150] 杨世海. 我国第三方跨境支付法律监管研究[D]. 重庆:西南政法大学,2016.

[151] 杨宇珊. 我国互联网金融监管理论研究及现状分析[J]. 浙江金融,2017(11):3—9.

[152] 仰炬,孙海鸣. 中国战略性大宗商品发展报告(2016)[M]. 北京:经济管理出版社,2016.

[153] 姚慧兰. 大数据在互联网保险中的精准营销研究[D]. 蚌埠:安徽财经大学,2019.

[154] 尹妍妍. 大数据发展对征信业的影响研究——基于5G应用的思考[J]. 黑龙江金融,2020(1):77—80.

[155] 于欣. 大数据时代的互联网金融风险监管分析[J]. 经贸实践,2016(15):65.

[156] 俞立平. 大数据与大数据经济学[J]. 中国软科学,2013(7):177—183.

[157] 余丽霞,郑洁. 大数据背景下我国互联网征信问题研究——以芝麻信用为例[J]. 金融发展研究,2017(9):46—52.

[158] 苑莉. 大数据背景下二连浩特市税收信息化建设研究[D]. 呼和浩特:内蒙古大学,2020.

[159] 袁勇,王飞跃. 区块链技术发展现状与展望[J]. 自动化学报,2016,42(4):481—494.

[160] 臧鑫. 第三方支付的利弊探析[J]. 全国流通经济,2019(11):115—116.

[161] 张晨,万相昱. 大数据背景下个人信用评估体系建设和评估模型构建[J]. 征信,2019,37(10):66—71.

[162] 张晨超. 大数据时代供应链金融模式及风险探析[J]. 商讯,2020(12):67—68.

[163] 张海浓,张友棠. 第三方支付运营风险管控研究[J]. 财会月刊,2018(23):56—62.

[164] 张佳. 税收管理信息化的现状分析及发展对策[J]. 广西质量监督导报,2019(3):206+198.

[165] 张洁. 以大数据提升反洗钱数据质量[J]. 中国金融,2020(4):38—39.

[166] 张进. 我国第三方支付的现状与风险[J]. 经济观察,2019:28—29.

[167] 章刘成,张莉,杨维芝. 区块链技术研究概述及其应用研究[J]. 商业经济,2018(4):170—171.

[168] 张薇. 大数据背景下中国征信的建设探讨[J]. 农村经济与科技,2020,31(8):298—299.

[169] 张旭伟. 试探讨电子商务在旅游企业中的运用[EB/OL]. 中国战略新兴产业,https://doi.org/10.19474/j.cnki.

[170] 章洋. 大数据视角下税收风险管理研究[D]. 南昌:江西财经大学,2019.

[171] 张亦春,郑振龙,林海. 金融市场学[M]. 北京:高等教育出版社,2016.

[172] 赵河山,蒋晓全. 我国大宗商品交易市场现状及发展建议[J]. 中国证券期货,2018(6):49—52.

[173] 赵辉. 新加坡经验:大数据时代政府的角色[J]. 信息系统工程,2013(12):9.

[174] 赵明悦.大数据金融对小微企业融资模式影响分析——以阿里金融为例[J].山东纺织经济,2018(12):19－21.

[175] 中共中央关于制定国民经济和社会发展第十三个五年规划的建议[S].中国政府网,2015.

[176] 中国人民银行.中国金融稳定报告(2014)[R].

[177] 中国信息通信研究院.大数据白皮书(2018)[R].

[178] 中国信息通信研究院.大数据白皮书(2019)[R].

[179] 朱沛庆,刘敬宜.人工智能应用于反洗钱监管的探讨与建议[J].北方金融,2018(7):43－45.

[180] 邹丽.基于大数据的小微企业融资模式研究——以阿里金融为例[J].财会通讯,2016(32):15－18.